GEKRÄNKTE FREIHEIT
상처받은 자유

상처받은 자유

초판 1쇄 인쇄일 2024년 2월 5일 **초판 1쇄 발행일** 2024년 2월 15일

지은이 카롤린 암링거·올리버 나흐트바이 | **옮긴이** 이신철
펴낸이 박재환 | **편집** 유은재 신기원 | **마케팅** 박용민 | **관리** 조영란
펴낸곳 에코리브르 | **주소** 서울시 마포구 동교로15길 34 3층(04003) | **전화** 702-2530 | **팩스** 702-2532
이메일 ecolivres@hanmail.net | **블로그** http://blog.naver.com/ecolivres
출판등록 2001년 5월 7일 제201-10-2147호
종이 세종페이퍼 | **인쇄·제본** 상지사 P&B

ISBN 978-89-6263-268-2 93300

책값은 뒤표지에 있습니다. 잘못된 책은 구입한 곳에서 바꿔드립니다.

상처받은
자유

카롤린 암링거 • 올리버 나흐트바이 지음
이신철 옮김

에코리브르

차례

서론 007

1 **계몽의 아포리아:** 자유의 비판 이론 025
2 **의존성 속의 자유:** 개인화의 변증법 055
3 **무질서의 질서:** 사회적 변화와 퇴행적 근대화 093
4 **사회적 상처:** 혐오감의 사회적 성격에 대하여 129
5 **자유지상주의적 권위주의:** 물화한 자유의 운동 169
6 **진리 추구자의 몰락:** 추락한 지식인 205
7 **세계의 재주술화:** 코로나 항의 245
8 **파괴적 원리로서 전복:** 퇴행적 반항자 297

결론 335

감사의 글 355
주 357
참고문헌 435
찾아보기 483

서론

나의 자유가 곧 너의 자유일 필요는 없다.

나의 자유, 좋다! 너의 자유, 안 된다!

나의 자유는 헌법으로 보장된다.

너의 자유는 지금까지 관심이 없었다.

―바르바라 페터스·게오르크 크라이슬러, 《나의 자유, 너의 자유》(1985)

최근에 자신의 자유가 위협받고 있다고 불평하는 오랜 학교 친구, 동료, 가족 구성원과 마주하는 일을 우리 대부분이 경험하고 있다. 그들과의 대화가 달라졌다. 우리는 특정 주제를 피한다. 그 주제가 급격히 논쟁으로 비화할 수 있다는 것을 알기 때문이다. 때로는 대화의 끈이, 최악의 경우엔 오랜 관계가 끊어진다. 자녀는 부모와 소원해진다. 그들은 심지어 연락을 끊기도 한다. 스스로가 전진하는 급진화의 증인이 되는 것을 더는 견딜 수 없는 까닭이다.

해당 인물들은 종종 자기 자신을 계몽된 자유주의자로 내세우며, 폭넓은 교양을 갖춘 이들도 드물지 않다. 그들이 우려하는 대상은 도널드 트럼프나 블라디미르 푸틴과 같은 권위주의적 포퓰리스트도 독일을 위한 대안(AfD: 2013년 창당한 독일의 유력한 우익 포퓰리즘 정당—옮긴이) 같은 우파 포퓰리즘 정당도 아니다. 그들은 수많은 규칙·규정·금지가 자신들을 옥죄고 있다고 생각한다. 이것들을 고안한 것은 "주류" 또는 최근에는 "깨어 있는 자"다. 그들은 스스로를 자유주의자와 좌파, 학계와 국제적 기업이 전례 없는 규모의 전체주의를 준비하고 있는 사악한 지배체제의 희생자로 바라본다.

우리(그리고 해당 프로젝트에서의 협력자들)는 이런저런 방식으로 **표류**하게 된 일련의 사람들과 이야기를 나눴다. 우리 연구는 수평적 사고(Querdenken: 코로나 시기에 출현한 독일의 안티 팬데믹, 안티 백신 운동 단체—옮긴이) 시위 참여자들(45명) 및 시민사회에서 활동하는 AfD 지지자(16명)와 가진 60여 차례의 인터뷰에 기반한다. 많은 만남이 오랫동안 우리 기억에 남았다. 대화 상대자 대부분은 처음에는 전혀 공격적인 인물로 보이지 않았지만, 몇 사람은 결국 그러한 인물로 드러났다. 우리는 그들을 친절하고 심지어는 진심 어린 사람으로 알게 되었다. 하지만 우리가 보기에 그들은 세계에 대해 특유하게 기분이 상하고 실망을 느끼는, 즉 상처받은 듯했다. 대화를 나누는 과정에서 그들의 인격이 지닌 새로운 면모, 특히 급진적이고 권위주의적인 면모가 나타났다. 그들은 자신의 격분을 자유롭게 표출했는데, 그것은 아마도 우리가 사회학적 관찰자로서 우리 역할에 따라 그들의 말을 반박하지 않고 귀 기울이며 때로는 질문을 던졌기 때문이기도 할 것이다.

예를 들어 영락한 제조업자의 아들인 루돌프 씨가 있었는데, 그는 인터뷰를 위해 일부러 과자를 가져왔다. 커피도 카페인이 들어 있는 것과 들어 있지 않은 것을 준비해두었다. 최초의 녹색당 당원 가운데 한 사람이자 지구의 여러 곳을 여행한 세계 시민인 그는 좋은 일에 대한 헌신으로 가득 찬 파란만장한 인생 이야기를 들려주었다. 루돌프 씨는 가족을 위해 자신을 희생했지만, 아무도 그에게 감사하지 않았다. 그가 이제 예의 바르고 친절하게 커피를 따르는 그의 식탁에는 이미 “세상의 절반”이 앉아 있었다. 그러나 오늘날 그는 자기 조국의 “과도한 외국화”에 대해 이야기할 때 분노에 빠진다. 그는 더는 멈출 수 없으며, 이 불만족스러운 상태에 책임이 있다고 보는 사람들에 대한 복수의 환상을 이야기할 때 답답해한다.

그에 반해 베버 부인은 조화롭게 진행되는 세계를 소망한다. 그녀는 세계 평화를 위해 깊이 생각하고 이를 이룰 수 있는 방법을 제시한다. 그녀에게는 인간의 친밀성·접촉·만남이 중요한데, 코로나 팬데믹으로 말미암아 어린이에게는 이 모든 것이 유보된다. 아무도 이를 문제 삼지 않고, 특히 “관변화한” 미디어는 그렇게 하지 않는다. 국가는 썩어 있는데, 무언가 근본적으로 잘못되었기 때문이다. 그녀는 자신이 참석하는 시위에 극우파가 참여하는 상황에 대해 아무런 문제도 느끼지 못한다.

베버 부인은 자신이 일관되게 젠더 중립적 언어를 사용하지 않은 것에 대해 여러 차례 사과했지만, 다른 사람들에게 젠더 별표(예를 들어 Bürger*innen에서 Bürger는 남성을, innen은 여성을 *은 중성을 뜻한다—옮긴이)는 새롭게 등장하는 부자유의 상징이 되었다. 몇몇 지식인은 더는 “주류”에서 벗어난 입장을 주장하는 것이 거의 불가능하다고 생각한다. 그들은 의견 독재에 대해 경고한다. 이전에 그들은 전복적 이론을 견지하고 기존 질서의 해방적 극복을 지지했다. 이제는 모든 것이 예전 모습 그대로 되기를 바라는 향수에 젖은 “레트로토피아(Retrotopie)”(지그문트 바우만)를 위해 싸운다. 그들은 원한이 서린 뜨거운 숨결로 토크쇼를 누비며 수백만 명의 시청자에게 자기들이 입을 다물 수밖에 없게 되었다고 설명한다.

자유 갈등

현대의 많은 논쟁에서는 어느 사이엔가 누군가 개인적 자유의 권리를 주장하는 지점이 나타난다. 하지만 여기서 옹호되는 자유는 이전에 발전을 추구하는 시민계급과 노동운동이 깃발에 적어넣은 것과는 다른 자유 개념이다. 그 당시 자유에 대한 요구는 절대주의적 군주제, 봉건적 예속, 교회와 길드의 지배, 국가의 검열에 반대하는 것이었다. 자유 개념은 가령 표현의 자유와 보통 선거권 같은 평등한 시민권에 대한 요구와 결합해 있었다. 오늘날 국가의 자의(恣意)에 대한 보호를 의미하는 자유권은 대부분 실현되었다.

그러나 단지 우리가 **원칙적으로** 국가의 자의로부터 자유롭다는 이유만으로는 아직 우리가 원하는 모든 것을 자유롭게 할 수 없다. 경제적 힘이 여전히 매우 불평등하게 분배되어 있어서 사회적 상승의 길은 다수에게 막혀 있다(그런 까닭에 많은 사람, 가령 우리는 계급 사회를 말한다). 우리는 신호등이 빨간불일 때 멈춰야만 하고, 세금을 내야만 하며, 아이 때는 학교에 가야만 한다. 그러므로 모든 사회에는 자유를 제한하는 규칙이 존재한다. 예를 들어 도로교통법과 같이 공식적이고 정규적인 성격을 띠고 국가가 시행하는 규칙이 존재한다. 좀더 비공식적인 본성의 규범도 존재한다. 노인이 도로 건너는 것을 도와달라고 부탁할 때 반드시 도와주어야 하는 것은 아니며 계속해서 가던 길을 갈 수 있다. 빈자리 없이 꽉 찬 열차의 객실에서 케밥을 먹을 수도 있다. 함께 탄 사람들의 어이없어하는 눈길을 신경 쓰지 않는다면 말이다.

현재 변화한 사회적 합의를 자신의 자기실현을 부당한 방식으로 제한하는 외적 제약으로 간주하는 자유지상주의적 자유 이해가 자주 눈에 띈다. 그러한 이해의 지지자들은 마스크 착용이나 성인지 감수성적 언어 관습을 자기 계발을 방해하는 봉쇄로 인식한다. 일부는 심지어 더 나아가 자유를 가능하게 하는 전제에 반대하기도 한다. 그들은 세금을 내고 싶어 하지 않지만(또는 아주 적게 내고 싶어 하지만), 당연히 세금으로 재정이 충당되는 도로를 이용한다. 그들은 최첨단 의학 연구가 국가 지원이 없으면 이루어지기 어렵고 공립학교 교육이 개인의 자기 계발의 기초라는 사실을 무시한다.

오늘날의 자유 갈등에서는 지난 수십 년 동안 드러난 발전이 정점에 이른다. 그 발전은 개인의 행동을 단호하게 제한하는 개입 국가의 복귀와 함께 가시화된다. 고전적 권리와는 달리 이제 거리로 나서는 사람들은 강한 국가가 아니라 약하고 거의 없는 듯한 국가를 원한다. 하지만 그들의 때때로 경박한 전복 행위와 다른 견해에 대한 광적인 거부는 동시에 권위주의적 태도를 증명한다. 그들은 취약한 집단과의 연대를 거부하며, 자신들의 자유를 제한하는 장본인으로 지목한 사람들에 대해 언어적으로 무례하고 매우 공격적이다. 그들은 우파적 음모론을 제기하지만, 우파라는 비난은 단호히 거부한다. 개인의 무조건적 자율을 고수하는 이러한 권위주의는 기존의 정치적 좌표가 혼란에 빠졌다는 것을 보여주는 징후다. 이러한 변화 배후에는 무엇이 놓여 있을까? 그러한 사람들은 애초에 언제나 권위주의적이었고, 다만 우리가 의식하지 못했을 뿐일까? 아니면 살다 보니 갑자기 그렇게 전환하게 된 것일까?

우리도 이 물음들을 최종적으로 해명할 수는 없겠지만, 이 책에서 **자본주의** 사회의 역사적 발전에서 그 원인을 찾기 위한 근거를 제시하려 한다. 이러한 의미에서 우리는 **자유지상주의적 권위주의**를 후기 근대〔spätmoderne(late modern): '후기 근대'와 구별하여 postmoderne은 이 책에서 '포스트(post)'가 다양한 맥락에서 사용되는 것을 고려하여 '포스트모던'으로 옮긴다. 후기 근대는 근대의 시기 구분을, 포스트모던은 불투명하지만 근대 이후를 지시한다—옮긴이〕

사회에 대항하는 비합리적 운동이 아니라 후기 근대 사회의 부작용으로 간주한다. 개인의 자기실현이라는 후기 근대 사회의 약속은 좌절과 원한으로 전환될 수 있는 잠재적 상처를 내포한다. 우리가 만난 사람들은 **자유**를, **자신들의** 자유를 옹호한다.—하지만 눈에 띄게 독선적인 방식으로, 아니 권위주의적인 방식으로 그렇게 한다. 우리는 이러한 자유지상주의적 권위주의를 사회적 의존성을 배제하는 개인주의적 자유 이념의 징후로 이해한다. 이러한 관점에서 자유는 공유된 사회 상태가 아니라 개인의 소유물이다. 자유지상주의적 권위주의는 후기 근대 사회**에** 반기를 들지만, 그 핵심 가치인 자결과 주권의 **이름으로** 반항한다.

이 점은 국가의 감독에 반대하여 시위를 벌이는 사람, 자신이 독일 유한회사의 직원으로 조종당하고 있다고 여기는 연금 생활자 또는 회의주의를 새로운 최종 근거짓기로 삼는 지식인에게 적용된다. 그들은 외적 저항에도 불구하고 자기 자신에게 충실하며, 이를 위해 의심스러워하면서도 실직이나 사회적 환경으로부터의 고립과 같은 막대한 불이익을 대가로 치른다. 그 밖에 그들은 자신을 둘러싼 문제들을 이해하면서 그것들과 대결하고자 한다. 직업적 이유에서나 한가한 시간에 그들은 산더미처럼 쌓인 책을 읽거나 대안 뉴스 포털을 검색한다. 그들은 상위의 기관이나 미리 정해져 주어지는 지식을 회의적으로 바라본다. 하지만 자율과 자기 계발에 대한 요구는 종종 충족되지 않는다. 후기 근대 사회의 약속은 그들에게 공허한 것으로 밝혀진다. 그래서 그들은 자신의 실패에 책임이 있다고 생각되는 사람과 기관들을 원망하게 된다. 그들은 자신이 겪는 상처를 받아들이려고 하지 않으며, 스스로 천명한 저항에 들어가거나 소셜 네트워크에 자신의 적에 대한 댓글을 지칠 줄 모르고 게시함으로써 반격한다. 점층법의 논리에 따라 그들은 드물지 않게 더욱더 과격한 태도를 보인다.

이 책에서 다루는 자유지상주의적 권위주의자들은 때때로 사회 변화 앞에서 무력하다. 그렇다고 해서 역으로 좌절의 경험이 반드시 아노미적이거나 권위주의적인 반응을 불러일으킨다는 의미는 전혀 아니다. 게다가 자신의 이해관계를 추구하는 데서 자유의 정도는 계급, 계층, 직업 집단에 따라 크게 다르다. 의심할 여지 없이 성공적인 삶의 방식이 존재하며, 심지어 그 수도 대단히 많다. 사람들은 자신의 요구를 이용할 수 있는 것에 맞출 수 있다. 그러나 어떤 사람들은 광적으로 격렬하게 가능한 제한에 맞서 자신의 개별적 행동 공간을 방어한다. 우리가 **상처받은 자유**라고 묘사하는 후기 근대적 무력감이 그들을 추동한다. 상상 속 독재에 맞서 거리로 나서든 음모론적 사고에 대한 애착이나 소수자에 대한 원한을 펼쳐 보이든, **그들**은 언제나 후기 근대의 부당한 요구를 꿰뚫어본 자들이다. 그들의 에너지는 결코 실천적으로 다 소진되지 않으며, 그들은 스스로를 자유의 투사나 새로운 원칙의 전위로 바라본다.

자유지상주의적 권위주의

사회 변화와 함께 권위주의도 변했다.[1] 우리는 자유지상주의적 권위주의를, 비판 이론이 20세기에 기술한 권위주의적 성격의 변형으로 간주한다. 사회학자이자 철학자인 테오도어 W. 아도르노가 중요한 역할을 한 1950년의 《권위주의적 성격 연구》에서 권위주의적 **증후군**은 다양한 징표의 조합에 의해, 특히 관습적 가치의 경직된 추구, 이상화된 권위에 대한 복종, 이분법적 권력 사고, 우월성의 판타지 또는 일반적 적대성에 의해 규정된다.[2] 이 책의 전개 과정에서 제시되듯이 우리가 연구한 인간 집단들에서는 처음 두 가지 특성이 아주 제한적으로만 발견된다. **자유지상주의적** 권위주의자인 그들에게 관습주의와 특히 굴종은 낯설다. 그리하여 그들은 비판 이론의 옹호자들이 이미 초기에 확인했지만, 당시에는 아직 주변적인 인물로 고찰한 유형과 유사성을 보여준다. 사회심리학자 에리히 프롬이 1936년에 말한 권위주의적 "반항자"는 "권위를 만날 때마다 그와 마찬가지로 자동적으로 반발하며 반항적으로" 반응한다.[3] 그러나 그들은 전혀 자유지상주의적이지 않았다. 그들은 "자유"와 같은 가치에 "무관심"했다.[4]

우리가 연구한 사람들은 사회적 관습에 도전적으로 반발하고, 모든 외적 저항에 맞서 자신의 관심사를 관철하려는 무정부주의적 충동에 사로잡혀 있다. 그러한 가운데 그들은 때때로 지칠 줄 모르는 파괴적 활동을 전개하며, 이 활동은 자기 스스로 서고자 하는 영웅적 용기로 전환된다. 이들의 권위주의는 **자유지상주의적**인데, 왜냐하면 그것은 어떤 형태로든 개인의 행동을 제한하는 모든 것에 대한 거부를 나타내기 때문이다. 거기서는 개인을 사회 질서에 대립적으로 자리매김하는 소극적 자유 이념이 계속해서 작용한다. 자유지상주의적 권위주의자들은 스스로를 지도자 인물이 아니라 자기, 즉 자신의 자율과 동일시한다.

권위주의적 반항은 정치권력이 정당성을 상실하는 사회 상황에서 나타날 수 있다. 그러므로 그때는 권위적 인물이 충족되지 않은 요구의 담지자가 되겠다는 약속을 더는 믿음직스럽게 전달할 수 없을 때다. 여기서 그에 종속된 자들의 경탄은 경멸과 증오로 바뀐다. 앙겔라 메르켈 전 독일 총리는 임기 후반기에 우파 비판자들로부터 대개 약한 인물로 인식되었다. 유로 위기에서 그녀는 남유럽 국가들에 대해 너무 쉽게 양보하고 유화적이라고 여겨졌다. 2015년 이민 위기 당시에 그녀는 "국경을 개방"했다고 비난받았다. 그녀에게 덧씌워진 약함에 대한 비난은 그녀가 "우리는 할 수 있다!"고 말한 이후 더욱 거세져 결코 우파로 한정되지 않고 그녀를 향한 원망이 격화되었다.

권위에 대한 반항은 권위 역시 결함이 있고 오류를 범할 수 있다는 쓰라린 통찰에서 비롯된다. 하지만 여기서 권위에 대한 반발에 이를 때도 성격 구조는 본질적으로 여전히 **권위주의적**이다. 자유지상주의적 권위주의는 참된 권위, 즉 자유의 이름으로 거짓 권위에 맞서 싸운다. 그러나 자유는 더는 강력한 지도자 인물에 의해 실현되는 것이 아니다. 오히려 개인이 자기 자신에게 권력을 부여한다. 이 과정에서 자유지상주의적 권위주의자들은 자신의 우월성 및 상대방의 약함을 과시하는 이분법적 "권력 사고"에 참여하기도 한다.[5] 그들은 자신의 집단을 미화하는 한편, 낯선 집단에 대한 "징벌욕"에 사로잡힌다.[6] 자기 적수의 도덕적 약함으로 생각된 것을 내세우던 고전적 권위주의자들과는 달리, 자유지상주의적 권위주의자들은 비판자들의 위선을 꼬집는 것을 즐긴다.

비판 이론은 권위적 인물에게 복종하고 생각이 다른 자와 소수자에게 적대적이던 20세기의 권위주의적 성격을 염두에 두었다. 오늘날의 자유지상주의적 권위주의자들은 일차적으로 전통주의적 가치를 갈망하지 않는다. 그들은 또한 지도자 인물에 무비판적으로 복종하지도 않는다. 그들은 자신의 힘과 우월성에 사로잡혀 있을 때도 자신을 현대적이고 철저히 진보적인 사람으로 인식한다. 그들은 민주적인 상대방에게서—타협을 생각할 수 있는—그럴듯한 가치나 공감할 수 있는 이해관계를 인정할 수 없는 한에서 권위주의적이다. 이러한 자유지상주의적 권위주의자에게 신중한 협상이란 있을 수 없으며, 결국 **다른 사람들**은 항상 불길한 의도와 은밀한 계획을 따른다.

책의 구성

자유지상주의적 권위주의의 성격과 사회적 위치를 자세히 다루기 전에 우리는 1장 '계몽의 아포리아'에서 자유 이념의 비판적 잠재력을, 그것도 이중적 측면에서 살펴본다. 자유 이념에는 한편으로는 자유의 이름으로 동원되는 사회운동이 연결된다. 다른 한편으로 자유의 규범은 항상 그 모순과 자기 위험에 대해 성찰하고 사회 현실에서 자유가 어느 정도까지 실현될 수 있는지 비판적으로 검토할 것을 요구한다. 파시즘과 자본주의적 대중 민주주의에 직면하여 비판 이론의 핵심적 조사 결과는 부르주아적 자유에 퇴행 가능성이 내재한다는 것이었다. 근대 사회는 실로 물질적 복지를 가져다주지만 동시에 개인의 해방 공간을 축소한다. 비판 이론은 근대적 자유의 아포리아에는 권위주의적 잠재력이 숨어 있다는 데서 출발했다.

2장 '의존성 속의 자유'는 이 아포리아를 추적하며, 우선은 근대적 개인의 역사적 원천으로 되돌아간다. 봉건적 예속에서의 해방은 결코 참으로 자기 결정하는 사람들을 만들어내지 못했다. 오히려 부르주아 사회의 개인주의는 불평등 및 차이와 결합했다. 유산계급 시민과 상인은 자유로웠고, 노동자는 '이중으로 자유'로웠다. 게다가 그들은 사유재산으로부터 자유로웠고 임금 노동에 의존했다. 오늘날 후기 근대적 개인은 그 기본 구성에서 양면적이다. 개인은 이전과는 달리 자신의 삶을 자율적으로 형성할 수 있지만 동시에 사회적 강제에 종속되어 있다. 사회학자 울리히 벡과 함께 우리는 여태까지 증대해온 행동 공간을 제한하는 부정적 개인화를 분석한다.

현대 사회의 개인은 성과 지향적이고 자본주의 시장의 경쟁 법칙에 적응하는 동시에, 1968년 이후 대항문화적 대안 운동이 부상하면서 진정한 자아의 이념이 영향력을 획득해왔다. 특히 중간계급에서는 자기실현의 욕구가 성공과 인정에 대한 충동과 결합한다. 이 결합은 체계적으로 실망을 낳고 있다. 또한 사회적 관계로서가 아니라 개인의 속성으로 생각되는 물화한 자유가 등장한다. 분명히 경험할 수 있는 의존성은 무시되고, 아니 심지어 부인되기도 한다. 그러한 순수하게 소극적인 자유에 대한 긍정은 자유지상주의적 권위주의의 본질적 원천이다.

3장 '무질서의 질서'에서는 우리가 **퇴행적 근대화**가 작동한다고 보는 후기 근대 사회의 사회적·정치적 동역학 속에 개인성의 곤경을 자리매김한다. 우리는 퇴행적 근대화를 근대화와 반근대화의 모순적 동시성을 특징으로 하는 발전으로 이해한다. 규범 변화와 차별에 대한 감수성 증대는 정치적 공간을 열어주지만, 또한 폐쇄성과 새로운 갈등을 낳기도 한다. 이러한 조건에서 지식을 둘러싼 싸움이 벌어진다. 실로 개인은 더 많은 교육과 지식을 전유하는 기술을 소유하지만, 역설적으로 그들은 점점 더 현실에 대해 알지 못한다. 전 지구적 위험이 증가함에 따라 제3자의 지식, 특히 과학적 전문성에 대한 의존이 발생한다.

민주적 대표성의 위기도 퇴행적 근대화의 결과로 이해할 수 있다. 정치 시스템은 폐쇄되고 비밀스러운 것으로, 심지어 "포스트 민주주의"(콜린 크라우치)로까지 받아들여진다. 하지만 지배 비판적인 반대 운동도 때로는 문제를 시정하는 데 이바지하는 것이 아니라 오히려 문제를 더 심화시킨다. 그들은 이의를 제기할 수 없게 국민투표와 같은 요구를 표명하지만, 그러한 가운데 항상 도를 넘는 경향을 보인다. 이와 나란히 1970년대 이후 일종의 대항인식론이 근대와 그 지식의 질서에 대한 의심을 대중화해왔다. 그러나 여기서도 비판은 급진화했다. 비판은 자기목적이 되었고 이제는 사회 현실을 향하고 있다. 두 경우 모두에서 진보적 관심사는 변형되어 신권위주의적 불만을 산출했다.

4장 '사회적 상처'에서는 후기 근대의 딜레마들로 인해 개인의 내면에서 초래된 정서적 긴장과 마찰을 다룬다. 개인화로 인해 사회적 갈등은 점점 더 자아 안으로 옮겨간다. 개인은 상처에 민감해지고 실망과 좌절을 체험한다. 이로 인해 수치심, 분노, 원망, 원한과 같은 부정적 정서가 생겨나고 점점 더 자립화할 수 있다. 하지만 일부 사람들에게서 그러한 부정적 감정을 불러일으키는 요인은 무엇일까? 우리는 여기서 본질적으로 세 가지 딜레마, 즉 우선은 관철됨으로써 부정의에 대한 감수성을 증가시키는 **평등주의 규범들의 역설**, 다음으로는 법적으로 명문화된 바람직한 상태와 그 상태의 불충분한 실현 사이의 격차에서 출현하는 **열망 결핍**, 마지막으로는 일반적으로 인정되는 (가령 성공과 같은) 목표가 일정한 사회 규칙을 위반하는 행동 방식을 조장하는 **사회적 아노미 상태**를 볼 수 있다. 여기서는 규범에 대한 과도한 동일시가, 그러나 또한 파괴적일 정도로 반항적인 실천이, 즉 지나친 성공 추구와 경쟁 사고 또는 우월감이 문제가 될 수 있다. 그러한 반응은 1970년대 이래로 나르시시스트의 형상과 결부되며, 이제 우리는 그것을 자유지상주의적 권위주의자들에게서 다시 만난다. 여기서 우리는 오늘날까지 그 시대 진단으로서의 인기가 끊임없이 이어지고 있는 나르시시즘을 명백한 문명의 병이라기보다는 후기 근대 사회의 상상력 살림살이가 심하게 불안정하다는 신호로 읽고자 한다.

5장 '자유지상주의적 권위주의'에서는 자유의 이상이 지극히 비자유주의적인 견해 및 실천과 결합하는 규범적 무질서를 어떻게 설명할 수 있는가 하는 물음을 다룬다. 자유지상주의적 권위주의의 성격 구조는 어떠한가? 자유지상주의적 권위주의는 어떤 인물로 나타나고 어떤 행동 방식으로 표현되는가? 우리는 여기서 자유지상주의적 권위주의에서 문제가 되는 것은 물화한 자유의 징후라는 생각에 의지한다. 비판 이론이 구상한 권위주의적 성격은 후기 근대의 전제 아래 그 형식을 바꾼다. 우리는 더는 일차적으로 권위적 인물에 얽매이지 않는 자유지상주의적·권위주의적 성격을 추상적 의존성에 직면하여 그에 반대하는 해방되고 성숙한 개인이 형성된 것의 부작용으로 이해한다. 이러한 의미에서 자유지상주의적 권위주의는 몰관계성을 구체적으로 보여주는 제스처다.

우리는 권위주의에 대한 비판 이론을 낡은 것으로 생각하지 않는다. 하지만 우리는 20세기 전반부에는 조연에 지나지 않았지만, 오늘날에는 더 강력하게 현존하는 인물, 즉 자신의 독립성을 제한하는 권력에 저항하는 이미 언급한 '반항자' 및 음모적 사고에 빠져 인식적 분리를 자기 권한 부여의 수단으로 사용하는 이른바 '망상가'를 염두에 두고 있다. 그러나 상처 지대의 후기 근대적 확대는 모든 사회적 공간에 똑같은 정도로 도달하지 않으며, 우리 관점에서는 특히 좀더 개인주의적 가치 태도를 보이는 환경에 자리매김해야 한다. 어떤 조건에서 모순적이고 좌절하는 경험이 개인적으로 자유지상주의적·권위주의적 태도와 행동 방식으로 기울어질 수 있는지를 우리는 이 장에서 다양한 시나리오를 기반으로 최종적으로 파악하려고 한다.

세 가지 사례 연구를 통해 우리는 자유지상주의적 권위주의의 다양한 모습을 분명히 하고자 한다. 6장 '진리 추구자의 몰락'에서는 자유, 평등 또는 정의의 이름으로 공론을 발하는 보편적 지식인 유형이 어떤 방식으로 퇴행적 경로로 빠져들 수 있는지(물론 강제적으로 그래야만 하는 것은 아니다) 살펴본다. 우리가 여기서 만나는 지식인들은 표현의 자유나 다수의 이해관계를 집요하게 끌어대지만, 그렇게 하는 것은 특수한 입장을 옹호하기 위해서다. 그들은 서로 다른 정치 진영 간의 이데올로기적 간섭으로 인해 발생하는, 사회에 대한 무뎌진 비판을 예시한다. 연구 대상 지식인들을 하나로 묶는 것은 공통의 적대자, 즉 이전에 배제된 집단과 문화적 소수자의 정체성 정치에 대항한, 그리고 과학적 전문성이나 국가 및 미디어의 이른바 관변화한 엘리트들에 대항한 투쟁이다. 우리는 이러한 당황스러운 연합을 진보적 변화에 맞선 수동적 자기경직화로 해석한다.

이 장에서는 지식인의 영향 범위가 축소되는 현상을 조명하고, '캔슬컬처(Cancel Culture: 자신과 생각이 다른 사람들에 대한 팔로우를 취소해 배척하는 행동 방식—옮긴이)'라는 이름 아래 벌어지는 뒤틀린 자유 투쟁을 다루며, 전통적인 정치적 경계를 가로지르는 구체적 사례에 대해 논의한다. 문화학자 디드리히 디데릭센이 말한 이러한 "포스트 이데올로기적 횡단전선"의 중요한 선구자는 우리가 보기에 철학자 페터 슬로터다이크의 작업인데, 우리는 그를 짧은 보론에서 다루고자 한다. 여기에 코로나 팬데믹이 진행되는 과정에서 국가적 조치에 대한 과도한 지적 비판, 주변화된 집단의 정체성 정치에 대항한 향수에 젖은 계급투쟁, 그리고 이전의 반헤게모니적 포스트모던 사고의 자유지상주의적·권위주의적 입장으로의 전환이라는 세 가지 구체적인 예가 이어진다. 마지막으로 우리는 최근 몇 년 동안 사회 비판 목록이 어떻게 **전도되고** 변화했는지 요약하고자 하는데, 이는 뒤따르는 두 가지 사례 연구를 더 깊이 이해하는 데 중요한 고찰이다.

7장 '세계의 재주술화'에서는 '수평적 사고자'들의 항의를 살펴본다. 코로나 조치는 사람들이 일상적으로 영위하는 삶의 방식에 강하게 개입했다. 공공장소에서 움직일 때는 모두 마스크를 착용해야만 했고, 문화 시설과 피트니스 클럽이 문을 닫았으며, 고유한 이동의 자유가 때때로 제한되었다. 정부는 감염 위험과 질병의 경과에 대한 과학적 증거를 제시하며 전면적인 제한 조치를 정당화했다. 수평적 사고자들은 이러한 조치 그 자체를 날카롭게 비판했을 뿐 아니라 계속해서 그것이 지닌 지식의 근거도 비판했다. 그들은 코로나바이러스 감염의 위험을 부인했을 뿐 아니라 그 조치 배후에서 부분적으로 거대한 음모를 보았다.

분석을 위해 우리는 1150명의 수평적 사고자를 대상으로 한 온라인 설문조사 및 45명과의 심층 인터뷰를 진행했으며, 수많은 시위를 관찰하고 텔레그램 채널을 통해 조사했다. 우리가 대화를 나눈 사람들 가운데 상당수는 오랜 대안적 환경의 분파 출신이다. 그들은 뉴에이지 실천으로 기울어지고, 밀교에 관여하며, 요가를 하고, 내면의 조화를 추구한다. 어느 정도 수행자 환경에서 유래하는 다른 수평적 사고자들에게는 쾌락주의적인 삶의 방식과 성과주의가 중심적이며, 그들에게서는 음모론이 두드러진 역할을 한다. 그들은 AfD에 더 강하게 공감한다. 여기서 다루어지는 사람들은 대개 좌파 출신이지만 지금은 우파로 이동하는 경향을 보여준다. 그들은 대의 민주주의로부터 너무 크게 소외되어서 우파 포퓰리스트나 심지어 과격한 우파 극단주의자들이 같은 시위에 참여하는 것에 대해 아무런 문제도 느끼지 않는다. 수평적 사고자들은 어느 정도 자유지상주의적 권위주의의 원형을 나타낸다. 예를 들어 자녀 교육과 같은 삶의 영위 문제에서는 오히려 반권위주의적 입장을 지지하며, 특별히 외국인을 적대하지 않고 위계질서를 비판한다. 하지만 동시에 그들은 권위주의로 기울어지는 급진적인 개인의 자유권을 옹호한다. 이들 가운데 다수는 그들의 자결을 제한하는 사람들(예를 들어 '바이러스학자'와 '정부')을 처벌해야 한다는 생각에 사로잡혀 있다.

8장 '파괴적 원리로서 전복'은 2017년의 경험적 연구에 기반한다. 생태학적이고 사회적인 문제에 대한 온라인 캠페인을 진행하는 비정부기구인 캄팍트(Campact)는 2016년 우리에게 연락을 해왔다. 그들의 메일링 리스트에 있는 사람들 가운데 일부는 2017년 독일 연방 의회 선거를 앞두고 반(反)AfD 캠페인에 항의했다. 그들은 우파 포퓰리즘 정당에 대한 공감을 표명했고, 적지 않은 사람들이 심지어 이 정당에 투표하겠다는 의사를 밝히기도 했다. 우리는 캄팍트와 공동으로 진보적 대의를 위해 헌신하는 일부 사람이 왜 AfD에 친화성을 보이는지 알아내고자 했다. 이를 위해 우리는 그 캠페인을 비판한 사람들을 대상으로 열여섯 번의 전기적-서사적 인터뷰를 진행했다. 인터뷰에 참여한 많은 사람은 줄곧 권위를 경멸했고, 관습에 적응하기 어려워했으며, 언제나 거듭해서 자신의 주변 환경과 갈등을 겪었다.

그들의 극단적이고 과도하며 전복적인 것으로 기울어지는 성향이 최근 들어 파괴적인 경로로 접어들고 있다. 그들은 난민과 무슬림 또는 유대인을 욕하고 때로는 폭력 환상에 빠져든다. 그들 대부분은 삶의 실존적 단절이나 위기를 경험한 적이 있으며, 그에 대한 책임을 자신들의 자유를 제한하고 '외국인'을 편애하는 부패한 시스템에서 찾는다. 그들은 비판 이론이 탐구한 반항자를 상기시키지만 한 가지 결정적 차이점을 보여준다. 요컨대 권위에 대한 근본적 회의주의로 인해 그들은 강력한 지도자나 국가와의 어떠한 종류의 권위주의적 동일시도 허용하지 않는 것이다. 우리가 《권위주의적 성격 연구》에 기대어 **퇴행적 반항자**라고 부르는 이들은 분명 자유지상주의적 권위주의의 가장 급진적인 형태일 것이다. 그들은 자유주의적 규범을 지닌 민주주의 체제를 매우 제한적인 것으로 간주하여 비록 말로만이긴 하지만 그에 대해 대단히 공격적으로 반항한다. 퇴행적 반항자 유형 이외에 우리는 그러한 반항자의 좀더 온건한 동지인 **권위주의적 혁신가**도 소개한다.

자유지상주의적 권위주의는 이제 어떻게 정돈될 수 있을까? 아도르노와 그의 동지들이 분석한 권위주의와는 무엇으로 구별될까? 그것은 앞으로도 오랫동안 우리를 사로잡을까? 이 물음들에 대해서는 결론에서 다시 다루고자 한다. 우리는 자유지상주의적 권위주의가 그렇게 빨리 사라지지 않을까 봐 두렵다. 그럼에도 우리는 무력하게 그에 휘둘리고 있지는 않다. 대안이 존재한다. 우리는 우리 서로의 그리고 자연과의 공존을 개선할 뿐만 아니라 또한 자유지상주의적 권위주의의 온상을 제거할 수도 있는 방법을 간략하게 그리고자 한다.

1

계몽의 아포리아: 자유의 비판 이론

자유는 근대의 주도적 이마고(Imago)다.[1] 자유는 18세기 이후 등장한 부르주아 사회에, 즉 그 사회적 삶의 영역의 합리화·산업화·민주화·개인화에 근거짓기 형상으로서 다소간에 뗄 수 없이 붙어 있다. 근대 사회는 자유의 이마고를 가지고서 자기 자신의 이미지를 그려낸다. 자유에서 무엇을 이해하고 그것을 어떻게 실현할 것인가 하는 것은 그리스계 프랑스 철학자 코르넬리우스 카스토리아디스가 제시한 공동체와 사회에 대한 저 '근본 물음들', 즉 "공동체로서 우리는 누구인가? 타자에 대한 일자인 우리는 무엇인가? 우리는 어디에 그리고 무엇 안에 있는가? 우리는 무엇을 원하고, 무엇을 갈망하며, 무엇을 결핍하고 있는가?"[2]와 같은 물음들에 속한다. 전체로서의 사회와 그 구성원의 정체성은 자유 개념의 의미론을 둘러싸고 형성된다. 더 나아가 자유는 자유를 허락하거나 봉쇄할 수 있는 사회 제도에서의 실현 기회를 가리킨다. 그리고 무엇보다도 자유는 하나의 약속, 즉 사회적 존재와 규범적 당위의 비교를 촉구하는 이념을 내포한다.

이러한 이유에서 자유의 개념을 정확하게 규정하는 것은 단순하지 않다. "자유라는 말보다 더 다양한 의미를 지닌 말은 분명히 없을 것이다. 어떤 말도 그토록 다면적으로 사람들의 마음을 사로잡지 못했다"고 프랑스 철학자 몽테스키외는 이미 1748년에 말했다.[3] 일반적으로 이 개념은 현재에 이르기까지 두 가지 의미 지평과 연결된다. **첫째로**, 한 사람이 자유롭다는 것은 적어도 사적인 삶의 영위, 학문 또는 예술과 같이 자유의 공간을 보장해야 하는 영역에서 외적 강제가 없다는 것을 함축한다. 그러나 **둘째로**, 자유는 또한 개인의 자유에 대한 권리를 관철하고 그 권리를 침해로부터, 무엇보다도 권력 기관이자 결정 기관인 국가로부터 보호하는 합법적인 사회적 힘도 함축한다.[4] 공론장의 토론에서 두 의미 가운데 어느 것이 지배적인가는 한 사회의 자기 이해에 대해 많은 것을 말해준다.[5] 자유의 각각의 의미론에서는 구성원들이 자유에 어떤 **의미**를 부여하는지 읽어낼 수 있다. 개인이 마음대로 하는 것이 외적 간섭으로부터 보호되는 공간이어야 할까? 아니면 개인의 자유는 사회 제도를 통해 실현되어야 할까? 이러한 강조 배후에는 사회적인 것에 대한 매우 상이한 근거짓기 모델이 숨어 있다. 자유 이념은 개인의 독립성에 대한 국가의 개입을 정당화하거나(예를 들어 타인의 자유권이 침해될 때) 아니면 사회적 결속을 침식할 수 있다(예를 들어 자신의 행동 자유가 타인에 대해 이기주의적으로 관철될 때).

자유의 비판

근대적 자유 개념을 내용적으로 더 정확하게 규정하는 대신 우리는 우선 현재의 자유와 권위주의의 종합 일반을 비로소 가능하게 하는 자유 개념의 특유한 구조를 지적하고자 한다. 분명히 자유 개념은 커다란 **가소성**(可塑性)이 특징이다. 자유 개념은 유연하며 그에 내재하는 모호성을 통해 비로소 그 힘을 얻는다. 소극적 자유 개념이 외적 장애의 부재를 강조하는 반면, 적극적 자유 개념은 의지의 자유로운 결정에 선행하는 내적 의도 및 개인의 자유를 보장하는 데 필요한 외적 전제를 강조한다.[6] 철학자 에른스트 블로흐는 《희망의 원리》에서 200년 전의 몽테스키외와 비슷하게 전혀 다른 상상력이 그 뒤에 숨어 있을 수 있는 말들의 크기에 대해 말한다. "말이 크면 클수록 그 안에는 낯선 것이 그만큼 더 숨어 있을 수 있다. 이 점은 특히 종종 모두가 거기에서 자신의 것을 생각하는 자유와 질서의 경우에 사실이다."[7] 그는 통찰력 있게도 이 거대한 의미론적 범위에 상반된 의미가 자리를 차지한다는 것을 관찰한다. 언뜻 보기에 자유 개념에 낯설어 보일 수 있는 그러한 의미들까지도 말이다.

자유 이념은 우리의 자유 이해가 확증되거나 그에 모순되는 것을 보게 되는 개인적 일상 행동에서 또는 개인의 자유권을 강화하거나 제한할 수 있는 정치적 결정권이라는 상위 수준에서 입증된다. 자유에 관한 상상들은 **창조적으로** 작용하며, 실로 그것들은 역사적으로 단연코 계획적 조직에 이바지하거나 정치적으로 남용되기도 했지만, 규범적 이념으로서 직접적 통제와 지도를 벗어난다. 오히려 사회적 이념으로서 자유는 새로운 역사적 상황과 새로운 행동 양식을 창출한다. 자유의 다양한 의미로부터 자유의 개방적이고 미래지향적인 힘이 자라났고, 그 힘은 자유가 역사적으로 진보와 손을 잡고 앞으로 나아가게 했다. 이러한 구조적 성질로 인해 자유 이념은 근대에 의미 부여의 중심 자원이 된다.

이제 **자유의 비판**도 이러한 배경에서, 그리고 더 나아가 두 가지 측면에서 이해되어야 한다. 한편으로 자유의 비판은 자유의 이름으로 수행된, 실패하거나 성공한 모든 사회적 투쟁을 지양한다. 자율의 실현을 위해 일어서는 것은 자율을 체계적으로 방해하는 사회에 대한 비판을 포함한다. 시민계급의 해방 운동은 보편적 자유권을 관철하고자 했고, 노동자 계급은 자본주의 체제에서 예속의 철폐를 목표로 했으며, 여성 운동은 사회적 소수자의 운동들과 마찬가지로 더는 차별받지 않고 자유롭게 삶을 형성할 수 있는 권리의 실현을 목표로 했다. 그러므로 자결과 자기 계발을 위한 노력은 역사적으로 언제나 사회 질서의 배경에 의문을 제기하는 동인이기도 했다.[8]

다른 한편 자유의 비판은 자유의 아포리아 및 자기 위험을 알아보기 위해 그 자신의 전제에 대한 검토를 포함한다.[9] 회의적으로 자유 개념을 고찰하는 것은 그 개념의 규범적 본성 속에 놓여 있다. 자유 이념은 그것이 가령 불충분하고 파편적으로만 실현될 때 그 자신의 약속에서 실패할 수 있으며, 또는 예를 들어 자유의 기회를 부여하기 위해 다른 곳에서 개인의 독립성을 축소해야만 할 때 의도하지 않은 부작용을 일으킬 수 있다. 이는 실재적 자유에 내재하는 한계와 모순에 대해 반성하도록 자극한다. 우리는 이 책에서 이러한 두 가지 형태의 비판을 결합하고자 한다. 바로 지금 이 현재에 자유의 이름으로 행해지는 당황스러울 정도로 퇴행적인 비판에서 출발하여 우리는 후기 근대 사회에서 사회적 침식 가능성을 내포하는 부르주아적 자유의 아포리아적 구조를 분석한다. 제도가 무엇보다도 우선 자신의 의지와 행동을 제한하는 것으로 여겨진다면, 이것은 우리 사회와 그 사회가 만들어내는 사회적 병리학에 대해 많은 것을 말해준다. 왜냐하면 언제나 그렇지는 않았기 때문이다.

근대에 자유와 진보는 대개 동시에 언급되었다.[10] 이것은 '이성의 책략'이라는 헤겔의 이념에서 함축적으로 표현되는데, 이에 따르면 역사는 "자기의 자유에 관한 정신의 의식과 그러한 의식에서 산출된 현실화의 발전"으로서 실행된다.[11] 철학자 게오르크 빌헬름 프리드리히 헤겔은 현실이란 내재적으로 이성적이며, 이성은 개인의 행동에서뿐만 아니라 또한 사회적 세계에서 실현된다고 확신했다. 여기서 역사는 그 과정에서 세계사에서 자신을 객관화하는 정신의 제한된 실현 형식이 극복되고 자유의 현실화로 나아가는 진보로서 생각된다.[12] 헤겔에게서는 일반적으로 개인들이 자신에 관해, 자신이 무엇이고 무엇이 되고 싶은지에 관해 서로 이해하게 될 때라야 비로소 역사에 대해 이야기할 수 있다. 헤겔은 이러한 형식의 반성적 자기 이해를 실천적으로 생각하며, 이 이해는 사회적 행동의 합리성 속에 침전된다. 이러한 의미에서 자유는 이성의 지적 척도일 뿐만 아니라 사회의 인륜적 조직에서 자기의 자리를 지닌다.

근대는 인류 역사에서 가장 위대한 해방 프로젝트로 여겨진다. 스스로 결정하여 행동할 수 있는 능력은 더는 소수의 특권이 아니라 부르주아 사회의 보편적 요구다.[13] 그리하여 개인적 자유의 이념은 이를 보장해야 하는 사회 제도와 불가분하게 연결된다. 철학자 악셀 호네트가 《자유의 권리》에서 강조하듯이 "자율 사상의 이 엄청난 소용돌이 작용은 개인적 자아와 사회 질서 사이에 체계적 연결을 만들어낼 수 있는 그것의 능력으로부터 설명된다."[14] 이러한 구상에서 근대적 주체는 그 자신의 의지에 따라 결정할 때 이미 자유로운 것이 아니라 사회적 상호 작용의 절차에서 자유롭게 행동할 수 있을 때 비로소 자유롭다. 일반적으로 외적인 힘으로부터의 독립과 결합하는 자율은 근대에는 사회적 산물이다. 개인은 사회적 상황**으로부터** 분리되어서가 아니라 그 **안에서** 자립적이다. 역으로 사회 질서의 정당성은 개인의 자유를 얼마만큼이나 보장할 수 있는가에 달려 있다.[15]

자유의 기회를 제도적으로 보장하는 문제와 함께 언뜻 보기에 개인의 자율과 모순되는 것으로 보이는 또 다른 측면, 즉 **지배**가 등장한다. 근대적 자유는 서로 다른 정도의 자기 결정권이 정당화되는 비대칭적 질서에 기반한다. 이는 결코 18세기 사회에만 해당하는 것이 아니다. 20세기가 진행될 때까지도 여전히 다양한 인구 집단이 자기의 자율을 실현할 불평등한 기회를 지닌다는 것은 광범위하게 자명한 것으로 여겨졌다. 물질적 자원을 거의 지니지 않는 노동자, 단지 제한된 정치 참여 가능성만이 주어진 여성(예를 들어 스위스에서는 여성의 선거권이 1971년에야, 심지어 어느 한 주에서는 1990년에야 시행되었다), 또는 법적으로 그야말로 광범위하게 사회적 교류와 떨어져 삶을 살아가도록 강요받았던(그리고 부분적으로는 오늘날까지도 그러한) 이민자 등이 그 예다. 자유와 억압은 실로 분명히 대립하는 것이지만, 양자는 부르주아적 자유의 이념과 밀접하게 결합해 있다. 물론 부르주아 사회에서 사람들은 법적으로 자유로웠지만, 많은 사람이 자기의 삶을 컨베이어벨트의 가차 없는 박자에 종속시켜야 했다. 테오도어 W. 아도르노가 1966년에 출간한 《부정 변증법》에서 요약하고 있듯이, 공장 현장의 암울한 현실은 자유의 철학적 이상을 좌절시키는 것으로 보였다.

> 17세기 이래로 위대한 철학은 자유를 투명하게 근거지으라는 부르주아 계급의 표현되지 않은 명령 아래 자유를 자기의 가장 특유한 관심사로 규정해왔다. 그러나 저 관심사는 자기 안에서 적대적이다. 그것은 오랜 억압에 반대하고 합리적 원리 자체 속에 놓여 있는 새로운 억압을 촉진한다. 자유와 억압을 위한 공통의 정식이 추구된다. 자유는 그 자신을 제한하는 합리성에 양도되며, 그 자유가 전혀 실현되지 않아 보이는 경험으로부터 제거된다.[16]

아도르노가 현실적 부자유의 배후에서 아직 성취되지 않은 이념을 인식하고자 했던 것은 결코 아니다. 그의 부르주아적 자유 개념은 그 개념이 생겨난 지반인 그 사회의 적대적 원리를 지양한다. 그래서 부르주아 사회는 신분적 제한과 특권을 제거하는 것과 함께 자신의 사적 이해관계를 추구하는 **부르주아**를 창조하고 그 옆에 자유주의적 기본권과 인권을 주장하는 시투아이엥(citoyen: 공민)을 배치했다. 이러한 야누스의 얼굴은 앞에서 아도르노가 말하는 부르주아 사회의 "합리적 원리"다. 부르주아 사회는 실로 처음으로 포괄적인 자유권을 보장하지만, 자유가 본질적으로 경제적 자유인 까닭에 그야말로 동시에 새로운 억압 시스템을 만들어낸다. 이는 분명히 카를 마르크스가 1844년에 정식화한 인권 비판과 유사하다. 마르크스는 그의 비평문 〈유대인 문제에 관하여〉에서 인간의 권리(droits de l'homme)를 사회로부터 고립되어 자기의 현존재를 이어나가는 이기주의적인 사적 이해관계에 관심을 기울이는 사람의 권리로서 재구성한다. 마르크스에게 보편적 자유권은 개인적 이해관계의 분리에 기반한다. 그것은 "자의적으로(à son gré) 타인과 관계없이, 사회로부터 독립적으로 자신의 재산을 향유하고 처분할 수 있는 권리, 즉 자기 이익의 권리"다. 그리고 그는 다음과 같이 덧붙인다. "이러한 개인적 자유 및 그것의 이러한 적용이 시민사회의 기초를 형성한다. 그것은 모든 사람이 다른 사람에게서 자유의 실현이 아니라 오히려 자유의 제한을 발견하게 한다."[17] 개인의 자율을 실현해야 할 제도적 틀이 실제로는 사적 이해관계를 보장하는 기관으로 나타난다. 근대적 개인의 형식적으로 보장된 자유와 그의 현실적 자결 사이에 놓여 있는 이러한 틈새에 주목하게 만드는 것을 비판 이론은 그 시작 때부터 자기 과제로 바라보았다.

비판 이론에서의 자유

아도르노는 1964년 11월 그의 마지막 역사 철학 강의를, 참석한 학생들 귀에 쏙쏙 들어왔을 다음과 같은 말로 시작했다. "자유를 향한 무매개적 진보는 주장할 수 없다고 말할 수 있다."[18] 그 1년 전에 프랑크푸르트의 뢰머에서는 첫 아우슈비츠 재판이 열렸고, 이를 계기로 잊으려 애썼던 범죄가 복원된 연방공화국(서독)의 의식 안으로 돌아왔다. 이 재판을 통해 한 가지가 분명해졌다. 이성의 책략은 필연적으로 개인의 자결로 이어지는 것이 아니라 홀로코스트와 더불어 인간성 일반의 모든 이념과의 단절로 이어졌다는 것이다. 그런 한에서 아도르노가 자기 강의의 전제로서 처음에 언급한 저 각성시키는 단언은 직접적인 역사적 경험의 배경에 비추어볼 때 너무나도 분명히 이해할 수 있다. 근대 사회는 실제로는 성취되지 못한 자유의 파토스 위에 세워졌다. 바로 이 지점에서 비판 이론의 병리학적 판단이 등장한다.

자연적이고 인위적인 강제로부터 개인의 역사적 해방은 1931년부터 사회철학자 막스 호르크하이머가 이끌던 프랑크푸르트 사회조사연구소에 모인 프랑크푸르트학파의 중심을 이루는 규범적 기준점이다.[19] 이 연구소는 1923년 기업가의 아들인 펠릭스 바일이 자신이 받은 유산으로 사회주의 이론 형성을 뒷받침하고자 설립했다. 전임자인 카를 그륀베르크와 달리 호르크하이머는 소장으로 취임하면서 자본주의 경제 구조와 더불어 심리적 내면생활도 포괄하는 사회 이론 개발을 목표로 삼았다. 심리학자 에리히 프롬, 경제학자 프리드리히 폴록, 문학사회학자 레오 뢰벤탈과 같은 협력자들은 1933년 게슈타포에 의해 연구소가 해산되기 전까지 노동자와 회사원의 정신 상태나 자본주의를 위한 국가의 기능을 헌신적으로 연구했다. 망명 중에도 협력자들은 연구를 계속했고, 그중에서도 아도르노와 호르크하이머는 프랑크푸르트학파의 면모를 일구어냈다. 두 사람 모두 자유와 평등, 형제애라는 계몽주의와 프랑스혁명의 역사적 약속에 항상 결합해 있었다. 바로 그들이 이러한 이상을 견지했기 때문에 그 이상을 이행하지 못한 것은 진보에 대한 어두운 비관주의로 이어졌다. 그래서 현실에서 관찰할 수 있는 것은 개인이 개인성을 박탈하는 문명적 강제에 종속된다는 것이었다. 부르주아 사회에서의 자유에 대한 그들의 비판도 이러한 배경에서 설명된다. 1947년 두 사람은 암스테르담의 한 망명 출판사에서 자신들의 '철학적 단편'을 《계몽의 변증법》이라는 제목으로 출판했다. 이 책은 이전에 뉴욕에서 출간된 바 있으며, 프리드리히 폴록의 50번째 생일에 헌정되었다. 이미 제목에서 드러나듯이 두 사람은 근대의 프로젝트를 결코 낙관주의적 진보 의식과 연결하지 않았으며, 캘리포니아 망명지에서 쓴 1944년 서문에서 분명히 밝혔듯이 그들에게는 그 아포리아에 대한 반성이 문제였다.

> 우리는 사회에서의 자유가 계몽하는 사고와 분리될 수 없다는 데 아무런 의심도 지니지 않는다.—그리고 바로 그 점에 우리의 선결문제 요구의 오류가 놓여 있다. 그러나 우리는 바로 이러한 사고 개념이 구체적인 역사적 형식들, 즉 그 사고가 얽혀 들어간 사회 제도들 못지않게 오늘날 모든 곳에서 일어나고 있는 저 퇴보의 씨앗을 이미 포함한다는 사실을 마찬가지로 분명히 인식했다고 믿는다.[20]

이 영향력 있는 작품은 20세기 서구 사회를 각인한 두 가지 사회적 경험, 즉 자본주의적 대중 민주주의의 출현과 파시즘을 다룬다. 이 경험들로부터 근대의 자유 이념에는 퇴행이나 좀더 극적으로 표현하자면 "자기 파괴"[21]의 가능성이 내재한다는 통찰이 성립한다. 계몽의 모순적 성격은 철학자 군나르 힌드릭스가 강조하듯이 "계몽의 자기 성취가 그 부정으로 전환한다"는 데 존재한다.[22] 다시 말하면 권위주의와 부자유의 위험은 근대 사회 저편에 숨어 있는 것이 아니라 근대 사회 내에서 그 사회의 내적 성질로부터 전개되는 것이다. 이 책은 유럽에서 파시즘이 막 패배했을 때 출간되었다. 그러나 호르크하이머와 아도르노에게 파시즘은 결코 되돌릴 수 없게 극복된 것이 아니었다. 그들의 확신에 따르면 캘리포니아 망명 생활에서 그들은 파시즘과 권위주의적 선전에 공개적으로 동조하지는 않더라도 이를 수용하는 사람들을 만났다.

철학자이자 사회학자인 위르겐 하버마스에 따르면 "거의 잃어버린 주관성의 선사시대"[23]를 기록하고 있는 그리스의 오디세우스 신화를 통해 호르크하이머와 아도르노는 자유롭고 이성적인 의지가 처음부터 지배에 대한 충동을 동반한다는 것을 분명히 보여준다. 하지만 오디세우스가 방랑하는 중에 신화적 형상들과 맞서 싸울 수 있는 것은 그의 책략 덕분이며, 그것도 그가 그들에게 굴복하는 것처럼 보임으로써다. "책략을 부리는 자는 다만 그가 바깥의 형상들과 마찬가지로 자기 자신도 탈주술화함으로써 깎아내리는 그 자신의 꿈을 대가로 치르고서만 살아남는다."[24] 그렇게 함으로써 그는 실로 자기의 독립성을 증명하지만, 소원과 욕망을 포기함으로써 커다란 희생을 치른다. 굶주림에 시달리던 오디세우스의 동료들은 금지령에도 불구하고 트리나키아섬에서 태양신 헬리오스의 소를 잡아먹는다. 하지만 오디세우스는 그 유혹에 저항한다. 얼마 지나지 않아 신의 분노가 다가온다. 배가 항해를 다시 시작한 후 격렬한 폭풍우에 난파된다. 먹기를 포기한 오디세우스만이 살아남는다. 호르크하이머와 아도르노의 《오디세이아》 독해의 요점은 외적 자연에 대한 지배가 자신의 내적 본성의 정복을 대가로 해서만 성취될 수 있다는 데 있다. 그리하여 자아의 문명적 탄생은 포기 및 형성과 분리될 수 없게 결합해 있다. "자기의 자아를 근거짓는 인간의 자기 자신에 대한 지배는 사실상 언제나 그에 봉사하는 데서 그 지배가 생겨나는 주체의 파괴다."[25] 자연의 합리화와 탈주술화는 실로 그때까지 알려지지 않은 자유 공간을 가능하게 하지만, 이 공간은 자기와 타자에 대한 지배에 입각한다. 하지만 그리하여 인간과 자연의 잠재력은 줄어든다. 자연은 그 가공 가능성으로, 인간의 충동 활동은 자기주장으로 환원된다. 저자들은 자율적 개인의 원천이 동시에 그 소멸이라는 역설적 결론에 도달한다. 호르크하이머는 1947년에 출간한 《도구적 이성 비판》에서 이 생각을 현대 산업 자본주의에 적용한다. 이전에 강하고 냉철했던 주체가 결국 "위축된 자아"로 퇴화한다는 것이다.[26] 호르크하이머가 1944년 컬럼비아대학에서 공개 강연을 한 뉴욕 거리에서 회사원들은 옷차림이 서로 닮았을 뿐만 아니라 똑같은 요구를 받으며 일터로 서둘러 달려갔다. 후기 산업 자본주의에서는 독점적 콘체른(Konzern: 법률적으로는 독립되어 있으나 경제적으로 통일된 지배를 받는 기업집단—옮긴이), 관료제, 표준화, 사회적 통제에 적응하여 행동하고 심지어 그에 복종하는 원자화되고 외부적으로 이끌리는 사회적 성격이 생겨난다.[27]

그러므로 비판 이론의 제1세대는 낙관주의적 진보 의식을 거부했다. 그 대신 그들의 연구는 그 후 20세기 말부터 확산한 "패배주의적 파국 정서"[28]의 초기 표현으로 읽을 수 있다. 아도르노는 생애 내내 근대 분업 사회가 실로 물질적 복지를 창조하지만 동시에 개인의 해방 공간을 대대적으로 축소한다는 생각을 견지했다. 1968년 《사회학 강의》에 대한 마지막 강의에서 그는 자기가 사회를 "이제 일단 휩쓸려 들어간" "강제 연합"으로 이해한다고 다시 한번 힘주어 강조했다.[29] 그러나 아도르노를 오해해서는 안 된다. 그는 그렇다고 해서 개인의 자율이나 타자에 대한 개인의 의존성을 내던져 버리지 않는다.[30] "자유의 변증법"[31]에 대한 그의 생각은 언제나 두 측면, 즉 자결과 복종을 포함한다.

1968년 무렵 학생운동에서 유행하고 언뜻 보기에 극도로 각성 효과를 지니는 한 진단이 다른 누구와도 달리 해방의 이념을 견지한 비판 이론의 대표자인 철학자 헤르베르트 마르쿠제에게서 나온다. 1967년 미국에서 처음 출판되고 3년 후에 독일어로 출간된 그의 저서 《일차원적 인간》을 읽으면 분업화한 사회에서 지배가 거의 완전하게 완성된 것처럼 들린다.[32] 왜냐하면 마르쿠제에 따르면 스스로 자립적이고 비판적으로 행동할 수 있는 자유 공간은 전혀 커지지 않았고 반대로 더욱 좁아졌기 때문이다. 억압은 더욱 음험해졌는데, 그 이유는 바로 서구 산업 사회가 유례없는 상품 공급을 통해 물질적 욕구를 충족시키고 성도덕을 최대한 자유화함으로써 직접적인 강제를 내던져 버린 **까닭에** 개인들이 비판적 반성의 능력을 상실했기 때문이다. 개인들은 이제 텔레비전 앞에 앉아 새로운 대중매체가 제공하는 아름답지만 바로 "이미 만들어진 세계"를 보게 되었다.[33] 대중 사회에서 사람들은 다른 사람들과 똑같기를 원하고, 연립 주택 앞에 똑같은 차가 주차되어 있고, 냉장고에는 똑같은 코카콜라 캔이 들어 있다. 사람들의 사고와 존재는 일차원적으로 되었다. 마르쿠제는 계속해서 논의한다, "이 사회에서"

> 생산 기구는 사회적으로 필요한 활동, 기능, 태도뿐만 아니라 개인의 욕구와 소망도 결정할 정도로 전체주의화되는 경향이 있다. 그래서 그것은 사적 존재와 공적 존재, 개인적 욕구와 사회적 욕구 사이의 대립을 평준화한다.[34]

기술 혁신, 노동 시간 단축, 복지 증대는 호르크하이머와 아도르노가 근대 사회에 대해 구성적인 것으로 간주한 욕구 억압과 승화의 필요를 줄인다. 쾌락은 더 자유롭게 전개될 수 있고 더는 도덕적 제한에 부딪히지 않는다. 정신분석학자 지그문트 프로이트는 현실 원리가 쾌락을 외부 세계의 요구에 맞춤으로써, 욕구의 고삐 풀린 충족을 목표로 하는 쾌락 원리가 현실 원리에 의해 제한된다고 가정했다. 그러나 폭넓게 억제가 제거된 사회에서는 정신의 동역학이 변화한다. 이제는 쾌락 원리가 억압에 봉사한다. 바로 이것이 마르쿠제 사회 비판의 핵심이다. 개인은 실로 더 많은 것을 할 수 있지만, 다만 사회가 명령하는 것의 틀 내에서만 그럴 수 있다. 쾌락 원리는 성에 국한된 위축된 형식에서 현실 원리와 동일하다.[35] 그에 따라 쾌락은 해방적 내용을 잃어버리고, 그 결과는 억압적 탈승화다.

> 이러한 새로운 역사적 형식의 현실 원리 아래서 진보는 억압의 수단으로 작용할 수 있다. 더 좋고 더 큰 충족은 아주 현실적이지만, 프로이트의 의미에서는 그것이 개인의 정신에서 쾌락 원리와 자유의 근원을 줄이는 한에서 **억압적**이다.[36]

마르쿠제가 보기에 욕망의 해방적 잠재력은 거짓 대체물(상품, 상업적 형태의 성적 매력, 물화된 친밀 관계 등)로 대체되고, 그것들은 자유의 유혹적인 가상을 만들어내지만, 그로 인해 작동 중인 억압을 보이지 않게 만든다.[37] 그에게는 자본주의 사회의 극복이 행복 추구를 실현하기 위한 필연적 전제였다. 이것은 학생운동의 근본 감정에 상응했다. 1967년, 마르쿠제는 베를린자유대학교의 완전히 꽉 찬 대강당에서 행한 〈유토피아의 종언〉이라는 강연에서 미학적-에로스적 감수성이 발현될 수 있는 해방된 사회의 유토피아적 이미지, 즉 일과 놀이를 연결하는 삶의 세계를 그려 보였다.[38]

하지만 고도로 산업화한 사회에서는 리비도적으로 추동되는 개인의 해방 가능성이 줄어들 뿐만 아니라 이러한 한계로 인해—여기서 마르쿠제는 전적으로 프랑크푸르트학파의 근본 사상을 따른다—그에 더하여 퇴행적 잠재력도 방출된다. "양심의 상실",[39] 그러므로 어느 정도 인륜성의 방임에 도달하는데, 이는 우리의 분석에서 중요시될 관찰이다. 근대 사회에서 제도가 매개하던 개인의 욕망과 사회적 요구의 갈등으로 가득 찬 동역학이 개인의 쾌락 획득을 위해 해소된다면, 욕구가 최대로 충족된 개인의 도덕적 판단력도 줄어든다. 이것은 초자아가 단지 주변적으로만 두드러지는 까닭에 "이 사회의 악행에 대한 수용"[40]을 손쉽게 만든다. 억제되지 않은 행동은 도덕적 매개변수가 없으면 더는 비인륜적 일탈로 지각될 수 없다. 그로 인해 언제든지 자의적으로 선택한 대상으로 향할 수 있는 "충동에 의해 규정된 …… 공격 에너지"[41]가 돌파구를 찾아 나온다. 경쟁과 착취에 기반한 사회에서 충동의 폭발은 파괴적이다. 마르쿠제가 여기서는 암시하는 데 그치고 있는 정치적 결과를 그의 이전 동료이자 훗날의 적수인 에리히 프롬은 이미 일찍부터 자세히 다룬 바 있다.[42]

프롬은 1930년부터 프랑크푸르트 연구소 사회심리학 부문의 리더였으며, 오랫동안 이론적 측면에서 가장 중요한 협력자로 여겨졌다.[43] 그러나 그 후 미국 망명 중에 그와 호르크하이머, 아도르노 사이의 의견 충돌은 더욱 잦아졌다. 프로이트에 대한 프롬의 비판은 두 사람의 마음에 들지 않았다. 물론 그들도 정신분석을 비판했지만, 그것은 좌측으로부터였다. 프롬의 인문주의적 인간관, 인간 행동의 자발성에 대한 강조는 그들의 유물론적 지향과 모순되었다. 그리 원만하지 않게 연구소를 떠난 후 프롬은 1941년에 《자유로부터의 도피(Escape from Freedom)》를 발표했는데, 이 책의 독일어 번역본은 《자유에 대한 두려움(Die Furcht vor der Freiheit)》이라는 제목으로 출간되었다. 그러나 원래의 영어 제목이 내용을 훨씬 더 잘 포착한다. 이 책에서 프롬은 권위주의적 성향을 근대적 자유로부터의 도피로 이해하려고 한다. 개인에게서 자결 대신 고립과 무력함의 부정적 감정을 조장하는 자유로부터 말이다. 비록 이전 동료들로부터 수정주의적 프로이트 해석이라는 비난이 쏟아지긴 했지만, 프롬은 거기서 나중에 《계몽의 변증법》에서도 발견될 이념을 전개한다. 권위주의적 성격을 이루는 지극히 자발적이고 때로는 즐거운 '복종'은 그에게 있어 인간 자유의 변증법적 성격에 대한 잘못된 해결에서 비롯된다. 파시즘적이고 권위주의적인 정치 체제를 이해하기 위해 프롬에게는 "자유의 이중적 면모"[44]를 그것의 지극히 현실적인 모순 속에서 제시하는 것이 논리적이다.

> 한편으로 문제가 되는 것은 힘과 통합이 증가하고 자연을 극복하며 인간 이성의 능란한 구사가 증대되고 다른 인간과의 연대가 성장하는 과정이다. 그러나 다른 한편으로 이러한 개체화의 증대는 또한 고립과 불확실성의 증가를, 그리고 이에 조건지어진 우주에서 자신의 역할과 자기 삶의 의미에 대한 의구심의 증가를, 그리고 이 모든 것에 조건지어진 개인으로서의 자신의 무력함과 무의미함에 대한 감각의 증대를 의미한다.[45]

프롬은 자유를 향한 인간의 개체발생적 발전과 사회적 발전 사이의 유사성을 관찰한다. 아이는 일차적 유대 관계에서 벗어나 자기의 자아를 형성하고, 이를 통해 자기의 자율과 동시에 약함을 알게 된다. 프롬에게 있어 증대되는 개인화의 사회적 진보는 전적으로 비슷하게 조직된다. 근대에 제한과 강제로부터 해방된 개인은 실로 비판적 판단 능력으로 자유 의지를 형성하지만, 그로 인해 새로운 의심에 시달리게 된다. 헝가리의 공산주의 철학자 죄르지 루카치가 그의 초기 저서 《소설의 이론》(1920)에서 아주 날카롭게 "초월론적 정처 없음"[46]이라고 표현한 부르주아적 시간 감각을 프롬은 그리하여 사회심리학적 토대 위에 놓는다. 초월론적 관련의 해소에서 결과하는 계몽된 삶의 내재성은 개인의 정서 살림살이에 이를테면 해방적이고도 압도적인 결과를 지닌다. 루카치가 탐구한 소설 주인공들처럼 근대의 개인은 자신의 소망과 열망에 반하는 혼란스러워진 세계 속에서 방황한다.

이러한 부정적 해방은 프롬에게는 호르크하이머와 아도르노의 경우와 비슷하게 실로 기술적으로는 합리적으로 조직되어 자유 공간을 확대하지만, 사회적으로는 비합리적 결과를 초래하는 산업적-자본주의적 자연 지배로부터 따라 나온다. "정반대로 인간에 의해 창조된 이 세계는 인간이 경배하는 그의 주인이 되었다."[47] 독일에서는, 그러나 또한 미국에서도 20세기 초에는 대기업들이 시장을 장악했고, 이들의 독점으로 인해 경제 역동성이 점점 더 위험에 처했다. 프롬이 여전히 철저한 마르크스주의적 어법으로 정식화하고 있듯이 개인은 이러한 "독점자본주의"에서 외부적 강제에 굴복한다. 경제 위기나 카르텔의 우위는 개인에게 자신이 꼼짝없이 내맡겨진 어둠의 세력에 의해 조종되고 있다는 느낌을 불러일으켰다.[48] 사회 제도가 개인에게 안전과 유대가 결핍해 있다는 느낌을 안겨준다면, "이 공허한 공간은 자유를 견딜 수 없는 부담으로" 만든다.[49] 이러한 속박**으로부터의** 자유는 프롬에 따르면 복종에 대한 소망으로 이어진다. 권위주의는 위협적인 외부 세계와 불안정한 자아 사이의 긴장을 해소하려는 퇴행적 시도다.

프롬의 구상과 함께 자유의 비판 이론은 전환점을 맞는다. 프롬은 이전의 동료들과 마찬가지로 소극적 자유의 권위주의적 위험을 본다. 그러나 그는 호르크하이머나 아도르노와는 달리 적극적 자유의 이상을 정식화한다. 그 당시 여전히 마르크스주의의 영향을 강하게 받고 있던 동료들과의 단절은 그의 인간상에서 분명해진다. "인간은 사랑과 노동에서 세계와 자발적으로 관계 맺고 이러한 방식으로 자신의 정서적·감각적·지적 능력을 참으로 표현할 가능성을 지닌다."[50] 그런 까닭에 프롬에게 근대적 자유의 이율배반은 퇴행적으로 권위주의적 지배와 복종을 통해서나 **아니면** 세계에 대해 응답하는 관계를 통해 해결될 수 있다. 《자유로부터의 도피》 부록에서 그는 이 점을 자신의 사회심리학과 프로이트의 정신분석학의 결정적 차이라고 강조한다. "심리학의 핵심 문제는 개인의 성적인 충동적 욕망의 충족이나 좌절이 아니라 개인이 세계와 관계 맺는 특정한 방식의 문제다."[51] 그는 충동의 결정론에 반대하여 사람들의 자유롭고 자발적인 관계 맺기 능력을 정립한다. 프랑크푸르트의 동료들에 대한 함축적 청산처럼 읽히는데 이는 동시에 공감을 경험하거나 차단할 수 있는 상호주관적 구조를 포함하도록 자유의 근대적 문제틀을 확장한 것이다.[52]

비판 이론 제1세대의 자유 모델을 이렇게 간략히 살펴보는 것으로도 한 가지 근본 사상이 분명하게 드러난다. 즉 낙관주의적 진보 의식의 환상을 급진적으로 파괴함으로써 그들에게는 근대적 자유의 프로젝트가 처음부터 변증법적으로 구조화된 것으로, 그리하여 역사적 과정에서 병리학과 위험에 이르는 것으로 여겨지는 것이다. 개인적 자유가 사회적 진보에서 드러내는 이율배반은 그 자유 자신 속에, "다시 말하면 우리는 현실적이고 지극히 실재적으로 자유로운 동시에 자유롭지 않다"는 데 놓여 있다.[53] 그래서 분업적으로 조직된 시장 사회에서 순수하게 형식적인 자유에서 도출되는 결과는 법적으로는 자유롭지만 사실상 자기 자신에 관해 결정할 수 없다는 모순이다.

이러한 생각은 비판 이론에서 내부적으로 두 가지로 분화되어 제시되는데, 그것들은 역사적으로 20세기 초의 조직된 자본주의를 배경으로 이해해야 한다. 첫 번째 것은 포괄적 자유화를 통해 새로운 자유의 공간을 창출했지만, 그와 더불어 역설적으로 예기치 못한 행동과 사고의 순응을 낳음으로써 최종적으로 해방 공간을 축소한 후기 산업적 근대에서의 해방의 역설에 관계된다. 우리는 자유주의적 자유의 해방적이고 속박을 풀어내는, 그러나 그 핵심에서 파괴적인 힘을 강조한 마르쿠제를 상기하고자 한다. 두 번째 것과 더불어서는 경쟁과 독점의 특유한 얽힘에서 파생되는 개인적 자유의 어쩔 수 없는 성격이 덧붙여진다. 인간들 사이의 관계는 경쟁 형식으로 조직되고, 노동 세계는 대기업의 힘에 의해 각인된다. 이는 앞에서 프롬에게서 보았듯이 권위주의적 반응 방식에 감염되기 쉽게 만드는 고립과 의존성의 감정을 불러일으킨다.

초기 비판 이론의 역사적으로 발전된 관점들은 그 뉘앙스에서는 구별되지만, "후기 자본주의의 조건에서 개인은 살아남을 기회를 거의 갖지 못한다"는 점에서는 비교적 일치한다.[54] 그러나 지난 50년 동안 개인은 새로운 활력을 얻어냈으며, 많은 분야에서는 그 어느 때보다 더 개인주의적이다(따라서 비판 이론의 관점에서는 더 순응주의적이기도 하다). 근대의 섬세한 진단자인 지그문트 바우만이 보기에 "개인"은—그는 개인의 개별성에 대한 의심을 구문론적으로 규정하기 위해 개인을 의식적으로 인용 부호 안에 놓았다—"생각해낼 수 있었을 뿐인 모든 자유, 그가 희망한 모든 자유를 제공"받았다.[55]

현대에 자유의 비판 이론은 이러한 변화를 고려해야만 한다. 비판 이론은 근대적 개인의 내재적 긴장에 대한 해석을 유익하게 이용할 수 있지만, 이것을 새로운 사회 상황과 조화시킬 것을 요구받고 있다. 고전적 비판 이론은 전체주의를 바라보며 등장했고 "조직된 근대"[56]의 조건 아래 더욱 발전했다. 이러한 근대는 "우발성, 다양성, 모호성, 고집, 특이함의 결의 굳은 적"이었다.[57] 근대는 위로부터 규제되고 표준화되었으며, 근대의 사회 제도는 개인을 실로 도덕적으로 비난한 것이 아니라 동질적인 삶과 돈벌이 기회를 통해 관리되는 세계로 밀어넣었고, 그로 인해 개인은 소외되고 고립되었다. 오늘날 우리는 다른 사회에서 살고 있다. 후기 근대는 가속화되고 유동적이며 영구적인 분화에 놓여 있다.[58] 욕망·소망·환상은 더는 해방될 필요가 없다. 기껏해야 외적 제한에 의해 차단되는 인간 능력의 고유한 잠재력으로서의 해방 이념은 변화된 사회 조건 아래 새롭게 조정되어야만 한다.[59] 이전에는 가장 광범위하게 제도와 사람, 공적인 것과 사적인 것 사이의 사회적 차이로 뻗어나간 이율배반을 이제는 개인이 스스로 감당해야만 한다. 그 긴장은 개인에게서 활동적으로 끓어오르고 폭발로 치닫는 갈등하는 감정 상태의 흐름으로서 계속해서 작용한다. 현대의 비판 이론은 더는 억압적 사회의 위험에 대해 개인을 계몽해야만 하는 것이 아니다. 오히려 그것은 사회에 반항하는 개인이 자기 자신에 대해 경계하도록 요구받고 있다. 비판 이론이 본래 주체성을 해방의 원천으로 간주하는 이념을 기반으로 했다면, 이제 문제가 되는 것은 공론장의 공간을 자유의 영역으로 회복하는 것이다.

자유주의와 권위주의

자유주의 사회가 파시스트 독재로 변형된 극단적인 역사적 경험을 전제할 때 권위주의와 자유주의는 비판 이론이 보기에 상호 배타적인 대립물이 아니다.[60] 마르쿠제는 《문화와 사회》 1권 서문에서 사회조사연구소의 동료들과 공유한 다음과 같은 확신을 강조한다. "전체주의적 폭력과 전체주의적 이성은 자기의 자유주의적 과거를 극복하고 그 역사적 부정을 동화하려고 하던 …… 기존 사회의 구조에서 비롯되었다."[61] 자유주의 사회는 시민을 위한 자유 공간을 보장하는 데서 정당성을 끌어내지만, 전체주의 사회는 정의상 사회적 공동생활의 거의 모든 영역을 통제하려고 한다. 마음대로 할 수 없는 공간은 그들에게 눈엣가시다. 전체주의 사회는 이를 개인의 의지에 대한 국가 권력의 주권에 기반하는 전통적 권위주의와 공유한다.

미국 망명 중에 사회조사연구소의 협력자들은—특히 부르주아적 자유의 권위주의로의 전환을 설명하기 위해—자유주의 사회를 그 전체주의적 지양과 결합하는 결절점을 확인하는 작업으로 향했다. 권위주의적 조치는 비판 이론에서 자유주의의 어두운, 그러나 결코 본질적으로 낯설지 않은 종양으로 여겨졌지만, 이 자유주의는 사유재산에 대한 자유로운 처분권을 방어하는 데 필요한 경우 국가의 폭력 독점에 의지했다. 마르쿠제는 자유주의적 시기에는 의회의 정책 형성 가능성을 제한하거나 노동운동과 노동조합을 탄압하고 또는 사회정치적 권리 및 사상의 자유와 언론 자유를 축소하는 등의 형태로 "국가 폭력의 폭력적 개입"[62]이 매우 흔했다고 지적한다. 아니, 자본주의 사회의 발생 자체는 마르크스가 본원적 축적 과정을 특징짓고 있듯이 "인류의 연대기에는 피와 불의 특징이 새겨져" 있다.[63] "방랑자가 된 시골 사람들은 기괴하고 테러적인 법으로 채찍질 당하고 낙인찍히고 고문을 당하며 임금 노동 체계에 필요한 규율에 길들여졌다."[64] 그리고 나중에도 그것은 마찬가지였다. "경제적 관계의 말 없는 강제"가 주민의 저항을 깨지 못하면 국가는 "직접적 폭력"에 의지했다.[65] 소유의 자유는 자본주의가 시작된 이래로 필요한 경우 권위주의적 수단으로 관철되어왔다.

국가사회주의자의 권력 장악 1년 후인 1934년 사회조사연구소의 저널에 마르쿠제의 통찰력 있는 논문 〈전체주의적 국가관에서 자유주의에 대항한 투쟁〉이 실렸다. 그 1년 전에 망명한 마르쿠제는 파시스트 국가가 자유주의 이념과 거리를 두는 듯이 시위하는 제스처 뒤에는 자본주의 경제 관계의 "근본 구조"[66]가 계속 존재하고 있으며, 더 나아가 필요한 경우 권위주의 독재가 사유재산의 자유로운 처분권을 의회 법치국가보다 더 잘 보호할 수 있다고 관찰한다. 자신의 테제를 뒷받침하기 위해 마르쿠제는 다름 아닌 자유주의 사회 이론의 중요한 창시자인 루트비히 폰 미제스를 인용한다. 미제스는 1927년에 다음과 같이 썼다.

> 파시즘과 이와 유사한 모든 독재적 노력이 최선의 의도로 가득 차 있으며, 그러한 것들의 개입이 현재 유럽 문명을 구했다는 것은 부인할 수 없는 사실이다. 이로써 파시즘이 쌓은 공적은 역사에 영원히 살아남을 것이다.[67]

여기서 미제스가 "최선의 의도"라고 표현하는 것은 사회주의와 국제 노동운동에 대항한 투쟁이다. 그러나 파시즘에 대한 그의 평가를 오해해서는 안 된다. 미제스에게 권위주의적 국가 폭력은 자본주의적 상품 유통을 내부와 외부의 적으로부터 방어하기 위한 최후의 수단일 뿐이었다. 권위주의적 지배 기획과 자유주의의 결합이 결국 실행에 옮겨질 것이라는 사실을 마르쿠제는 망명 1년 전에 경험해야만 했다.

1932년 보수 우파 헌법학자인 카를 슈미트는 라인란트와 베스트팔렌주 경제인 연합인 랑남 협회의 초청으로 '강한 국가와 건강한 경제'라는 제목으로 강연했다.[68] 거기서 제안된 '전체적 국가(totaler Staat)'의 두 가지 형식의 구별로 인해 이 강연은 초기 질서자유주의에 대해 중요한 참조점이 되었다.[69] 첫 번째 국가 형식, 즉 "특히 강한 국가"는 슈미트에게 "**질과 에너지라는 의미에서 전체적**"이다. 그에 반해 두 번째 형식은 단순히 "**강도와 정치적 에너지가 아닌 순수하게 양적인 의미에서, 즉 단순한 총량의 의미에서 전체적**"이다.[70] 그가 두 번째 국가 형식을 의회 민주주의와 동일시하는 것은 놀라운 일이 아니다. 의회 민주주의는 거의 모든 삶의 영역으로 확장되기 때문에 실로 총체적이지만, 그로 인해 동시에 취약하기도 한데, 왜냐하면 의회 민주주의에는 정당과 조직된 이익집단에 맞서 관철할 힘이 없기 때문이다. 그에 반해 그가 첫 번째로 언급한 국가 형식인 파시스트 국가는 "예상하지 못한 새로운 권력 수단"을 소유한다. 이 국가는 자기의 대내외적 안정성을 수호하기 위해 새로운 기술적-군사적 및 선전적-미디어적 도구들을 통합한다.[71]

슈미트가 묘사한 "전체주의적 국가(stato totalitario)"[72]는 그의 강연을 주의 깊게 경청한 기업가들에게 경제 자유주의에 대한 완전히 새로운 해석으로 보였음이 틀림없다. "강한 국가와 건강한 경제"라는 정식은 국가 이익을 자유주의 경제 질서의 이익과 동일시한다. "경제적 자치"[73]의 영역은 정치적 개입으로부터 자유로워야 하지만, 국가의 권위는 **민중**(demos)의 요구를 억압하는 데 이바지한다. 슈미트의 슬로건은 노동

운동의 정치적 항의를 억압하기 위해 국가의 사회적 관심사로의 확장과 동시에 경제의 탈정치화였다. 그런 까닭에 억압적 국가기구는 슈미트에게 자유로운 상품 유통을 보장하는 데 적합한 도구로 보였다. 프랑스 철학자 그레구아르 샤마유는 그의 연구 《통치할 수 없는 사회》에서 슈미트의 기획을 다음과 같이 적절하게 요약한다. 사적 자치는 "의문시되는 것이 아니라 반대로 확장되고 침해할 수 없는 것으로 선언"된다.[74] 권위주의적 부자유가 경제적 자유에 봉사하게 되었다. 슈미트를 초청한 경제 엘리트들에게는 그야말로 유망한 미래처럼 들리지 않을 수 없었지만, 비판 이론에 대해서는 문명적 퇴행의 틀림없는 징후였다.

경제 자유주의와 권위주의적 국가의 이러한 정황에 대해 사회민주주의 법학자이자 헌법학자인 헤르만 헬러는 1933년—헬러가 독일을 탈출하여 에스파냐 망명 중에 사망한 해—에 슈미트를 비판적으로 독해해 나가는 가운데 "권위주의적 자유주의"라는 표현을 주조해냈다.[75] 헬러에게 권위주의적 자유주의의 결정적 징표는 "사회 정책으로부터 권위주의 국가의 퇴각"과 "경제의 탈국유화"였다. 이는 독재적으로 관철될 수 있을 뿐, 어느 경우에도 국민의 의지에 기반할 수 없는 계획이었다.[76] 이러한 형식의 자유주의는 국가가 국민에 대한 주권적 의사 결정권을 주장하기 때문에 **권위주의적**이다. 하지만 경제 문제에 대한 어떠한 국가 개입주의도 부정하기 때문에 여전히 **자유주의적**이다. 그런 까닭에 권위주의적 자유주의의 가장 단순한 규정은 다음과 같다. "권위주의적 자유주의는 **민주주의 없는 자유주의**다."[77] 이러한 일반적 이해 배후에 반드시 독재가 숨어 있는 것은 아니지만, 권위주의적 자유주의는 샤마유가 강조하듯이 "경제적 금지로서의 정치적 의사결정 영역의 한정(그것의 **자유주의적** 변형)이 정치적 의사결정에 대한 하위의 압력 수단의 제한(그것의 본래적인 **권위주의적** 변형)과 결합하는 모든 상황에 적용될 수" 있다.[78] 이렇게 볼 때 이 개념은 결코 모순을 담고 있지 않으며, 오히려 자유를 단지 개인의 이해관계라는 의미에서만 생각할 수 있는 자유주의적 자유 이념의 아포리아에서 비롯된 것이다.[79]

헬러와 같은 해에 사회조사연구소의 창립 구성원인 프리드리히 폴록은 다음과 같이 요약했다. "종말에 다가가는 것은 자본주의가 아니라 그것의 자유주의적 단계일 뿐이다."[80] 염려하는 망명 관찰자들에게 권위주의적 자유주의는 20세기 자본주의의 형태 변화에 그 뿌리를 둔 역사적 가능성이었다. 1929년 미국에서 발생한 대공황이 그 후 몇 년 동안 거의 유럽 전체를 휩쓸었다. 폴록은 대형 은행의 팽창적 신용 정책, 경제 집중의 심상치 않은 증가〔독일에서는 1925년 세계 최대 화학 콘체른인 이게파르벤(IG Farben) 주식회사가 설립되었고, 1년 뒤에는 유럽의 최대 광산 기업인 페라이니히테 슈탈베르크케(Vereinigte Stahlwerke)가 뒤따랐다〕, 상품 가격 붕괴 등 두드러지는 공황의 징후를 기록했다. 경쟁을 완전히 마비시키지는 않더라도 느슨하게 만드는 독점과 카르텔로 향하는 경향으로 인해 자본주의는 이제 거의 필연적으로 강력한 국가 폭력이 필요했고, 이는 안으로는 억압적으로, 밖으로는 호전적으로 방출되었다. 폴록은 독일과 이탈리아뿐만 아니라 뉴딜 정책으로 공황을 빠르게 수습한 미국 루즈벨트 행정부도 독재적 조치를 주저하지 않은 국가 자본주의적 개입주의의 예로서 언급했다. 구성원들을 관리하는 관료적 제도와 표준화된 소비를 지향하는 산업적 대중문화는 자유의 공간을 급격히 축소했다. 이는 필연적으로 이 사회의 사회적 성격에 영향을 미쳤다.

1940년대 중반, 아도르노는 엘제 프렌켈브룬스비크, 대니얼 J. 레빈슨,

R. 네빗 스탠퍼드와 함께 캘리포니아 버클리에서 《권위주의적 성격 연구》를 수행했는데, 이는 비판 이론의 가장 중요한 문서 가운데 하나가 될 터였다. 뉴딜 시대의 미국 사회에서 연구자들은 스스로 결정하는 성숙한 개인뿐만 아니라 권위를 믿고 고정된 가치 요소에 매달리며 이를 의심 속에서 공격적으로 옹호하는 사람들을 만났다. 그들은 이 현상을 경험적으로 규명하고자 했다. 그 배경에는 개인의 성격 구조가 "반민주적 선전"[81]에 취약해질 수 있으며, 개인의 사고와 행동을 체계적으로 제한하는 사회 제도가 장기적으로 인격 성향에 영향을 미친다는 성찰이 놓여 있었다. 이를 조사하기 위해 버클리 그룹은 한편으로는 인터뷰를 수행하고, 다른 한편으로는 권위주의적 태도를 측정하기 위해 고안한 약 40개 문항의 설문지(이른바 파시즘 또는 F 척도)를 개발하여 2000명에게 배포했다. 이 척도의 특별한 점은 일반적인 여론조사를 훌쩍 뛰어넘었다는 것인데, 왜냐하면 개인적 견해와 삶을 영위하는 관습을 상당히 포괄하는 주제였기 때문이다.[82] 〈'권위주의적 성격'에 대한 소견〉에서 아도르노는 그 수단을 다음과 같이 해명했다. "소수자에 대한 선입견의 모든 측면은 매우 정서적이고 비합리적인 욕망 및 메커니즘과 아주 밀접하게 결합해 있으므로 합리적 설명 발상은 필연적으로 피상적이고 기만적일 수밖에 없다."[83] (예를 들어 "동성애는 특히 타락한 종류의 범죄이며 엄하게 처벌해야 한다"와 같은) 몇몇 진술은 오늘날 우리에게 다소 시대에 뒤떨어진 것으로 보일 수 있지만, 다른 진술들은 마음을 사로잡을 정도로 현실적이다("대부분의 사람이 생각하는 것보다 훨씬 더 우리의 삶은 정치인들이 은밀하게 꾸미는 음모에 의해 결정된다").[84] 개별 명제는 다소간 중심적 인격 특성을 묘사하는 것으로 생각되는 징표에 할당되었다.[85] 이상화된 권위에 대한 복종(**권위주의적 굴종**), 규범 위반에 대한 비난과 처벌(**권위주의적 공격**),

환상과 감수성에 대한 거부〔반(反)직관화〕, 운명에 대한 믿음과 경직된 사고(미신과 고정관념), 이분법적 권력 사고와 우월성에 대한 환상(권력 사고와 힘 자랑), 일반적 적대감(파괴성과 냉소주의), 무의식적 욕구 충동의 외부 세계로의 전이(투사성), 성에 대한 과도한 몰두(성).[86] 이것들이 결합하여 출현한다는 것은 아도르노와 그의 동료들에게 권위주의 증후군의 신호였다.

연구진은 권위주의 성향이 높을 것으로 추측한 선발된 집단들(예를 들어 전직 참전 용사들이나 캘리포니아 샌퀜튼 교도소 수감자들)과 더불어 무엇보다도 우선 미국에서 태어난 백인 중산층 구성원을 대상으로 설문조사를 실시했다. 그들이 도달한 결과는 노동자와 중간계급 구성원 모두 똑같은 정도로 반민주적 태도를 드러낸다는 것이었다.[87] 오직 "자유주의 성향"[88]과 진보적 가치 경향을 지니는 사람들만이 이 유혹에 저항하는 것으로 보였다. 그러나 그 밖의 시민들에게서는 그들의 비판적 판단 능력을 빼앗고 또한 그들의 일상적 행동과 반드시 일치하는 것은 아닌 내적인 힘이 분명히 작용하고 있었다.

비판 이론의 핵심 성찰은 권위주의적 사회 구성체가 반드시 외적 강제에만 근거할 필요는 전혀 없으며, 그에 예속된 자들 편에서의 자발적이고 때로는 즐거운 긍정을 동반할 수 있다는 것이었다. 그러므로 프랑크푸르트학파에 있어 권위주의는 단순한 지배 형식 이상이었다. 권위주의는 개인을 사회적 심급에 다시 묶어주는 정신 역동학적 제어판이었다. 이러한 통찰에는 1934년 뉴욕으로 이주한 직후에 이미 시작된 공통의 사고 과정이 선행했다. 1936년에 발표된 거의 1000쪽에 달하는《권위와 가족에 관한 연구》에서 젊은 에리히 프롬은 사회심리학 부문 연구를 맡았다. 그는 많은 사람이 너무도 깊이 의존성 속에 있을 때 비로소 행복해 보이는 데 반해, 다른 사람들은 그 어떤 원칙이 객관적으로 철저히 이성적임에도 불구하고 그에 반항한다는 것을 관찰했다. 상위 심급에 대한 반응이 아무리 상이할지라도, 프롬에게 그것은 두려움과 경외심, 경탄과 증오 사이에서 주저하는 권위주의의 양면적인 감정 문화에서 발원했다.[89] 이 통찰을 그는 성공작인 《자유로부터의 도피》에서 추적해야 했다.

프롬은 아랫사람과 윗사람을 묶어주는 정서적 접합제의 흔적을 찾는 초기 연구에서 나중에는 거부하게 되는 프로이트의 충동 이론에 여전히 의존했다. 프로이트에 따르면 정신적 심급으로서의 초자아는 자신의 충동을 억제해야 하는 문명적 필요에서 형성된다. 의심 속에 있는 자기의 구성원을 강압적 수단으로 규율하던 사회 제도의 외적 폭력은 초자아와 더불어 내면화해 계율과 금지라는 내적 폭력으로 변형된다. 프롬에게서도 마찬가지로 이렇게 내면화한 사회의 대행자는 뒤따르는 단계에서 또다시 도덕, 양심, 힘의 의인화로 나타나는 외적 권위 심급으로 투사된다.[90] 그런 까닭에 권위 관계는 변증법적으로 생각되어야 하는바, 그것은 내면화한 사회의 외부화다.

> 한편으로 초자아는 내면화한 권위이고 권위는 인격화한 초자아이며, 다른 한편으로 이 둘의 공동작용은 아주 놀라운 정도로 사회적 실천의 특징을 이루는 자발적 순응과 복종을 만들어낸다.[91]

그러나 충동의 포기가 내적 욕망과 외부 요구를 저울질할 줄 아는 강한 자아에 의해서가 아니라 오직 권위에 대한 정서적 애착에 의해서만 이루어질 수 있게 되면 자신의 굴복뿐만 아니라 또한 타인의 정복에 대한 욕구를 동반하는 사회적 병리학이 형성된다. 그런 까닭에 프롬에게는 그 구성원이 비대칭적 의존성 구조로 통합된 권위주의 사회에서는 "경제적 구조"에 의해 산출된 권위주의적·마조히즘적 성격이 형성된다.[92] 왜냐하면 부르주아 사회에서와 마찬가지로 권위주의 사회에서도 개인은 심원한 우발성에 노출되어 있기 때문이다. 자신의 삶을 통제하는 것은 말할 것도 없고 자신의 삶을 꿰뚫어 볼 수도 없는 까닭에 복종하려는 욕망뿐만 아니라 지배하려는 욕망도 동반하는 저 양면적 성격에 쉽게 빠지게 하는 의존 감정이 산출된다.—이는 우리가 이미 그의 후기 작품에서 알고 있는 논증이다. 그에 따르면 자신의 무력감이 증가할수록 사디즘적 욕망도 커진다. 실제 대상(프롬은 여기서 어린이와 여성 또는 동물의 특별한 중요성을 지적한다)이든 상상의 적 또는 사회적 소수자이든 그에 대한 사디즘적 충동은 사회적 위계 구조에서 더 아래에 자리매김하는 저 모든 것을 폭력적으로 지배하려고 한다.[93] 이것은 끊임없이 운명적인 연쇄를 찾는 마조히즘적 사고와 단지 가상적으로만 모순된다. 이 사고는 또한 잠재적으로 통제할 수 없는 세계를 통제하기 위해 노력하지만, 여기서 무력함은 더 높은 힘과의 동일시를 통해 극복된다. "삶은 개인과 그의 의지 및 그의 이해관계 바깥에 놓여 있는 힘들에 의해 규정된다. 사람은 그 힘들에 따라야만 하며, 이 복종을 즐기는 것이 최종적으로 도달할 수 있는 행복이다."[94] 물론 연구소 협력자들이 미국에 들어온 것은 경제 공황의 정점이 이미 지난 것으로 보인 시점이었지만, 주민들 사이에는 여전히 커다란 불안감이 존재했다. 프롬에 따르면 사회적 상황이 통제 불가능하면 할수록 개인에게서는 권위주의적 성격 구조가 그만큼 더 활성화된다.

사회조사연구소와 밀접히 연결되어 있던 정치학자이자 헌법학자 프란츠 L. 노이만은 거의 20년 후에 이 생각을 다루었다. 1954년 베를린 자유대학교에서 명예박사 학위를 수여받은 것을 계기로 행한 강연 〈불안과 정치〉에서 그 역시 프로이트에서 출발하여 욕구 충동의 억압을, 실제적 위협으로부터 분리되어 자유롭게 떠돌면서 자신의 자존감을 보호하기 위해 상상적인 것도 포함한 모든 위험을 피하려고 하는 "신경증적 불안"의 동력으로 해석한다.[95] 사회적 박탈 불안에 대한 방어의 결정적 측면은 권위주의적 지도자와의 동일시다. 이를 통해 권위주의적 성격은 그 자신에게 거부된 권력에 참여한다. 그런 까닭에 노이만은 대중을 전(前)합리적으로 동원할 수 있는 강력한 정치적 정서가 불안이라고 생각한다. 자신의 사회적 지위를 위협하는 사건이 계속해서 이해될 수 없을 때 효력을 얻는 '역사 음모론'은 불안에서 비롯된다.

> 대중은 한 사람과의 절대적 합일을 통해 불행으로부터의 구원을 바라는 것과 마찬가지로 대중에 대한 음모를 통해 세계에 불행을 가져온 특정한 사람들에게 자신의 불행을 돌린다. 역사 과정이 의인화된다. 커다란 격변으로 인해 산출된 모든 것에 대한 증오와 원한 및 불안은 악마적 음모자로 고발되는 특정한 사람들에게 집중된다.[96]

사람들에게 혼란스럽고 이해할 수 없는 것으로 나타나고 잠재적 적대자로 마주치게 되는 사회는 궁극적으로 사람들을 사회 현실로부터 소외시킨다. 그러한 사회는 수동적으로 운명에 순응하는 대중을 만들어낼 뿐만 아니라 상상적 위협에 대항하는 파괴적 활동을 활성화한다.

2

의존성 속의 자유: 개인화의 변증법

개인이 되는 것—더 정확히 말하면 개인이 될 **수 있다**는 것—은 근대 사회의 위대한 약속이다. 전근대에는 출생과 가문이 한 사람의 신분과 지위를 결정했고, 그 신분과 지위는 평생 고정적이었다. 사람들 사이의 불평등은 자연스러운 사실로, 신적 질서의 일부로 여겨졌고, 그에 기초하여 모든 사람은 자기 조상에게서 물려받은 자리를 차지했다. 농민 가족의 아들딸로 태어난 사람은 농민이 되었다. 대장장이의 아들은 나중에 그 자신이 망치를 들고 모루 앞에 섰다. 오직 소수만이 특별한 성과를 통해 신분의 한계를 넘어설 수 있었다. 요컨대 사회적 지위는 세습되었고 상승이나 해방의 여지도 거의 없었으며 달아날 수도 없었다. 가족 구조도 고유한 삶의 과정과 마찬가지로 정태적이었다. 실로 도시에는 이미 좀더 커다란 개인적 자유를 누리는 자유로운 (대부분 남성) 시민이 있었지만, 농노인 농민은 여전히 공간적으로 매여 있었고 부역을 해야만 했다. 그때 자신의 삶을 스스로 결정할 수 있기를 바라는 소망은 부르주아 자유 운동의 집단적 상상력이었다. 그러나 봉건주의의 지배에서 해방된 자유 시민도 아직은 자신의 삶을 자율적으로 형성할 수 있는 자유로운 개인이 아니었다. 여전히 각각의 신분이 행동 규범, 직업관, 예술적 취향, 배우자 선택을 규정했다. 오늘날의 후기 근대적 개인은 역사적으로 사회적 변화의 결과이자 동시에 주도자인바, 이러한 역사적 되어감(Gewordenheit) 속에서만, 그의 변형들로부터만 이해될 수 있다.

현대 사회에서 개성은 다양한 형태로 나타나고, 그것은 다양한 정체성, 생활양식, 가치관의 모자이크이지만, 그 안에는 하나의 포괄적인 모범이 반영되어 있다. 근대의 개별 역사적 단계는 개인의 행동과 사고 및 감정을 주조한 특수한 사회적 성격과 연결되어 있었다.[1] 18세기와 19세기의 자유주의적-부르주아적 근대에는 무엇보다도 존경을 추구한 도덕적-주권적 개인, 부르주아(시민)가 등장했다. 그는 자신의 삶을 신분에 맞게 영위하기를 원했고, 따라서 자신의 사회계급에 순응하기 위해 노력했다. 20세기의 20년대부터 70년대에 이르는—본질적으로 좀 더 짧은—조직된 근대에는 외부의 지시를 받는 개인, 즉 **회사원**이 주를 이루었다.[2] 그는 여전히 사회적 적응과 의무 이행을 지향하는 광범위한 "관습화"의 결과였다.[3] 이 장에서 우리는 1970년대 이후 후기 근대적 개인, 즉 자유 갈등을 포함하는 **창조적 자기실현자**의 성립을 재구성한다.[4] 우리는 그의 엮임과 얽힘, 그의 요구와 사회적 전제를 분석한다. 그리고 우리는 자유의 의미 및 그 반대 방향의 부작용을 논의한다. 해방과 자유의 역사는 현대 사회의 병리학을 파악하고, 후기 근대 개인도 **오직** 사회 속에서만 자유로울 수 있다는 것, 아니 오직 사회와 **더불어**서만 개인이 될 수 있다는 것을 이해하는 데 결정적인 의미를 지닌다. 그러나 현대의 개인은 의존성을 망각하고 있고, 물화한 자유 표상, 즉 사회적 관계를 부정하는 자유가 각인되어 있는바, 이것으로 이 장의 분석이 마무리된다.

개인의 탄생

자기 결정하는 개인의 탄생이 언제인지 곧바로 확인할 수는 없다. 개인화는 계속되는 역사적 과정이며, 직접적으로 역사적 변화의 특정한 단계에 국한된 사실이 아니다. 개인화의 초기 이론가 중에는 일반적으로 집단주의자로 분류되는 두 저자, 프리드리히 엥겔스와 카를 마르크스가 있다. 하지만 그들은 부당하게도 개인이 종속되어야 하는 집단의 교조적 옹호자로 여겨진다. 그들은 실로 협조적 사회화의 이념을 전개했지만, 개성의 제한이 아니라 개성의 실현을 목표로 했다. 맨체스터에서 아버지의 사업을 계속해나간 부퍼탈 공장주의 아들과 트리어의 변호사 집안 자손은 정치적으로나 생활세계적으로 해방되고 개인화하기를 원한 저 시민계급 부분과 아주 친숙하고 밀접하게 결합해 있었다. 그러나 그들은 똑같은 정도로, 엥겔스는 또한 노동자 메리 번즈와의 관계를 통해, 실존적 곤궁 속에서 독자적인 삶의 영위 가능성을 지니지 못한 하층계급의 삶도 알고 있었다. 그들의 저술은 이러한 양면적 경험을 배경으로 어느 정도 정당하게 그들의 이론 전체의 소실점이라고 부를 수 있는 개인적 자유의 이념을 펼쳐나갔다. 산업적 근대가 시작되기 전인 1848년에 발표한 《공산당 선언》에서 그들은 "각자의 자유로운 발전이 모두의 자유로운 발전의 조건이 되는" 사회적 "연합"의 유토피아를 그린다.[5] 마르크스와 엥겔스는 부르주아지가 "모든 봉건적·가부장적·목가적 관계를 파괴"하려고 애쓴다고 인상적으로 주장한다. "부르주아지는 태어나면서부터 인간을 상하관계로 맺게 했던 갖가지 봉건적 유대를 무자비하게 찢어버렸고, 인간 사이에는 적나라한 이해관계 이외에 다른 유대를 남기지 않았다."[6]

여기서 두 사람이 말하는 "갖가지 봉건적 유대"는 귀족에 대한 전통적 충성과 의무, 관습법과 무엇보다도 신체적·사회적 부동성이었다. 이러한 정태적 지속성과는 대립적으로 마르크스와 엥겔스는 자본주의 근대화를 다음과 같이 그 속에서 아무것도 그대로 남아 있지 않을 거대한 용광로로 보았다. "오래되고 고루한 관념과 견해를 수반하는 노후하고 고정된 온갖 관계들은 해소된다. ……신분적인 것이나 기존에 존립해 있는 모든 것이 연기처럼 사라진다."[7]

그러나 마르크스에게 근대화의 또 다른 징표는 근대적 개인의 양면적 구성에 결정적 의미를 지녔다. 그에게 노동자는 **이중으로 자유**로웠다. 노동자는 첫째로 "오랜 후견이나 예속 관계와 봉사 관계로부터 자유로웠고, 둘째로 모든 재산과 모든 객관적이고 물질적인 존재 형태로부터, 모든 소유로부터 자유로웠다."[8] 자유로운 시민적 주체로서 노동자는 물론 고용주를 선택할 수 있지만, 바로 이 자유에는 강제가 내재했다. 소유 없는 노동자는 살아남기 위해 자신의 노동력을 팔아**야만 한다**. 그러므로 해방은 반드시 자유를 의미하는 것이 아니라 때로는 대안 없음을 의미한다. 마르크스가 여러 차례 분명히 밝혔듯이 개인적 자유의 부르주아적 이념은 그 실현에서 대다수 사람에게 자기 계발이라는 해방적 약속에 반하는 통절한 제한을 가져왔다. 도시 노동자들은 실로 법적으로 자유로웠지만, 그들의 현존재에서는 일상적인 굶주림과 비좁은 공간에서의 프롤레타리아적 실존이 지배했다.

다른 한편 그에 상응하는 자원을 지닌 부르주아적 개인에게 자유는 상업적 계산으로 이어졌다. 마르크스와 엥겔스는 근대에 전형적인 "이기적 계산"의 주체성을, 그리고 이미 봉건 사회에 존재했던 "문서로 보증되고 정당하게 취득한" 자유들이 이제 "**하나의** 상업적 자유"로 대체되었다고 강조한다.[9] 자유의 이러한 상업적 협소화는 거의 한 세기 후 비판 이론에서 중심적 의미를 지니는 역사적 경험이 되어야 했다. 1936년 막스 호르크하이머는 〈이기주의와 자유 운동〉이라는 논문에서 "낯섦"을 새로운 "인간학적 상수"로 진단한다. 경제적 관계가 일반화하는 가운데 해방된 개인은 자신을 단지 "고립된 이해관계 주체"로서만 경험하며, 시대의 근본 감정은 냉혹함과 고립의 감정인바, 그것은 통절한 도덕적 결과를 지닌다. "부르주아적 개인의 본질에서 동료 인간의 억압과 소멸에 대립하는 것은 아무것도 없다."[10] 그래서 해방에는 퇴행의 가능성이 내재한다. 그에 더하여 마르크스와 엥겔스에게는 오늘날까지도 사회학 이론에서 생각되는 바의 저 **개인화의 변증법**이 이미 존재한다. 개인의 형성은 해방과 새로운 강제의 동시성에 기반한다는 것이다.[11]

1930년 한 젊은 사회학자가 프랑크푸르트의 사회조사연구소에서 열린 사회학 세미나에서 카를 만하임의 조교로 일하기 시작했다. 노르베르트 엘리아스는 여기서 교수 자격 취득을 마무리하고 싶었지만, 그의 취임 강의는 열리지 못했다. 그는 연구소의 다른 많은 구성원과 마찬가지로 1933년에 망명해야만 했다.[12] 호르크하이머가 이끄는 프랑크푸르트 연구소가, 조심스럽게 표현하자면, 만하임과 다소 거리를 두는 관계를 유지한 데 반해(이론적 차이가 너무 컸다), 그의 조교인 엘리아스는 망명 중에 파시즘에 직면하여 비판 이론에서도 연구하던 질문에 접근했다. 대영박물관에서 우연히 에티켓에 관한 책을 훑어보던 엘리아스는 문명화와 충동 억압의 상호 작용에 관심을 두기 시작했다. 1939년 그는 두 권짜리 저작 《문명의 과정에 대하여》를 출간했는데, 이 책은 사회적 분화가 어떻게 정서 자극의 문명화를 야기하고, 이로부터 결국 특수한 충동 동역학을 지니는 근대적 개인이 출현하는지를 보여준다. "사회 조직의 분화와 더불어 사회발생적·심리적 자기 통제 장치도 더 분화되고, 더 전면적이며 더 안정적으로 된다."[13] 개인의 행동을 규제하는 **외부 강제**가 **자기 강제**로 전환하는 것은 그에게는 분업적으로 조직된 상호 의존적 사회의, 물론 개인에게는 낯설어지는 사회의 안정성을 위한 전제로 여겨졌다.[14] 개체화 과정이 비로소 개인에게 사회를 고유한 합법칙성을 지닌 분리된 실체로 파악할 수 있게 해준다.[15] 그러나 프랑크푸르트 동료들은 거기서 문명의 잠재력보다는 문명의 얇은 막을 위협하는 개성의 위축을 보았다. 엘리아스도 그의 성찰에서 프로이트 사상을 실마리로 삼는데, 프로이트는 1930년에 출간한 《문화 속의 불만》에서 문화 창조를 충동 에너지의 외면적으로 강요된 승화에서 도출한 바 있다. 성당을 짓거나 오페라를 즐기는 것과 같은 활동은 사람들을 이를테면 서로에게 몰두하는 것에서 떼어놓았다. 프로이트는 "문화가 어느 정도로 충동 포기를 기반으로 구축되는지, 문화가 바로 강력한 충동이 충족되지 않는 것(억압, 축출 또는 그 밖의 어떤 것?)을 얼마나 전제하는지 간과하기는 불가능하다"고 썼다.[16] 개체화의 핵심은 결국 성적 충동 에너지를 문명화한 사교 형식으로 변위시키는 데 있다. 프로이트는 이러한 전환의 필연성이 조금 후의 엘리아스처럼 "사회적 관계를 규제하는 것"에 근거한다고 본다.[17] 개별적 욕구가 사회적 공동성에 얽히는 것은 개인에게 한계를 부과한다. 근대의 규제된 충동 살림살이는 개인적 충족과 사회적 포기의 이러한 불안정한 공동작용에 기반한다.

그러므로 근대화 과정에서 직업과 위계질서 및 공동생활의 사적 형식과 더불어 개인의 내면생활도 변화했다. 한편으로는 사회적 강제가 줄어들었고, 다른 한편으로는 일반적으로 자기 자신을 반성하고 정서와 충동 살림살이를 통제할 수 있는 공간이 비로소 열렸다. 사람들은 더 높은 수준의 자기 규제를 달성했고, 집단에 덜 의존하는 자아 정체성을 발전시킬 수 있었다. 그들은 해방되었지만 동시에 자신들이 거의 힘을 지니지 못하는 변화된 세계에 던져졌다. 춘프트 강제(Zunftzwang: 중세 말기 독일 도시에 형성된 수공업자들의 동업 조합 원칙. 생산과 기술에 대한 공동 규제와 경쟁 방지 등을 내용으로 한다—옮긴이)의 종언 후 일꾼은 수공업자가 될 수 있었고, 농노의 후손은 공장 노동자가 되었다. 그러나 무엇보다도 법이 보장하는 자유는 우선은 남성에 한정되었다.[18] 물론 일부 사람은 삶의 과정의 굳어진 표준을 어느 정도 돌파할 수 있었지만, 새로운 의존성에 직면하게 되었다. 개인화의 이러한 모순적 성격이 역으로 우리가 앞 장에서 논증했듯이 근대의 자유 개념이 사회 현실과 아무런 공통점도 없는 상상일 뿐이라는 것을 의미하는 것은 전혀 아니다. 사회적 이동의 자유는 실제로 증가했지만, 새로운 부자유의 기초 위에서 그러했다. 폴란드계 영국인 사회학자 지그문트 바우만은 근대적 자유의 강제적 성격을 다음과 같이 간결하게 표현했다. "개인은 자신의 새로운 자유를 사용하여 올바른 장소를 찾고 스스로 단정하고 순응적으로 처신하도록 요청받았다. 규칙을 잘 지켜라!"[19] 근대의 규범들에 대한 순응주의적 적응이 기대되었고, 그러고 나서 비로소 그 내부에서 "사람다운 사람"이

"될" 수 있었다.[20] 그러므로 개인화와 더불어 제한된 개인주의, 즉 당연하게도 공유된 규칙에 토대한 전승과 전통 및 도덕적 강제로부터의 새로운 독립이 성립했다. 이 틀 안에서 이제 개인적 특수화의 공간이 생겨났고, 이는 "뚜렷이 구별되는 생활양식"[21]을 통해 밖으로 가시화되었다. 생활양식의 개성은 물론 계급적으로 구조화되었고, 이 점은 오늘날까지도 대부분 그대로 남아 있다. 상위계급과 중간계급은 독특한 개성을 형성할 수 있는 자원을 가진 데 반해, 하위계급은 더 강력하게 관습적인 것을 강요당했다.

사회학자 게오르크 짐멜의 관점에서 개인 활동 공간의 증대로 이어진 것은 무엇보다도 사회적 분화였다. 다양한 활동 분야에 직면하여 개인은 더는 부모의 사회적 유산과 활동 권역에 엄격하게 얽매이지 않게 되었다.[22] 분업의 발달은 선택 가능성을 몇 배로 늘렸다. 그래서 인권과 시민권을 수단으로 군주정과 성직자의 권위로부터 자신을 보호할 수 있는 자율적 개인이 생겨났다. 하지만 도시 베를린에서 산업화한 제국을 바라본 짐멜은 반대 방향의 효과도 관찰했다. 개인은 이제 실로 개별적 인간이나 일부 사회 영역에는 덜 의존하게 되었지만, 그 대신 높은 정도로 "사회 전체"에 의존하게 되었다.[23] 관계의 총체는 개성을 펼치기 위한 틀이었으며, 반드시 강제적 성격을 지닐 필요는 없었다. 짐멜은 개인화가 항상 한 방향으로 해소될 수 없는 양면적 과정, "속박과 늦춤, 의무와 자유의 끊임없는 …… 교체"라고 강조했다.[24] 사회학자 에밀 뒤르켐에게 개인의 사회화는 심지어 개인적 자유를 위한 전제를 나타낸다.

인간에게 자유로워진다는 것은 맹목적이고 비합리적인 물리적 힘으로부터 자유로워진다는 것을 의미한다. 하지만 그가 이에 성공할 수 있는 것은 이 힘에 자신을 보호하는 강력한 합리적 힘, 요컨대 사회를 대립시킬 때뿐이다. 사회의 그림자에 정주함으로써 그는 어느 정도 사회에 의존하게 되지만, 이 의존은 해방적이다. 여기에는 아무런 모순도 놓여 있지 않다.[25]

사회에는 사람들이 대개 전혀 의식하지 못하더라도 일반적으로 준수하는 규칙과 규범의 총체가 존재한다. 사회적 정상 운영은 배경에서 작용하는 일상적 틀에 의해 안정화된다. 문법은 자유로운 사고를 위한 전제이고, 예의는 자유로운 발언과 상호 작용을 밑받침하며, 법은 시장에서 방해받지 않는 교환을 가능하게 한다. 그러므로 규칙은 자유의 공간을 열어준다. 규칙이 일상에서 어떤 안정화 성과를 가져오는지는 위기 상황에서 비로소 드러난다.[26] 뒤르켐에 따르면 특정한 선택지의 자발적 포기는 사회적 자유와 함께 개인의 자유를 가능하게 한다. "복종"은 해방의 조건이다.[27]

1800년 이전의 초기 근대에도 개인화는 여전히 자유와 평등의 원칙들과 같은 정도로 밀접하게 결합해 있었다. 개인주의의 출현이 줄곧 공공 의식의 상실을 우려하는, 반근대적 퇴락이라는 진단을 동반하긴 했지만, 개인주의는 그에 더하여 민주적 공동생활의 아주 중요한 원천으로 여겨졌다. 젊은 알렉시스 드 토크빌은 미국 여행 중이던 1831년에 개인주의를 시민적·정치적 권리에 대한 열망에서 개인들을 하나로 묶어주는 단적인 "자기력"[28]으로 해석했다. 토크빌에 이어서 뒤르켐은 심지어 개인주의에서 "나라의 도덕적 통일"을 보장하는 세속적 믿음 체계를 보기까지 했다.[29] 하지만 그는 착각했다. 이미 토크빌은 장기적으로 민주주의 사회를 괴롭히는 힘이 개인주의에 담겨 있을 수 있음을 예감했다(이에 대해서는 4장에서 자세히 논의한다).

자본주의 사회와 그 정치적 적대자인 사회주의가 떠오르면서 개인주의는 그 역사적 형식을 바꿨다. 자유와 평등은 더는 함께 생각되지 않았고, 오히려 개인주의는 이제 불평등 및 차이, 개인적 독특함의 관념과 아주 밀접하게 연결되었다. "개인주의적 자유주의"[30]는 전적으로 17세기에 자유를 외적 저항의 부재로서, 그리고 스스로 정립한 계획을 자신의 "의지에 상응하게 실행할 수 있는" 가능성으로서 정의한 철학자 토머스 홉스의 의미에서 개인을 오로지 사회와의 대립에서만 파악한다.[31] 이러한 소극적 자유의 이념은 부르주아 사회에서 자기 자신에 대해 근본적이고 특이한 특수화를 요구하는 "깊이 자리 잡은 직관"[32]과 밀접하게 결합해 있다. 이러한 소극적 자유 이해에서 개인의 노력은 사회적 유대 및 관계와 분리해서만 생각될 수 있다. 이것은 자유주의 철학자 존 스튜어트 밀이 강조하듯이 반드시 근본적으로 개인주의적인 이해가 단적으로 이러한 자유의 한계에 대한 의식을 지니지 않는다는 것을 의미하진 않는다. "자유라는 이름에 걸맞은 유일한 자유는 우리가 거기서 다른 사람의 자유를 박탈하거나 자유를 목표로 하는 다른 사람의 노력을 방해할 의도를 품지 않는 한, 우리 자신의 방식으로 우리 자신의 선을 추구하는 데 존립한다."[33] 밀에게는 어떤 조건에서, 어떤 시점에 사회가 개인의 무조건적 자유권에 개입할 수 있는가 하는 물음이 전면에 놓여 있다. 그의 대답은 그야말로 놀라운데, 왜냐하면 그것은 실로 개인의 자기 이해관계를 유일하게 합법적인 정당화로서 제시하지만, 동시에 개별적 개인이나 인류 전체가 이러한 자기 이해관계를 정식화할 수 있는지 없는지를 열어두기 때문이다. "공동체(인류)가 개별적으로나 연합해서 그 구성원 가운데 한 사람의 행동 자유를 제한하는 것이 허용되는 유일한 근거는 자기 보호다."[34] 밀로부터 100년 후 철학자 이사야 벌린은 소극적 자유와 적극적 자유라는 영향력 있는 구분을 만들어냈다. **소극적 자유**는 국가적 강제의 부재를 의미한다. 역으로 정식화하면, 그것은 외부적 개입으로부터 주관적 권리를 보호한다. 그에 반해 **적극적 자유**는 본질적으로 자기 자신에 대한 자율적 관계다. 개인은 그의 행동 근저에 어떠한 강제도 없이 성립한 목적이 놓여 있는 한 적극적으로 자유롭다.[35] 소극적 자유는 그 외면성에도 불구하고 현대 사회에서 여전히 커다란 의미를 지니는 추진력을 지닌다.

부정적 개인화

우리 연구의 중심에 놓여 있는 후기 근대적 개인은 우리에게 무엇보다도 우선 그 양면적인 기본 구성에서 중요하다. 사회학자 울리히 벡은 이 개인을 지속적인 근대화 과정의 결과로서 역사화했다. 벡에게는 전승된 사회 형식에서 벗어남, 전통적 확실성의 상실, 새로운 종류의 사회적 통합 내지 통제라는 세 가지 측면이 중요한 역할을 한다.[36] 전통적 가족 구조와 계급 관계, 충성과 규율하는 제도에서 벗어나는 것은 공간적 이동성을 위한, 그리고 삶의 영위에서 자기실현과 자율을 위한 전제에 속한다. 아도르노가 계속해서 "관리되는 세계"[37]라고 불렀던 미리 정해진 규칙과 외부에서 결정된 목표와의 이별은 동시에 내적으로 인도되는 개인의 시작이었다. 개인은 한눈에 알아볼 수 있는 수의 권위(아버지, 상사)를 더는 알지 못했지만, 가장 중요한 권위는 이제 갑자기 그 자신이었다.

따라서 벡은 개성과 사회화가 서로 뗄 수 없게 얽혀 있는 개인의 계속되는 문명화 과정에 대한 노르베르트 엘리아스의 생각을 암묵적으로 이어 쓰고 있다. 엘리아스는 다음과 같이 밝혔다. "점점 더 많은 사람이 서로에 대한 증대되는 의존 속에서 사는 데 반해, 각각의 개인은 동시에 다른 모든 사람과 달라졌다."[38] 그럼에도 불구하고 개인은 그 개성과 정체성에서 언제나 계속해서 집단과 관련되어 있었다. 엘리아스는 이 지점에서 "형상화(Figuration)"에 대해 이야기한다.[39] 이 형상화에서 인간은 가족, 직업 집단, 사회적 환경과 같은 '우리'-얽힘과 분리되어 있지 않다. 그러나 1980년대 후반 엘리아스는 우리-나-균형에서 나-우리-균형으로의 변위를 감지했다.[40] 여기서 균형이라는 개념은 그다지 다행스럽게 선택된 것이 아니지만, 엘리아스는 본래 구성 요소의 가중치 변화에 따른 불균형을 지적한다. 직업 집단이나 가족의 중요성은 감소하는 반면, '나'는 물론 전면으로 이동하지만, 여전히 우리-형식과 결합해 있다.

벡도 아주 유사한 관찰을 했다. 물론 그는 무엇보다도 그의 (약간 긍정적으로 정식화된) 개인화 테제와 더불어 수용되었지만, 그 테제에서 이미 새로운 취약성을 산출하는 과정의 한계를 통찰력 있게 선취했다. 왜냐하면 자주 복잡한 가족 구조와 전통적 네트워크에서 벗어나는 대가는 분화하고 표준화하는 사회의 제도에 대한 새로운 의존성이기 때문이다. 전승된 사회 형식 대신에 모두는 아니지만 많은 사람의 인생행로를 각인하는 새로운 사회화 양식이 들어선다. 벡은 1970년대와 1980년대 이후의 격변을 염두에 두고 있었다. 실직하는 경우 사람들은 이제 가족에게 돌아가는 대신 관공서로 향했다. 1971년에 도입된 연방 장학법은 부모 집에서 독립하여 공부할 수 있게 해주었다. 점점 더 많은 사람이 혼자 살거나 주거 공동체에서 살게 되었다.

삶의 과정에서 신분적이고 계급적으로 각인된 단계들은 "이차적 심급과 제도들"로 대체된다.[41] 보편적 의무 교육은 독일에서는 1919년부터 비로소 존재하며, 그 이전에는 부분적으로 여전히 집에서 교육을 받았다(또는 받지 못했다). 어린 시절에 이어 이제 교육 시스템과 직장 생활 그리고 마지막으로 국가가 관리하는 연금을 통과하는 과정이 뒤따른다. 그런 까닭에 개인은 단지 조건적으로만 자유롭다. 그는 노동 시장과 교육 제도, 사회 기반 시설, 교통 계획 등등에 의존한다. 그리하여 벡이 "제도 의존적 개인 상황"이라고 부른 것이 성립한다.[42] 뮌헨에서 가르치는 이 사회학자는 개인화를 주로 상실 과정으로서가 아니라 의존성 속에서 자율을 획득하는 것으로서 분석했다. 전통적 유대의 상실은 "사회의 몰락"[43]과 동일시되는 것이 아니라 오히려 정반대다. 사회적 유대는 심지어 개인에 대한 더 큰 영향력을 획득한다. 특히 개인이 자기를 주장해야만 하는 유동적인 시장은 개인의 통제를 벗어난다. 개인은 개인이 대처하기 힘들거나 확립된 적응 전략이 존재하지 않는 추세, 유행, 경기, 위험 및 갈등 상황에 내맡겨져 있다.

이러한 의미에서 후기 근대 사회의 개인은 스스로 해결하기 어려운 딜레마에 노출되어 있다. 즉 개인들은 자기 효능감에 대한 엄청난 기대를 지니지만, 이를 자주 경험하지 못한다. 자신의 생애 과정은 더 불확실해졌고, 세계 시장, 세계적인 정치적 사건이나 기후 변화는 계산하기 어렵거나 심지어는 자신의 행동과 완전히 무관하게 일어난다. 개인이 더는 부모처럼 보통의 삶의 경로를 따르지 않고 때로는 그러한 인생 계획을 심지어 거부할 때도 많은 사람, 특히 중간계급 출신들에게는 여전히 개관 가능성과 통제 가능성 및 확실성이 중요하다. 다른 한편 위험을 각오한 개인주의자에게는 자기 효능감 경험의 상실이나 환멸에 찬 미래 전망이 좌절의 원천으로 나타날 수 있다. 이러한 연관에서 행위 자원과 자유의 증대를 제한하는 **부정적 개인화**가 강력히 작용하게 된다. 우리는 의사의 자유로운 선택을 위해서는 의료 보험이, 소셜 미디어에서의 교류를 위해서는 전기와 인터넷이, 임금 보상을 요구하기 위해서는 빈곤 증명이 필요하다. '전체'가 개인에 대해서는 타율적인 까닭에 개인은 끊임없이 적응**하고서** 자기의 자결을 주장해야만 한다. 이미 마르크스와 엥겔스가 관찰한 자유와 적응 압력 사이의 이러한 "실재적 적대"(아도르노)[44]를 개인은 끊임없이 내면화해야만 한다. 그러나 그것은 후기 근대 자본주의에서야 비로소 사회적 동역학의 규정적 징표가 된다.

지난 30년 사이에 근대 개인주의의 본질적 전제가 불안정해졌다.[45] 무엇보다도 우선 사회국가적 안전성과 노동 세계가 그러했다. 고용 노동이 여전히 사회 통합의 중심 메커니즘이지만, 그 역사적 형식은 변화했다. 승진이 더욱 어려워지고, 불평등이 1990년대 이후 특히 주변부에서 증대되었으며, 불안정한 고용 관계가 증가했다. 중간층이 줄어들고 새로운 하위계급이 등장했다.[46] 이 동역학은 울리히 벡이 그 방향성을 "리프트 효과"라는 은유로 기술한 조직된 근대의 저 동역학과는 근본적으로 구별된다. 물론 계급들 사이의 격차는 여전히 존재했지만, 개별 계급의 상황은 상승했다. 하위계급과 중간계급은 리프트를 타고 올라갔고 일상생활에서 아주 비슷한 열망, 자동차, 휴가, 자기 집에 대한 열망을 지녔다. 하위계급 일부의 물질적 상승과 사회적 권리의 추가 획득은 "비슷한 자"의 사회로 이어졌다.[47]

그에 반해 1980년대 이후 후기 근대의 동역학은 개인이 반대 방향으로 달려야 하는 하강 에스컬레이터라는 분석적 은유를 통해 더 잘 설명될 수 있다.[48] 성공을 거두고 싶거나 일단 획득한 지위를 지키려고 하는 자는 유연하게 대처하고 끊임없이 적응하며 새롭게 조정해야 한다.[49] 멈춰 있는 사람은 에스컬레이터를 타고 내려간다. 그로 인해 자기 최적화는 후기 자본주의 근대의 핵심 명령이 된다. 이 점은 1980년대 이후 자유주의화한 사회국가의 재구성에서도 표현된다. 제도에 고정된 사회권은 개인의 성과와 조건에 더 강하게 연결되었고, 이는 시민권의 사상과 그 핵심에서 모순된다. 사회권으로부터 규율의 도구가 생성되었다. 개인은 시장 시민으로, 권리를 지닌 고객으로 변모했다.[50] 그들에게 세금과 보험금으로 재정을 충당하는 사회국가는 과거 투쟁의 집단적 성과가 아니라 기껏해야 의무적으로 가입해야 하는 보험 시스템으로 나타나며, 사람들은 이에 도구적 이성을 지니고서 접근한다. 사람들은 이 시스템을 자기 자신을 위해 가능한 한 효율적으로 형성하고 혜택 자격을 최적화하며 비용을 줄이려고 한다. 여기서 자기 배제는 보편적 연대 관계를 약화할 뿐만 아니라 또한 취약성도 산출한다. 건강하고 능력 있게 활동할 수 있던 젊은 시절 민간 의료 보험에 가입한 많은 사람은 체력과 건강이 쇠퇴하고 경력 곡선이 더는 위쪽을 향하지 않으며 자녀를 별도로 보험에 가입시켜야 하는 노년에 공공 의료 보험 탈퇴의 단점을 경험하게 된다. 민간 보험 비용이 끊임없이 상승하는 것이다. 그러나 공공 의료 보험의 연대 시스템으로 돌아가는 길은 장애물로 가득 차 있다.

사회국가의 재구성은 가치 재평가 없이는 실행될 수 없을 것이다. 자기 책임은 조직된 근대에서 해방과 자유의 준칙이었다. 노동자들은 자본주의의 분쇄기에 으스러지거나 공장주에게 휘둘리지 않고 자기 삶을 자율적으로 형성할 수 있기를 원했다. 사회국가는 자기 책임으로 삶을 영위하기 위한 전제로서 여겨졌다. 그러고 나서 세기 전환 후 적-녹(사회민주당-녹색당—옮긴이) 연정의 개혁(의제 2010, 연금 및 의료 보험 개혁)은 자기 책임에 대한 다른 해석에 근거했다.[51] 사회국가의 재구성은 사전 준비와 활성화 및 예방의 의미로 포장되었지만, 일차적으로 자유 및 집단적 사회권의 축소로, 따라서 하위계급에 대해서는 부정적 개인화로 귀결되었다.[52] 새롭게 부과된 자기 책임의 의미론은 권위주의적이고 가부장적인 차원을 지닌다. 더는 자기 결정하는 삶의 사회적 보장이 문제가 되지 않는다. 오히려 자기 책임은 이른바 공익에 이바지하는 사회적 규율의 어휘가 되었다.[53]

물론 후기 근대 개인의 자율 획득은 이미 언제나 계급적으로 구조화되어 있었다. 그러나 악셀 호네트가 규정하듯이 "개인에게 자기의 자유주의적 자유권을 좀더 효과적으로 인지할 수 있는 물질적 전제들을 보장"해야 할 **사회적** 자유는 이제부터 다시 사회적 위계질서에서의 지위에 크게 의존하게 된다.[54] 고도의 능력을 지닌 계급 부분은 자유의 정도가 계속해서 올라가고, 하위계급에서는 그 반대가 된다.[55] 그들은 자신의 능력 이하의 일자리를 수락하거나 재정을 공개하거나 직무 감독관의 출입을 허용해야만 한다. 아도르노는 자유에 대한 이러한 방식의 이해에서 **이데올로기**의 한 형식을 보았을 것이다. 그에게 자유 이론의 유토피아적 내용은 자유가 사람들에게 자신의 의지에서 절대적으로 자유롭고 자기 자신에 대해서만 책임이 있는 것처럼 나타날 때 왜곡된다. 그 경우 이론은 오직 억압과 부자유의 정당화에만 이바지한다.[56] 절대적 '자유'의 관점에서 개인에게는 결국 더는 '정상 참작 사유'가 존재하지 않으며, 자기 책임에 실패할 때 사람들은 즉각적으로 국가적 제재의 가혹한 손길을 경험하게 된다.

부정적 개인화는 성공과 성과의 의미 변화에도 반영된다. 성과 원칙 자체는 지극히 양면적인 개념이다.[57] 한편으로 그것은 생산주의적 독법에서 배제하거나 차별하는 데 사용될 수 있으며('일하지 않는 자는 먹지도 말라') 오늘날까지도 여전히 실제로 행해지는 노동자 착취를 은폐한다. 다른 한편 그것은 역사적으로는 귀족의 신분적 특권에 대항하는 부르주아지의 정치적 투쟁 수단으로 이바지했다. 중간계급과 노동운동에 대해 그것은 서로 다른 해석에도 불구하고 방향과 정체성을 제공했다. 그것은 본질적으로 상호적이며, 개인의 노력과 정당하게 기대할 수 있는 수익을 결합한다.[58] 여기서 성과 원칙은 항상 수익을 배분할 때 어떤 척도를 적용해야 하는지에 대한 사회적 갈등의 결과이기도 하다.[59] 그것은 협상의 산물이자 사회적 자기 확신과 통합의 수단이다.

하지만 1970년대 이후 후기 근대 자본주의에는 성공 숭배가 스며들었다.[60] 더는 이룩한 성과가 아니라 성공이 명성과 인정, 사회적 지위를 결정한다. 그렇다고 성과가 쓸모없어진 것은 아니다. 성과는 여전히 모든 사람에게 요구되지만, 더는 성공을 보장하지 않는다.[61] 왜냐하면 성공은 전반적으로 더 우연적이게 되었고, 개인은 아주 제한적으로만 스스로 성과를 **통해** 자기의 성공을 확보할 수 있게 되었기 때문이다. 성공은 이미 성공한 사람의 것이며, 그야말로 매력적인 자기 언급이다. 그 결과 이룩한 성과—분투·노력·규율—는 척도로서는 흔들리고, 아니 심지어는 평가절하된다. 왜냐하면 성공하지 못한 사람들은 더는 성과를 담보하는 자로 여겨지지 않기 때문이다. 이제부터 능력 있는 사람들로 여겨지는 이들은 성공한 사람들, 즉 경영자·고문·스타들이다.[62]

또한 성공 기준과 더불어 가치에 대한 과소평가로 인해서도 개인에 대한 압박이 증대된다. 물론 성공에도 등급이 존재한다. 그러나 성공은 성과 기준처럼 단계적으로가 아니라 어느 정도 이원적이거나 최소한 서수 방식으로 코드화되어 있다. 문제가 되는 것은 성과의 **많고 적음**이 아니라 성공 **아니면** 실패다. 승자와 패자가 존재한다. 바로 미학적이고 기술적인 시장은 승자독식 시장이 되는데, 여기서는 성공이 슈퍼스타에게 집중되며,[63] 문학에서는 대개 소수의 베스트셀러에 집중된다.[64] 디지털 경제에서는 네트워크 효과와 규모의 경제가 기술 콘체른에서의 집중을 강화한다.[65] 비교하고 평가하고 순위를 매기는 문화의 침습도 새로운 성공 위계질서를 만들어낸다. 최상위에 있는 소수는 마태 효과〔"무릇 있는 자는 풍족하게 되고 없는 자는 그 있는 것까지 빼앗기리라"(마태복음 25장 29절)〕의 혜택을 받으며, 나머지 모든 사람은 실패 단계에 머문다. 현재 대개 **퍼포먼스**(Performance)라고 부르는 성과와 급여 간의 연계는 중하위 직급 회사원에게는 분열적이다. 그들은 물론 보너스를 받을 수 있지만, 자신의 성과를 상시 감시받는 대가를 치른다. 모든 실수, 탈진과 약함의 모든 국면이 가시화된다. 성공 지향은 오직 경영진에게만 **윈윈 상황**을 의미한다. 과거에 경영진은 **주주 가치**의 보호 아래 주가를 끌어올리는 것이 종업원과/이나 장기적인 기업 성공에 도움이 되지 않더라도 그렇게 했다. 몇 년 후 그들은 주식을 팔아 보너스를 챙기고 자리를 옮길 수 있었다. 게다가 실패는 관리자에게 거의 위험 부담이 없다. 어쩔 수 없이 사직해야 할 때, 그들은 일반적으로 엄청난 대가를 지불받는다. 그에 반해 대부분 종업원에게 실패는 악의적인 대가로 주어진다. 누군가가 **성공적이지 못하면** 이룩한 성과도 더는 효력이 없다. 실패하는 경우 개인은 거의 (자본주의와 같은) 부당한 시스템이나

(회사와 같은) 다른 집단적 행위자를 지적할 수도 없다. 이제는 자기 책임이 중요하다.

성공은 종종 성과 원칙이 본래 배제하려고 했던 바로 그 자원과 특권에 의지한다. 엘리트의 상당수는 오로지 그들의 성과를 기반으로만 위로 올라간 것이 아니다. 그들은 자주 (대)부르주아 가정 출신이다.[66] 그러나 일단 정상에 오르면 특권층 출신이라는 것은 자신의 성과를 강조하기 위해 종종 부인된다.[67] 성공은 이제 개인의 성과로 **나타나고**, 실패는 개인의 무능함으로 인한 결과가 된다.[68] 후자는 자기의 개인적 문제를 결함 있는 사회적 발전의 부분으로서 논의할 수 있는 노동조합이나 정당과 같은 견제 집단의 구성원이 점점 줄고 있다는 사실로 인해 더욱 강화된다.

그에 더하여 성공에 대한 강박은 개인적이고 사회적인 갈등 처리에도 심각한 결과를 초래한다. 4장에서 더 자세히 살펴보겠지만, 성공 지향에는 첨예하게 표현하자면 아노미적 경향이 내재한다. 성공적 행동은 오로지 원하는 결과만을 지향하며, 그런 까닭에 그것은 "그 이상의 규범 정립에 매여 있지 않다"는 느낌을 준다. 성공은 "도구적 이성의 전형이 된다."[69] 성과 원칙은 분업적 협조에 기반하지만, 성공 논리의 돌진은 "적개심"을 부추긴다.[70] 패자 없이 승자 없고, 잃는 자 없이 따는 자도 없다. 물론 실리콘 밸리를 이상으로 하는 근대의 기업 문화에서는 실패를 칭찬하는 문화가 자리 잡고 있으며, 이어서 곧바로 다음 프로젝트를 성공적으로 시작하는 한에서 한 번 실패해보는 것은 거의 예의로 여겨진다.[71] 그러나 그 밖에 후기 근대에 개인의 실패는 기본적으로 선택 사항이 아니다. 질병은 예방 조치 부족의 표출이고, 비만은 자기 절제 결여의 결과이며, 직장에서의 좌절은 동기 부여 부족의 귀결이고, 사적 문제는 사회적 역량이 낮다는 증거이며, 미래에 대한 불안은 긍정적 사고 결여로 나타난다.[72] 사회적 문제가 개인의 문제로 전환된다.[73]

양극화 효과에도 불구하고 성공은 내면화한 중요한 규범이며, 특정 집단에서는 역설적으로 심지어 사회적 상승보다 더 중요하다. 누구나 상위계급이나 중간계급이 되기를 원하며, 노동계급에 속하는 것은 낙인과도 같다.[74] 노동자란 아직 성공하지 못한 사람, 패자일 뿐이다. 그러나 바로 중간계급에서는 지위에 대한 투자를 통해, 근면과 야망 및 규율 잡힌 교육 축적을 통해 상승을 이룰 수 있고, 그래서 나중에 성공으로 이어질 수 있는 데 반해, 하위계급 젊은이들에게 성공 규범은 모순적 역할을 한다. 특히 사회의 하위 20~30퍼센트 계층의 자녀들에게 사회적 상승의 약속은 1980년대 이후 제한적으로만 적용된다.[75] 그들은 불확실한 성과 원칙에 의존하는 대신, 성공 위계질서 구조에서 더 높이 평가되지만, 어차피 거의 달성하기 어려운 더 모험적인 목표를 스스로 설정한다. 경영자나 팝스타가 되고 싶다고 말할 때 그들은 처음부터 성과 원칙에서 자신을 배제하며, 또한 거기서 더는 실패할 수 없다.[76] 남는 것은 성취나 오디션 쇼, 영향력 있는 사람의 존재나 갱스터랩을 통한 지름길뿐이다.[77] 여기에는 집단적 연대의 여지가 거의 없다.

후기 근대 사회에서 경쟁은 상품 시장에만 국한되지 않는다. 그것은 생활세계 어디에나 존재하며 "지배적인 상호 작용 양식"이 되었다.[78] 희소한 자원을 둘러싼 경쟁은 개인에게 외면적 강제다. 그러나 바로 그런 까닭에 경쟁은 내적 충동이 되기도 한다. 사회학자 지크하르트 네켈은 다음과 같이 썼다. "자신의 가치가 현실적 성공 결산의 사회적 비교에 달려 있다면, 좋은 자리와 그 지위 상징을 끊임없이 제시하고 약간의 경쟁 우위라도 끊임없이 키워야 한다."[79] 모든 수준에서 비교되고 가치 평가되고 순위가 매겨진다. 캘리포니아 버클리대학에서 가르치는 사회학자 메리언 포케이드는 이러한 과정을 "서열화"라고 부르는데, 이는 근본적으로 자유롭고 개인주의적인 철학에 뿌리를 두고 있다. 인종이나 성과 같은 외부적으로 부여된 분류(포케이드는 여기서 "명목상의" 징표에 대해 말한다)는 추정컨대 해소되거나 배경으로 물러선다. 겉보기에 탈계급화하고 포용적이며 평등한 사회에서는 모두가 공정한 출발 조건 아래 활동하지만, 그로 인해 개인의 성과가 더욱더 눈에 띄게 된다. 사람들은 더는 소속을 끌어댈 수 없으며, 모든 사람이 오로지 성과에만 따르는 가치 서열에 배치된다.[80] 이것이야말로 능력주의 약속의 핵심이다. 하지만 바로 그 배후에는 상징적으로 구조화된 권력 과정이 숨어 있다. 왜냐하면 학교에서 최고 점수를 받아도 조건부로만 도움이 되기 때문이다. 미혼모나 시리아 출신 가정의 아이는 엘리트 교육 기관의 적성 검사에서 공식적으로는 동등한 기회를 지니지만, 인정받을 수는 없다. 왜냐하면 집에서 슈베르트 소나타를 듣지 못하고, 교육받은 부르주아의 일상적 대화에서 카라바조의 그림에서 빛의 특별한 점이 무엇인지 듣지 못했기 때문이다. 그런 까닭에 형식적 기회균등에도 불구하고 여전히 현실적 기회균등은 실현되어 있지 않다. "공정성, 정확성, 객관성이라는 베일 뒤에서 전통적 경계와 불평등이 강화되거나 새롭게 만들어질 수 있다"고 포케이드와 알렉스 V. 바너드는 썼다.[81] 게다가 이러한 과정은 특히 상징적 속성이 자신들의 정체성에 커다란 의미를 지녔던 사회적 약자 집단에게는 평가절하와도 같다. "가령 인종과 같이 한때 안정적이고 내부적으로 동질적 범주였던 것이 이제는 너무도 다양한 개인을 하나의 범주에 자의적으로 묶는 것으로 나타난다."[82] 요컨대 교육받은 아프리카계 미국인들은 노동 시장에서 다른 교육받은 소수자들과 경쟁하지만, 경쟁의 소용돌이 속에서 그들을 아프리카계 미국인으로서 형성한 바로 그것도 상실하는 것이다.

그리하여 편재하는 경쟁은 그 자체가 부정적 개인화의 본질적 원동력이다. 경쟁은 공정성과 기회균등을 약속하지만 동시에 불평등을 강화한다. 경쟁은 상징적 경계를 평준화하지만 정체성 의식을 증대시킨다. 경쟁은 성공적으로 행동하도록 돕지만 또한 무규범성을 산출하기도 한다. 경쟁은 동원하고 활성화함에도 불구하고 탈진하게 만든다. 경쟁은 해방의 수단이지만 동시에 사람들을 순응주의로 몰아넣는다. 경쟁은 냉혹한 사회 합리화의 추동력이지만 새로운 정서를 풀어놓는다. 이 새로운 정서는 불평등 증대의 결과이기도 하다. 영국의 정치경제학자 윌리엄 데이비스에 따르면 국내총생산과 같은 전형적으로 근대적인 진보 지표는 사회 내 균열을 은폐한다. 정치 이야기들은 많은 사람을 분노하게 만든다. 왜냐하면 이러한 서사와 사회경제적 발전에 대한 **공식적** 사실이 그들의 주관적 현실과 일치하지 않기 때문이다.[83]

해방의 역설

조직된 근대는 1970년대 초까지만 해도 본질적으로 법적이고 사회적인 평등의 증진을 지향했다.[84] 하위계급에 속하는 사람들도 처음으로 그에 속할 수 있었다. 그 시대의 가장 중요한 지위 상징은 물론 자가용이었지만, 세탁기와 건조기도 사람들이 추구하는 생활양식에 속했다. 1967년 독일에서 출시된 최초의 컬러 TV를 구매하기 위해서는 여전히 많은 사람이 대출을 받아야만 했다. 조금 더 여유가 있는 사람들은 새로 구매한 주택에 지하 파티룸을 만들기도 했다. 사람들은 노골적으로 순응하고자 했고, **다른 모든 사람처럼** "정상적 삶"[85]을 살기를 원했다. 왜냐하면 이 정상적 삶이야말로 생활세계적으로나 사회구조적으로나 안전을 약속했기 때문이다.

조직된 근대의 순응적 생활양식은 한편으로는 안전을 제공했지만, 다른 한편으로는 점점 더 많은 사람에게 개인의 요구를 가로막고 억제하는 강제가 되었다. 이는 대중문화에서와 마찬가지로 68운동에서도 표현되었다. 레이 데이비스가 쓴 록 밴드 킹크스(Kinks)의 노래 가사는 순응주의에 대한 이러한 반항의 전형적인 예라고 할 수 있다. "난 다른 사람처럼 내 인생을 살고 싶지 않아. 난 다른 사람처럼 괜찮다고 말하지 않겠어. 난 다른 사람과 다르니까."

그 후 1970년대부터 결정적 변화, 후기 근대가 시작되었다. 이제 순응주의의 매력은 하위문화 바깥에서도 빛이 바랬고, 자아와 삶을 자유롭게 형성하는 것이 일반적 이상이 되었다. 직업과 가족 역할은 스스로 선택하고 유연하게 조정할 수 있어야 했다. 사람들은 자신의 환경에서 벗어나고자 했을 뿐만 아니라 상황이 좋으면 실험적 방식으로 한 번에 여러 집단에 소속되기를 원했다. 집을 벗어났을 때 그들은 더는 자동으로 곧바로 직업 교육을 받기 시작하고 결혼할 필요가 없었다. 사람들은 시간을 갖고 파트너 관계, 주거 형식, 흥분제와 기호품과 같은 많은 것을 시험했다. 어떤 사람들은 인도로 순례를 떠났고, 다른 사람들은 밴을 타고 유럽을 돌아다녔다. 개성이 새로운 대중적 현상이 되었다. 이 장의 서두에서 우리는 초기 근대의 시민, 조직된 근대의 회사원, 후기 근대의 창조적 자기실현자라는 역사적으로 지배적인 세 가지 사회적 성격 유형을 언급했었다. 이러한 구분을 표준적으로 제시하는 사회학자 안드레아스 레크비츠는 이러한 성격 유형들이 이전의 "소수주의적이고 문화적인 **대항운동들**"[86]에 의해 만들어졌다고 지적한다. 후기 근대 사회의 개인주의는 초기의 사회적 성격들과 운동들을 통합한다.[87] 한편으로는 고도로 합리화한 방식으로 경쟁 시장의 법칙에 적응하는 성과 지향적인 개인의 이상이 강력하게 작용한다. 다른 한편으로 많은 사람은 시장 형식의 합리화와는 다른 사회적 의미 원천을 갈망한다. 즉 그들은 사회라는 전동장치에서 교환 가능한 톱니바퀴 이상의 존재가 되기를 원하는 것이다. 개인의 자율 이념은 본질적 보완을 경험한다. 거기서 문제가 되는 것은 자신의 삶을 좀더 자율적으로 형성하는 것일 뿐만 아니라 또한 진정성 있게 자신의 자아와 일치하게 형성하는 것이기도 하다. 후기 근대의 개인주의는 서로 다른 실천과 목표를 유연하게 서로 조화시키려고, 즉 쾌락주의 및 진정성에 대한 추구와 성과 및 경력 지향을 조화시키려고 한다.[88] 그리하여 대량소비와 거리를 두는 기호 지향의 소비문화가 생겨났다.[89]

그러므로 **참된 자아**를 찾는 것은 1970년대부터 사회 전반에 걸친 현상이 되었다. 수많은 행동 변화가 이전에는 비순응주의적인 소수자에게 유보되어 있던 문화적 실천과 정체성 기획을 바탕으로 일어났다.[90] 자기실현은 갑자기 더는 히피들의 주거 공동체에서만 화두가 된 것이 아니라 이전에는 오히려 전통적이던 가족들에게도 주제가 되었다. 이제는 뮌헨 교외의 테라스에서도 요가 매트를 볼 수 있게 되었다. 하지만 그와 동시에 대안 운동의 위상도 달라졌다. 사회적 강제로부터의 탈출은 사회적 질서를 초월하지 않았다. 그 대신 사람들은 그 질서 속에 즐겁게 적응했다. 반자본주의적 신랄함은 자기실현이라는 생활세계적 기반쪽으로 기울어졌다. 자본주의는 68운동의 '예술가 비판', 즉 더 많은 자기 결정과 진정성 및 더 적은 표준화와 위계질서에 대한 요구를 성공적으로 내면화했으며 그 자체로 결실 있게 만들었다.[91] 이러한 목표는 더는 자본주의에 **반해서가** 아니라 바로 자본주의를 **통해서** 달성될 수 있는 것처럼 보였다.

이는 더 나아가 당연히 이전에 해방적이던 규범들에도 영향을 미친다. 고도로 탈규제화한 노동 사회로 옮겨진 이 규범들은 조직된 근대의 표준화한 노동 세계와 비슷하게 억압적으로 작용할 수 있는 요구사항이 되었다. 이 점을 최근 몇 년 사이 점점 더 널리 관철되고 때로는 디스토피아적 해방으로 판명된 새로운 일(New Work)의 원칙들을 통해 간략하게 제시하고자 한다.[92] 새로운 일은 자립성, 자기실현, 자유, 자기 계발, 유연성, 참여와 같은 해방의 개념들로 치장된다. 실제로 많은 종업원이 수직적으로 조직화되지 않은 노동 형태를 환영한다. 그러나 동시에 이제 종업원들은 성과 규범을 스스로 정의해야만 한다. 종업원들이 루틴을 부담의 경감으로 인식하는 것은 창조적 규범에서 벗어난 것으로 여겨진다. 겉보기의 자율로부터 결국 새로운 타율이 생성된다. 매력적인 일과 삶의 균형〔워라벨(Work-Life-Balance)〕은 **일과 삶의 혼합**이 된다. 종업원들은 더는 노동과 자유시간을 분리하지 않**아야 한다**. 그들은 현재 프로젝트에 대해 끊임없이 생각하고 처리할 수 있어야만 한다. 매일 자신의 근무지를 자유롭게 선택할 **수 있는 책상 공유**(Desk-sharing)와 같이 자유와 공동체 의미론으로 포장된 실천에서는 (이른바) 자유로운 선택이 어떻게 강철같이 단단한 틀로 전환되는지가 마찬가지로 잘 인식될 수 있다. 기업의 재조직은 예루살렘 출정 원칙(십자군 원정에 참여하는 기사는 출정하기 전, 소유 토지를 가장 믿을 만한 친구에게 양도했다. 이 원칙은 자리를 비우는 사람이 자기의 권리를 모두 타인에게 넘기는 것을 의미한다—옮긴이)에 따라 내부적으로 강화된다. 이 경우 사무용 건물에는 함께 일하는 사람 수보다 업무 공간이 더 적으며, 최대 40퍼센트까지 업무 공간을 줄이고자 한다.[93] 좀더 큰 기업에서는 병가나 출장으로 일부 인원이 늘 자리에 없다. 또한 회사는 일정 비율을 본사에 머무르게 한다. 그러나 나머지 직원들은 매일 가장 좋은 자리를 차지하기 위해 경쟁해야 한다. 그리고 바로 다음날 이 게임을 처음부터 다시 시작하기 때문에 업무가 끝난 후 다시 깨끗하게 정리해야만 한다〔**클린 데스크**(Clean Desk)〕. 이것은 회사에 많은 이익을 가져다준다. 난방비 및 유지보수 비용 절감은 그 작은 일부분일 뿐이다. 그렇지만 종업원들에게는 책상 공유가 스트레스를 주는 도전으로 다가온다. 그들은 더는 꽃이나 그림으로 노동 환경을 개인화할 수 없고 획일화한 환경에서 노마드가 된다. 그들은 매일 새로운 동료 옆에 앉을 '수 있으며', 다른 사람들을 알게 되는 '기회'를 지닌다. 물론 이러한 형식의 노동 조직에서 무언가를 얻어내는 종업원들도 있다(그들은 거기서 '도전'을 본다). 하지만 종업원 대부분에게 그것은 명시적으로든 묵시적으로든 소외 경험이다. 그들은 엄청난 선택의 자유를 지니지만, 이것은 고도로 물화되어 있다. 종업원들은 자기 자신이 영향을 미칠 수 없는 다양한 활용 방식 중에서 결정할 수 있다. 친숙한 환경에서 친한 동료들과 함께 일하며 맡은 일을 해결하기 위한 연대적 일상을 형성하는 것. 이것은 더는 의도적으로 선택할 수 없는 일이다.

조직된 근대의 개성이 순응을 강제하며 억압적으로 동화시키는 문화적 모델을 통해 전개되었다면, 후기 근대의 개성은 차이의 까다로운 시스템을 통해 압력을 행사한다. 1990년대 이후 증가한 사회적 불평등과 불안정성은 특히 중간계급에게 그들의 지위가 지속적으로 안전하지 않다는 것을 분명히 보여주었다.[94] 그들의 지위는 자기 계발과 정서적 성취에 대한 욕구가 성공, 인정, 주목에 대한 충동과 결합한 삶의 방식을 추동하는 것으로부터 그에 의해 추동되는 것이 된다.[95] 중간계급은 불안이 아직 일상생활의 세부적인 것들에 침투하지 않은 곳에서도 여전히 고집스러운 "투자적 지위 노동"[96]에 의존하고 있다. 이러한 자기 기획에는 반대 효과가 내재한다. 그것은 "체계적 실망 생성자"(안드레아스 레크비츠)로 변한다.[97] 여기에는 여러 이유가 있다.

첫째로 성공과 진정성이라는 두 가지 상호 보완적 규범 체계를 내면화한 개인은 해결할 수 없는 딜레마에 노출된다. 실용주의적으로 성공을 추구하는 합리화한 삶의 방식은 철저히 자기 계발의 욕구와 종합되며, 심지어 그 실현을 위한 물질적이고 사회적인 자원을 제공하기도 한다. 일련의 정체성 형상들, 예를 들어 스타트업 기업가, 전문적으로 성공한 컴퓨터 덕후 또는 인플루언서가 이를 뚜렷이 보여준다. 하지만 그 안에 포함된 요구의 잘못된 균형은 불충분하다는 인상을 줄 수 있다. 자기실현에 지나치게 집중하면 불안정한 삶의 위험이 커지고, 주로 실용적 경력으로만 향하면 자신의 지아를 포기하게 된다. 자기실현과 지위 노동이 함께 이루어지지만, 원칙의 일면적 추구에는 여전히 트레이드오프(Trade-off)가 존재한다. 한쪽이 더 지배적이면 지배적일수록 다른 쪽은 그만큼 더 후퇴하게 되는 것이다.[98]

둘째로 후기 근대 사회는 문화적 실천의 영구적 가치 유지와 동시에 가치 절하를 기반으로 한다.[99] 바로 여전히 독특하고 의미 있고 가치 있어 보였던 것이 곧바로 이미 평범해질 수 있다. 단순히 모방하는 것만으로도 독특함은 일상화된다. 오늘날 흰색 운동화가 어디에나 있는 생활양식 액세서리라면, 대중적 사용으로 인해 그 특별함은 곧 사라진다. 뚜렷이 구별되는 삶을 추구하는 것은 때때로 성취감을 주지만, 동시에 자기 자신을 방해할 위험이 있다. 자신의 개성은 발견된 상징적 기호와 형식 또는 유행의 미메시스와 비슷하다. 특이함은 공식적 표준화로 이어진다. 그것은 차이 추구를 핵심으로 하는 동질적 기질을 만들어낸다.[100] 그러므로 개인은 자기 자신과 자기 환경으로부터 자기 반성적 거리를 확보하도록 강제된다. 왜냐하면 그의 뚜렷한 차별성이 구조적으로 보장되지 않기 때문이다. 차이의 추구에서 사람들은 근본적으로 능률적으로 행동한다. 짐멜이 돈을 매개로 하여 적응하는 근대적 개성에 대해 "특성 없음"을 지적할 때 염두에 둔 것은 아마도 바로 이 현상이었을 것이다.[101]

셋째로 앞에서 설명한 긴장 상태에는 점층법의 논리가 내재한다. 자기실현은 성취가 곧바로 새로운 결핍으로 체험되는 끝없는 과정이다. 그것은 한계를 알지 못하며, 심지어 포기, 즉 귀촌, 단순한 삶으로서 실천될 때조차도 마찬가지다. 그것은 **충분함**을 알지 못하며 언제나 더 많은 것이 존재한다. 특히 개인의 행복감이 커져야 한다. 무엇보다도 그 사이에 일상적 사고에서 점차 중요한 역할을 하는 긍정 심리학의 강화된 훈련은 행복이 고정된 종점이 없는 포기할 수 없는 목표를 나타낸다는 생각을 일반화한다.[102] 자신이 영위하는 삶의 방식이 긍정적 감정을 불러일으킨다면 성공적이다. 충족된 경험의 영구적 증가는 행복의 유동성에서 비롯된다. 행복은 바람직한 상태가 실현되자마자 곧바로 사라진다.

넷째로 이 논리는 "완결 불가능성과 능가의 무한한 가능성"이 내재하는 자기 최적화에서도 계속 작용한다.[103] 성과뿐만 아니라 행복도 오로지 개인 자신에 의해 그리고 오로지 외부 요인의 도움을 받아 조건적으로만 달성될 수 있는 목표가 된다. 행복이나 고통, 성공이나 실패, 건강이나 질병이 개인적 행동의 직접적 결과로 여겨지면, 이로 인해 사람들은 쉼 없는 최적화 활동에 빠지게 된다. "개인적 성취"[104]가 성공하는 삶의 중심 척도가 되면, 그것은 그 반대인 자기 규율과 통제로 바뀐다.[105] 이는 복잡하게 얽힌 신체 노동에서 분명히 드러난다. 헬스클럽에서는 이제 더는 보디빌더와 같은 고풍스러운 개인주의자만 근력 강화 운동을 하는 것이 아니다. 신체는 모든 환경에서, 예를 들어 맥핏(McFit: 독일 최대의 헬스클럽 체인—옮긴이)이나 개인 트레이너를 통해 균형이 잡히고 단련되며 정의된다. 팔에 착용한 스마트 워치로 맥박을 확인하고 하루의 걸음 수를 측정하거나 사소한 결함을 발견한다. 밤에는 사람은 쉬기만 하고 스마트 워치가 그의 상태를 계속 감시한다. 그의 수면 리듬과 심박수 및 호흡은 생체 인식 장기 관찰로 옮겨진다. 지난 세기의 근면한 개신교 신자가 자신의 죄를 기록하여 통제하기 위해 종교적 일기를 통해 "**<u>스스로</u>** '맥박'"[106]을 느꼈다면, 오늘날에는 기기가 알고리즘화된 방식으로 이 모든 것을 스스로 처리한다. 속죄가 장기적으로 이루어졌을 때는 공유 기능을 통해 소셜 네트워크에서 직접적으로 가시화될 수 있다. 이는 그야말로 다른 사람과 자기 자신에 대한 경고다. 디지털 자가 측정은 영구적인 자기 최적화다.[107]

다섯째로 자기 최적화에 내재하는 비교는 우리를 언제 어디에나 존재하는 경쟁으로 이끈다. 시장에서는 기업들 사이의 경쟁이 지배하며, 당연히 개인들 사이에도 경쟁이 존재한다. 경쟁 영역이 확장되었다. 삶 전체가 최적화, 투자, 자신의 "기업가적 자아"의 창조로 해석된다.[108] 산업적 근대에 개성은 사회국가의 안전망, 자격 부여 그리고 궁극적으로 개성이 열매를 맺거나 적어도 개인적 결산에서 부정적으로 평가되지 않는다는 신뢰와 같은 안정성과 관련되었다. 불확실성이라는 달콤한 과즙은 사회 보장이라는 잔에서 가장 좋은 맛이 나는 것이었다. 그러나 후기 근대에 개인화는 절대로 끝나지 않는 게임이다. 사람들은 언제나 움직이고 있으며, 휴식 시간도 없다. 도착지는 없으며, 신뢰할 수 있는 구조로의 "재편입"[109]도 발생하지 않는다. 사람들은 이 게임에 참여하지 않을 수 없다. 자기 삶을 경쟁 양식으로 영위하지 **않는** 것은 선택 사항이 아니다. 모든 개인은 경쟁적**이어야만** 하고, 자기 자신에게 투자**해야만** 하며, 자율적**이어야만** 한다. 이러한 요구를 체계적으로 회피하는 사람들—공적 공간에서 이러한 거부는 한때 펑크족이 상징적으로 구현했다—은 지나간 시대의 유물이다.[110]

요약해보자. 현대 사회에서 자기 관리는 개인적 노력의 중심으로 옮겨졌다. (감정적 자원도 포함하여) 자원의 올바른 투입은 성공적 개인주의의 전제이자 결과로 여겨진다. 이를 위한 수많은 안내서가 서점에 쌓여 있다. 성과 지향적 합리주의와 진정한 자기 발견으로 이루어진 모순된 규범 구조가 개인적 불만과 실천적 모순 또는 해결할 수 없는 딜레마를 낳는 까닭에 개인은 (감정과 신체 또는 삶의 과정을) 통제함으로써 이에 대응한다. 즉 그는 외부에서 자신에게 가해지는 요구를 내면화한다.[111] 최근에는 마음 챙김과 회복 탄력성이라는 새로운 요청이 계속해서 등장하여 규범이 된다.[112] 이러한 새롭게 성장한 요구는 모두 선행하는 규범에서 발생하는 문제에 대응한다. 가령 노동 세계로 자기실현이 통합되면서 종업원들은 자기의 노동에 너무 몰두한 나머지 탈진이나 번아웃에 시달리게 되었다.[113] 호네트는 지금부터 20년 전에 이미 개성에 대한 요구, 자기실현의 도구화와 표준화가 사람들에게 과도한 요구를 함으로써 "감정적으로 차가운" 자격 시스템이 결국 고통, 죄책감, 수동성을 낳을 것이라고 예상했다.[114] 나중에 좀더 자세히 살펴보겠지만, 예를 들어 번아웃과 그 밖의 정신 병리가 과도한 자격 시스템으로 환원될 수 있다는 것에 대한 많은 증거가 존재한다. 그러나 최근 몇 년 동안 바로 감정적으로 차가운 시스템이 끓어오르는 부정적 정서를 낳고 있다는 증거도 많아지고 있으며, 이것이 이 책의 주제다.

물화한 자유

그러므로 공식적으로 서구 사회에서 개인은 그 어느 때보다 더 자유롭다. 적어도 만약 우리가 바우만과 더불어 자유를 "스스로 원하거나 가능한 운동의 자유를 제한하는 장애물이나 저항이 없는 상태"라는 의미로 이해한다면 말이다.[115] 근대 사회가 이룬 성과 가운데 하나는 기본적 자유를 실현한 데 있다. 우리는 누구의 방해도 받지 않고 의견을 표현할 수 있지만, 다른 사람들도 이 권리를 마찬가지로 행사할 것을 고려해야만 한다. 우리는 또한 지금 바로 짐을 싸서 여행을 떠날 수도 있고 아니면 한순간에 직장을 그만둘 수도 있다. 호르크하이머는 "자유를 둘러싼 진정한 투쟁에서는 …… 우선은 더 나은 삶, 아니 오히려 삶 일반"이 문제가 된다고 강조했다.[116] 근대 사회에서야 비로소 자유는 좋은 삶, 행동할 자유, 다양한 가능성 가운데서 선택할 수 있는 자유와 같은 의미가 되었다. 그러나 커다란 자유와 민주적 권리가 보장된 것으로 여겨질 때 역설적 결과가 생겨날 수 있다. 즉 가장 단순한 형식의 자유 개념이 원하는 것은 무엇이든 할 수 있다는 것으로 환원되는 반면, 민주적 공론장과 민주적 질서에 대한 무관심이 생겨나는 것이다.

이러한 자유지상주의적 자유 이념의 철학적 정초가 된 책은 1974년에 출간된 로버트 노직의 《무정부, 국가, 유토피아》이다.[117] 노직은 국가적 재분배의 자유주의적 정당화를 위한 표준 저작인 존 롤스의 영향력 있는 《정의론》[118]에 반대하여 개인에게 침해받지 않을 수 있는 거의 무제한의 권리를 부여하는 제한 없는 소극적 자유를 정립한다. 그리하여 노직은 또한 이 장의 앞부분에서 이미 살펴보았듯이 그렇듯 무제한의 자유를 제한하는 데는 단연코 이유가 있다고 본 존 스튜어트 밀의 자유주의를 훨씬 뛰어넘는다. 국가가 재분배해서는 안 되며, 이 점에서 노직은 프리드리히 아우구스트 하이에크와 같은 신자유주의 사상가들과 의견이 일치했다.[119] 그러나 노직은 그 핵심에서 자신을 신자유주의자보다 훨씬 더 급진적으로 자리매김했다. 왜냐하면 그의 이론에서 국가는 절대적인 최소 국가로서만 존재 권리를 지니기 때문이다. 국가는 개인의 삶에 개입해서는 안 되며 다만 개인의 자유와 개인 재산을 보호하기만 해야 한다. 심지어 이미 국가는 개인에게 연대적 행동과 같은 행동을 기대해서도 안 된다. 이와 비교하자면 하이에크와 같은 저술가조차도 국가에 대해 그야말로 우호적이었다. 그의 견해에 따르면 국가는 시장이 기능하는 방식을 개선하는 데 심지어 유용한 것으로 입증될 수 있었다.

노직에게서 우리는 자기 자신 외에는 (거의) 아무것도, 그 누구도 고려하지 않는 원자적이고 동시에 어떠한 제한도 받지 않는 개인을 만난다. "자기 일에만 신경 쓰는 평화로운 사람은 타인의 권리를 침해하지 않는다."[120] 유일하게 정당한 제한은 타인의 개인적 자유를 침해할 수 없다는 것이다. 노직의 책은 자유지상주의 철학에 엄청난 영향을 미친 동시에 자유 이념의 의미 변화를 나타내는데, 이는 사회 일부에서 그 효력을 발휘하고 있다. 자유는 이제 더는 국가의 폭력 독점에 대한 경계 설정에서 이해되는 것이 아니라 사회적 규범 전반으로 이해된다. 이러한 관점에서 볼 때 예를 들어 안전띠나 헬멧 착용 의무와 같은 일상적 행동에 대한 국가의 규제는 차별 금지 명령만큼이나 개인의 자유에 대한 제한을 나타낸다. 그러한 자유 관념을 고수하는 개인은 "자신의 행동에 대한 지침으로서 자기 자신 외부의 모든 원천"을 거부한다.[121] 여기서 개인주의는 이미 토크빌이 두려워했듯이 더는 민주적 덕이 아니라 모든 덕의 종언이다. 왜냐하면 개인주의는 사적인 것과 공적인 것 모두를 공격하고 파괴하며 "고독"과 "이기주의"로 끝나기 때문이다.[122] 그런 까닭에 바로 자유지상주의적 자유 이념이 인기를 얻은 시대인 1970년대에 나르시시즘이 사회적 현상으로서 발견된다는 것은 놀라운 일이 아니다(4장 참조).

우리가 보기에 후기 근대의 개인화가 지닌 의심스러운 측면은 불경스러운 이기주의가 아니라 개인이 사회 제도에 대한 의존을 몰아낸 데 있다. 개인적 자유 공간과 관련하여 급진화한 요구를 불러일으키는 것은 **물화한 자유**다. 물화 개념은 마르크스가 《자본》에서 전개한 상품 물신숭배 이론과 자본주의적 합리화에 대한 베버의 분석을 결합하는 게오르크 루카치의 《역사와 계급 의식》(1923)으로 거슬러 올라간다. 루카치에 따르면 물화는 사회적 관계가 자기의 "완결되고 합리적인 자기 법칙화"에서 "자기의 기본 본질인 사람들 사이의 관계의 모든 흔적을 은폐하는" "유령 같은 대상성"을 획득한다는 특징을 지닌다.[123] 우리의 급여 명세서에서는 노동 중에 이루어진 인간적 상호 작용이 사라진다. 우리의 성취를 '평가'하는 알고리즘은 우리에 대해 강제력을 행사한다. 그것은 마치 독자적 생명의 전개처럼 보인다. 우리는 특정한 사전 목표를 지닌 사람들이 이 알고리즘을 프로그래밍하고 훈련시켰다는 사실을 더는 보지 못한다. 이는 사생활에도 마찬가지로 적용된다. 틴더(Tinder) 같은 데이트 앱에서 사람들 사이의 접촉은 오로지 외면적 속성에 근거해서만 이루어지거나 지워진다.

고도로 합리화한 조직된 근대를 바탕으로 자기 이론의 기초를 세운 루카치에 따르면, 물화된 관계는 상품 교환이나 법과 같은 비인격적 메커니즘의 형태로 사회에 침투한다. 시장과 계산의 논리는 개인에게 제어할 수 없는 힘을 지닌 "제2의 …… 자연"으로 다가온다. 개인은 세계를 더는 다소간에 이성적이고 인위적인 전체로서 경험할 수 없다.[124] 루카치는 사람들이 대(大)콘체른과 관료적 기구를 변하지 않는 힘으로 받아들인다는 것을 관찰했다. 그들은 자신의 직업 활동과 대인 관계를 상품의 형태로, 사회적 관계가 개인에게 대상화되어 대립하는 "환상적" 형태로 지각했다.[125] 사실 그 당시 임금 노동자들은 가족의 생계를 어떻게든 꾸려나가고자 한다면 매일같이 공장에 출근하는 것 외에는 다른 선택의 여지가 거의 없었다. 하지만 그들은 이러한 강제를 원칙적으로 변화될 수 있는 사회적 합의로서가 아니라 다면적으로 자연의 사실로서 받아들였다. 루카치의 요점은 바로 물화한 세계가 "**직접적으로** 참된 세계로서" 나타난다는 데 있다.[126] 우연치 않게 상품의 세계이기도 한 이 **참된** 세계에서 자유는 본래 그것이 사회적 관계인 곳에서 개인의 성질로, 즉 하나의 추상으로 바뀐다. "소유 개인주의"가 지배적인 사회화 양식이 된다.[127] 물화한 자유는 개별적 개인에게 **속한다**. 그것은 더는 타자에 대한 관계가 아니다.

루카치의 책은 이제 거의 한 세기가 지났지만, 그런데도 자유의 사회적 조건성을 부인하는 자유지상주의 이념에 대한 독창적 관점을 제공한다. 위르겐 하버마스는 후기 자본주의 사회에서 "물화의 메커니즘"이 변화하고 있으며, 이는 주로 일면적 합리화로 인해 자기의 종합하는 힘을 상실한 "**단편화한** 의식"으로 표현되고 일상 의식의 "동화"에 심각한 결과를 초래한다고 지적했다.[128] 모든 것은 서로 고립되어 존재하는 것으로 보인다. 직장에서의 실패, 전쟁, 환경 위기는 자본주의 경제 시스템과 연관되지 않는다. 루카치는 사회적 관계의 물화로부터 초기 비판이론과 비슷하게 (특히 프롤레타리아트의) 깊은 무력감을 끌어냈지만, 후기 근대에 성과를 내는 능력 있는 개인은 물화한 관계를 전략적으로 이용하는 법을 부분적으로 배웠다. 자신의 일상 전부를 인스타그램에 상품처럼 공개적으로 보여주는 인플루언서는 많은 사례 가운데 하나일 뿐이다.[129] 물화한 자유로 기울어지는 개인은 자기를 후기 근대 자본주의와 동일시하고 그 규범을 긍정하며 "저거너트 바퀴(인도의 신 크리슈나의 산스크리트어 이명인 자가나타를 위한 축제에서는 높이가 수 미터에서 십수 미터에 이르는 탑처럼 생긴 거대한 수레를 끌고 간다. 저거너트 바퀴는 근대의 멈출 수 없는 동역학을 상징한다—옮긴이)"(마르크스)에 자신을 힘차게 내던진다.[130] 그들은 어떤 의미에서 "과잉 상태"에 있는 개인이다.[131]

뒤에서 제시하겠지만 비판 이론이 무엇보다도 우선 자본주의적 개인화의 사회적 병리로서 **고통**을 염두에 둔 데 반해, 우리는 자유지상주의적 권위주의를 설명하는 열쇠인 또 다른 결과, 즉 자본주의적 자유 규범의 적극적 **긍정**에 초점을 맞추고자 한다. 물론 조직된 자본주의의 "일차원적 인간"도 스스로를 직접적으로 "그의 사회와 따라서 전체로서의 사회"와 동일시한다.[132] 그러나 이러한 동일시는 마르쿠제에 따르면 자기실현의 추구를 체계적으로 억압하는 진보된 산업 사회를 기반으로 이루어졌다.[133] 오늘날 정황은 근본적으로 변화했다. 폭넓게 해방된 개인은 자기에게 포괄적인 개인적 자기 계발을 약속하고 때로는 보장하기도 하는 사회와 자기를 동일시한다. 자본주의는 많은 사람에게 진정성을 향한 노력을 방해하는 일면적 합리화 기계로서가 아니라 반대로 개인의 자기실현을 곧바로 가능하게 하는 시스템으로서 지각된다.

마르크스는 이미 〈유대인 문제에 관하여〉라는 비평에서 자유지상주의적 개인주의의 그러한 형식을 논박한 바 있다. "그러나 이기주의적 인간의 자유와 이 자유의 인정은 오히려 그의 삶의 내용을 형성하는 정신적·물질적 요소의 구속되지 않는 움직임에 대한 인정이다."[134] 그러한 개인들은 자본주의에 대해 규제하거나 재분배하는 개입을 자유에 대한, 즉 **자기들의** 자유에 대한 침해로 바라본다. 그러나 그렇다고 해서 물화한 자유가 반드시 이겨야만 한다는 것은 결코 아니다. 그와 짝을 이루는 것은 개인이 서로의 의존성 속에서 상호 인정하는 사회적 자유다. 그러나 그것은 우리가 이 책의 결론에서 주장하듯이 또한 연대 운동의 힘에 달려 있다.

그러므로 이제 대부분의 사람이 매일 직면하는 의존성이 자유지상주의적 자유 이해와의 동일시를 통해 부인된다면, 이는 결코 순수하게 환상적인 행위가 아니다. 문제가 되는 것은 오히려 자율과 의존이 손에 손잡고 나아가는 **실재적인** 개인적 자유의 결과다. 개인의 증가한 제도 의존성을 상기해보자. 실로 개인은 표준화한 삶의 과정 모델에서 벗어나 있지만, 동시에 유동적인 시장에서 자기를 주장해야만 하는 상황에서 현실적으로 자기 결정의 방식으로 행동할 수 있는 경우는 거의 없다. 그들은 스스로 통제할 수 없는 발전들에 의존한다. 이는 불가피하게 주관적 의식에서 해결할 수 없는 모순으로 이어진다. 실로 사회적 요청뿐만 아니라 개인적 요구도 자유 공간의 확대에 맞추어져 있지만, 개인적 특수화의 확대된 영역에는 외부적 힘이 영향을 미친다. 자신의 행동이 반드시 자유롭고 스스로 정립한 목적의 결과인 것은 아니다. 이러한 모순은 이미 후기 근대 사회에서도 그 타당성을 잃지 않은 "개체화 원리(principium individuationis)"에 근거하고 있다. 아도르노는 개별화된 개인이 "자신의 뒤얽힘 일반에 대한 의식으로부터 자기를 방어해야만 한다"고 지적했다.[135] 이러한 '자기방어'는 자유지상주의적 자유 이해의 기본적 구성 요소다. 자유지상주의적 자유의 실천에서는 자유의 기반이 되는 조건이 희미해진다. 그것은 개인적 행위 능력의 순수하게 외적인 해방을 목표로 한다.

3

무질서의 질서: 사회적 변화와 퇴행적 근대화

자기 삶을 개인적으로 영위하는 것이 지금보다 더 단순한 적은 없었다. 하지만 현대 사회에서도 개성은 여전히 논란의 여지가 있다. 개성은 도전받고, 무력해지고, 적응하게 된다. 오늘날의 개인은 자율적이지만 그러한 가운데 유약하고, 교육받았지만 구조적으로 과도한 요구를 받고 있으며, 도덕적이지만 규범적으로 불안정하고, 신중하지만 고도로 감정적이다. 그리하여 이 책의 주제인 상처받은 자유는 개인이 증대된 욕구를 발전시켰지만 후기 근대 사회에서 자기의 요구를 실현할 수 없다는 (또는 굴절된 방식으로 실현할 수 있다는) 상황에서 결과한다.

안드레아스 레크비츠는 사회 질서가 시대의 경계에서 "기울어질" 수 있다고 주장한다.[1] 현대 사회의 다양한 위기를 바라보면서 그는 후기 근대가 정점을 넘어섰고 우리가 새로운 시대로 나아갈 수 있다고 여긴다. 그는 이 새로운 시대를 잠정적으로 "포스트 후기 근대"라고 부르는 데, 여기서 '포스트'라는 접두사는 아직 불명료한 미래성을 가리킨다.[2] 이제 막 등장하고 있는 이 시대의 윤곽은 아직 구체적으로 확인할 수 없다. 그런 까닭에 산란한 임계 상태가 과연 사회 질서의 새로운 구성으로 이행하고 있는지는 현재로서는 판정하기 어렵다. 아마도 미래에는 근대에 대한 포스트 후기라는 이중의 이후 시간성에서 다 드러나지 않는 시대 진단 개념이 발견될 것이다.

퇴행적 근대화라는 우리의 개념은 울리히 벡이 이미 1996년에 분명히 포착했듯이 "근대화와 반근대화의 변증법"이 작동하는 사회적 변화의 최근 국면이 보여주는 방식을 의미한다.[3] 진보와 퇴보는 하나의 같은 과정에서 맞물려 있으며, 아니 그 이상이다. 그것들은 서로 분리될 수 없다.[4] 때때로 혼란스러운 이러한 동역학은 지구화와 유럽 통합에서 직관적으로 관찰할 수 있다. 경제적·정치적·문화적 공간이 개방되었다. 동시에 경쟁 지향적 긴축정책을 명분으로 사회국가적 안전장치가 해체되고 사회적 권리가 제한되었다. 그래서 유럽 통합은 실로 노동자의 이동성 측면에서는 진보를 가져왔지만, 독일에서 노동자의 공동 결정권을 약화시켰다.[5] 통합은 개방을 통해 참여 가능성을 확대하지만, 동시에 다른 분야에서는 배제를 만들어낸다. 플랫폼 기업과 기술 콘체른에서는 다양성에 많은 가치가 놓이는 동시에 (특히 이주민의 경우에는) 불안정한 일자리가 대세다.[6] 내재적 모순을 특징으로 하는 이러한 발전에서 문제는 공동생활이 이전 형식으로 퇴보하는 것이 아니다. 사회는 역동적이며 새로운 진보는 오랜 문제에 반작용한다. 하지만 문제 해결과 더불어 종종 새로운 문제가 발생한다. 그러한 내재적 부작용은 때때로 사회적 진보 자체를 의문시한다. 그 경우 결과는 몰락이나 쇠퇴로 나타난다. 그

러나 우리가 보기에 우리는 비동시적인 것의 동시성과 관계하고 있다.[7]

호르크하이머와 아도르노는 이러한 동시성에서 근대화의 구조적 징표를 보았다. "멈출 수 없는 진보의 저주는 멈출 수 없는 퇴행이다."[8] 그러나 그들은 이 음울한 문장을 1944년에 파시즘의 역사적 경험을 배경으로 썼다. 1945년 이후 미래 전망이 다시 밝아졌고 선형적 진보에 대한 신뢰가 압도했다. 진보에 수반되는 퇴보는 단지 주변적으로만 사회적 의식 안으로 들어왔다. 물론 후기 근대 사회에서는 이러한 낙관주의가 줄어들었다. 사회적 퇴보가 증가하면서 클라우스 오페는 이미 10여 년 전에 멈출 수 없는 진보라는 목표에 작별을 고해야 했다. 이제 중요한 것은 오히려 기존 성과를 공고화하는 것이다. 오페는 미래 발전에 대해 좋은 것을 거의 기대하지 않았다. 사회학자에게 남은 것은 다가오는 "퇴행적 …… 잠재력"에 대해 예민해지는 것이었다.[9] 그의 동료인 페터 바그너는 현대에서 실로 여전히 형식적 지배의 축소와 위계질서의 해체와 같은 사회적 진보를 인식하지만, 개인의 선택의 자유가 증가함에 따라 진보의 규범적 이상이 소진될 정도로 심각한 사회적 불평등과 배제가 산출되었다고 말한다.[10]

그에 반해 우리는 사회적 진보의 이념을 견지하지만, 그것이 지닌 모순적 동역학에서 이를 분석하고자 한다. 우리가 보기에 진보**와** 퇴행은 지난 몇십 년 사이에 뚜렷이 급진화했고, 그리하여 호르크하이머와 아도르노의 인간 삶의 퇴행론이 새로운 폭발력을 획득한다. 개인의 상처받은 자유는 자유 정도의 확장과 해체가 동시에 이루어진 것의 한 가지 결과일 뿐 아니라 무엇보다도 중요한 결과다.

규범적 진보의 결함

역사학자 라인하르트 코젤렉은 한 논문에서 19세기 후반 니더작센 남부의 한 시골 지역에서 일어났다고 하는 일을 다음과 같이 들려준다. 그곳 아이들은 전통적으로 부모의 식탁에서 식사할 수 없었고 식사 시간에 선 채로 있어야만 했다. 견진성사 날에 그들은 따귀를 맞았고, 그 뒤로 성인으로 대접받으며 부모와 함께 앉을 수 있었다. 어느 날 막내아들이 견진성사를 받지 않고 따귀를 맞지 않고서 그 자리에 앉을 수 있게 되었다. 아내가 놀라서 무슨 일이냐고 묻자 아버지는 **진보가 있었기 때문**이라고 대답했다. 진보가 있었다는 것은 분명히 눈에 띄었다. 그러나 정확히 왜 그리고 어떻게 그런 일이 일어났는지는 아버지에게 명확하지 않았다.[11] 오늘날에는 정반대인 것으로 보인다. 진보를 위해 계속해서 싸워야 할 많은 이유가 존재한다. 하지만 우리는 유감스럽게도 그 이상을 인식할 수는 없다.

그러나 그렇듯 환멸스러운 시각은 후기 근대 사회의 내부 동역학을 감춘다. 어쨌든 우리는 젊은 집단에서만 마주칠 수 있는 것이 아닌 광범위하고 **진보적인** 규범 변화를 체험하고 있다.[12] (새로운 규범을 둘러싼 투쟁이 때때로 도덕적으로 과도할 수는 있지만) 수많은 차별 형식은 더는 정당하게 여겨지지 않는다. 사회적·정치적 공간은 전반적으로 더 개방적이고 평등해진다. 성이나 인종과 같은 특정한 징표에 근거한 배제는 오늘날 20년 전보다 덜 용인된다. 독일의 올라프 숄츠 신임 총리는 2021년 자신의 내각을 여성과 남성 동수로 구성하는 것이 의무라고 생각했지만, 그럼에도 불구하고 특정 집단과 삶의 형식이 대표되지 않는다는 이유로 거센 비판을 받았다.[13] 규범 구조가 전반적으로 더 진보적으로 되고 있지만, 동시에 분노에 찬 야유도 점점 더 커진다.

퇴행적 근대화 개념을 가지고서 우리는 벡의 **성찰적** 근대화 이론을 확장한다. 벡에 따르면 산업적 근대에서는 사회 통합과 해방이라는 사회적 목표가 여전히 어느 정도 명확했다. 그것을 달성하기 위한 수단, 즉 기술적 진보, 성장, 사회 개혁도 다소간에 논란의 여지가 없었다. 그러나 벡에 따르면 성찰적 근대화 과정에서 산업적 근대의 기본 제도인 국민국가와 민주주의는 앞에서 언급한 수단의 적용으로 인해 근본적으로 변형될 것이다. 그 둘은 사라지지는 않겠지만 그 타당성이 제한되고 더욱 하이브리드화할 것이다. 그러나 벡에게 무엇보다도 문제가 된 것은 산업적 근대화와 경제 성장의 성공에 따른 **부작용들**, 가령 환경 오염과 같은 새로운 문명의 위험들이었다.[14] 그런 까닭에 후기 근대 사회에서는 수단이 더 논란이 되고 목적이 더 불확실해진다. **성찰적** 근대화로부터 **퇴행적** 근대화가 생성된다. 사회들은 개별 분야들에서 일단 달성한 표준에 뒤처진다. 진보에서 퇴보를 인식할 수 있게 된다. 그러한 퇴행적 근대화는 특히 다음에서 우리가 다루고자 하는 네 가지 분야, 즉 **첫째**, 정치적 지평과 사회적 대안의 변화, **둘째**, 부작용의 문제, **셋째**, 해방적 규범의 변형, 그리고 **넷째**, 사회운동의 변모에서 모습을 드러낸다.

유토피아적 지평은 기후 변화와 전 세계적인 팬데믹 시대에 분명 그 어느 때보다 더 광범위하게 어두워졌다. 벡 이전에도 이미 하버마스가 유토피아적 에너지의 감소를 확언한 바 있었다. 그의 진단의 출발점은 사회국가적으로 규제되는 자본주의의 위기 및 이와 결합한 해방적 사고의 상실이라는 두 가지 서로 뒤얽힌 발전이었다. 1960년대의 개혁적 낙관주의는 사라져버렸다. 유토피아적 비전은 방향성 없음에 자리를 내주었고, 이제 미래는 부정적 의미로 채워졌다.[15] 이러한 비관주의는 최근 몇십 년 사이에 더욱더 급진화했다. 기후 변화에 직면하여 우리가 오늘날 변경할 수 없는 기대치를 어느 정도 완화하는 데 성공한다면 그것마저 이미 기쁠 것이다. 근본적으로 다른 세계를 꿈꾸는 사람은 여전히 소수에 지나지 않는다.[16] 자본주의의 종말보다 세계의 종말을 상상하는 것이 더 쉽다는 마르크스주의 문화이론가 프레드릭 제임슨의 많이 인용되는 명언은 바로 이러한 측면을 겨냥한 것이다.[17] 아마도 오늘날 도덕과 사회적 규범을 둘러싼 투쟁이 그토록 격렬하게 벌어지는 것은 사회적 대안이 집단적 상상력에서 벗어나 있기 때문일 것이다.

근본적 대안과 비전은 사라졌지만, 지금 여기서 실현할 수 있는 **동종적** 선택지는 갑작스럽게 실로 헤아릴 수 없을 정도로 풍부하게 존재한다. 조직된 근대가 시작되던 1922년 미국 자동차의 선구자 헨리 포드는 모든 고객이 "검은색이 있는 한 원하는 모든 색상의 자동차를 가질 수 있다"고 썼다.[18] 오늘날 모든 자동차는 **맞춤형으로 제작**되며, 단순히 검은색이나 빨간색 골프만 주문할 수 있는 것이 아니라 수십 가지 색상과 엔진 및 구동 방식 그리고 실내장식 중에서 선택해야만 한다. 이러한 새로운 조망 불가능성은 개인의 삶 도정과 인간관계에도 반영된다. 고등학교 졸업 시험 후에는 대학에 진학할 것인지가 아니라 수많은 학과 가운데 어떤 것이 가장 적합한지의 문제가 제기된다. 틴더와 같은 상업용 데이트 앱은 결정 장애와 실제로 참여할 수 없는 무능력을 낳는다.[19] 사람들은 그토록 많은 잠재적 파트너 가운데서 선택할 수 없었고, 그와 동시에 2000년 이후 독신자 수가 25퍼센트나 증가했다.[20] 이들은 많은 일시적 접촉을 가질 수 있지만, 고립의 위험은 커진다. 그야말로 풍부한 선택지는 모든 결정이 어느 정도 일시적이라는 것으로 이어진다.

짜릿한 검색은 항상 유희적 색조를 지닌다. 체험은 끝이 없는 진주 목걸이처럼 서로 연결되는 까닭에 이루어질 수 없다. 지그문트 바우만은 이러한 "미완성, 불완전, 불확실성"의 정황에서 소외와 두려움의 증가 원인을 찾는다.[21] 세계는 "무한한 가능성의 집합, 즉 붙잡을 수 있거나 놓친 기회로 가득 찬 그릇으로서" 나타난다. "고통스럽게도 수많은 대안이 존재하며, 그 양은 개인적 삶의 틀을 넘어선다."[22] 슬로베니아 철학자 슬라보예 지젝은 현대 사회에서 선택의 자유가 지니는 세 가지 문제점을 지적했다. 첫 번째 문제점은 **대안 없는 선택**이다. 나는 자유롭게 선택할 수 있지만, 그것은 내가 **올바른** 선택을 한다는 것을 조건으로 한다. 나의 결정은 "모든 경우에 내게 부과된 것을 자유롭게 성취하는 것처럼 하는 공허한 제스처"에서 다 소진된다.[23] 둘째로 그 밖에 우리는 종종 두 가지 **마찬가지의** 대안 중에서만 선택할 수 있다. 소비자에게는 물론 광범위한 공급을 제안하지만, 결국 문제가 되는 것은 언제나 같은 것의 변형, 가령 코카콜라나 펩시일 뿐이다.[24] 아우디 Q3는 폭스바겐 티구안이나 스코다 코디악과 똑같은 콘체른 내부 모듈을 기반으로 한다. 셋째로 물론 여전히 실제로 **자유로운** 결정이 존재하지만, 이 결정은 바로 그런 까닭에 점점 더 실망스럽게 경험될 것이다. 예를 들어 전공의 결정은 이후 인생행로에 엄청난 영향을 미치지만, 우리는 불충분한 지식을 바탕으로 결정을 내려야만 한다.[25] 명백한 풍요로움은 과도한 요구의 느낌으로, 객관적인 선택의 자유는 주관적인 결정 장애로 바뀐다. 그러나 우리는 선택지의 숫자를 줄일 수도 없는데, 후기 근대 사회는 바로 자유의 정도를 높일 것을 약속하기 때문이다. 그러므로 여기서 퇴행적 근대화란 진정한 대안이 없는 동시에 선택지가 너무 많다는 것을 의미한다.

현대 사회의 두 번째 근본 문제는 부정적 발전이 자주 해방적 근대화의 부작용을 나타낸다는 데 있다. 한 집단의 진보는 다른 집단의 퇴보와 맞물릴 수 있다. 남녀 사이에 (전혀 충분하지는 않지만) 증대된 평등권을 예로 들어보자.[26] 물론 변함없이 유리 천장이 존재하지만, 많은 차별이 약해졌거나 적어도 스스로 정당성을 확보해야 한다는 압박을 받는다. 여성이 없는 지도부는 시대에 뒤떨어진 것처럼 보이며, 기업은 여성 직원에게 더 적은 임금을 지급할 때 그에 대해 반드시 설명해야 한다(경제 전체에서 성별 임금 격차는 여전히 크지만 말이다). 여기서 문제가 되는 것은 전통적 역할 분담과 가족의 생활 형식을 부분적으로 해소한 자유화의 결과다. 그러나 여성의 해방과 노동 시장 참여 증가로 새로운 하위 계층이 생겨났다. 왜냐하면 사회적 자유화가 경제적 자유화와 함께 진행되었기 때문이다. "자기 안에 퇴보를 담지하는" 진보. 그리고 이것은 아주 자주 하위계급에 영향을 미친다.[27] 남성이 생계를 부양하고 여성은 주부가 되는 결혼 모델의 침식으로 인해 중간층 가정은 가사 도우미, 자녀를 위한 보모 또는 노년의 부모를 돌볼 간병인을 필요로 한다. 음식은 배달되고 일상적 활동은 새로운 하인에게로 옮겨진다. 교육의 확장은 세계 개방성과 지속 가능한 삶의 영위에서 오랜 중간계급 및 나아가 세속적으로 물질주의적인 하위계급과 구별되는 새로운 상위 중간계급을 산출했다.[28] 이와 함께 저임금 부문이 증가하고 있으며, 이에 따라 계급 사회가 가시화되고 있다.[29] 민주적 포용이 이루어졌지만, 특히 노동자와 실업자 그리고 빈곤층을 위한 사회적 권리는 해체되었다. 그들에게 이중적 자유화는 적극적 자유의 감소를 의미한다.[30]

그럼에도 불구하고 한 집단의 진보가 다른 집단의 퇴보를 만들어내는 제로섬 게임이 문제가 되는 것은 아니다. 반대 방향의 효과들은 반드시 사회적 변화의 같은 영역에서가 아니라 **다른** 영역에서 퇴보로 응축되는데, 그런데도 그 영역은 앞의 영역과 관련된다. 차원 A에서의 진보는 차원 B에서의 퇴보로 이어지는데, 여기서 차원 A와 차원 B는 물론 서로에게 영향을 미치지만, 규범적으로나 구조적으로 어느 정도 자율적이다. 그러므로서 A에서의 진보를 희생하여 B에서의 퇴보를 되돌리고자 하는 것은 정당화되지 않을 것이다. 퇴보는 일면적으로 해결될 수 없다. 예를 들어 불안정한 서비스 노동 문제를 제거하기 위해 주부가 되는 결혼 모델을 복원하고 여성의 노동 시장 참여를 줄여 노동 공급을 줄임으로써 보수가 좋은 정규직 노동관계만이 '남게' 하는 것은 가능하지도 않고 규범적으로 바람직하지도 않다.

이와 더불어 우리는 세 번째 문제이자 우리가 처음에 정식화한 관찰, 즉 사회적 규범 변화는 실로 진보적이지만 혐오스러운 반응과 새로운 갈등으로 이어진다는 관찰로 되돌아온다. 노르베르트 엘리아스의 제자인 네덜란드 사회학자 카스 바우터르스는 문명화 과정이 사교 형식의 공식화에 근거한다는 엘리아스의 견해를 공유하지만, 20세기에는 엄격한 행동 규칙이 점점 더 억압적인 것으로 받아들여졌다고 지적한다. 더 넓은 범위의 감정과 행동 방식이 수용될 수 있는 것으로 여겨졌고, 사교 형식이라는 개념 자체도 정당화가 필요해졌다. 대부분의 예의 규칙에는 사회적 위계질서가 새겨져 있는 까닭에 1960년대 이후 예의의 "비공식화"는 권력과 특권의 해체를 의미하기도 했다.[31] 토마스 만은 여전히 자녀가 존댓말을 쓰도록 했지만, 오늘날 많은 부모는 자녀가 평어로 이야기하도록 한다. 식사 자리에서 사람들은 더는 가장 높은 지위에 있는 사람이 발언권을 줄 때까지 기다릴 필요가 없다. 카니발 무도회에서 남성과 여성은 자신이 원하는 사람과 춤출 수 있다. 여왕과 교황을 제외하고는 더는 누구도 절하지 않는다.

1990년대에 바우터르스가 이처럼 단연코 적절히 관찰해 기록할 때도 그는 여전히 그로부터 사회적 결속에 대해 어떤 결과가 초래될지 예감할 수 없었다. 비공식화가 사회적 위계질서의 해체에 기반하는 까닭에 그것은 이전에 약자였던 집단의 요구를 강화한다. 사회의 "권력 균형"이 변한다.[32] 이전에 고위(대변인)직에서 배제되던 집단이 이제는 정당하게 고위직 진출을 요구한다. 정치 영역은 더 다원화되었지만, 갈등도 더 많아졌다.[33] 규범적 진보는 부분적으로 저항을 불러일으킨다. 왜냐하면 그것은 때때로 "입장 근본주의"[34]의 도덕적 과잉을 동반하기 때문이다. 가령 이른바 '늙은 백인 남성'이 종종 과거 지향적이라는 비난을 듣듯이 사람들은 자신의 실제 의견과 관계없이 특정한 입장과 동일시된다. 그러나 자주 들을 수 있는 '도덕화'에 대한 비판은 논쟁의 핵심을 놓치고 있다. 물론 새로운 행위자들은 고유한 견해와 더불어 또한 자신의 상처와 특이함도 함께 가져온다. 그러나 무엇보다도 우선 집단은 권력을 공유해야만 한다. 사회학자 아르민 나세히가 지적하듯이 "그 도덕적 기준이 이전에 담론적으로 패권적이던" 집단들은 "이제 그 자신이 다른 집단들 사이에서 하나의 집단으로 수축한다."[35] 그들에게 민주화는 권력 상실뿐만 아니라 또한 상징적 평가절하를 의미한다. 그들은 자신의 권력을 주장하기 위해 삶의 형식과 정체성의 수직적 위계화에 기반하는 전통적 규범이나 보수적 정체성 정치로 후퇴한다. 이 항의가 본격적인 문화 전투의 형식을 띤 까닭에 반동적 백래시(Backlash)라는 인상이 생겨난다.[36] 이러한 것은 헝가리나 폴란드 같은 나라들에서는 단연코 올바를 수 있지만 서구에서는 다른 모습이 나타난다. 우파 포퓰리즘 정당이 선거에서 성공을 거둔 곳에서도 규범적 자유화를 되돌리는 데 성공하는 것은 일반적으로 소수의 경우에 지나지 않는다. 미국에서는 최근 낙태권과 관련하여 실로 커다란 퇴보가 있었지만, 그 나라는 인종적 소수자의 포용과 성 평등권과 관련해서는 커다란 진보를 이루었다. 미투(MeToo)와 '흑인의 목숨도 소중하다(Black Lives Matter)' 같은 운동은 일상적 성차별과 뿌리 깊은 인종차별 구조에 대응하고 있지만, 거기서는 동시에 평등한 권리의 규범을 **마침내** 실현해야 한다는 요구가 분명히 표현된다.

그러나 상황은 좀더 얽히고설켜 있다. 이로써 우리는 네 번째 문제에 들어서지만, 규범적 진보는 사회운동의 변형에서 비롯되는 퇴행적 근대화를 자기 안에 짊어진다. 20세기에 들어서서까지도 해방을 위한 투쟁은 억압받는 다수의 이름으로 강력한 소수에 대항하여 벌어졌다. 거기서 다수, 특히 노동자 계급의 이익은 공동선 및 보편주의적 원칙과 동일시되었다. 20세기 후반에 이르러서야 비로소 소수자가 억압의 희생자로서 초점에 놓였다. 이제 보편주의는 소수자의 동등한 권리에 대한 인정을 의미한다. 여기서도 미국의 예를 참조할 수 있다. 노동운동은 뉴딜 정책을 통해 실로 어느 정도 사회보장을 달성했지만, 직장 내 여성차별, 주부가 되는 결혼, 인종차별적 배제와 같은 다른 차별 대우에 대해서는 똑같은 열정으로 투쟁하지 않았고 심지어는 이를 용인한 까닭에 전혀 보편주의적이지 않은 태도를 보였다.[37] 그런 까닭에 새로운 사회운동은 처음부터 노동조합과도 거리를 두었다. 그들은 차별의 종언, **사회적** 개방과 더 많은 투과성을 위해 싸웠지만, 그로 인해 오랜 산업노동자 계급 일부와 갈등을 빚었다. 이들은 경제 엘리트들이 밀고 나가

는 세계 시장의 **경제적** 개방으로 인해 자신들의 삶의 토대가 위협받는다고 생각했다.[38]

결국 낸시 프레이저가 **진보적 신자유주의**라고 부른 새로운 개방 연합이 탄생했다. 이 미국 철학자의 진단은 우파 포퓰리즘의 부상에 대한 설명을 제공하는 까닭에 널리 받아들여졌다(그러나 또한 격렬하게 비판받았다). 평등한 권리, 다양성, 자율의 강화는 경제적 자유주의 프로그램과 결합했고, 덜 유연하고 덜 이동적이며 사회보장 시스템에 더 의존하는 집단에 손해를 끼쳤다.[39] 진보적 신자유주의나 좌파 자유주의는 급격하게 증가한 물질적 불평등을 외면한 채 일차적으로 기업 이사회에서의 더 많은 다양성을 추구한다고 비판받는다. 몰락 위기에 처한 백인 산업 노동자들은 이에 새로운 폐쇄에 대한 퇴행적 요구로 대응했다. 도널드 트럼프와 같은 정치인들은 그들에게 신보호주의 경제 정책을 약속하고 성소수자 운동의 관심사를 공격적으로 방어한다. 이는 고전적 권위주의 방향으로 전개되는 발상이다. 이 책이 전개되는 과정에서 우리는 진보적 신자유주의에 대한 또 다른 퇴행적 반응, 즉 소수자에 대한 배려 자체가 이제 억압적 규범이 되었다고 불평하는 공론장의 지식인 집단을 만나게 될 것이다(6장 참조). 이전에는 허용된 행동 방식이 가부장적이라고 질책받고 젠더가 강요되며 더는 자신이 생각하는 대로 말해서는 안 된다. 여기서 소수자의 해방은 자신의 행동과 표현의 자유에 대한 침해로 해석된다.

지식의 상처

조직된 근대에서 현실은 대체로 논란의 여지가 없었다. 현실은 단조하여 만든 공장의 철제문처럼 이해할 수 있고 견고하며 물질적으로 파악할 수 있는 것으로 여겨졌다. 현실은 세부적 계획을 통해 이성의 척도를 따르게 할 수 있는 형성 가능한 실재로서 이해되었다. 그러나 성찰적 근대 또는 후기 근대로의 이행과 더불어 현실은 점점 더 인간의 지식을 벗어나는 것으로 보인다. 이에 대해서는 여러 이유가 있는데, 우리는 그 가운데 몇 가지를 아래에서 좀더 자세히 다루려고 한다. 이 자리에서는 우선 벡이 산업적 근대의 부작용으로 확인한 위험 의식의 증가와 연관된 지식의 상처를 살펴보고자 한다.

1986년에 벡은 후기 근대 사회에서 "부의 사회적 생산은 …… 위험의 사회적 생산을 체계적으로 동반한다"고 말한다.[40] 벡은 위험이라는 범주를 가지고서 사회적 현실을 바라보는 새로운 방식을 도입했다. 위험은 그 본질에 따라서는 아직 드러나 있지 않으며, 과연 어느 시점에 위험이 구체화할 것인지는 정확히 예측할 수 없다. 산업적 근대의 위험은 일반적으로 감각적으로 지각될 수 있었고 그것이 발생하는 장소에 연결되어 있었다. 굶주림과 빈곤은 추적하고 파악할 수 있었다. 부퍼탈에서 19세기에 부퍼강의 물은 종종 화학물질로 인해 색깔이 변했다. 라인강에서는 1930년대까지 물집과 피부 발진이 생기지 않으려면 바젤 화학 회사의 아래쪽에서 수영해서는 안 되었다. 그러나 20세기가 진행되는 가운데 위험은 질적으로 새로운 형태를 띠게 되었다고 벡은 말한다. 위험은 점점 더 눈에 보이지 않게 되었고, 그 실제 발생도 시간과 장소에 따라 더 우발적으로 되었다. 벡은 무엇보다도 우선 산업적 독극

물과 방사능을 염두에 두었다. 그의 책이 출간된 직후 체르노빌 원자로 사고가 일어난 상황은 그의 진단에 대한 신뢰도를 더욱 높여주었다. 오늘날 우리는 무엇보다도 우선 바이러스와 이산화탄소를 생각하지만, 이것들도 우리가 직접 지각하지는 못한다. 그러나 그로 인해 또한 새로운 지식의 비대칭이 발생한다. 실로 개인은 원칙적으로 더 많은 교육을 받고 있고 사회 전체에 대한 지식도 엄청나게 증가했다. 동시에 개인으로서 우리는 우리를 둘러싼 세계에 대해 점점 더 아는 것이 적어지고 있다.

따라서 위험을 인식하고 측정하며 마침내 그에 대처하기 위해서는 "과학의 **팽창**"[41]과 더불어 점점 더 많은 수의 전문가가 필요하다. 위험은 정의되고 해석에 열려 있으며, 해석을 통해서야 비로소 사회적 현실이 된다. 그러나 근대화 위험의 지식 의존성은 공적 논쟁의 객관화로 이어지지 않으며, 오히려 그 반대로 논쟁은 고도로 정치화하고 **탈합리화**한다. 숫자와 통계는 세계에 객관성을 가져다준다. 그것들은 감정과 반대다. 그러나 추상적 숫자는 해석되고 논증적으로 전달되어야만 한다. 인과관계에 대한 추정은 통계 자체로부터 직접적으로 생겨나지 않는다. 최종적으로 그 추정은 "믿어져야만" 한다.[42] 이것은 필연적으로 갈등으로 이어진다. 아도르노는 이미 1965년에 "세계의 증대되는 과학화"는 "자유라는 개념에서 생명을 제거"하려고 한다고 했다.[43] 아도르노는 확실히 초기의 수평적 사고자가 아니었다. 하지만 그는 이 정식화로써 과학사회학자 알렉산더 보크너가 최근 "정치적인 것의 인식화"라고 부른 문제를 선취했다.[44]

과학적 데이터의 해석은 우리가 어떻게 살고 싶어 하는지에 대한 규범적 물음을 수반한다. 이에 더하여 모든 사회에는 위험에 대한 각각의 정의에 영향을 미치는 적대적 이해관계를 지닌 행위자와 이해관계자가 존재한다. 담배 콘체른과 레스토랑 협회는 흡연 위험성을 호흡기 전문의 연방 협회와 다르게 평가한다. 과학적 전문성의 도움을 받아 내려진 정치적 결정은 그 합리적 정당성에도 불구하고 규범적 핵심을 포함한다. 사회적 대결은 얼마나 큰 위험인가, 더 나아가 어떤 사회 집단에 얼마나 큰 위험인가 같은, 우선은 객관적으로 작용하는 물음에서 불붙는다. 여기에 필연적으로 책임의 문제가 연결된다. 위험이 실현되는 경우 누가 책임을 지고 누가 피해를 보상할 것인가? 그러므로 위험의 다원화와 더불어 피해자뿐만 아니라 책임자를 지목하는(또는 그러한 귀속을 상대화하는) 위험 정의의 다원화가 나타난다. 그에 상응하는 갈등은 "다른 반대 목소리를 침묵시킬 수 있는" 숫자를 무기로 삼아 벌어진다.[45]

벡은 전 지구적 위험 사회에서 "문명적 자기 위험이라는 통일적 상황에서 인류를" 하나로 묶는 "**국경을 돌파하는 풀뿌리 민주주의 발전 동역학**"이 작동하게 될 것이라는 데서 출발했다.[46] 이러한 진단은 그 어느 때보다 오늘날에 더 들어맞는다. 기후 변화든 코로나든 거기서 문제가 되는 것은 인류를 사실상 집단적 위험 상황으로 빠뜨리는 전 지구적 현상이다. 그러나 이것은 주관적으로는 공유된 의식으로 이어지는 것이 아니라 국가들 사이에서나 국가들 내부에서 극도로 양극화된 해석으로 나아간다. "두려움에서는 연대가" 성립하지 않는다.[47] 그 대신 개인의 지식 주권의 상처와 결합하고 개인의 두려움으로 가득 찬 과도한 요구를 관찰할 수 있다. 그 원인은 복잡성 증가 및 그와 결합해 있는 개인적인 알 수 없음의 증가에 있다. 무지는 지속적인 지식 생산의 이면이다. 왜냐하면 우리는 우선은 우리가 알지 못하는 것에 관해 더 많이 알기 때문이다. 그러나 무지는 미디어나 커뮤니케이션의 필터링, 선택이나 조작으로 인해 발생할 수도 있고, 과학적 오류로 인해 확장될 수도 있으며, 강박적인 알고 싶어 하지 않음이나 알 수 없음일 수도 있다.[48] 무지의 형식이 아무리 다양할지라도, 그것이 도달하는 것은 결국 포괄적인 "**모든** 측면에서의 **불확실성**"이다.[49] 이는 사회의 규범적 통합에 직접적인 영향을 미친다. 이러한 이유에서 프랑스 역사가 피에르 로장발롱은 서서히 다가오는 "불신 사회"에 대해 이야기한다.[50] 이미 벡은 "정의 관계(Definitionsverhältnisse)"가 지배 관계로 드러난다는 점을 지적한 바 있다.[51]

더욱더 포괄적인 지식과 잠재적으로 수정될 수 있는 통찰의 생산은 후기 근대적 개인의 자율을 공격한다. 그들은 인식적으로 약해진다. 실로 많은 사람이 점점 더 많고 높은 학력을 소유하지만, 그들은 동시에 점점 더 "**낯선 지식에 의존하게**" 된다.[52] 위협과 위험이 일반화되어 어디에서나 마주칠 수 있지만, 그것이 우리에게 미치는 영향의 범위와 정도는 우리 자신의 판단 능력을 벗어난다. 계몽된 개인의 지성적 추론 활동은 복잡한 위험에 직면하여 그 권한을 상실한다. 개인들은 탈주권화되**고** 자기에게로 되돌려진다. 그들은 지식 제도에 의존하지만, 비판적으로 판단하는 개인으로서 동시에 "이 제도들의 합리성 약속을 불신하도록 강제된다."[53] 개인에게는 전문가가 반대자로서 대립하게 된다. 전문가들은 지속적으로 새로운 지식을 창출할 뿐만 아니라 또한 새로운 인식의 분류와 해석을 눈에 띄게 독점한다. 그리하여 그들은 내가 양심에 따라 무엇을 먹을 수 있는지, 내가 어디를 어떤 교통수단으로 여행해야 하는지, 내가 팬데믹 기간 동안 어디에 머무르고 누구를 만나야 하는지 결정함으로써 개인이 어떻게 살아가야 하는지에 관해 권위를 행사한다. 그런 까닭에 전문가는 복잡한 문명의 위험에 직면하여 빠르게 희생양이 된다.[54] 과학과 기술이 일상적 삶의 현실에 더 많이 침투하면 할수록 전문성의 권위는 점점 더 의문시된다. 사람들은 자신의 주권을 되찾기 위해 그 권위에 대한 인식적 저항을 수행한다. 그들은 정치적 결정뿐만 아니라 그 근저에 놓인 사실에 대해서도 의문을 제기한다(7장 참조).

민주주의와 대항민주주의

민주주의의 위기는 이미 오래전부터 그야말로 다양한 관점에서 논의되어왔다. 이 논쟁의 본질 가운데 하나는 종종 실제 위협보다 위기 진단이 더 극적으로 내려진다는 점이다. 그러나 어둠이 내려앉아도 작동하는 가로등을 민주주의의 여명이라고 생각하는 소수에 이르기까지 점차 현재의 정치 시스템이 좋은 상태가 아니라는 광범위한 공감대가 존재한다. 우리가 보기에 여기서 문제가 되는 것은 **정서적** 긴장의 고조로 이어진 정치의 구조 변화 결과다. 합리성, 이성, 통제가 모세혈관 깊숙이 침투한 후기 근대 사회는 동시에 **정서 자극**에 기반하는 사회다. 레크비츠는 많은 사람이 "스스로 매력적이고 진정성 있는 사람으로 여겨지기 위해 정서적으로 자극받고 다른 사람을 자극할 수 있기를 갈망한다"고 쓴다.[55] 그의 동료인 하르트무트 로자에게 정서적 부담은 값 올리기와 가속화에 대한 구조적 강제에서 비롯된다. 모든 것을 이용할 수 있게 하고 지배하며 상품화하려는 충동은 근본적으로 긴장을 수반하는 세계에 대한 "공격의 관계"이며 정치 영역에 깊숙이 스며들어 있다.[56]

1990년대 이후 호경기를 누리고 있는 "포스트 민주주의"[57]에 대한 진단은 여전히 의회 민주주의 제도가 실로 형식적으로는 여전히 존재하지만, 시민과 노동조합은 정치적 영향력을 상실하고 있다는 데서 출발했다. 그래서 민주주의는 이를테면 내부로부터 공동화된다.[58] 지젝은 1999년 《까다로운 주체》에서 더는 커다란 기획과 근본적 갈등이 없는 탈정치적 통치 형식을 기술했다. 지배는 그 대신 대안 없음의 주장과 합의의 담론적 제작을 통해 정당화된다. 전승된 이데올로기적 구분은 대부분 지양되고, 정치적 권위는 전문가 지식과 어디에서나 참여하여 발언할 수 있다는 환상으로 대체된다.[59]

그러나 그 이후 증가하는 불평등은 전 세계적으로 특히 기존의 민주주의를 불안정하게 만들었다.[60] (이제는 이전의) 대중 정당은 주민 속의 정착지를 잃었고 더는 정치적 환경의 이해관계를 위한 전달 벨트로서 이바지하지 않는다. 여기서 결정은 말할 것도 없이 점점 더 전문가, 위원회, 로비스트에 의해 준비되고 선취된다. 게다가 많은 결정은 내재적으로 비대칭적이다. 그것은 무엇보다도 우선 상위계급과 상위 중간계급의 이해관계에 이바지한다.[61] 그 결과가 **대표성의 위기**다. 의회 민주주의는 민주주의의 이상에서 멀어지고 있으며, 그로 인해 시민들은 물론 민주주의의 이념에서는 아니지만, 분명 실제로 존재하는 민주주의의 형태화에서 소외되는 것이다.[62] "복지국가와 대중의 충성" 대신 이제 "자유주의 사회와 시민의 불만"이라는 정식이 타당화한다.[63]

그러나 대표성의 위기도 퇴행적 근대화의 역설적 결과인데, 왜냐하면 사실상 민주주의는 시간이 지남에 따라 더 포용적으로 되었기 때문이다. 따라서 정치학자 필리프 마노프는 "민주주의의 민주화"에 대해 이야기한다.[64] 대표는 역사적으로 언제나 사회적 집단(원래 예를 들어 천민)의 배제를 동반했다. 그러나 특히 1970년대 이후 점점 더 많은 집단이 민주주의에 포함되었다. 물론 그로 인해 대표는 거의 불가능한 기도로 드러나는데, 왜냐하면 규칙과 규범 및 정당성 자원이 극도로 복잡해졌기 때문이다. 따라서 (어쨌든 포퓰리즘의 부상 이후 다시 회복된) 투표율 저하와 대규모 조직에 대한 참여 감소에 직면하여 공고해진 탈정치화한 민주주의 이미지는 어떤 의미에서 왜곡되어 있다. 일반적 참여 가능성은 더 커졌고, 그와 더불어 민주적 요구는 더 급진화했다. 그 자체로 보면 이 요구는 단연코 진보적이지만, 전체적으로 보아 그것은 민주주의의 퇴행에 이바지했다. 시민의 참여와 국지적 국민투표가 확대되었고, 의회 절차는 그렇게 보완되었다.—그리고 동시에 두드러지게 어려워졌다.[65] 로자는 또 다른 관점, 즉 "비동기화" 문제를 소개한다.[66] 바로 유로화 위기와 이민 위기로부터 팬데믹을 거쳐 우크라이나 전쟁에 이르기까지 지난 10년간의 커다란 위기들로 인해 신속한 의사 결정이 필요해졌다.[67] 그러나 의회 정치는 구조적으로 속도를 내기가 어렵다. 의회 정치는 의견 형성, 교환, 타협이 필요하다. 민주주의의 다원화로 인해 그것은 더욱 느려졌고, 또한 관습과 도덕관념도 더 다원화된 까닭에 더 무질서해지고 더 치열하게 경쟁하게 되었다. 바로 그런 까닭에 인터넷이나 소셜 미디어를 통한 의견 형성도 쉬워지거나 가속화되는 것이 아니라 바로 효력이 없어진다.

그렇기에 우리의 분석에 대해서는 민주주의의 사회적 측면, 즉 시민사회의 참여와 민주적 규범의 변화가 커다란 의미를 지닌다. 우리는 여기서 피에르 로장발롱이 주조한 **대항민주주의**(Gegen-Demokratie)라는 개념에 방향을 맞추고자 하는데, 그는 이 개념 아래 정치적으로 활동적인 시민사회와 국가를 감시하는 제도를 포괄한다. 이 프랑스 역사학자는 무엇보다도 우선 사회운동과 비정부기구를 활동적 시민사회로 간주하지만, 또한 인터넷에서 토론하는 네트워크 공동체도 그렇다고 생각한다. 연방 감사원, 데이터 보호 위원 또는 윤리 위원회와 같은 기관도 마찬가지로 정부의 행동을 평가한다.[68] 로장발롱에 따르면 대항민주주의는 민주적 절차 감시, 민주적 결정에 대한 거부권, 민주적 과정의 성과의 질에 대한 판정이라는 세 가지 기능을 지닌다. 그리하여 그는 민주주의를 바라보는 다른 시각을 열어준다. 통상적으로 우리는 민주주의란 선거를 통해 정당화되고 집단적으로 구속력 있는 결정을 만들어내는 지배 시스템이라고 생각한다. 그에 반해 로장발롱은 민주주의를 다소간에 어느 정도 의혹을 지니고서 내부에서 감시하는 제도화된 불신으로 우리의 눈길을 돌린다. 민주주의는 이를테면 체계적으로 불신을 동반한다. 아니 민주주의는 이러한 불신을 스스로 산출한다. 여기서 대항민주주의는 민주주의를 **반대**하는 것이 아니라 오히려 민주주의를 "버팀목의 방식에 따라" 뒷받침한다.[69] 로장발롱은 여기서 특히 선거 민주주의에 대한 관계에서 현실적 갈등의 문제가 두드러지는 비관습적 정치 형식에 관심을 지닌다. 이에 상응하는 주도권은 국가 기관을 실로 통제하고 제한하고자 하지만 더는 정복하지 않으려는 "일종의 대항-정치"를 전개했다.[70] 이것은 이미 1960년대 이후 성립한 새로운 사회운동의 징표였다. 그 운동은 항의(Protest) 연구자인 디터 루흐트의 간결한 표현을 빌리자면 "프로젝트로서의 사회" 전체를 고찰하는 대신 "사회 속의 프로젝트"를 추구했다.[71]

로장발롱은 대항민주주의에서 치명적인 메커니즘이 작동하고 있다고 본다. 시민사회 강화는 역설적으로 정치적 공간의 분열로 이어져 마침내 "공동의 세계에 속한다는 속성"을 침식한다는 것이다.[72] 일부 운동은 그 본질에 따라 일반화된 부정적 불신의 정치를 키웠다.[73] 우리는 불신으로 가득 찬 의사 진행 방해, 일종의 부정적 주권화에 관계하고 있으며, 로장발롱 자신은 "퇴행적 직접 민주주의"에 대해 이야기한다.[74] 이러한 구조 변화는 정당·노동조합·교회와 같은 거대 조직의 회원 감소라는 세속적 경향을 배경으로 발생했다. 1970년대에는 독일의 양대 대중 정당인 기민당(CDU)과 사민당(SPD)의 당원 수가 각각 100만 명 이상을 기록했다. 그 이후 그 수는 절반 아래로 감소했다. 노동조합의 조직화 정도도 마찬가지다. 당시에는 종업원 3명 가운데 1명이 노동조합에 가입했지만, 오늘날에는 7명 가운데 1명만이 조합원이다. 이러한 전개는 확실히 개인화, 장기적 충성의 감소 및 일시적 고용과 순차적 조직 결합의 증가로 인한 결과이기도 하다. 하지만 그것은 정당이 더는 환경 조직자로서의 역할을 하지 않는 정치 시스템 변화와도 많이 관련된다.

50여 년 전 비판 이론가이자 법학자인 오토 키르히하이머는 자신이 "포괄정당"이라 일컬은 정당들의 부상을 분석했다.[75] 이 정당들은 두 세계대전 사이 시기 이래로 알려진 세계관적인 대중 통합 정당을 대체하고 권력 획득을 목적으로 탈이데올로기화된 실용주의를 추구했다. 이 정당들은 여전히 구별되기는 하지만, 경제 질서와 국가에 대한 이해 측면에서는 잘 구분되지 않는다. 키르히하이머는 자기의 그림을 거친 붓질로, 그러나 예지력을 지니고서 그렸다. 포괄정당들이 사회적 다원화와 분화로 인해 더는 일관되게 대표할 수 없고 너무도 커다란 어려움을 겪고서만 타협할 수 있는 종합화를 만들어내는 까닭에, 결국 중심에 놓이는 것은 더는 지지자들의 이익 대표가 아니라 표의 극대화다. 정당은 정권 획득을 위한 카르텔이 된다.[76]

현재 독일 연립 정부에서 자유민주당원, 녹색당원, 사회민주당원은 그들이 새로운 사회적 "진보"라고 엮는 경제적 자유주의의 한 형식에 동의할 수 있다.[77] 그러나 그들은 무엇보다도 우선 대연정 이전에도 스스로 주장했던 것처럼 자신을 중도 연합으로 간주한다. 독일을 위한 대안(AfD)과 좌파당(Die Linke)에 이르기까지 연방 의회에 진출한 모든 정당은 중도 유권자론을 견지한다. 그들은 이념적으로 사회의 중심을 체현하는 유권자를 목표로 삼는다. 그들은 자기의 전통적 지지층이 어차피 자기에게 표를 줄 것이라는 데서 출발하기 때문에 그 지지층을 그저 지나치는 김에 언급할 뿐이다.[78] 그리하여 결국 "급진적 중도"의 비공식 연합이 등장한다.[79] 구심적 동역학은 합의 카르텔로 귀결된다. 벨기에 정치학자 샹탈 무페는 이에 대해 다음과 같이 쓴다. "이러한 '중도의 합의'와 〔대안 없음의〕 도그마에 반대하는 모든 사람은 '극단주의자'로 낙인찍히거나 '포퓰리스트'로서 자격이 박탈된다."[80] 합의 정치에서 대결은 기본적인 우리/그들-차이를 되살리는 도덕의 양식으로 수행된다.[81] 그러나 그로 인해 정치적 갈등은 단기적으로는 정체화할 뿐이며, 장기적으로는 중도 내부뿐만 아니라 또한 외부 반대자들의 정당성을 상호 박탈함으로써 민주주의 전체에 치명적인 결과를 초래하는 것으로 이어진다. 바로 민주주의가 너무 보편화되었기 때문에 민주주의에는 (지금 푸틴의 러시아에서 다시 나타난다고 할 수 있을) 비민주적인 외부가 존재하지 않는다. 정치적 대결에서 민주주의 **내의** 정치적 적대자들은 빠르게 민주주의**의** 적이 되며, 이는 증대되는 "내적 격정"을 낳는다.[82]

키르히하이머는 오랜 세계관적 대중 정당의 몰락을 막을 수는 없다는 단언으로 자신의 논문을 마무리했다. 그럼에도 불구하고 그는 우리가 "대중 정당이 …… 사라진 것을 아마도 다시 한번 아쉬워할 것"이라고 걱정했다.[83] 사실 고도로 전문화되고 미디어화하며 이데올로기적으로 실용적인 카르텔 정당으로의 발전은 현재 많은 이전의 지지자들을 소외시키고 그 이상의 불신을 불러일으켰다.

급진화한 중도의 합의가 형성되고 공고해지면서 대항민주주의 일부에서는 규범적 무질서가 산출된다. 왜냐하면 더는 윤곽이 잡힌 대안이 존재하지 않기 때문이다. 이제 정치는 많은 시민에게 비밀스럽고 자신들의 삶의 현실과 동떨어진 것으로 나타난다. 그에 더하여 증가하는 문명적 위험과 복잡한 위험 상황에 직면하여 민주적 탈주권화의 인상이 성립하며, 그것은 더 나아가 무력감, 속수무책, 혐오 정서를 만들어낸다. 정치의 기술관료적 경향은 예를 들어 금융 위기에서의 은행 구제 금융, 중앙은행의 채권 매입 프로그램 또는 팬데믹 조치의 경우에서처럼 정치적 가치 판단과 과학적 전문성 및 이른바 외부 상황에 의한 강제 사이의 경계를 모호하게 만든다. 국가와 과학, 정치는 많은 사람에게 "내부자들이 몰래 꾸민 놀이"로 나타난다.[84] 일반적 의혹이 널리 퍼진다.

이에 상응하는 항의는 때때로 세계관적 배치와 단호하게 선을 그으며, 그 대신 참여자들은 스스로를 독립적이고 회의적인 시민으로 이해한다. 대항민주주의의 특징이라 할 그들의 부정적 비판은 자유롭게 떠다닌다. 그 비판은 더는 어떤 적극적인 사회 기획에 얽매여 있지 않다. 이들은 사회운동의 (침묵시위나 이른바 '도보 행진'과 같은) 퍼포먼스적 항의 형식을 채택하고, 좌파의 비판적 의미론의 (대개 적대적인 우리/그들-차이와 연결되는 정치적 행위자의 이해관계 구속성과 같은) 소품을 전유하며, 동시에 대안 미디어와 음모론적 서사에 친숙해진 불신하는 개인들이다.

대항민주주의 운동 영역에서 규범적 무질서가 그토록 강력해질 수 있던 이유는 특히 좌파적 비판이 소진되었기 때문이다.[85] 대항민주주의는 1980년대까지만 해도 다양한 좌파 세력이 주도했지만, 오늘날에는 더는 그렇게 말할 수 없다. 노동조합은 정치적으로 무력해졌다. 사태에 대한 이론과 지배 비판에서도 노동조합은 오늘날 별다른 것을 내놓지 못한다. 편재하는 상품화에 단호하게 반대했던 대항문화적 환경은 더는 주거 공동체에 살지 않고 고가구를 갖춘 오래된 주택에서 다음 창업 아이디어를 구상하는 고소득의 채식주의 생활양식 공동체로 변모했다. 1968년 베트남 전쟁에 반대하는 항의가 반권위주의 반란을 촉발했다. 2021년 미국과 독일 및 그 밖의 나라들은 20년 만에 아프가니스탄에서 철수했지만, 이 20년 동안 평화운동의 언급할 만한 항의는 없었다. 오늘날 진보적 비판은 선택적으로 국가로, '주류'로 이동했다. 전통적 좌파는 지배와 국가에 대해 불편함을 느끼는 사람들에게 더는 거의 기댈 곳이 아니다. 좌파 조직에 거듭해서 실망했기 때문에 그들의 반항은 자주 강력한 반제도적 충동을 지닌다. 그래서 좌파 포퓰리스트들은 국민국가의 재주권화 프로그램을 통해 고전적 사회 비판을 현실화하려고 시도해왔다. 이는 단연코 진보적 의도에서 이루어졌지만, 독일에서의 아우프슈테엔 모금 운동과 같은 해당 프로젝트는 내재적으로 모순적인 것으로 드러나 흐지부지되었다. 그것은 너무 짧은 이불과 같다. 하나의 퇴보(탈안전화)를 다른 진보(통합과 이주의 자유)의 희생으로 되돌릴 수는 없는 것이다. 그러나 민주적 자본주의의 위기에 대한 국제주의적 대응도 여전히 효력이 없었다. 지구화에 대한 좌파의 비판이 고갈된 후 그에 상응하는 아이디어는 더는 "물질적 힘"의 지위에 접근하지 못했다.[86] 그 대신 재국민화의 토포스는 퇴행적 상상력을 운반했다. 독일에서 '고향'이라는 개념은 갑자기 고향 없는 자로 추정되는 세계 시민과 구별되는 진정한 삶, 이미 녹아든 삶의 근대화한 아우라로 가득 차게 되었다.

오늘날 우리는 후기 근대 규범적 무질서를 자기 안으로 받아들인 정치 행위자들과 점점 더 많이 관계하고 있다. 그들은 자주, 무엇보다도 우선 자기 평가에서, 좌파 또는 우파로의 구별을 회피한다. 주로 대안적 환경으로부터 충원되고 지역 시민운동, 친생태 농부, 페미니스트, 평화운동가 등이 설립한 녹색당은 이미 스스로를 '반(反)정당적 정당'으로 이해했으며 그 초기 단계에는 발두어 슈프링만과 같은 민족주의적-국가주의적 세력도 자기 대열 안에 포함했다. 2011년 이후 '점령하라(Occupy)' 항의에서는 그 지지자 대다수가 좌파와 우파라는 범주로 분류되기를 거부했다.[87] 이 항의는 여기서 사회와 시스템 비판이 반제도적 실천에서의 개인적인 민주적 요구와 결합한 한에서 새로운 현상을 나타냈다.[88] '점령하라'에서는 의회 민주주의 제도에 대한 불신이 엄청나게 컸다.[89] 2014년 제1차 우크라이나 위기 때 열린 '평화를 위한 월요일 침묵 집회'에 방문했다면 우리는 똑같은 모습을 볼 수 있었을 것이다.[90] '오래된' 평화운동과 거리를 둔 이 항의 운동에서 우파 행위자나 음모론에 대한 일정한 무관심은 이미 정치적 DNA에 속했다. 그러므로 우리가 좀더 자세히 다루게 될 수평적 사고자들은 정치 지형에서 선행자를 지닌다. 금후의 '오래된' 새로운 사회운동에서와는 달리 여기에는 더 나은 세계를 위한 공통의 규범적 기준틀이 아니라 오로지 집단행동을 위한 성긴 틀의 서사만이 존재한다. 그들은 반대하는바, 즉 기성의 것, 권력에 반대한다. 그 지지자들을 묶는 것은 자기 권한 부여라는 깊은 반제도적 정서다. 이러한 충동은 자주 탈매개화, 즉 이해관계와 이의제기를 묶어 타협을 끌어낼 수 있는 모든 조직적이거나 대표하는 심급을 배제하고자 하는 원망으로 이어진다. 그 대신 반론을 허용하지 않는 방식으로 직접민주주의적 요구가 제시된다. 여기서는 풀뿌리 민주주의와 포퓰리즘 그리고 권위주의가 서로 가까이 놓여 있다.

대항인식론

후기 근대 위험 사회에서 지식은 더욱 불확실해졌을 뿐 아니라 또한 과학 자체도 인식론적 무질서에 빠졌다. 새롭게 형성되는 대항민주주의와 맞물려 1960년대 이후 **대항인식론**이 등장했는데, 그것은 우선 기술과 과학 비판에서 자라났다. 그것은 계속되는 세계의 과학화에 대한 반응이었다. 핵에너지, 군비, 사이버네틱스 또는 **계획화**는 비판 이론(그리고 1960년대 이후에는 또한 반권위주의적 학생운동)의 시각에서는 "기술과 지배의 융합"의 핵심 요소를 나타냈다.[91]

이미 19세기에 지배 비판은 사회적으로 수용된 지식과 과학적 방법에 대한 비판과 함께 진행되었다. 하지만 가장 위대한 정치적·이데올로기적 적대자들조차 적어도 그 근본 특징에서는 같은 현실에 살고 있다는 데 동의했다. 마르크스와 엥겔스는 부르주아 학문을 이용했고, 애덤 스미스, 데이비드 리카도, 찰스 다윈에 몰두했으며, 경제학뿐만 아니라 자연과학, 인류학 및 지질학적 저술들도 연구했다. 마르크스와 엥겔스를 그들이 읽은 저술의 저자들과 근본적으로 구별해주는 것은 사회 현실에 대한 해석과 평가였다. 자유주의자들은 이를 공장주와 상인의 관점에서, 마르크스와 엥겔스는 노동자의 관점에서 수행했다. 그런 까닭에 그들은 사회 현실을 서로 다른 세계관에 따라 변화시키고자 투쟁했다. 그러나 현실의 현실성과 관련하여 인식적 이견은 거의 없었다. 20세기의 1960년대에 이루어진 비판 이론과 비판적 합리주의의 대표자들 사이의 실증주의 논쟁은 일차적으로 올바른 사회과학적 절차의 문제, 이론의 영향 범위, 가치 판단을 둘러싸고 전개되었다. 그들은 세계의 가치 평가와 성질에 대해 논쟁했지만, 그 현실성을 두고 그렇게 한 것은 아니었다.

그러나 1970년대 이후 대항인식론이 등장했다. 그것은 근대 합리주의와 자신이 계몽주의와 과학적 전문성에서 이해하는 바의 핵심 구성요소에 반대했다. 호르크하이머와 아도르노가 신화를 계몽의 프로젝트 **내에서** 분석한 것은 바로 그들이 그 프로젝트를 견지했기 때문이다. 새로운 대항인식론에 대해 계몽은 **그 자신이** 낡은 신화였다.[92] 여기서 문제는 일관된 이론 흐름이 아니라 포스트모던 사고와 이제 착수되고 있는 과학 비판의 이질적 변종들이다.[93] 그것은 전체가 거부되는 곳에서 시작하여 진리 요구들과 확고한 확실성에 내재하는 균열을 긍정적 신호로 전환한다. 그러한 대항인식론에는 도전하고자 하고 개성의 기원 계보학뿐만 아니라 사회적 총체성 구조나 언어적 기호에 대한 확고한 의미 귀속에도 반대하는 근본적 의심이 공통적이다. 포스트모던 이론들은 종종 몽매주의와 비합리주의를 조장하고 심지어 이성 그 자체를 해체한다는 비난을 받기도 한다. 그 이론들 모두를 결합하는 것은 부정적으로 정식화하면 "'실재'의 철수"[94]이며, 긍정적으로 바꾸면 그것들에서는 급진적 다원주의가 표현된다.[95] 그것들이 학술적 제도를 넘어서서도 상당한 영향력을 획득할 수 있었다는 사실은 스위스 역사가 필리프 사라신이 쓰고 있듯이 "근대 자체가 …… 점점 더 많은 사람에게 극도로 문제가 많고 심지어 실패한 프로젝트로" 보였다는 사실과도 연관될 것이다.[96] 또 다른 이유는 근대 사회에서 지식과 지식 생산자의 변화한 지위에 있다.

근대 이전 사회에서 진리는 더 높은 지식에 접근할 수 있는 특권을 지닌 사제나 마법사의 역할을 통해 공식화되었다. (후기) 근대 사회에서는 전문가가 **명제적** 진리를 대변한다. 근대 이전 사회의 진리가 수행적 제식을 통해 확립되고 구체적 대상과 관련이 적은 반면, "'명제적 진리'는 그것과 사실의 근거지어진 일치를 통해 타당성을 얻는다."[97] 전문가의 이상은 여기까지다. 그러나 후기 근대 위험 사회에서 전문가는 일정한 방식으로 지식에 접근하는 특권을 지닌 신탁소 역할을 다시 맡을 수 있다. 지식이 점점 더 전문화하고 분업화함으로써 일반인이 뒤쫓아올 가능성이 줄어들고 있다는 단순한 이유에서 말이다. 그들은 신뢰**해야만** 한다. 그렇지 않으면 그들은 우리가 이 책에서 여러 차례 논의할 인식적 저항의 소용돌이에 휘말린다.

벡이 위험의 축적과 그것이 지식에 미치는 결과를 기술하기 전에 이미 포스트모던 사유는 지식의 지위를 근본적으로 의문시해왔다. 포스트모더니즘의 개척자로 여겨질 수 있는 프랑스 철학자 장프랑수아 리오타르에게 진리·합리성·진보에 대한 근대적 메타 서사는 그 의미를 잃었다. 이제 분명함은 더는 존재하지 않으며, 차이·균열·혼성만이 존재하고, 그것들과 더불어 다양한 언어 게임, 지식의 형식, 삶의 방식이 존재한다.[98] 미셸 푸코는 정상성과 진리 관념이 수직적 위계질서를 넘어서 지배를 안정화하는, 규율하는 담론과 관행의 결과라고 밝혔다. 철학자에게 주체는 사회적 배치 상황에 의해 만들어지지만, 이는 그 역사적 형식에서는 우연적 과정이다.[99] 그리고 마찬가지로 프랑스의 미디어 이론가 장 보드리야르는 전자 미디어 시대에는 궁극적으로 오직 자기 자신만을 지칭하는 언어적 기호의 시뮬레이션 배후로 실재가 사라진다고 주장했다.[100]

포스트모던 이론은 핵심을 찔렀다. 근대의 진보 약속은 부서졌고 자기 자신을 배반했다는 것이다. 질 들뢰즈, 펠릭스 가타리, 자크 데리다 같은 저자들도 더는 의문의 여지가 없는 지식 구성 요소와 그 대상, 즉 실재에 대한 의심을 대중화했다. 그들은 사회 시스템을 코드와 기호의 끝없는 변형으로 해체함으로써 실재와 그 기호적 재현 사이의 구별도 초월했다. 그들은 "사회적 역동화를 자기 목적으로 끌어올리고" 그 "순수 부정성"에서 각각의 모든 적극적이고 구성적인 정식화를 거부하는 비판 형식을 개발했는데, 왜냐하면 그러한 정식화에는 곧바로 "폐쇄와 중단"이 포함되어 있기 때문이다.[101] 그런 까닭에 포스트모던 이론의 사고 시스템에서는 정합성에 대한 요구가 아니라(이것은 심지어 대개 단호하게 거부된다) 다양성에 대한 찬사가 존재한다. 포스트모던 이론가들은 더는 의문의 여지가 없는 지식과 그 시대의 진보 신앙을 해체하기를 원했지만, 그렇다고 해서 그들이 오늘날 많은 비판자가 믿게 하고자 하는 것처럼 초기의 수평적 사고자는 아니었다.

대항인식론의 또 다른 형식은 과학 비판이다. 그것은 개인이 아니라 진리와 인식의 가능성에 관계한다. 이 대항인식론의 가장 중요한 대표자는 이미 거의 무정부주의적 발상을 지닌 오스트리아 철학자 파울 파이어아벤트였다.[102] 그는 기존 패러다임의 확실성에 의문을 제기한 중요한 과학 이론가로 여겨졌다. 그는 합리화하고 과학화한 근대 사회를 비판하고 그야말로 결정적으로 신화, 우주론, 점성술, 레이키〔영기(靈氣): 1920년대 일본에서 우스이 미카오가 시작한 주술치료로 서양으로 전파되어 널리 퍼진 대체의학 —옮긴이〕 등과 같은 대안적 인식 방법을 포함하는 방법적 상대주의를 옹호했다. 파이어아벤트에게 인식론적 선택의 자유는 열린 사회의 필수 전제였다. 그러나 오늘날의 관점에서 파이어아벤트의 개입은 문제가 있는 것으로 나타난다. 보크너는 그의 발상에서 현대 지식 갈등의 지적 준비를 보지만, 파이어아벤트는 인지학(Anthroposophie)으로부터 호피 의학을 거쳐 창조론에 이르는 대안 과학을 재평가했을 뿐만 아니라 각각의 모든 지식을 그것이 어떤 방식으로 획득되었든 관계없이 "가설"로 간주했다.[103] 그러나 모든 지식 형식이 동등한 권리를 지니고서 나란히 선다면, 사람들은 실로 가령 바이러스의 존재에 대해 찬반을 결정하는 진정한 선택의 자유를 지닌다. 그러나 공통의 이해를 위해 그들에게 없는 것은 실재에 대한 공유된 관념이다.

파이어아벤트와 같은 상대주의자에게 과학적으로 근거지어진 진리를 견지하는 것은 무엇보다도 우선 권력 요구다. 더 나은 지식이란 존재하지 않으며 이데올로기적 적합성만 있을 뿐이다. 그러나 과학이 자기의 타당성 요구를 근거지어야만 한다는 그의 단연코 올바르고 적절한 근본 명제 비판은 다양한 현실 파악에 따라 "인식적 부족주의"로 이어진다.[104] 나중에 과학사회학자 브뤼노 라투르도 다르게, 그러나 무조건적으로 덜 급진적인 것은 아닌 방식으로 경직된 사실 진리에 반대했다. 궁극적으로 모든 사실은 사회적으로 구성되며, 그런 까닭에 민주적 논쟁에서는 사물들에도 목소리를 부여할 필요가 있다.[105]

원래 자연과학의 합리성 신화를 진리 및 지배 요구로서 폭로하기 위해 시작된 사회 구성주의적 과학 비판은 역설적으로 과학 부정론자들에게 오늘날 그들이 (가령 기후 변화의 경우에) 문명의 존속을 위해 포기할 수 없는 명백한 인식을 의문시하게 하는 인식적 도구를 제공했다.[106] 대항인식론은 지식을 민주화하고자 하는 목표를 가지고서 (의도하지 않은) 퇴행적 부작용을 낳았다. 왜냐하면 그것은 서로 다른 지식 형식들의 동등한 가치를 강조했기 때문이다. "더 나은 지식의 이념으로부터의 이

반”을 통해 대항인식론은 탈사실적인(postfaktischen: 객관적 사실이 아닌 의견에 호소하는) 지식의 정당성을 뒷받침했다.[107]

대항인식론이 대중화되면서 사회적 규범 구조도 변화하며, 그것은 그 자체로 의심스러워진 사회 현실에 대한 항의에 광범위한 결과를 낳는다. 지속 가능성 연구자인 잉골푸르 블뤼도른은 현재의 신권위주의적 운동의 한 가지 근거를 자율·자결·진정성과 같은 해방적 규범들의 변형에서 본다.[108] 프레이저가 진보 세력과 경제 자유주의 정책의 연합이 가져온 결과를 다루는 데 반해, 블뤼도른은 유토피아적 상상력 살림살이의 의미론적 깊이를 탐구한다. 우리가 이미 살펴보았듯이 현대 사회에서의 규범 변화는 개인화와 밀접하게 연관되어 있다. 개인은 더는 우선적으로 사회적 지배, 위계질서 또는 미리 정의된 역할에서 해방되고자 하는 것이 아니라 차이와 독특함을 추구한다. 그리고 이러한 개성의 이념은 이제 해방적 규범들도 다르게 짊어진다.

최근의 해방 운동 주창자들은 임마누엘 칸트의 계몽철학과 더불어 영향력을 발휘하게 된 계몽된 개인의 이념, 즉 일관된 정체성을 지니고, 이성적이고 책임을 짊어지며, 원리를 지향하고 합리적이며, 자율적이고 진정성 있는 주체의 관념에 의문을 제기한다. 블뤼도른에 따르면 이러한 전통적 주체 개념은 자발적이고 감정적이며 대안적 합리성을 따르고 독특함의 구성 요소인 다양한 정체성을 지니는 주체와 대립했다. 자율이나 진정성과 같은 근대적 규범들이 계속해서 진보적 어휘에 속하긴 했지만, 그것들은 이제 이성에 대한 믿음과 분리되었고 특히 사회적 변형의 지평에서 떼어내졌다.[109] 자율과 진정성은 더는 다른 더 나은 사회의 성과가 아니라 기존 질서 내부에서의 자기 최적화 결과로 여겨졌다. 그리하여 해방적 프로젝트의 논리는 공동화되고 느슨해졌으

며, 의도치 않게 본래 진보적 규범을 퇴행적으로 전유하는 방향으로 나아갔다.[110]

가부장주의적 정부성

1970년대 말, 그리스의 마르크스주의자 니코스 풀란차스는 국가가 사회경제적 영역에 더 많이 개입하고 개인의 자유권을 제약하게 될 "권위주의적 국가주의"의 출현을 여전히 우려했다.[111] 그 당시 국가 권력의 확대는 급증하는 국가 재정 지출, 인플레이션, 사회 갈등에 책임이 있다고 생각된, 다면적으로 진단한 통치 불능의 위기에 대한 보수적 대답으로 여겨졌다.[112] 하지만 상황은 풀란차스의 예측과는 다르게 전개되었다. 사람들은 국가주의에 의존하는 대신 경제적으로 신자유주의의 길을 택했다. 신자유주의는 국가적-권위주의적 수단을 가지고서 경제를 집단적 권리의 족쇄에서 해방하겠다고 약속했다.[113] 뒤따른 것은 규제 완화와 시장 확대, 국가적 업무의 민영화, 공공 서비스의 경제화, 감세, 사회국가의 재구성이었다.[114] 그러나 여기서 신자유주의의 창시자들은 어느 정도 통속적인 전문가들의 주장과는 달리 완전히 규제되지 않는 시장과 국가의 완전한 퇴각이 아니라 시장을 민주주의와 대중으로부터 보호하는 데 관심을 두었다. 시장은 민주적 개입을 차단하고 특히 초국가적 조직의 창출을 통해 **외피로 둘러싸여야** 했다.[115] 신자유주의자들은 사회민주주의 국가에 대해서는 격렬하게 반대했지만, 동시에 자유방임주의 국가에도 반대하면서 그 대신 시장을 보장하는 체제를 선호했다(1장 참조). 그런 한에서 신자유주의의 가장 잘 알려진 이론가 가운데 두 사람인 밀턴 프리드먼과 프리드리히 아우구스트 폰 하이에크가 칠레의 독재자 아우구스토 피노체트와 접촉하는 것을 두려워하지 않고 그의 권위주의적-자유주의적 경제 정책을 호의적으로 안내한 것은 놀라운 일이 아니다. 신자유주의의 권위주의적 성향은 빈곤과 실업에 대처하는 데서도 나타났다. 미국에서는 1990년대에 국가의 부조를 취업 강제와 결합한 실업자 재교육 제도 시스템이 확립되었다.[116] 유럽에서는 조금 후에 '요구와 촉진'이라는 정책이 뒤따랐다. 이는 자기 책임 또는 (가령 성공적인 공동체를 위한 개인의 기여 의무와 같은) 공화주의적 가치라는 명분으로 정당화된 데 반해, 전통적 사회국가는 가부장주의적인 것으로 다루어졌다. 여기서 오늘날의 국가는 덜 가부장주의적이지는 않지만 다른 방식으로 가부장주의적이다. 이제 국가는 더는 개인을 **위해** 결정하지 않는다. 국가는 개인이 자립적으로 **올바른** 결정을 내릴 수 있도록 뒷받침한다. 삶을 영위하는 개인주의는 지하의 가부장주의와 엮여 있는데, 가부장주의의 권위주의는 직접적 폭력으로 관철되는 것이 아니라 삶의 다양한 형식과 정체성 기획이라는 가상을 통해 달성된다.

여기서 가부장주의적 통치는 강제와 규율화를 통해서가 아니라 미셸 푸코가 그의 후기 저작에서 말했듯이 "정부성"의 형식으로 이루어진다.[117] 그의 분석 중심에는 통치·정부 개념이 있는데, 그러나 여기서 그가 이해하는 것은 일상적인 정치 업무를 담당하는 사람들의 집단이 아니라 포괄적 의미에서 권력을 행사하고 인구를 관리하는 기술과 절차다. 푸코는 정부성 개념에서 통치·정부(gouverner)의 개념과 사고양식(mentalité)의 개념을 결합한다. 이러한 연결을 통해 그는 간접적인 권력 기술과 그 속에 확고히 놓여 있는 지식의 구성 요소를, 그러나 또한 자아와 자치의 기술도 살펴볼 수 있게 된다. 그리하여 푸코는 지난 30년 동안 널리 확산한 신자유주의적 통치의 소프트 전략을 선취했다.[118] "자유지상주의적 가부장주의"라는 개념에서는 심지어 전 세계적으로 많은 정부가 이용하는 명시적으로 정식화된 전략이 성립했다.[119] 여기서 행동주의와 행동경제학은 **'넛지**(Nudge: '팔꿈치로 슬쩍 찌르다'란 뜻으로 사람들의 선택을 유도하는 부드러운 개입을 말한다. 넛지는 더 나은 선택을 하도록 유도하지만 유연하고 비강제적인 접근으로 선택의 자유를 침해하지 않는다는 데 바탕한다—옮긴이)' 에서 실천적 응용을 발견한다. 사람들은 **올바른** 결정을 내리기 위해 자신의 생활세계에서 '넛지'를 받아야 한다. 그러나 이것은 명시적으로 정식화된 금지나 명령을 통해서가 아니라 일상적인 결정 시스템을 설계함으로써 이루어진다. 요컨대 우리가 보기에 자유지상주의적 가부장주의가 아닌 오히려 자유주의적 가부장주의의 핵심 징표는 **넛지**가 계속해서 우회할 수 있어야만 하는 선택의 자유의 형식적 유지다. 자유주의적 가부장주의는 개인적 자유를 제한하지 않지만, 스스로 판단하여 올바른 결정을 내릴 수 있는 개인의 자율적 이성을 의심한다. 그래서 담뱃갑의 폐암 사진은 사람들에게 흡연이 건강에 해롭다는 것을 '상기'시킨다. 호텔에서는 다른 투숙객이 수건을 여러 번 사용한다는 사실을 친절하게 알려준다. 그리고 스마트폰은 우리가 소셜 미디어 플랫폼에서 얼마나 많은 시간을 낭비했는지 알려준다.

동시에 개인은 자유주의적 가부장주의에서 자유화의 역설에 직면해 있다.[120] 왜냐하면 규제 완화와 민영화 또는 민관 파트너십은 자주 더 적은 법률화가 아니라 더 많은 법률화를 초래하기 때문이다. 바로 수직적인 국가적 권위가 약화한 까닭에, 모든 개인이 같은 방식으로 참여하거나 책임이 명확하게 배분될 수 있도록 모든 방향으로 행동 영역을 확보하기 위해 법률화가 요구되는 것이다. 개인은 실로 직접적으로 그들의 선택의 자유를 축소하지는 않지만, 그것을 제약하고 느슨하게 하며 제한하는 점점 더 많은 수의 규정들에 직면하게 된다. 결국 개인은 후기 근대 사회에서 실로 그 어느 때보다 자유롭지만 일상에서 지속적으로 한계에 부딪힌다.

이 장에서 우리는 진보가 퇴보를 인과적으로 유발하지 않고서도 퇴보를 동반할 수 있음을 살펴보았다. 오히려 그것은 서로 나란히 진행되는 발전들의 그물망이다. 권력이나 과학에 대한 다양한 급진적 비판이 위험한 상대주의를 불러일으킬 수 있는 것처럼 진보적 관심사도 지나치면 의도하지 않은 부작용을 초래할 수 있다. 동시에 규범들은 자본주의적 현재의 요구와 종합될 때 그 해방적 내용을 상실할 수 있다. 이러한 정황에서는 통치 형식도 변화하여 이제 더 강하게 개인들의 자기 책임과 내적 통찰에 호소한다. 퇴행적 근대화는 모순된 요청의 십자포화 속에서 모멸과 상처에 노출된 개인에게도 영향을 미친다.

4

사회적 상처: 혐오감의 사회적 성격에 대하여

실로 후기 근대에는 많은 사람이 자신의 삶을 예전보다 더 자기실현의 이념에 따라 형성하고 있지만, 그들이 자신의 삶을 그에 기초하여 자신의 바람과 일치시킬 수 있는 조건은 그들의 손에서 벗어나 있다. 자기효능감의 요구 배후에는 서서히 진행되는 무력함의 예감이 숨어 있다. 사람들이 자기 안에서 지각하는 잠재력을 과연 현실에서 펼칠 수 있을지는 불확실하다. 그리고 자기가 영위하는 삶의 방식을 자기의 가장 내적인 경향에 따라 형상화할 때조차 그들은 그 경향을 결코 충족하지 못한다. 충만한 순간에 많은 사람은 자기를 결핍된 존재로 경험한다. 하지만 이것은 자격에 대한 과도한 요구나 증대된 감수성 탓이 아니다.[1] 후기 근대의 사회화는 오히려 개인에게 해결할 수 없는 딜레마에 직면하게 한다. 자유의 정도가 환경 포괄적으로 일반화되는 동시에 많은 사람이 일상에서 한계에 직면해 있는 것이다. 위험의 증가로 인해 증대된 제도 의존성은 좌절로 이어지고, 이 좌절은 후기 근대적 자아가 받는 상처의 온상을 이룬다.

문화사에서는 모든 사랑의 표명을 거칠게 거부하는 아름다운 나르키소스가 상처의 고전적 인물로 여겨진다.[2] 자신의 목마름을 풀기 위해 다가간 샘물의 표면을 무심코 바라보다가 그는 가라앉히기 어려운 욕망에 사로잡힌다. 그는 물에 흐리게 비친 거울상을 보고 사랑에 빠진다. 운명이 다가와 오비디우스가 《변신 이야기》에서 쓰고 있듯이 'Iste ego sum(이게 바로 나야)!'라는 갑작스러운 인식에서 정점에 달한다.[3] 프로이트에 의거한 나르시시즘에 대한 병리학적 해석이 시사하는 것과는 달리 그 자신이 그토록 사랑받는 타자라는 발견은 신화 속 나르키소스에게서는 장엄한 자기 과시가 아니라 죽음으로 이어진다.[4] 거울상의 자기 관계성에 대한 인식은 관계의 실패를 보는 것으로 이어진다. 사랑은 충족되지 않은 채로 남아 있지 않을 수 없다. 그러므로 이 신화는 높아진 자기 주목과 함께 나타나는 깊은 취약성을 전달한다.

나르키소스 신화가 경험한 계속 쓰기와 고쳐 쓰기는 이 신화를 우리 **인간의 조건** 깊숙이 숨겨져 있는 것으로 보게 하고 근대 이후 가공되는 자기 경험의 매개체로 만든다.[5] 하나인 **동시에** 다른 하나라는 불행한 딜레마는 욕망과 실패의 이중 구조를 설명할 수 있게 한다. 자아는 정체성을 위해 노력하지만 동시에 욕망의 대상과 동화할 수 없는 불가능한 관계 속에서 형성된다. 바로 모든 속박을 부정하는 자기 관계성은 상대방에 대한 의존성을 드러낸다. 정신분석학자 마르틴 알트마이어에 따르면 "나르시시즘에서 은폐되는 동시에 특유한 방식으로 드러나는 것은 바로 타자에 대한 의존성이다."[6] 자기 관계는 이미 고대 신화에서도 인정하는 심급을 가리킨다. 나르키소스의 눈물이 수면을 흐리게 하고 자신의 거울상이 흐릿해지자 그는 광란의 절망에 빠진다. "너는 어디로 도망가느냐? 너 잔혹한 자여, 나를 내 사랑 속에 홀로 두지 말고 머물러라!"[7] 자기 관계는 객체 없는 것으로 입증되고 결국 자기 소멸에 이르는 부정적인, 아니 파괴적인 감정의 생성자가 된다. 나르키소스는 자기 거울상의 찰나적 환상, 즉 나중에 망상으로 폭로될 순간에만 단기적 충만함을 경험한다.

나르키소스는 그를 통해 설명될 근대 문화의 신화가 되었다. "그는 시대정신을 창조하고 구현한다"고 고대학자 알무트바르바라 렝거는 요약한다.[8] 나르시시즘은 대개 자아의 문화에 대한 병리학적 해석 안에 놓일 때 사회적 규정성과 연결될 수 있다. 이기심, 관계 맺을 수 없음, 고립, 성공과 경쟁 추구, 소비 정향, 중동태적 자기 참조 또는 실패에 대한 두려움과 수치심, 그 경우 고대의 원전에서 분리된 자기애적 나르시시스트는 개인화의 부정적 수반 현상을 나타낸다.[9] 진단 도구로서의 나르키소스는 이질적 문화 현상들의 의미론적 명확화를 추구하는 데 반해, 우리는 개인적 해방의 약속이자 저주인 나르키소스의 모호한 이중 구조를 상기하고자 한다. 이 신화가 이해할 수 있게 해주는 것은 자기의 구속되지 않음을 증명함으로써 고통스러운 의존성을 부정할 수 있는 "자유에 대한 주체의 나르시시즘적 관심"[10]이다.

사회적 상처의 윤곽

철학자 페터 슬로터다이크는 2021년의 한 인터뷰에서 팬데믹과 같은 사회적 위급 사태에서 개인적 포기를 권고할 만함에도 불구하고 왜 많은 사람이 그것을 그토록 어렵게 생각하는지의 물음에 다음과 같이 대답했다.

> 가장 좋게는 무상으로 즉각적으로 주어지는 보너스에 대한 욕구가 너무 강렬해져서 이성적 자제를 다시 도입하는 것은 이미 거의 반혁명적인 과도한 요구로 지각되죠. 부담을 다시 지우는 것은 모두에게 무엇보다도 우선 격분과 울분을 유발합니다.[11]

막스 베버가 여전히 프로테스탄티즘 정신이 각인된 근대적 개성의 본질적 징표로서 해석한 검소함의 덕, 그러니까 자신의 향유를 미루려는 저 금욕적 마음가짐은 철학자에게는 과시적 지출의 명령에 자리를 내준 것으로 보인다. 사람은 모든 것을, 그것도 곧바로 원한다. 자아를 변형시키는 이러한 문화적 발전은 파괴적인 사회적 결과를 초래한다. 쾌락주의는 흥분성 증가와 더불어 진행되며, 흥분성은 교환에서 파괴적 에너지를 방출한다. 욕망은 아노미적으로 작용하는 자기 관계로 변화한다. 사회적 세계가 자신의 감정적 활동을 비추는 거울에 지나지 않는다면, 이러한 동일시가 실망스러울 때 격분은 사회적 세계로 향하게 마련이다.

이미 1979년에 사회학자 크리스토퍼 라쉬도 비슷한 진단을 정식화했다. 그는 성공적인 저서 《나르시시즘의 문화(The Culture of Narcissism)》에서 다음과 같이 쓴다. "근대의 소비재 광고와 높은 생활 수준은"

> 즉각적 욕구 충족을 허용하고 이드가 자신의 소망에 대해 사과하거나 그 거대한 규모를 숨길 필요성을 없앤다. 그러나 바로 이러한 소비재 광고는

실패와 포기를 견딜 수 없게 만들기도 한다.[12]

라쉬는 표준화한 대량생산 상품과 증가한 복지 기회로 새로운 욕구를 일깨운 산업적 근대의 정점 직후에 이렇게 쓴다. 그는 또한 소비에 국한되지 않는 자신의 소망에 대한 집착을 진단한다. 그 당시에는 한 세대 전체가 자아 체험 세미나, 요가 수련회, 에어로빅 강좌에서 자기 자신을 찾으려고 했다. 권위주의적 가혹함이나 경직된 위계질서는 많은 사람의 삶의 현실에서 사라졌지만 지배는 사라지지 않았다. 이제 그것은 예를 들어 교육자, 치료사 또는 추상적 관료제의 형태로 더 미묘하게 나타났다. 라쉬의 유명한 진단에 따르면, 탈억제와 증가한 사회적 통제가 공존하면서 사람들은 나르시시즘적 병리에 취약해진다고 한다.

두 사람의 기술(記述) 사이에는 수십 년의 차이가 있지만, 둘 모두 비슷한 관점에서 출발한다. 사회 세계는 거부를 용납하지 않는 자아의 거울이 된다는 것이다. 그리고 라쉬뿐만 아니라 슬로터다이크도 이것이 사회 상태에 대해 좋은 것을 전혀 말하지 않는 상처를 불러일으킨다는 결론에 도달한다. 나르시시즘은 오늘날 사회 현상으로서 또다시 돌아오고 있을까? 아니면 그것은 사라진 적이 없었고 다만 좀더 분명히 다시 눈에 띄게 된 것일 뿐일까? 나르시시즘은 수많은 사망자가 발생한 전 세계적 팬데믹에서 그토록 많은 사람이 자신의 행동에서 한 발짝도 물러서려고 하지 않는 이유일까? 그들은 **단순한 이기주의자**일까? 이것이 항의와 때때로 경솔한 규칙 위반에 대한 설명일까? 이것은 단순한 결론이겠지만, 바로 너무 단순한 결론일 수 있을 것이다.

정신 병리를 사회 구조의 결과적 문제로서 간주하는 연구는 우리의 시선을 바꿔놓는다. 정신적 고통은 이러한 관점에서는 우리에게 사회적 윤곽에 대해 무언가를 알려준다. 이러한 시대 진단 형식은 새로운 것이 아니라 오랜 전통을 지닌다. 예를 들어 1900년경에는 근대화한 사회의 가속화와 결합한 신경 쇠약 사례가 점점 더 많이 관찰되었다. 사람들은 안절부절못하고 화를 내는 동시에 영구적으로 지쳐 있었다. 그러한 진단은 오늘날까지도 여전히 인기가 있는데, 그 까닭은 어쩌면 정신적 질환이 한 문화에서의 불만을 극적으로 분명하게 보여주기 때문일 것이다. 그렇다면 우리는 우울하고 지치고 피곤하며 신경질적이거나 이기적인 사회에서 살고 있다. 그러나 동시에 그러한 진단은 문제가 있는데, 왜냐하면 사회적 상태를 정상 상태와 병리학적 손상 상태로 분리하기 때문이다. 종종 그러한 진단에는 우리가 예를 들어 아직 스마트폰의 노예가 아니던 이른바 더 좋은 시절에 대한 향수가 내재한다. 따라서 많은 병리학적 기술에서는 문화에 대한 보수적인 퇴락 이야기의 낡은 정신이 숨 쉬고 있다. 그러한 결함에도 불구하고 우리는 그 기술의 근본 사상을 실마리로 삼아 이 장에서 개인의 내적인 삶, 개인의 고통과 정서를 사회적 변화와 연관지어 해석하고자 한다.

20세기의 마지막 3분기 이후 바로 **개인적** 고통에 대한 사회적 강조는 그 고통의 **사회적** 성격을 알게 해준다. 우리는 1970년대에 심령술의 유행과 뉴에이지, 밀교의 대중화에서 일어난 개인과 개인 감정에 대한 관심 증가를 이미 기술한 바 있다.[13] 사회는 이제 그 구성원의 자율을 더욱더 지향하며, 전통적 유대는 그 의미를 잃어가고 있다. 하지만 그렇다고 해서 사회적 불평등이 사라지는 것은 아니다. 그것은 울리히 벡이 《위험 사회》에서 쓰고 있듯이 개인적 위험으로 '재정의'되고 있다. 이는 광범위한 결과를 지닌다.

> 결과적으로 사회적 문제는 직접적인 심리적 성향으로, 즉 개인적 불만, 죄책감, 두려움, 갈등 및 신경증으로 바뀐다. 너무나 역설적으로 개인과 사회의 **새로운 직접성**, 즉 사회적 위기가 개인적 위기**로서** 나타나고 더는 그 사회성에서 지각되지 않거나 매우 매개적인 방식으로만 지각된다는 의미에서 위기와 질병의 직접성이 등장한다.[14]

개인화와 더불어 개인과 사회의 거리가 멀어지는 것이 아니라 정반대로 사회가 자아 안으로 옮겨진다는 발견으로부터 자신이 겪는 고통의 사회적 뿌리가 감추어지는 정신적 자기 관찰에 대한 새로운 욕구가 설명될 수 있다. 그럼에도 불구하고 개인과 사회 사이의 이러한 관계 변화는 사회에 대한 사회학적 관찰에서 개인의 불만에 특별히 주의할 필요가 있게 만든다. 바로 이러한 맥락에서 정신적 고통은 프랑스 사회학자 알랭 에렝베르가 《사회생활에서의 불만》에서 견지하듯이 "자율을 지향하는 사회적 삶의 갈등, 긴장 또는 딜레마의 …… 표현 형식"이 된다.[15]

우리가 다음에서 후기 근대적 주체성을 **상처에 취약하고 상처에 친화적**이라고 기술할 때, 이것은 개인에게서 사회적 갈등이 분열된 방식으로 지양되어 있다는 전제하에 이루어진다. 우리에게 문제가 되는 것은 퇴락의 역사가 아니라 사회적 긴장이 내적 전쟁터로 옮겨지는 것이다.[16]

혐오감의 현상학

상처를 구체적으로 불러일으키는 요인은 개인마다 다르며 침해받았다고 느끼는 정도도 마찬가지다.[17] 가치를 깎아내리는 상황에 대한 반응들이 서로 다를지라도, 그 반응들은 외부 요인이 지극히 독자적이고 파괴적인 성격을 지니는 부정적인 감정적 동역학을 유발한다는 공통점을 지닌다. 원래 자아 외부에 있던 원인이 자립화한 하나의 시스템이 된다. 사회적인 것의 흔적은 지워지고, 개인 자신이 불행한 내적 상태의 생성자로서 나타난다. 이것은 상처와 나르시시즘을 통합한다. 둘 다 깊은 절망을 밀어내기 위해 지워져야만 하는 실패한 연결에 근거한다. 그 대신 혐오 정서는 이제 본래적으로 부정해야 하는 것, 즉 깊은 의존 감정에 생명을 불어넣는 새로운 대상 세계에 서식한다. 그러한 거부 감정의 정황을 자세히 살펴보면 그 정황을 작동시키는 숨겨진 사회 구조가 드러난다. 게오르크 짐멜은 감정을 "사회적"이라고 했는데, 왜냐하면 감정은 관계 속에서 발생하고 개인들을 (우리의 경우에는 부정적으로) 서로 묶어주기 때문이다.[18] 바로 분리의 시위하는 제스처에서야말로 사회구조와의 상호 작용이 존재한다.

굴욕적 경험과 결합해 있는 첫 번째이자 다소 복잡한 정서 묶음은 **수치심**이다. 수치심은 고통스러운 곤경 또는 수줍은 당혹감의 견디기 어려운 상태다. 우리는 모두 수치심을 알고 있다. 굴욕은 우리의 기억 속에 깊이 새겨진다. 고통스러운 체험을 상기하면 우리는 가능한 한 바로 땅속으로 가라앉고 싶을 것이다. 여기서 전적으로 명백한 것은 상위 기관에 의해 관찰되고 있다고 느끼고 그 눈길이 본래 숨겨져야 할 자아의 측면을 드러낸다는 것이다.[19] 짐멜은 수치심을 "우리 자신 안의 **사회적**

집단의 표상"에서 비롯되는 사회적 감정으로 생각한 최초의 사람 가운데 한 명이었다.[20] 수치심에 사로잡힌 당혹감의 중심에는 실로 결핍된 것으로 지각되는 자신의 주관성이 놓여 있지만, 결함은 내면화한 심급과의 조정에서 비로소 가시화된다. 수치스러워하는 개인은 자기의 타자성을 지각하는 가운데 자신을 결함 있다고 인식하며, 자기의 온전함이 취약하다고 느낀다. 사람들은 자신이 올바르게 행동하지 않았다는 것을 정확히 아는 까닭에 훈계하는 눈길은 아주 강력하게 작용한다. 바로 여기에 이러한 감정 상태의 엄청난 힘이 놓여 있다. 수치심에 사로잡힌 사람은 부정적 분류의 단죄하는 눈길에 자신을 종속시키며, 게다가 그 눈길을 자기 자신에게 적용함으로써 그렇게 한다. 그리하여 수치심에서는 강력한 대상과의 분리를 지양한다.

개인에게 점점 더 많은 자기 책임을 부여하는 과정은 이제 지그하르트 네켈이 《지위와 수치심》에서 많은 것을 해명해주며 진단하고 있듯이 사회적 수치심의 공간을 확대한다. "문화적으로 각인된 인격 패턴, 사회적 상황, 주관적 지각 형식의 '개인화'와 더불어 …… 잠재적으로 사회적 수치심의 가능성도 커진다."[21] 지위 결손은 그것이 개인의 결정으로 환원됨으로써 개인의 실패로 지각될 수 있게 된다. "사회적 불평등에 대한 집단적 해석 패턴이 진술 가치를 상실하는 까닭에 개인은 개인적 결손을 자기 스스로 설명하도록 강제된다."[22] 개인주의 문화는 죄책감의 증가로 이어졌다. 그러므로 수치심과 밀접하게 결합해 있는 죄책감은 수치스러워하는 행위에서 실로 방어되어야 하지만, 바로 그로 인해 계속해서 존재한다.[23] 수치의 감정을 견디기 어려울수록 그만큼 더 "투사적 동일시"를 통해 이러한 상태에서 벗어나려는 경향이 커진다. 자신의 굴욕의 원천이 이제 약점에 비추어 해부되고 스스로 굴종하는 것이다.[24] 이를테면 문제가 되는 것은 개인의 보복 조치이며, 파괴적인 동역학이 시작된다. 우리는 연구 가운데 하나에서 오랫동안 진보적 태도를 견지해왔지만, 노년의 빈곤이나 일자리 상실과 같은 평가절하를 경험한 후 외국인에 적대적인 입장을 키워온 사람들과 이야기를 나눴다(8장 참조). 그들은 가족과 사회적 환경뿐만 아니라 자기 자신에 대한 수치심을, 다른 사람에 대한 평가절하로써 방어한다.

그러나 수치스러워하는 사람이 대체로 감히 말하지 않는 것은 **원망**에서 아주 공개적으로 표현된다. 또한 이렇게 분노한 불만의 감정은 고유한 자아 외부에 자리매김한다. 정신분석학자 하인츠 바이스에 따르면 원망하는 사람은 "**아래에서 위로** 비난하는 방식으로" 바라본다. 그는 불의를 식별하고 배상을 요구한다.[25] 내적 침해는 원망에서도 그 불의에 대한 책임이 돌려지는 상대방에게 투사적으로 전이된다. 그런 까닭에 원망에는 희생자와 가해자를 분열시키는 경향이 내재한다. 비난하는 눈길은 상대방에게 침해하고 손상 입히는 행동의 힘을 부여하는 데 반해, 자기 자신은 고통받는 대상으로 구성한다. 원망에서는 다른 어떤 방식으로도 표현될 수 없는 세계의 너무도 깊이 불길한 상태가 모습을 드러내며 정의를 요구한다.[26] 요컨대 원망의 특징은 사람들이 이러한 견딜 수 없는 희생자 지위를 더는 받아들이지 않고 적대적 정서를 동원함으로써 이를 뒤집으려고 한다는 점이다. 경험한 고통은 희생자와 가해자의 이분법을 깨뜨려야 한다. 분노는 상처를 주는 시나리오에 대해 행동하고 해석하는 힘을 되찾게 하는 데로 밀고 나아간다. 이제 설명해야 할 필요가 있게 된 것은 가해자다.

홍분 상태로서의 원망은 상황을 도덕적 가치 평가 대상으로 삼아 그 상황 안에서 존재하고자 한다. 자신의 무력함을 불평하는 표현은 원인 제공자를 비난하고 비대칭 관계를 역전시킨다. 희생자 수사학은 종종 경험한 불의에 사후적으로 관련성을 부여하기 위해 "사건을 상위의 의미 체계 내로" 배치하는 "의미 관계"로써 관철된다.[27] 원망의 감정 구조에는 종종 무언가 자기 관계적인 것이 내재한다. 심리치료사 라인하르트 할러는 환자들과의 대화에서 "당사자들은 외면적인 거대함이 아니라 자기가 터무니없이 상처받았다는 것을 통해 자신의 독특함을 증명한다"는 것을 관찰했다.[28] 여기서 원망은 자기 정립의 정서적 도구로 이해할 수 있지만, 그것은 희생자와 가해자의 관계 동역학 내부에서만 존립할 수 있다는 결정적 결점을 드러낸다. 그래서 원망의 비극은 타협을 열망하지만 동시에 자신의 고통을 붙잡고 있다는 점, 그러므로 화해를 단지 가상적으로만 추구한다는 점에 있다.[29] 이러한 상황은 분명 당사자들로 하여금 항상 새롭게 불법적인 우세한 권력에 대해 원망하면서 그로부터 자신을 지켜야 하는 곤경에 처하게 하는 감정의 팽창적 성격도 설명해준다. 그래서 개별 지식인들은 언제나 거듭해서 (종종 젠더 별표, 트랜스젠더 또는 유색인종에 대한) 전투적 발언으로 공적 논쟁에 개입하고, 계속해서 비판을 불러들이며, 언제나 거듭해서 자신의 표현의 자유가 제약된다고 느낀다(7장 참조). 여기서 일반화를 위한 노력은 종종 도덕적 역할이 명확하게 분배되는 첨예한 양극화를 동반한다.

그리하여 무정형하고 너무도 깊이 불안한 감정 상태를 더 명확하게 파악할 수 있게 된다. 여기서 원망하는 자가 빠져나오려고 하는 무력감이 극복되는데, 왜냐하면 그는 책임 있는 자를 확인함으로써 곧바로 그를 통제하기 때문이다.[30] 이 지점에서 왜 원망에 구조적으로 모호함에 대한 회의가 내재하는지 분명해지지만, 모호함은 책임 배분의 명확성과 따라서 자신의 자기주장을 공격한다. 원망은 그것이 지닌 증가의 논리에서 망상적 특징을 보일 수 있으며, 극단적 경우에 "편집증적 증오의 전 단계"로 성장할 수 있다.[31] 그러고 나서 세계는 원망이라는 양극적 틀을 통해 읽히고, 강력한 자와 무력한 자로 분열된다. 격분은 이러한 불의로 향하며, 분개는 항의로 이어진다. 그러한 감정들은 정치적 행동으로 활성화하지만, 권위주의적 충동에서 비롯되기도 한다.[32]

분노는 마침 최근에 정치적으로 해석되었다.[33] 분노와 잘못 등치되는 "격분한 시민"은 새로운 스타일의 정치의 상징이 되었다. 그는 "야유하고 소리 지르고 증오한다."[34] 포퓰리즘의 수사학이 도덕적으로 온전한 국민과 부패한 엘리트 사이의 분열을 가정하는 곳에서 분노는 자신이 올바른 편에 있다는 확신에서 방출된다.[35] 뭔가 폭발적이고 제어하기 어려운 격분과 달리 분노는 해치고자 하는 대상을 향한다(이것은 자기 혐오에서는 자신의 자아일 수도 있다). 지상의 사건에 징벌적으로 개입하는 구약의 신의 분노는 성을 내는 자에게서 계속 영향을 미친다. 원망은 불평하면서 위를 바라보는 데 반해, 분노에서는 눈길의 방향이 뒤집힌다.[36] 이 점은 자신의 상대방을 교만하게 판정하는 경멸과 마찬가지다.[37] 이러한 이유에서 분노에는 구조적으로 폭력이 내재하는바, 게다가 사회학자 하인리히 포피츠가 정식화한, 타인에게 해를 끼치고 침해할 수 있는 "행위 권력"이라는 의미에서 그렇다.[38]

정신분석학자 하인츠 코후트는 분노를 단편화한 자아가 자신이 겪은 침해에 맞서 자기를 주장하려고 하는 나르시시즘적 격분 스펙트럼의 가장 바깥쪽 끝에 자리매김한다.[39] 파괴적 에너지를 지닌 분노는 상처가 깊으면 깊을수록 그 주권을 더욱더 강조해야만 하는, 해를 입은 자아의 원상회복 시도로 해석될 수 있다. 우리는 한때 특권적 삶을 누렸지만, 지금은 상대적으로 절망적인 삶을 이어가고 있는 남성들과 이야기를 나눴다. 그들은 엘리트에 대한 복수의 환상을 키우고, 폭동과 노동 수용소에 대해 떠들어댄다.

페터 슬로터다이크는 그의 책 《분노와 시간》(2006)에서 고대의 **튀모스**(Thymos) 이념을 참조하여 이러한 정서를 긍정적 생명력으로 재평가하고자 했다. 그것은 자기 적수에 대한 공격적 방어를 통해 자기의 "주권 감정"을 구성하는 "승리자 문화"의 문화적 증명서다.[40] 분노·자부심·주권의 협소화에서는 나르시시즘적인 우월성 파토스가 공개적으로 표현되며 보편적 문명사 속에 놓인다. 근대에 금기시된 고삐 풀린 감정은 역사적으로 더 강한 문화의 표현이었다. 분노에 대한 슬로터다이크의 철학적 옹호는 그가 정치적 이슬람을 "실업자이자 사회적으로 희망 없는 남성 청년들의 멈출 수 없고 부풀어 오르는 거대한 물결의 과잉 생명력으로부터" 설명할 때 의도치 않게 문명적인 상처의 역사로서 읽히게 된다.[41] 여기서는 슬로터다이크의 논구를 패배하고 열등한 자라는 적의 이미지로 전이된 무엇보다도 **남성적** 상처의 문화적 표현으로 해석하는 것이 당연해 보인다.

마지막으로 **원한**도 분노나 원망과 마찬가지로 근본적으로 반응적 성격이라는 특징을 지닌다. 시기심과 복수심으로 들끓는 거부감을 불러일으키기 위해서는 외면적 침해가 필요하다. 철학자 프리드리히 니체는 《도덕의 계보학》(1887)에서 원한을 특유한 형식의 행동으로 묘사하고 거기서 "근본적으로 반응적인" 행위를 보았다.[42] 연기만 내며 타오르는 공격적 에너지는 행동으로 옮겨지지 않으며, 반격에 대한 충동은 억제되고, 겪은 상처는 감정 살림살이에서 계속 증식한다. 니체는 계속해서 원한이란 "본래적인 반응이 거부되고 …… 해를 당하지 않고서 오직 상상의 복수로만 자신을 유지하는" 사람들의 감정이라고 말한다.[43] 바로 이렇게 강제된 행동 없음을 니체는 다윈주의적 용어로 강자와 승리자에 대립되는 약자의 특성으로 묘사한다.[44] 약자와 결합한 무력감을 통해 원한은 고유한 동역학을 발전시킨다. 복수는 실행될 수 없으며, 충동의 배출은 계속해서 저지된다. 따라서 이러한 부정적 감정 상태는 언제나 거듭해서 호출된다.

원망에서와 마찬가지로 원한에서도 자신의 무력감을 유발하는 자를 확인해야 한다. 고통의 근원은 자아의 외부에 놓여 있으며, 고통에는 시작이 있고 그리하여 끝도 발견될 수 있다는 암묵적 희망이 있다. 하지만 부정의에 반항하는 원망과는 달리 원한은 구체적인 적수를 지니지 않는 일반화된 악의의 감정이다. 결정적인 것은 누가 또는 무엇을 원흉으로 식별하는가가 아니라 해소되지 않은 복수 충동을 다룰 수 있기 위해 해를 가하는 대상과의 관계를 설정할 수 있다는 점이다. 철학자이자 사회학자인 막스 셸러는 1912년의 논고《도덕의 구조에서의 원한》에서 니체와 마찬가지로 반격을 배제하는 데서 "무규정적인 대상 영역"이 발생하고, 원한은 지칠 줄 모르고 인과관계를 찾는 가운데 결국 특유하게 대상 없는 것으로 머문다는 결론에 도달한다.[45] 상처는 아무런 관련 없는 상대방에게 전이되고, 원한은 의식적으로 그것을 불러일으킨 일종의 가해자가 있다는, 감정적으로 강력하게 작용하는 기만을 만들어낸다. 이러한 투사 경향은 세상을 상처의 틀을 통해 지각하는 끝없는 편집증으로 옮아갈 수 있다. 철학자 토마스 베도르프는 원한을 포퓰리즘의 감정 세계에 좀더 정확하게 자리매김했다. 그는 반유대주의에서 공개적으로 드러난 "상투적 도식" 경향을 이 정서에서 증명하는 호르크하이머와 아도르노를 인용한다. "자기 자신의 무의미한 심연에 빠져드는 자아에게 대상은 그 자신의 몰락 의미가 그에 포함되어 놓여 있는 파멸의 알레고리가 된다."[46] 결정적인 것은 두 저자가 말하는 자신의 재앙에 대한 저 우화가 실로 유동적이지만, 동시에 그 우화가 죄책감을 인격화함으로써 "구체화의 명령"에 순종한다는 점이다.[47] 이것은 원한을 권위주의적 사고 패턴에 쉽게 감염시킨다. 우리도 우리의 인터뷰에서 오랜 반유대주의적 선입견이나 '빌더버그 회의'와 로스차일드 가문 또는 조지 소로스에 관한 음모론을 접했다(7장과 8장 참조).

그러나 셸러는 니체와 달리 원한을 주로 근대의 시대 감정으로 생각했다. 근대 이전의 신분 사회에서는 개인의 사회적 가치에 관한 물음으로 인해 낡은 것이 된 경직된 지위 위계질서가 지배적이었다. 셸러에 따르면 신하는 자기 주인에게 꾸짖음을 들어도 복수의 감정을 느끼지 않았다. 원한의 전제는 "침해하는 자와 침해받은 자의 **평등**"이다.[48] 그에 따라 실로 평등한 권리를 공적이고 법적으로 인정하지만 사실상 권력과 교육, 소유의 커다란 불평등 분배를 내보이는 사회는 원한에 감염되기 쉽다. 그 사회에서는 "모든 사람이 자기를 모든 사람과 비교할 '권리'를 가지지만 자기를 '사실상으로는 비교할 수 없다'."[49]

다음 절에서 다룰 셸러의 요점에서 우리는 원한의 감정 구조에 대한 두 가지 인식을 도출할 수 있다. **첫째**, 관계적 비교는 눈길의 비대칭성을 지양한다. 눈길은 아래에서 위로 향할 수도 있고 위에서 아래로 향할 수도 있으며, 또는 같은 눈높이에서 이루어질 수도 있다. **둘째**, 셸러는 혐오하는 감정 상태를 사회적인 것의 성질로 해독한다. 원한은 그 표현 형식에서는 특이하지만, 사회적 딜레마와 긴장을 처리한다.

여기서 우리는 침해를 겪는 것과 결합하게 되는 감정의 스펙트럼 가운데 한 단면만 다루었다. 우리는 2장에서 이미 (가령 악셀 호네트, 알랭 에렝베르, 토마스 푹스, 지크하르트 네켈, 하르트무트 로자, 그레타 바그너와 같이) 최근의 비판 이론에 속할 수 있는 저자들이 구조적으로 개인에게 과도한 부담을 주는 개인의 자기실현에 대한 강제를 강조한다는 것을 보았다. 개인은 자기를 자유롭게 전개할 수 있는 대신, 언제 어디서나 존재하는 경쟁 관계 속에서 자기를 무력한 존재로 경험한다. 그들은 우울하고 지치고 수동적으로 되며, 번아웃을 겪거나 약물을 통해 자기를 다스린다. 그러나 특정한 조건에서는 무력감이 공격적 반항으로 이어질 수 있다. 그러한 가운데 최근 몇 년 사이에 한 가지 공통점을 지닌 혐오감이 점점 더 초점에 놓였다. 그것은 어떤 대상에 대해 대결적이다. 분노·원망·원한과 같은 감정은 사회적으로 오히려 인정받지 못하고 파괴적으로 작용하지만, 사람들을 행동에 나서도록 활성화한다. 우리는 이 감정들을, 문화적으로 개인의 손에 주어진 도구로 저지해야 할 좌절감을 바로 그 도구가 만들어내는 까닭에, 개인이 더는 처리할 수 없는 지속적인 실망에 대한 반응으로 해석한다.

상처 지대의 확대

우리는 이제 개인에게 혐오 감정을 유발**할 수 있지만**, 결코 반드시 **그래야만 하는** 것은 아닌 사회적 딜레마를 찾아 나서고자 한다.[50] 그것은 그 과정에서 사회적 진보가 개인에게 의도하지 않은 부정적 결과를 초래하는 퇴행적 근대화의 징후다. 우리가 앞에서 묘사한 개인화의 모순적 동역학은 해결할 수 없는 모순 앞에 선 개인에게 혐오 정서와 일탈적 반응 형식을 불러일으킬 수 있다. 후기 근대 사회에서는 근대 사회의 사회적 격변기에 이미 관찰할 수 있었던 세 가지 측면, 즉 **첫째로** 평등주의 규범의 역설, **둘째로** 열망 결핍, **셋째로** 아노미적 규범 구조가 또다시 현실성을 얻는다. 이것들은 또한 자유지상주의적 권위주의의 사회적 터전을 형성한다.

좌절과 실망의 **첫 번째** 추동력은 근대 사회에서 평등의 역설에서 찾을 수 있다. 토크빌은 미국 여행에서 "상반된 경향들"을 기록했다.[51] 그는 열정적 관심을 가지고 자신이 거의 1년 동안 체험한 젊은 민주주의에서의 사회적 상호 작용을 추적했지만, 그러는 가운데 민주적 이상을 위협하는 것은 바로 모든 사회 구성원이 인정하는 정치적 평등이라는 규범임을 확인했다. 신분 지위의 부분적 평준화는 결코 현실적 불평등을 없애지 못했다. 현실적 불평등은 한 가지가 구별되긴 하지만 끈질기게 계속 존재했다. 사회학자 한스페터 뮐러에 따르면, 사회적 차이는 근대 사회에서 정당한 것으로 여겨지는데, 왜냐하면 "평등의 패러다임에 따르면 …… 원리적으로 각각의 모든 사람에게 사회적 삶의 모든 영역과 지위가" 열려 있기 때문이다.[52]

얽히고설킨 상황이다. 그러나 평등의 이상이 실현되지 않은 약속처럼 느껴지지 않을 수 없었던 것은 민주주의 사회 자체보다는 오히려 그 구성원들에게서였다. "평등이 어디에나 존재하는 것으로 보이는 것과 마찬가지로 실망의 무기고도 커진다."[53] 평등주의 규범이 보편 타당하면 할수록 이제 더는 좁은 사회적 범위에 매여 있지 않은 비교의 눈길도 그만큼 더 널리 방황한다. 그 과정에서 눈길이 상이성을 확인하지 않을 수 없다는 것은 명확하다. "실제로 평등에 대한 남성적이고 정당한 열정이 존재한다. 모든 사람은 똑같이 강하고 존중받기를 원한다"고 토크빌은 관찰한다.

> 이러한 열정은 분명 낮은 자를 높은 자의 반열에 올려놓는다. 그러나 우리는 인간의 마음속에서 또한 약자가 강자를 자기 쪽으로 끌어내리고 싶어하도록 하고, 인간이 자유의 불평등보다 속박의 평등을 선호하게 하는 타락한 평등 충동도 발견한다.[54]

평등주의 사회에서는 모든 사람을 모든 사람과 비교하는 비교 양식이 구현된다. 따라서 바로 기회균등이라는 이상이야말로 지각된 차이에 직면하여 부정적 감정을 방출하는 것이다. 원망하는 사람은 정서적으로 평등의 규범적 약속이 실현되기를 원하지만, 그 약속은 사회적 현실에서 부족하게 실현될 뿐이다.[55] 그렇지만 혐오감은 공개적으로 분출될 수 없는데, 왜냐하면 평등주의적 이상은 관찰된 차이가 동등한 자원 채비와 접근 기회에 기초하여 발생했다고 가정하기 때문이다. 따라서 혐오감은 규범이 무한한 좌절 충동을 만들어내는 한에서 내면에서 계속 스멀스멀 피어오른다.

토크빌은 평등의 이상에 의해 촉발되고 이를 내적으로 훼손할 수 있는 또 다른 효과를 분석한다. 그는 바로 증대된 평등이야말로 비교를 부추길 뿐만 아니라 사람들이 최소한의 차이에도 민감하게 반응하게 한다고 기록한다.

> 특권에 대한 사람들의 증오는 특권이 드물고 사소할수록 그만큼 더 커지며, 그리하여 사람들은 민주주의적 열정이란 생계 수단이 가장 적게 발견되는 시대에 특히 격렬하게 불타오른다고 말하고 싶은 유혹을 받는다.[56]

큰 차이가 사라지면 작은 차이가 그만큼 더 분명하게 나타난다. "더 많은 평등은 불평등 의식을 날카롭게 한다."[57] 이러한 민감한 지각 양상은 고유한 규범 감각의 침해로 이어진다. 여기서도 그 결과는 지속적인 실망인데, 이는 가령 규범의 타당성을 약화하는 것이 아니라 반대로 균등화에 대한 충동, 즉 토크빌이 쓰고 있듯이 평등주의적 열정을 고무한다. 현대에 성인지 감수성적 언어 관습과 같이 부차적인 것들로 생각되는 것들에 대한 요구는 확실히 불평등에 대한 사회적 지각의 증대와도 관련된다.

하지만 사회적 균등화가 수반할 수 있는 불만은 반드시 차이에 대한 감수성 증가의 결과일 수밖에 없는 것이 아니라 단연코 실제적 권력 상실에 근거할 수 있다. 새로운 규범의 생성은 이전에는 받아들여진 행동이 제재의 대상이 되는 것으로 이어진다. 노예주는 더는 사람을 자기 소유물로 취급할 수 없으며, 부모는 자기 아이를 더는 체벌할 수 없고, 남성은 여성을 더는 성희롱할 수 없다. 평등화의 진전은 특권적 지위 집단의 행동을 제한하고 그들이 이전에 독점했던 사회적 권력을 한정한다. 노르베르트 엘리아스는 권력을 "특정한 사회적 지위와 결부된 개인적 의사 결정 공간의 특수한 범위를 위한" 표현으로 정의했다.[58] 다른 사람을 통제하거나 그들에게 폭력을 행사하는 등 다른 사람에게 영향을 미칠 수 있는 활동 공간이 축소될 뿐만 아니라 더 나아가 지위가 높은 사람의 행동도 다른 사람의 수용 여부에 달려 있다. 이제 사회 그 자체가 그들보다 더 강력하다. 힘 있는 사람은 규범 침해 가능성과 관련하여 자신의 행동을 새롭게 조정해야만 한다. 그는 이를 고통스러운 전환으로 체험한다. 그의 분노는 그가 이전에 독점했던 권력에 지금 참여하는 집단, 그러므로 그가 더는 그 운명을 즉각적으로 (공동) 결정할 수 없는 모든 사람에게로 향한다. 권력 갈등은 사회 질서의 수용 여부에 광범위한 영향을 미치는 규범 변화에서 비롯된다. 왜냐하면 엘리아스에 따르면 규범 변화는 기득권자와 아웃사이더의 모습을 바꾸기 때문이다(3장과 6장 참조).[59] 바로 권력 상실이 "떠오르는 아웃사이더 집단과의 관계에서" "경제적 이유로 인한 격렬한 저항뿐만 아니라 종종 더는 현실과 거의 일치하지 않는 구질서 회복에 대한 열망"을 유발하기 때문에, 당혹해하는 집단은 "그 자신의 자긍심에서 굴욕당했다고" 느끼기도 한다.[60] 그러므로 기득권자는 이전의 아웃사이더에게 낙인을 찍는다. 이러한 배경에서 원한이 오로지 약자의 정서일 뿐이라고 가정한 니체는 전혀 옳지 않았다. 근대 사회에서는 강자에게도 자신이 겪은 사회적 권력의 제한에 대해 반응할 가능성이 유보된다. 그들도 이제 마찬가지로 자신의 격노를 억눌러야만 한다. 왜냐하면 그들의 행동뿐만 아니라 제재에 대한 감정적 반응도 제재받을 위험이 있기 때문이다. 이러한 이유에서 셸러는 원한을 "하강하는 삶"의 현상이라고 설명했다.[61]

셸러는 이미 앞에서 우리에게 근대 사회에서 좌절을 준비하는 **두 번째** 유발 요인에 대해 지적해주었다. 그것은 평등의 이상에 이미 내재하고 근대적-자본주의적 사회화의 구성적 징표가 되는, 윤리적으로 확정된 **당위** 상태와 그 사실적 **실현** 사이의 해결되지 않은 긴장이다. 토크빌이 이러한 파괴적 힘의 기원을 여전히 평등이라는 규범의 일반적 관철에 자리매김한 데 반해, 셸러에게서 그러한 힘은 근대의 "**사회성의 구조**"에 있다. 이 사회성의 구조는 "정치적-헌법적 또는 집단의 '관습'에 상응하는 법적 지위 및 공적 타당성과 집단의 **사실적** 권력관계 사이의 …… **차이**"로 특징지어진다.[62] 소극적 해방은 실로 모든 사람을 형식적으로 평등하고 자유로운 시민으로 만들지만, 이는 소유 구조의 실질적 불평등에 근거한 자본주의적 상품 교환을 일반화하기 위해서일 뿐이다.

마르크스가 여전히 경제 구조의 법적 조건이라고 기술한 것을 셸러는 이러한 정황을 산출하고 뒷받침하는 정서 동역학에 대한 분석의 출발점으로 삼는다. 그의 성찰은 물론 내적 상태에서 시작하지만, 그의 본래 의도는 "**경쟁 시스템**"을 "그러한 사회의 영혼"으로 기술하는 것을 목표로 한다.[63] 근대의 원한은 그 기원이 결국 가치 비교의 일반적 관철에, 그러므로 자신의 가치가 타인과의 비교에서 형성되는 관계적 판단에 있다. 셸러에 따르면 신분적 사회 질서의 농민은 자기를 봉건 영주나 기사와 비교하는 것이 아니라 "**자기의** 신분 영역 내부에 있는" 더 부유한 농민과 비교한다.[64] 그러나 생활 상황의 윤리적-규범적 평등은 변화된 비교 양식으로 이어진다. 모든 사람이 자기를 모든 사람과 비교한다. 셸러는 이것의 원인을 토크빌과 달리 경제적 경쟁 상황으로 돌린다. 사회적 권역과 고유한 가치로부터 분리된 "내적으로 **한계가 없는** 노력"은 자본의 끊임없는 축적에 그 동기가 있는 경제적 진보 동역학에서 이루어진다. 가치 축적을 향한 내적 노력은 경제적 자본 축적의 기능적 조건이 된다. 이리하여 셸러는 현대에 서열과 평가를 통해 지위 차이를 만들어내는 발전을 선취했다. 예를 들어 메리언 포케이드가 관찰한 불만, 즉 실로 형식적으로는 포용적이지만 간접적으로는 전통적 경계와 불평등을 강화하는 서열적 분류 체계가 불러일으키는 불만을 상기할 수 있을 것이다(2장 참조).

가속화된 비교의 경제는 자신뿐만 아니라 타인에 대해서도 혐오 정서를 선호하는 사회 질서를 만들어낸다. 에밀 뒤르켐은 그의 연구 《자살》(1897)에서 가속화된 경제적 동역학의 국면에서는 (자동) 공격적 행동 방식의 증가를 동반하는 부정적 "욕망의 폭발"로 이어진다는 것을 관찰한다.[65] 사람들은 우울하고 무기력하거나 자살할 위험이 있게 될 뿐만 아니라 더 나아가 서로에게 적이 되기도 한다. 뒤르켐이 보기에 그들은 "과도한 열망의 희생자"[66]이자 부단하고 충족될 수 없는 욕망의 희생자다. "그러므로 더 많이 가질수록, 그리고 더 많이 갖고 싶을수록, 그만큼 더 그들이 성취하는 것은 욕구를 자극하고 만족시키지는 못한다."[67] 그들이 무언가가 아니라 무엇보다도 우선 **더 많은 것**을 갖고 싶어 한다면 만족은 불가능하다. 축적이 법칙인 경제 영역에서는 아노미·폭력·무질서가 "지속적 상태"로 굳어진다.[68] 사람들이 살아가는 세계가 너무나도 부도덕하다면, 그들은 몰락하지 않기 위해 이러한 불리한 환경에 적응해야만 한다. 뒤르켐에 따르면, 그런 까닭에 경제는 순전히 소극적인 자유를 긍정하는 "과도한 개인주의"[69]를 산출한다.[70] 이기적이고 무자비한 행동은 규범적으로 규제되지 않는 경쟁 관계의 기반 위에서 성장한다. 이에 대해 네켈은 "자기중심적 효용 계산과 심리적 만족을 향한 끝없는 나르시시즘적 소망은 도덕적 요구에서 사적 이익 추구의 장애물만을 보는 공통 정서로 통합된다. 이는 돈과 감정 사이에서 고유한 자아의 일신론이다"라고 설명한다.[71]

열망 추구에 내재하는 엄청난 에너지를 합리적으로 투자할 수 없다면 그것은 필연적으로 좌절을 낳는다. 여기서 격분은 상처를 주는 상황 후에 자신의 주권을 주장하기 위한 하나의 감정적 반응 방식일 뿐이다. 활동적으로 펼쳐지지 않는 소극적인 감정적 흥분은 다른 반응 방식이다. 요구에 부응하지 못했다는 수치심은 깊은 자기 회의로 이어진다.

특히 상승의 희망이 지위 봉쇄로 좌절되는 불확실성의 사회적 분위기에서 개인의 노력은 자신의 무력함에 직면하여 쓰라린 차별 대우의 감정으로 전환된다. 셸러가 경제적 잉여 가치의 정신적 대응물이라고 부르는 자신의 "잉여 가치성"을 행동으로 실현할 수 없을 때, 무력한 자는 자기 비교 대상의 "환상적 **격하**"를 통해 그것을 달성한다.[72] 그는 부끄러워하는 대신 손가락으로 다른 사람을 가리킨다. 개인에게 불평등한 기회를 부여하는 권력 격차는 사회적 약자나 몰락의 위기에 처한 사람들에게 사회적 현실이 그 성취를 유보하는 약속이 이행될 수 있는 환상적 가치 질서를 확립한다. 이는 전적으로 '실로 나는 사회적 패자지만 도덕적 승자다'라는 신조에 따른다. 원한은 사회적 딜레마와 긴장을 사라지게 할 수 있는 상상의 가능성을 제공한다. 적대적 평가절하에서는 비교 대상의 긍정적 특성이 부정적 특성으로 재해석된다. 성공한 사람은 만족할 줄 모르는 탐욕으로 자신을 풍요롭게 했고, 사회적 출세를 위해 의심스러운 수단을 이용했다는 등등이다. 따라서 비교하는 사람은 자기가 보기에 참된 자신만의 순위 시스템을 구축한다. 셸러가 여기서 규범적 이반을 얼마나 정확하게 묘사하는지 놀라울 정도다. 우리는 자유지상주의적·권위주의적 불만에서도 비슷한 것을 관찰하게 된다(8장 참조). 그러나 셸러는 이 생각을 안정된 규범 살림살이에 기반하여 기록했는데, 이것 자체는 원한의 환상 속에서도 여전히 "기만적인 **가상 세계**에 살고 있다"는 "어두운 의식"을 일깨워주었다.[73] 자기 자신을 속이는 사람은 은밀히 자신의 속임을 의식하고 있으며, 그런 까닭에 그 속임도 매우 제한된 범위에서만 구제를 제공한다. 그러나 논박할 수 없는 현실 자체로서 가장 처절한 분격을 향해서도 돌진하는 규범들 그 자체가 미끄러지기 시작하면 자기 인식에는 반성적 토대가 결여한다. 자의적으로 정립된 규범의 가상 세계는 자립화한다.

그러므로 격분, 원한, 시기 또는 원망은 결코 주관적인 마음 상태가 아니라 자본주의 사회의 "비교 및 관계 강제"가 불러일으키는 사회적 "관계 구조"다.[74] 평등의 요구가 그 실현의 불평등한 조건과 연결된 불확실성의 분위기에서 평가 메커니즘이 전개되면 거부의 "정서 사회"가 발생한다.[75] 이 사회는 수직적 위계질서와 더불어 개인들이 서로에게 부정적으로 행동하는 경직된 정서 질서를 창출한다. 그런 까닭에 혐오 감정이 최근 몇 년 사이에 비판적 사회 진단의 출발점이 된 것은 놀라운 일이 아니다. 인도 작가 판카지 미슈라는 예를 들어 "원한 …… 그것은 시민사회를 오염시키고 있으며 …… 현재 전 세계적으로 권위주의와 위험한 형식의 쇼비니즘으로의 전환을 초래하고 있다"고 관찰한다.[76] 미슈라는 부정적 감정의 증가를 전적으로 셸러의 정신에서 두 가지 평행한 발전을 가지고 설명한다. 한편으로는 전혀 다른 과거를 가진 사람들이 하나의 같은 현재에 놓이고 권력과 부의 불평등한 분배가 새롭고 불공정한 위계질서를 산출하는 전 지구적 세계에서 비동시성이 증가한다. 다른 한편으로는 디지털 커뮤니케이션 네트워크에서 비교 절차가 증가함으로써 시기심과 악의의 생성자가 된다.[77] 이제 누구나 누가 많이 가지고 누가 적게 가지는지 알 수 있다. 그리고 적어도 전자는 때때로 기꺼이 과시적으로 전시된다. 증대되는 번영에 대한 전 세계적인 약속에도 불구하고 **실제로** 존재하는 물질적 차이의 지속과 그 차이에 대한 **주관적** 민감성은 미슈라에게 시기와 원한, 분노의 반복되는 자극 주기로 이어진다. 이러한 사회적 상황은 지각된 한계에 직면하여 자율적 삶의 영위에 대한 약속을 긍정적으로 청구하는 자유지상주의적 권위주의의 전제이기도 하다.

하지만 실망의 문화로 이어지는 것은 가령 사회경제적 불평등 그 자체가 아니라 평등주의와 능력주의라는 두 가지 상반된 이념이 서로 결합하는, 앞서 언급한 근대의 사회적 선택과 균등화의 유희다. 이제 성공은 이룩한 성과에 맞추어져야 하며, 이는 개인의 직업 성공이 이룩한 성과에도 불구하고 실현되지 않거나 사람들의 행동이 억제될 때 정서의 동역학이 황폐해지는 결과를 가져온다. 우리는 2장에서 성과 정의가 어떻게 경제적 현실에서 타당성을 잃고 그 대신 다른 분배 원리인 "위험·성공·상속"[78]이 들어서게 되는지 살펴보았다. 이러한 생각을 미국 철학자 마이클 샌델은 그의 연구 《공동선의 종언에 대하여》에서 가령 사회에서의 "불평등의 폭발"이 아니라 집단적인 "상승 가능성에 대한 믿음"을 "포퓰리즘적 격분의 원천"으로 해석할 때 다시 이어간다.[79] 아메리칸드림은 약해지지 않는 암시의 힘을 가지고 있을 뿐만 아니라 또한 접시 닦는 사람이 곧바로 백만장자가 될 수 없을 때 좌절감을 낳기도 한다. 집단적 상상력과 개인의 현실 사이의 불일치는 승자에게는 자부심과 오만을, 패자에게는 수치심과 실망을 불러일으키는 "성과의 폭정"으로 전환된다.[80] 어떤 사람들은 평가절하하며 아래를 내려다보고, 다른 사람들은 시기하고 분격하며 위를 쳐다본다. 오해를 방지하기 위해 말하자면, 샌델이 여기서 불평하고 있는 것은 결코 과도하게 요구하는 태도가 아니라 사회가 약속하는 것을 지키지 않는다는 점이다. 그러나 사회 질서가 상호 의존적인 평가절하 감정으로 인해 분열되면 이것은 새로운 형식의 사회적 반항을 불러일으킬 수 있다. 샌델은 포퓰리즘적 항의가 주로 사회적 부정의에 따라 나타나는 것이 아니라 사람들의 자존감과 관련된 "굴욕감에 대한 항의"[81]가 문제시된다고 관찰한다. 이런 항의는 필연적으로 위쪽으로 방출되어야만 하는 것이 아니라 오히려 그 반대인 급진화의 신경질적 계기를 자기 안에 지닌다. 관찰될 수 있는 것은 오히려 사회적 약자의 분노가 사회적 위계질서에서 그들보다 아래에 있는 비교 대상, 즉 소수자, 아웃사이더, 외국인에게로 향한다는 점이다.[82] 예를 들어 퇴행적 반항자들은 모든 것을 올바로 했는데도 불구하고 자기 삶에서 드물지 않게 하강의 경험을 받아들여야만 했다(8장 참조). 그들은 좋은 학력 등을 가지고 있었다. 하지만 성공은 실현되지 않았다. 그들은 이제 불의한 시스템에 의문을 제기하는 대신 독일 사회 시스템의 침입자로 여긴 난민에게로 눈길을 돌린다. 외국인으로 지각된 사람들은 모든 것을 열심히 일해 얻어야 하는 데 반해, 퇴행적 반항자들 눈에는 게을러 보인다. 다른 소수자를 향한 한 소수자의 격분은 평가절하받는 대신 스스로 평가절하함으로써 열등감을 억누르려고 한다. 자유지상주의적 권위주의도 능력 사회의 규범들에 대한 항의가 아니라 그 규범들과의 물화된 동일시이며, 이는 자유지상주의적 권위주의자의 눈에 이러한 규범들을 지키지 않는 사람들에 대한 투사적 방어로 이어진다. 승자 사회에서는 실패를 설명할 수 없다.

유럽에서 아직 파시즘이 맹위를 떨치고 있을 때 사회학자 로버트 K. 머턴은 매우 유사한 현상을 연구했다. 그는 1930년대 말부터 미국 사회에 불완전하게만 통합되고 극단적 경우에는 범죄자가 되는 사회 집단 연구에 몰두했다. 그가 거기서 본 것은 결코 개인적인 병리적 일탈이 아니었다. 오히려 그 사람들은 부적절하게 행동하는 것 이외에 다른 선택의 여지가 거의 없던 사회적 압력 아래 놓여 있었다. 이미 우리는 머턴이 바로 사회적 경쟁에서 불리한 위치에 있는 사람들 사이에서 재정적 성공에 대한 과도한 집착을 관찰했다는 것을 본 바 있다. 그들은 추구할 만한 가치가 있다고 여겨지는 목표를 달성하기 위해 불법적 수단에 의존했다. 이러한 의미에서 머턴에게서도 사회적 약자들의 일탈과 범죄를 조장하는 것은 불평등한 부의 분배가 아니라 "문화적 목표와 이용할 수 있는 제도적 수단 사이의 갈등"으로 특징지어지는 매우 모순된 정황이었다.[83] 그는 문화 구조의 이러한 "붕괴"를 아노미라고 불렀는데, 왜냐하면 가치들 자체가 그 가치들에 반하는 행동 방식을 조장하기 때문이다.[84] 우리는 예를 들어 "슈퍼스타 경제"[85]에서 성과가 아닌 성공만 보게 된다. 친밀함(그는 우리 가운데 하나다)과 도달 불가능함(그는 우리와 완전히 다르다)이라는 양면성을 지닌 스타는 부정적 감정이나 부적합한 행동 방식을 유발할 수 있다. 스타의 성공이 기적적인 만큼이나 자신의 성공으로 가는 길은 어둡다. 사회적 규범들에서의 아노미는 이러한 스트레스 유발 상황에서 벗어나기 위한 반응 방식을 불러일으키는 좌절의 **세 번째** 유발자다.

하지만 왜 지성적인, 그러므로 직접적으로 눈에 보이지 않는 규칙 체계가 개인에게 그렇게 강제적인 권력을 행사할 수 있는 것일까? 사회적 행동 규범화를 사람들이 어떻게 행동할 수 있는지 또는 어떻게 행동해야 하는지 그 가능성에 대한 제한으로 고찰하는 하인리히 포피츠는 하나의 단서를 제공한다. 그는 다음 네 가지 특성에 준거하여 사회 규범을 정의한다. "우리가 미래의 행동으로 기대할 수 있는 행동, 특정한 행동 규칙성에 상응하는 행동, 해야 할 …… 행동, 일탈할 때 제재의 위험과 결합해 있는 행동."[86] 사회 규범들은 우선은 아주 단순하게 사람들이 되풀이되는 상황에서 특정한 방식으로 행동하도록 보장한다. 사회 질서는 궁극적으로 상황을 비교하고 유형화하는 "추상화 수행"에 기반한다.[87] 예를 들어 많은 서구 나라들에서는 사람들이 서로 인사할 때 악수를 한다는 사실을 알면 다른 사람들과 교제하기가 대단히 쉬워진다. 기대된 행동에서 벗어나는 것은 참여자들에게 사회적인 것의 취약성을 보게 하는 불안을 유발할 뿐만 아니라 그런 일탈적 행동은 승인되지 않거나 심지어 처벌로 이어진다. 팬데믹에서는 이전에 당연했던 행동이 갑자기 비난받는 당황스러운 현상이 발생했다. 손을 내미는 것은 대개 의심의 눈길을 받았다(7장 참조).

그러나 머턴은 무엇보다도 우선 그 기원이 사회적 기대의 **준수**에 있는 일탈 행동을 관찰했다. 예를 들어 그가 분석한 '갱'들은 종종 사회적 상승을 위한 합법적 수단을 거부당한 이민자 가정 출신이었다. 그들은 특별한 자격을 요하는 직종에서 일할 수도 없었고 자녀를 명문 학교에 쉽게 보낼 수도 없었다. 또한 일용직 노동자로서의 생존은 부와 성공으로 이어지지 않았다. 그들이 보기에 범죄는 두드러진 사회적 지위를 얻을 수 있는 유일한 방법이었다.[88] 그리하여 역설적으로 규범은 사회의 일부가 구조적으로 자원과 단절됨으로써 순응적으로 행동하는 것이 불가능해질 때 질서의 침식에 이바지할 수도 있다.

그렇다면 아노미적 정황은 사회 구조가 사회 규범들과 충돌할 때, 그러나 또는 규범들이 갱신되거나 서로 모순될 때 발생할 수 있다. 첫 번째 경우에 사람은 머턴이 기술했듯이 규범과 주관적 실현 기회 사이의 차이에서 생기는 긴장에 노출된다. 하르츠-IV법(네 가지 입법으로 진행된 하르츠 개혁의 하르츠 IV법은 기존 실업부조와 사회부조를 실업급여로 통폐합하고 실업급여 지급 기한을 18개월로 줄였다—옮긴이) 세대의 아이들은 여기서 분명 큰 충격을 주는 많은 체험을 묘사할 수 있을 것이다.[89] 이러한 압력은 사회 전체가 아니라 규범적 기대와 요구를 충족시킬 수 있는 수단을 가지고 있지 않거나 제한적으로만 가지고 있는 사회 집단에 가해진다. 에리히 프롬은 심지어 사람의 "자존감"이 성공에 달려 있다(이것은 필연적으로 긴장으로 이어진다)고 주장하는 데까지 나아갔다.[90] 그러나 그와 더불어 복수의 규범도 긴장을 유발할 수 있다. 사람들은 서로 다른 가치·의무·

요구를 가지고 서로 다른 사회적 권역에서 움직인다. 포피츠에 따르면 "개인은 항상 …… **여러** 사회의 구성원이다."[91] 그런 까닭에 한 사람이 여러 가지 역할을 차지하는 복잡하고 분화된 사회는 언제나 **규범 갈등**으로 향할 가능성을 지닌다.[92] 물론 비즈니스 정장을 입은 펑크족은 예외로 남겠지만, 우리는 모두 옷차림새를 바꿀 뿐만 아니라 행동 방식, 말투, 태도도 변화시키는 상황을 알고 있다. 서로 다른 의무나 요구가 충돌할 때 이것이 반드시 아노미 상태로 이어져야만 하는 것은 아니다. 그러나 모순된 발신은 개인을 하나의 규범 이행이 다른 규범의 침해를 동반하는 상황에 놓이게 할 수 있다. 상반된 기대 태도가 늘어나고 전통적 규범이 진보적 규범과 함께 계속해서 존재하는 후기 근대에서 모순적 호명은 그 딜레마적 근본 구조가 해결**될 수는** 없지만, 지속해서 처리해야만 하는 주체 생산의 핵심 구성 요소가 된다(2장 참조). 우리는 실로 어떻게든 생계를 꾸려나가기 위해 일주일에 40시간씩 일해야만 하지만, 동시에 우리의 삶을 우리의 꿈에 따라 형성해야 한다. 그렇지 않으면 우리는 분명 무언가 잘못하고 있는 것이다. 우리는 곧바로 반항적 일탈뿐만 아니라 과장된 완벽주의나 무관심한 퇴각도 이렇게 좌절하게 만드는 상황에 대한 가능한 반응 방식일 수 있음을 보게 될 것이다.

규범 갈등에서 개인은 단지 하나의 사회 단위가 아니라 여러 사회 단위의 부분이라는 자신의 의존성을 알게 된다. 그러한 상황은 사회가 근대화될 때 증가하는데, 왜냐하면 사회경제적 변화와 함께 또한 집단적으로 공유하는 규범도 변화하기 때문이다. 합리화와 표준화에 기반하는 근대는 선택적으로 너무 좁은 규범적 코르셋을 제거한 후기 근대와는 전혀 다른 행동 기대를 자기 구성원들에게 제시한 규율의 사회였다. 그런 까닭에 세대 간 갈등에는 단연코 규범을 둘러싼 대결이 반영되는데, 왜냐하면 전혀 다른 행동 기준이 의무를 부여하는 것으로서 지각되기 때문이다. 다원화와 더불어 규범들의 **비동시성**과 **변화**도 사회 구조에서의 불안과 봉쇄로 이어질 수 있다. 사회 변화는 언제나 불안하게 만드는 계기를 포함하는데, 왜냐하면 다른 사람들의 행동이 기대 가능성을 상실하기 때문이다. 새로운 규칙성을 관철할 때까지는 이제는 낡아버린 규범을 고집하는 사람들의 (때로는 의도하지 않은) 비순응주의가 나타나게 된다. 체득한 행동 방식은 거기서는 내면화한 구조가 문제인 까닭에 관성적이다. 그런 까닭에 규범의 점진적 교체는 드물지 않게 개별적 인간 권역에서의 경직된 보수주의를 동반한다. 규범이 타당성을 잃으면 잃을수록 사람들은 그만큼 더 강하게 그 규범을 고집한다. 예를 들어 성인지 감수성적 언어 관습의 거부는 한편으로는 일상적 행동의 불안(사람들은 무엇을 말할 수 있고 무엇을 말할 수 없는지 알지 못한다)에 대한 반응을 나타내며, 다른 한편으로는 새로운 기대를 받아들이기를 거부하는 것이다. 젠더적으로 올바른 언어를 둘러싼 현재의 갈등은 이러한 의미에서 진보와 자유 사이의 갈등으로 해석될 수 있다. 성인지 감수성적 관습은 포용성을 목표로 하지만, 기성세대는 자유의 제한으로 지각한다. 평등한 언어의 실천은 부분적으로 실상 배타적이다. 새로운 규범을 아직 내면화하지 못한 사람들은 비난을 받고 도덕적으로 평가절하된다. 이에 대한 반응으로는 사태에 따른 비판과 더불어 젠더화에 대한 원한 실린 거부가 지배적이다. 예를 들어 정치인 자라 바겐크네히트는 "점점 더 작고 점점 더 기괴한 소수자"의 요구에 격노를 쏟아낸다(6장 참조).[93]

개인들은 아노미적 긴장과 딜레마에 서로 다르게 반응한다. 실로 분노와 실망 또는 좌절의 감정들은 누구에게서나 증가하지만, 이를 해소하는 행동 방식은 다양하다. 머턴은 규범을 받아들이는 방식과 규범을 달성하기 위한 수단이 서로 다른 다섯 가지 반응 형식을 구별한다. 바로 순응, 혁신, 의식주의(儀式主義), 퇴각, 반항이다. 순응적으로 행동하는 사람들이 인정된 목표를 달성하기 위해 충분한 자원을 소유하는 데 반해, 나머지 다른 사람들은 적응의 위업을 성취해야만 한다. **의식주의**에서 그들은 되풀이해서 실망했기 때문에 요구를 포기하지만, 제도적 규범을 강제적으로 견지한다.[94] 여기서 사람들은 굴욕적인 상황에 대해 도식적 설명, 과도한 완벽주의 또는 경직된 행동 패턴으로 반응한다.[95] 진보와 혁신에 기반한 가속화 사회의 압력은 개인에게서 멈출 수 없는 증가의 논리에 뒤처진다는 느낌을 산출한다.[96] 그들의 지위는 전혀 보장되지 않는다. 그들은 이를테면 "미끄러운 경사면"에서 움직이는 까닭에 자기 능력을 영구적으로 최적화해야만 한다.[97] 사람들은 지속적으로 잡티를 제거하고, 새로운 체력 단련 프로그램을 시험하며, 한가한 시간에 자신을 교육해야만 한다. 에드거 카바나스와 에바 일루즈는 "자신을 개선하고 싶어 하지 않는다"는 것은 "심리적 결함의 신호"에 다름 아니라고 쓴다.[98] 바로 앞에서 우리가 기술한 자기 자신의 완벽주의적 수정이야말로 적응을 통해 실패 위협을 막아야 하는 "지나친 순응"의 표현이다.[99]

그러나 **퇴각**에서 개인은 한때 매우 높이 평가된 요구**와** 그것과 결부된 제도화된 행동 방식을 포기함으로써 개인적 파열에 반응한다.[100] 개인적 위기에서 사람들은 자주 자기 "내면의 성채"(이사야 벌린)로 후퇴한다.[101] 우리의 인터뷰 대상자 가운데 일부는 물론 예외적인 경우에서일 뿐이지만 집을 떠날 정도로 괴로워한다(8장 참조). 다른 사람들은 가족이나 친구들과의 관계를 끊기도 한다(6장과 7장 참조). 그러나 우울증과 냉소주의 또는 무관심이 반드시 사회적 하강의 징후인 것은 아니며, 머턴이 뒤르켐을 참조하며 강조하듯이 "복지 아노미"를 나타낼 수도 있다.[102] 개인 자신이 자기의 지위에 대해 더 많은 책임을 질수록 지위가 상승할 때조차 그는 그만큼 더 자신에게서 불충분함을 지각하게 된다. 에렝베르는 우울증이 "모든 것을 자기 주도와 자기실현에 두는 사회에서 스스로 구조를 부여하려는 시도에서 개인에게 등장하지 않을 수 없는 어려움을 드러낸다"고 쓴다.[103] 후기 근대로의 이행은 실로 규율과 의무 이행을 지향하는 규범 체계를 근대화하지만, 동시에 개인의 행동 능력을 봉쇄하는 사회적 공백을 뒤에 남긴다.

그에 반해 **혁신**은 머턴에 따르면 "개인이 목표에 대한 문화적 강조를 자기 것으로 삼으면서도 이 목표를 달성하는 수단과 방법을 규정하는 제도적 규범을 같은 정도로 내면화하지 않을 때" 일어난다.[104] 요구와 실현 기회 사이의 불균형에서 유발되는 고통의 압박이 심할 때 더는 구속력 있는 규범에 대한 의무를 느끼지 않는 허무주의적 태도로 흔히 이어질 수 있다. 머턴의 연구에서 자신들에게 유보된 문화적 목표를 실현하기 위해 위법적 도구를 사용한 것은 우선은 범죄 집단이었다. 그럼에도 불구하고 머턴이 선택한 혁신 개념은 제도적 규범의 파괴적 전복에 내재하는 새로운 창조의 계기를 가리킨다. 혁신가들은 본래 일상과 제도를 거의 신뢰하지 않는 까닭에 그것들을 무력하게 만드는 새로운 행위 형식을 만들어낸다. 여기서 의문을 제기하는 것은 헛되며, 봉쇄와 제지는 영웅적인 자기 일탈의 제스처로 보상된다. 이 점은 결코 범법자 환경에 대해서만 적용되는 것이 아니다. 사회학자 리처드 세넷은 《유연한 인간》에서 탈표준화한 삶의 방식과 경력의 불확실성이 자신의 불안정성에 대한 혁신적 처리에 보상을 제공한다는 것을 관찰한다. “참된 승리자는 파편화로 고통받지 않는다. 오히려 파편화는 그가 여러 전선에서 동시에 일하도록 자극한다. 이는 돌이킬 수 없는 변화를 밀고 나가는 에너지의 일부다.”[105] 여기서 새로운 상황에 유연하게 적응할 수 있는 성공 지향적 캐릭터는 때때로 “반항적 혁신의 기쁨”을 느낀다.[106] 그들은 진정성의 이상을 내던져 버리고 꾸밈을 통해 자신의 정체성을 연출하는 허세꾼이자 사기꾼이다.[107] 우리는 간단한 성공 팁을 제공하고 부를 과시하는 인플루언서의 인위적인 인스타그램 세계로 기꺼이 끌려들어간다. 하지만 우리는 그것이 드물지 않게 그 한 컷의 순간을 위해 준비된 것이라는 점을 은근히 잘 안다.[108] 당당한 자동차는 빌린 것일 뿐이고 호화찬란한 부동산은 아는 사람 소유다.

그러나 문화적 가치와 사회 구조적 조건 사이의 갈등은 결국 새로운 규범의 발전을 향한 반발을 불러일으킬 수도 있다. **반항**에서는 사회의 문화적 가치도 이를 실현하기 위한 인정된 행동 방식도 공유되지 않는다.[109] 본래는 욕망하는 것을 비난하는 원한과 달리 반항은 급진적이며 욕망 자체를 비난한다.[110] 사회는 이제 자신의 요구를 충족하는 데서 장애물로 지각된다. 반항자들은 이탈하는 경향이 있으며, 자신들만의 조직 형식으로 결합하여 “새로운 신화”를 통해 그것에 의미를 부여한다.[111] 사회가 개인을 해소할 수 없는 긴장에 노출하면, 개인은 새로운 공동체로 도피함으로써 이를 회피한다. 분명 머턴이 여전히 사회주의 운동을 염두에 두었다면 오늘날 우리는 급진적 우파로 각인된 반항을 마주한다. 8장에서 우리는 혁신적이고 반항적인 관행을 특징으로 하는 권위주의적 대응 방식을 좀더 자세히 살펴볼 것이다.[112] 해당 사람들은 체제를 전복하고 싶어 하지만, 그렇게 하는 데서 다른 사회라는 유토피아를 지니지 않는다. 오히려 그들은 모든 것이 또다시 아마도 예전에 그랬던 그대로인 그러한 세계의 레트로토피아를 갈망한다.

나르시시즘의 상상적 존재

1970년대에는 개인의 감정적 사회화에 초점을 맞춘 사회학적 시대 진단이 인기를 끌었다. 자아와 자신의 감정 세계에 대한 강한 몰두는 퇴행적 문화 추세의 지표로 여겨졌다. 1976년 잡지 〈뉴욕〉에 톰 울프의 에세이 〈'나'의 10년〉이 실렸고, 1977년 리처드 세넷은 《공적 인간의 몰락》을 출간했으며, 1979년에는 앞서 언급한 크리스토퍼 라쉬의 저서 《나르시시즘의 문화》가 뒤따랐다. 그것들은 모두 기본적 관찰을 공유했다. 1968년경 대안적 환경에서 시작해 전통적 제도의 좁은 제약을 폭파한 사회적 해방은 더 계몽된 사람들이 아니라 역사의식 없이 한계 없는 만족의 환상을 좇으며 정서에 조종되는 방식으로 행동하고 반동을 감당하지 못하는 동시에 질병과 죽음에 대한 커다란 두려움을 지니는 자기중심적 개인을 산출해냈다는 것이다. 요컨대 병리적 나르시시즘은 이른바 시대의 문턱을 나타내는 사회적 암호로 일반화되었다. 처음에 앵글로·색슨 공간에서 유포된 이러한 진단이 엄청난 성공을 거둘 수 있었던 것은 분명 그것이 문화적으로 보수적인 입장을 급진적이고 정신분석학적으로 영감을 얻은 사회 비판의 언어로 정식화함으로써 다양한 환경을 포괄하는 불만으로 연결될 수 있는 상황 덕분일 것이다.

라쉬는 그의 서문에서 다음과 같이 쓴다. 즉 병리적 성격 구조를 조장하는 것은 근대 산업 사회 자체가 아니라 오히려 경쟁 사고로 각인된 개인주의 문화다. 몰락하고 있는 이 문화는 개인주의 논리를 만인에 대한 만인의 전쟁이라는 극단으로 몰아가고 행복 추구를 나르시시즘적 자기 몰두의 막다른 골목으로 밀어넣었다.[113]

라쉬가 여기서 염두에 둔 사람들은 자유주의적 성도덕을 옹호하고 전통적 충성을 회의적으로 바라보며 자기의 독특함을 인정받고자 하는 커다란 욕구를 지니고 동료 인간을 경쟁자로 바라보지만, 서로 연관된 일에서의 경쟁을 불신의 눈초리로 바라보며 그 대신 팀워크를 옹호하는 사람들이다.[114] 즉 그들은 자기실현을 추구하지만 내적 공허, 고독 또는 진정성 결여를 감지하는 근대의 계몽된 사람들이다. 라쉬는 이러한 정신적 고통의 이유를 "전쟁 같은 조건"을 초래한 사회적 통제의 변위에서 찾는다.[115] 국가와 교회, 특히 직접적인 사회화 심급으로서의 부르주아 가족과 같은 수직적 권위의 침식은 이제 성공과 존경이라는 추상적 권위에 복종하는 새로운 통제 형식을 만들어낸다.[116] 그러므로 위계질서와 가부장주의적 아버지 형상에 맞선 투쟁은 결국 실패로 돌아갔다. 해방 운동은 전통적 제도의 도덕적 장벽을 제거함으로써 경쟁의 일반화를 위한 물꼬를 텄다.[117] 이제 가차 없는 경쟁은 개인에게까지 영향을 미치며—이는 앞에서 이미 벡에게서 만나본 테제다—개인에게 공허와 의존의 감정을 만들어낸다.[118]

눈길을 안쪽으로 돌리는 것이 의존성을 거부하는 대단히 강력한 전략이라는 것을 세넷은 라쉬보다 몇 년 앞서 인식했다. 그는 68세대의 반권위주의와 감정적 자기 몰두에 대한 욕구를 비판했다. 그의 책이 **친밀성의 폭정**이라는 부제를 달고 있는 것도 이유가 없지 않다.[119] 세넷에게 있어 이제 자신의 감정과 경험 살림살이에서 시작되는 세계에 대한 자아의 변화된 관계는 인간관계를 근본적으로 새롭게 구조화한다. 19세기에 이르기까지 공적 영역에서 낯섦에 대한 경험을 가능하게 한 것은 바로 감정의 부재였다. 근대 문명에서 사회적 관계는 거리를 전제로 하여 맺어진다. 극장에서, 커피숍에서, 일요일 공원 산책에서 사람들은 그 가족을 알지 못하고 사회적 신분도 짐작만 할 뿐인 사람들을 만났다. 그들은 낯선 사람이었지만, 그들과 대화가 가능했던 이유는 바로 어떻게 대화하고 무엇을 이야기해야 하는지 등에 대한 에티켓이 존재했기 때문이다. 친밀성이 공적 공간으로 침입하면서 그러한 만남의 장소는 축소될 것이다. 세넷에 따르면 "자아와 타자 사이의 경계가 지워진다는 것은 자아가 새로운 것, '타자'를 결코 만날 수 없다는 것을 의미한다."[120] 1970년대에 경직된 관습에 대한 진보적 요구로서 제기된 겸양의 종언은 정반대 결과로 이어졌다. 세넷의 추론은 다음과 같다. "사람들이 서로 가까워질수록 서로에 대한 관계는 그만큼 더 비사교적이고 고통스럽고 파괴적으로 된다."[121] 현실을 친밀성의 척도에 따라 구조화하는 문화는 나르시시즘을 동원한다.[122]

우리는 이미 이러한 격변이 **규범적** 자유화의 특징을 지닌다는 것을 보았다. 그러나 이러한 가치의 재평가는 여전히 안정적인 제도, 계급 포괄적인 사회경제적 안정성, 하위계급을 위한 참여 기회 증대라는 토대 위에서 이루어졌다. 바로 그로 인해 새로운 가치들이 해방적 잠재력을 펼칠 수 있었다. 대안 운동들은 현실에 뒤떨어진 경직된 도덕적 틀에 반항했다(2장 참조).[123] 하지만 곧 뒤따르는 **경제적** 자유화는 개인의 해방에 부정적 의미를 부여했다. 복지국가 제도는 취약해지고, 불평등이 더 눈에 띄게 되었으며, 사람들은 더 강하게 자기 자신에 대해 책임지게 되고 더 큰 경쟁에 노출되었다(3장 참조). 그러나 앞에서 말했듯이 이로써 사회가 뒤로 물러선 것은 아니다. 오히려 사회는 개인의 내적 공간으로 확장되었다. 자기실현은 사회경제적 자기 책임과 연결되었고, 그로 인해 체계적 실망을 낳았다. 이러한 이중적 자유화에 기초하여 라쉬와 세넷은 오늘날의 시각에서는 보수적인 그들의 사회 비판을 정식화했다. 뒤돌아보면 그 비판은 보수적인데, 왜냐하면 두 미국 사회학자는 자유화의 변증법적 긴장, 즉 사회적 퇴보가 현실적 진보와 함께 진행된다는 것을 보지 못했기 때문이다. 그들은 '해방적 내용'이 아닌 오직 퇴행만을 보았다. 하지만 바로 이 두 계기의 병치야말로 상처 지대의 확대로 이어진다.

나르시시스트는 지금, 이 현재에도 사회적 인물 형상으로서 존재하며, 이는 그의 현존을 광범위한 인구에서 곧바로 경험적으로 제시할 수 없다고 해도 사실이다.[124] 2009년 미국 심리학자 진 M. 트웬지와 W. 키스 캠벨은 《나르시시즘 전염병》을 출간했는데, 거의 30년 전 라쉬의 책과 마찬가지로 경종을 울리는 제목을 지닌 이 책은 전문가 집단을 넘어서서 커다란 반향을 얻었다.[125] 차이는 그들이 미국의 일상 문화에서 대단히 많이 논의되는 현상을 경험적으로 증명하고자 했다는 점이다. 그들은 나르시시즘적 성격 검사(NPI), 즉 (오만함, 지배욕 또는 존경 추구와 같은) 나르시시즘의 비병리학적이고 주로 거창한 표현을 파악하는 측정 도구에 근거하여 1979년부터 2006년 사이에 학생들에게서 자기 참조적 성격 성향이 의미심장하게 증가했음을 확인했다. 나르시시즘적 특성은 이제 가장 어린 집단에서 30퍼센트가량 더 많이 나타났다.[126]

심리학자들이 이를 나르시시즘적 인격 성향의 증가와 연관시키는 이유는 흥미로운데, 왜냐하면 그 이유도 또다시 라쉬의 진단과 거의 다르지 않기 때문이다. 트웬지와 캠벨에게 결정적인 요인은 성과 대신 자존감을 장려하는 새로운 교육 문화다. 아이들은 너무 많은 칭찬을 받고 너무 적은 요구를 받는다.[127] 인정과 확증이 아이들을 작은 폭군으로 만든다는 보수적 비판은 오늘날에도 여전히 커다란 반향을 얻고 있으며, 특히 아이들을 엄격함과 규율로 키운 세대들 사이에서 그렇다. 비일상적인 것의 일상화, 유명세와 성공의 일반화를 약속하는 대중매체의 스타 시스템은 노출된 자기표현의 증가로 이어지는 두 번째 이유로 제시된다.[128] 연구들은 예를 들어 인기 있는 캐스팅 쇼를 자기중심적 개인화의 원인으로 언급한다. 젊은 대중을 위한 다른 프로그램에서는 공동체 지향적 가치관에서 개인의 명성을 지향하는 개인주의적 가치관으로의 변위가 확인되었다.[129] 노래 가사에서는 자아와 관련되면서 반사회적인 단어들의 증가도 관찰되었는데, 예를 들어 영어 대명사 'I'(나)와 공격적인 감정 상태 표현들('죽여, 미워, 짜증 나, 젠장, 엿 먹어')이 더 자주 등장한다.[130] 그에 이어 트웬지와 캠벨이 나르시시즘적 특성이 증가하는 세 번째 요인으로 꼽은 것은 바로 소셜 네트워크다.[131] 물론 소셜 네트워크가 실제로 나르시시즘적 특성을 초래하는지 아닌지는 논란의 여지가 있다. 과도한 자기 과시 경향이 있는 사람들이 좀더 자주 인터넷에서 활동하고, 그것이 또다시 해당 특성을 강화한다고 생각할 수도 있다.[132] 마지막 유발 요인으로 두 사람은 미국에서 신용카드의 손쉬운 사용을 꼽는데, 그것은 자기 과시와 현실 부정이 서로 맞물리는 지위 상상과 허세 소비를 조장한다.[133] 트웬지와 캠벨은 한 세대 전체에 대한 고정관념적인 그림을 그린다. 우리 눈앞에는 곧바로 자기와 자기 셀카에만 몰두하고, 열심히 일해 번 봉급이 아니라 외상으로 브랜드 상품을 구매하는 사치에 젖은 젊은이라는 캐리커처가 펼쳐진다.

그러나 이것이 실제로 현대의 삶의 현실을 특징짓는 것일까? 나르시시즘은 개인주의 사회의 문화적 현상일까? 이것은 심지어 나르시시즘이 약간 감소했다고 확인할 수 있었던 다른 연구들과 모순된다.[134] 결정적인 것은 우리가 나르시시즘을 어떻게 정의할 것인가일 뿐만 아니라 또한 나르시시즘을 개인의 불변적 특성으로 보는가 아니면 외적 상황에 따라 삶의 과정에서 달라질 수 있고 사회적 계층과 문화적 환경에서 불균등하게 분배될 수 있는 동역학적 반응 패턴으로 보는가 하는 것이기도 하다. 다른 연구들을 살펴보면 사회가 사회문화적 사회화, 정치적 태도 또는 사회 계급에 따라 구별할 수 있는 상처 지대들로 분열되어 있음을 알 수 있다.[135]

나르시시스트라는 사회적 인물에게서는 명백한 문명의 질병보다는 오히려 불안정한 사회의 상상력 살림살이가 분명히 표현된다. 그는 말로 표현하기 어려운 내면 상태와 더불어 연기가 자욱하게 피어오르는 시간 경험을 뚜렷이 보여준다.[136] 규범이 타당한 힘을 잃거나 요구와 주관적 실현 가능성이 모순에 빠질 때 그에 상응하는 설명 시도는 신뢰성을 획득한다. 나르시시스트의 이미지에는 자기의 규범적 약속을 지키지 않고 침해를 낳는 퇴행적 근대화가 응축되어 있다. 규범적 무질서에 가시적 형태를 부여하는 것은 분명 바로 자기 과시, 상처, 거부 사이에서 양면적인 나르시시즘의 감정 세계일 것이다.

5

자유지상주의적 권위주의: 물화한 자유의 운동

우리는 2017년 한 연구에서 시민사회적 참여의 권위주의적 이면을 조사했다. 그 당시 우리는 오랫동안 사회의 해방적 변혁을 위해 헌신하며 노동조합, 사회단체 등의 진보적 시민운동에서 활동했지만 지금은 우파 포퓰리즘 정당에서 정치 참여의 더 효과적인 형식을 보는 사람들을 만났다(8장 참조). 2020년 팬데믹 첫해에 있었던 '수평적 사고' 시위를 조사하는 동안 우리는 한때 평화운동에 참여했고, 자신의 삶을 의식적으로 생태학적으로 형성하며 이제는 '보건 독재'와 공작적인 '엘리트 카르텔'에 맞서 거리로 나서는 사람들을 관찰했다(7장 참조). 공적 논쟁에서 우리는 이전에는 더 정의로운 사회를 옹호했지만, 이제는 문화적 소수자들의 관심사로 인해 억압받는다고 느끼는 비판적 지식인들의 목소리를 들었다(6장 참조). 다음 장에서 좀더 자세하게 다룰 이 집단은 지금까지는 인구의 극히 작은 부분을 이룰 뿐이었다. 그러나 그러는 사이에 점차 많은 사람이 아마도 비슷한 만남에 대해, 가령 난민 수용을 자신의 독일 정체성에 대한 위협으로 지각하는 삼촌, 백신 접종 캠페인 배후에서 글로벌 제약 콘체른의 음모를 추정하는 친구, 독일을 위한 대안(AfD) 정치인을 초청하고 학생의 항의로 인해 자신의 표현의 자유가 침해되었다고 생각하는 교수에 대해 보고할 수 있을 것이다.

여기서 이 사람들은 외적 제한에 대한 근본적 회의와 자유로운 자기 계발에 대한 고집을 통해 언뜻 보기에 개인화가 낳은 성숙한 시민을 상기시킨다. 그들은 자신의 삶을 자율적으로 형성하고 자신을 둘러싼 세계를 의미 있게 이해하고자 한다. 하지만 자신의 불만을 표현하는 데서 소극적 자유에 대한 개인적 권리 주장은 공격적이기까지 한 경박한 반감으로 방출되는 파괴적 잠재력을 발휘한다. 양립할 수 없다고 여겨지던 정치적 이념들이 숙명적 결합을 이루는 이 규범적 무질서를 어떻게 설명할 수 있을까? 자유의 규범적 이상은 어떻게 지극히 비자유주의적인 견해와 결합할 수 있을까?

정치학자 웬디 브라운은 미국에서 우파 포퓰리스트가 선거에서 거둔 성공을 경제적이고 사회적인 안전과 같은 공공재를 제공하는 민주주의를 희생하면서 사적인 것을 신자유주의적으로 확장한 결과로 본다.[1] 이러한 독법에서 자유와 권위주의는 대립하는 것들이 아니라 권위주의적 신자유주의의 상호 보완적 측면이다. 브라운이 쓰고 있듯이 "자유의 이름으로 '개인의 보호받는 영역'을 확장하고 민주주의의 범위를 제한하는 것은 국가의 새로운 에토스를 산출한다."[2] 그러나 브라운에 따르면 소극적 자유의 이념이 공격적 국가주의로 전환되기 위해서는 "권력에 대한 의지의 탈승화"에서 결과하는 그 이상의 감정적 접합제가 필요하다.[3] 브라운이 니체와 마르쿠제를 재수용하며 설명하듯이 사회적인 것의 신자유주의적 억압은 규범적 허무주의, 아니 양심의 상실을 동반하며 고삐 풀린 자유를 산출한다. 이는 "자신의 고통과 자신의 격하에 책임이 있다고 생각되는 사람들에 대한 상처받고 복수심에 불타는 반응으로부터 즐겁게 도발되고 추동되는" 파괴적 자유다.[4]

그럼에도 불구하고 브라운의 그럴듯한 설명은 우리가 관찰한 바의 자유지상주의적 권위주의의 핵심을 전혀 찌르지 못하는데, 왜냐하면 자유지상주의적 권위주의는 자기를 주로 국가나 권위주의적 지도자 인물과 긍정적으로 동일시하지 않기 때문이다. 여기서는 자율적 주체로서의 자아가 압도적인 외부의 심급을 대신한다. 우리는 **자유지상주의적 권위주의**를 사회적 의존성에 대한 통찰을 방어할 수 있게 하는 물화한 자유 이념의 징후로 이해한다. 이러한 관점에서 자유는 공유된 사회적 상태가 아니라 개인의 소유물이다(2장 참조). 사회학자 빌헬름 하이트마이어도 그가 "아노미적"이라고 부르는 새로운 유형의 권위주의를 관찰한다. 그것은 억압하기보다는 오히려 자유롭게 하는 사회화 과정의 결과다.[5] 우리는 우리의 진단에서 한 걸음 더 나아간다. 실로 근대 후기에는 자율과 자기실현의 규범이 점점 더 커다란 의미를 획득하고 실제로도 개인의 자유 공간이 확대되고 있지만, 그렇다고 해서 사회적 의존성과 통제가 줄어드는 것은 아니다. 비판 이론은 이미 일찍부터 이러한 상반된 성격을 지적했다. "사회는 개인적 자유를 확대한 것이 아니라 개인에 대한 통제를 확대했다."[6] 우리는 자율과 적응의 변증법이 후기 근대에 첨예화하는 것을 보았다. 자결과 자기 경험을 향한 개인적 삶의 지향은 더는 다른 사회 질서에 대한 요구와 결합하지 않는다. 그것은 개인주의적 경쟁 사회의 규범들에 적응하는 것으로 귀결된다.[7]

요약하자면, 일정한 상황에서 사람들을 자유지상주의적·권위주의적 태도에 감염되기 쉽게 만드는 후기 근대적 주체성에는 무엇보다도 우선 두 가지 해결할 수 없는 모순이 있다. 한편으로 개인은 그 어느 때보다 더 **자기 결정하는** 주체로서 다루어지는 동시에, 자기의 경쟁적 자율을 그에 기초하여 펼쳐야 하는 사회적 조건에 대한 주권적 통제권이 없다. 다른 한편으로 후기 근대적 개인은 자기를 스스로 지식을 습득하고 타인의 지식의 배후를 캐묻고자 하는 **비판적** 주체로서 이해한다. 하지만 여기서도 그들은 외적 한계에 부딪힌다. 현실은 점점 더 복잡해지고 개인이 꿰뚫어 보기가 점점 더 어려워진다. 비판적 주체는 익명의 전문가를 신뢰해야 하지만, 동시에 점점 더 불신하게 된다(3장 참조).[8] 그러므로 자유지상주의적·권위주의적 항의는 후기 근대 사회**에 대해** 반항하지만, 그 중심 규범, 즉 자기 결정과 자기실현의 **이름으로** 그렇게 한다. 자유지상주의적 권위주의는 정체성과 전복의 이러한 모순된 통일을 먹이로 삼는다.

자유지상주의적·권위주의적 성격 구조

프랑크푸르트학파의 권위주의 이론은 조직된 자본주의와 20세기의 파시스트 독재를 배경으로 성립했다. 권위주의적 지도자 인물에 대한 리비도적 애착 및 약자와 아웃사이더에 대한 공격적 적대성에 대한 설명을 찾기 위해 그들은 근대의 구조와 정서 살림살이를 연구했다. 상품의 표준화한 대량생산은 규율·질서·근면에 기반한 인격의 이상에 상응했다(2장 참조). 그것은 엄격한 교육 방법을 통해 재생산되었다. 어린이의 사회화에서는 부모와 교사에 의한 폭력이 드물지 않았다. 개인은 고도의 정서 통제를 요구하는 관료적 제도의 수직적 위계질서에 편입되었다. 개인은 감정적 흥분을 회의적으로 바라보았지만, 그것은 약함의 징표로 여겨졌다. 효율과 관료적 통제는 성과와 상승을 향한 개인의 지향과 결합했다. 소비를 촉진한 최초의 대량생산 상품이 등장했다. 퍼실(Persil)은 깨끗한 세탁을 약속했고, 주부들은 주방에서 닥터 외트커(Dr. Oetker) 제품을 사용했다. 1918년 이후 민주화도 개인의 열망을 일깨웠다. 그 후 인플레이션과 경제 위기 시대의 카오스가 찾아왔다.[9] 비판 이론은 자유의 여유 공간을 제한하는 관료 기구를 매우 회의적으로 바라보았지만, "관리되는 세계"[10]의 개인적 대가는 고통스러운 무력감과 의존감에 놓여 있었다(1장 참조).

비판 이론의 관점에서 볼 때 권위주의는 개인에게 숙명적인 탈출구를 제공했다. 압도적으로 강력한 것으로 감지된 인격적 권위에 맹목적으로 복종하는 가운데 근대인은 자신의 속박을 떨쳐버리고 싶어 한다. 사회에 대한 자신의 의존을 부정하기 위해 그는 새로운 미성숙으로 들어간다. 아도르노는 "파시스트 선전의 비밀은 단적으로 사람들을 있는 그대로, 즉 표준화한 대중문화의 …… 자기의 자립성과 자발성을 대부분 박탈당한 진정한 아이들로 받아들인다는 사실"에 있다고 추측했다.[11] 파시즘은 이러한 리비도적 구조에서 이익을 얻는다.

이 메커니즘을 더 잘 이해하기 위해 프랑크푸르트 사회학자들은 앞에서 언급했듯이 지크문트 프로이트의 대중심리학을 연구했다. 프로이트는 후기 저술 《문화 속의 불만》에서 개인이 점점 더 복잡해지는 사회의 요구와 어떻게 충돌하게 되는지 기술하면서, 개인은 초자아의 형성을 통해 사회 규범을 내면화함으로써만 그 충돌을 해결할 수 있다고 설명한다. 문명화와 충동의 포기는 궁극적으로 서로 동일하다. 그런 까닭에 프로이트에게 개인의 자유 추구는 근대의 문화적 재화가 아니라 억제하는 문화에 대한 반항으로서 분출될 수 있는 태곳적 잔재다. "그러므로 자유 충동은 문화의 특정한 형태와 요구 또는 문화 일반에 대한 반항으로 향한다."[12] 비합리적 충동을 낳는 것은 바로 문화적 사회화의 합리성이라는 생각은 이제 비판 이론에서 되풀이된다. "파시즘은 문명에 대한 반항으로서 단순히 태곳적인 것의 반복이 아니라 문명 속에서 문명 자신에 의한 그것의 재산출이다."[13]

프로이트의 경우 지도자에 대한 대중의 애착은 무제한의 힘으로 원초적 무리를 다스리는 원초적 아버지에 대한 근대화한 동경의 표현이다.[14] 프로이트는 아버지 인물이 여전히 결정적인 "사회화 폭력"을 행사하는 가부장적 사회를 배경으로 이를 기술했다.[15] 매질의 처벌에서 벗어나고자 한다면 그의 규칙에 복종해야만 한다. 그러나 아들에게(그보다 덜하게는 딸에게) 복종은 또한 약속을 포함했고, 이를 통해 그는 이 권력의 일부가 되었다. 권위에 얽매인 집단이 스스로 동일시하는 지도자 인물의 공격적 전능함은 이제 아버지와의 동일시와 마찬가지로 근대적 주체성의 양면성을 해소한다. 의존성에 직면하여 주권에 대한 소망은 외적 형상에게 투사되며, 그와 마찬가지로 지도자 인물에 대한 금기시된 공격은 더 약한 자에게로 옮겨진다. 프로이트에게 이 인물은 여기서 본질적으로 나르시시즘적 이상화를 통해 생겨난다. 사람들은 지도자를 "자신의 자아를 위해 추구해왔고 이제 이러한 우회로에서 …… 마련하고자 하는 완전성 때문에" 나르시시즘적 대상처럼 사랑한다.[16] 프랑크푸르트학파 동료들의 프로이트 수용을 극도로 회의적으로 바라본 에리히 프롬도 권위주의적 성격을 사도마조히즘적인 것으로 소개한다. "그는 권위를 존경하고 권위에 복종하는 경향이 있지만 동시에 자신도 다른 사람들이 복종해야 하는 권위자가 되고 싶어 한다."[17]

버클리 그룹의 경험적 연구도 아주 유사한 전제 아래 이루어졌는데, 그 연구 결과는 《권위주의적 성격 연구》로 출간되었다. 우리가 기억하듯이 F 척도는 권위주의적 인격성의 태도와 성격 특성을 파악하고자 했다(서론과 1장 참조). 이 척도는 비굴한 복종과 투사적 공격의 양면성을 설명하는 데 초점을 맞추어 개발되었다. 가치 관습주의 또는 권위주의적 굴종이라는 하위 척도의 문항들이 의문의 대상이 되지 않는 권위와 사회적 규범에 대한 전(前)반성적 복종을 측정하기 위한 것인 데 반해, 권위주의적 공격성, 권력 사고 또는 파괴성 하위 척도의 문항들은 공격적 적대성을 동반하는 전능에 대한 환상을 겨냥했다.[18]

그럼에도 불구하고 결정적 물음은 20세기의 권위주의 이론이 과연 오늘날 구속력 있는 권위적 인물 없이 나타나는 현상을 이해할 수 있도록 여전히 도와줄 수 있는가다. 헤르베르트 마르쿠제가 이미 1960년대에 관찰한 "정신분석의 낡음"[19]과 함께 권위주의의 비판 이론도 시대에 뒤떨어진 것일까? 비판 이론은 권위주의적인 것으로의 도피를 여전히 개인적 권위든 경직된 가치 체계든 새로운 유대를 확립함으로써 자유를 퇴행적으로 **포기**하는 것으로 생각했다.[20] 오늘날에도 여전히 만날 수 있는 이러한 전통적인 권위주의적 성격과 함께 이제 다른 하나의 유형이 더 많이 전면에 나서고 있다.[21] 이 유형은 개인적 자유를 지향하는데, 이 개인적 자유는 여기서 사회적 환경에 대한 관계로서가 아니라 자기 관계로서, 즉 소비하고 체험하고 투자할 수 있는 물화한 자유로서, 그러므로 궁극적으로 억제하는 국가나 사회적 권위에 대항하는 원초적이고 소극적인 (경제적) 자유로서 생각된다. 마르크스는 그렇듯 천박한 자유주의적 자유 개념을 조롱했다. "여기서 지배하는 것은 오로지 자유, 평등, 재산, 벤담뿐이다. 자유!"[22] 비슷한 생각이 오늘날 다시 돌아오고 있다(또는 관점에 따라서는 단절된 적 없이 계속해서 존재하고 있다). 자유지상주의적 권위주의 유형에서 사람들은 자기를 외부적 심급이 아니라 자신의 자아와 동일시한다.[23] 물론 그들도 때때로 공동체를 (가령 자유 제한에 대한 집단적 항의에서) 형성할 수 있지만, 그들은 지속적으로 하나의 사회 집단으로 출현하지 않는다. 그들은 개인들의 느슨한 집합으로 남는다. 이러한 이유에서 우리는 권위주의자의 **자유지상주의적** 하위 유형에 관해 이야기한다. 그러나 이 사람들이 어쨌든 위로부터의 어떠한 간섭도 명시적으로 거부한다면, 그들은 어느 정도나 권위주의적일까? 불경한 이기주의자와는 무엇으로 구별할까?

우리가 보기에 그것은 한편으로는 개인의 자유권을 무시하는 모든 사람에 대한 적대적 평가절하다. 하지만 다른 입장에 대한 이러한 공격적 방어만이 그들의 **권위주의적** 성격을 형성하는 것은 아니다. 그들은 그에 더하여 원망하면서 상위 심급으로 향하고 하위 집단(여성, 성전환자, 이주민, 유대인 등)에 분노를 투사한다. 그에 따라 그들은 **자유지상주의적·권위주의적**인데, 왜냐하면 그들은 더는 자기가 사회적으로 의무를 부여하는 규범에 얽매여 있다고 보지 않고 내면화한 고려 사항을 버리고 외적 위험에 강박적으로 집중해 있기 때문이다. 고전적 권위주의가 여전히 "공격과 적응"[24]의 동시성에서 살았다면, 우리가 조사한 하위 유형에서는 이 적응이 자신의 주권을 입증하기 위해 용해된 것으로 보인다. 자유지상주의적 권위주의자는 모든 외부적 권위에 반항적으로 저항한다.[25] 그들은 경쟁 사회의 규범을 내면화한 한에서만 적응해 있다.

그런데 흥미로운 것은 성격 구조의 정신 동역학이 변화했는지 아닌

지와 변화했다면 어떻게 변화했는지다. 20세기의 권위주의와 관련하여 비판 이론은 굴복과 권한 부여의 공존이 자아의 약함에서 비롯된다고 가정했다. 본래 초자아의 내면화한 규범 살림살이와 이드의 충동적 욕망 사이를 자아와 외부 세계 사이와 마찬가지로 매개하는 권위주의적 인격의 자아는 이러한 종합을 이룰 수 없다.[26] 이것은 과장된 관습주의뿐만 아니라 일탈과 일탈자에 대한 공격적 거부도 설명해준다. 바로 감정적 자기 통제에 기반한 조직된 근대에서 정신 동역학의 균형이 방향을 잃었다. 제2차 세계대전 이후 심리 내적 변화의 원인으로 후기 연구들(여기서 가장 두드러진 것은 마르쿠제의 연구)은 사회화 심급으로서 가족의 평가절하를 제시한다. 20세기까지만 해도 핵가족은 권위주의적이고 폭력적인 모습을 보였지만, 동시에 사적인 보호 공간이기도 했다. 복지국가적 대중 사회에서는 사회적 제도의 접근이 증가하며, 여기서는 종종 대중매체, 학교, **또래 집단**이 언급된다. 아이들은 한밤중에 〈톰과 제리〉를 보거나 친구들과 함께 동네를 돌아다니며 저녁 식사 때만 부모와 같은 식탁에 앉는다. "아버지 없는 사회"(알렉산더 미체를리히)[27]는 자아를 형성하는 갈등적 마찰을 방지한다. 마르쿠제는 "자아 이상은 자아가 **아직** 실제로 자신의 **자아**와 다른 자아들을 매개하는 인격적이고 (상대적으로) 자율적인 주체로서 형성되기 전에 자아에 직접적으로 '밖으로부터' 작용하게 된다"고 쓴다.[28] 이로써 마르쿠제는 확장된 현실 원리에 복종하는 적응된 대중의 출현을 설명하고자 한다. 프로이트에게 현실 원리가 여전히 자아의 문명화 기능으로 여겨졌다면, 마르쿠제에게 현실 원리는 진보한 자본주의에서 "**추가적 억압**"을 초래하는 통제 도구로 발전한다.

모든 형식의 현실 원리는 상당한 정도로 억압적 충동 통제가 필요한 데 반해 …… 지배의 특수한 관심은 문명화한 인간 공동체에 필수적인 것을 넘어서는 추가적 통제 행사를 도입한다.[29]

프로이트는 현실 원리를 결핍에서 도출했다. 산업화 이전 사회에서는 단적으로 개인의 모든 욕구를 충족시킬 자원이 충분하지 않았다. 개인은 자신의 소망을 뒤로 미뤄야 했지만, 이를 통해 또한 신중히 따져보기를 배웠고 양심도 발전시켰다. 마르쿠제에 따르면, 자본주의적 복지사회에서는 상황이 다르다. 여기서는 상품이 넘쳐흐르지만 동시에 성과원칙이 지배한다. 개인은 끊임없이 자신을 증명해야만 한다. 경직된 행동 규범이 자유화하는 동시에 향락은 소비와 성의 영역으로 좁혀진다. 욕망은 고삐가 풀리는 동시에 억압되며, 마르쿠제가 말하는 이러한 "억압적 탈승화"는 양심의 상실로 이어진다(1장 참조). 서구 산업 사회의 개인들은 권위주의적이고 반민주적인 태도로 기울어지는데, 왜냐하면 그들은 비판적 거리를 유지할 수 있는, 신중히 따지는 매개적 자아를 상실했기 때문이다.

오늘날 우리는 다른 형식의 권위주의적 성격을 마주한다. 복지국가, 대량소비, 자기 통제 대신 후기 근대의 개성은 규제가 없어진 자기 책임, 특이한 상품과 체험의 소비, 증가한 자기실현 요구에 토대한다. 공격적 충동으로 이어지는 것은 더는 억압적 탈승화의 규모만이 아니다. 그 대신 반대되는 사회적 요구가 내면화한다. 군나르 힌드리히스는 "부르주아 사회의 합리주의가 쾌락주의를 자기 안에 받아들였다"고 지적한다.[30] 그로 인해 자아는 해결할 수 없는 딜레마 앞에 세워진다. 자아는 성과 사회의 합리적인 증가 논리를 따라야만 하는 동시에 진정한 자기 기획을 구현해야 한다. 하지만 그것만이 아니다. 개인이 아무리 노력한다고 해도(그리고 자기 책임이 있는 개인으로서 이를 원하고 또 그래야만 한다고 해도) 그는 내면화한 기대를 충족시킬 수 없다. 이는 부분적으로는 사회적 규범 자체의 증가 논리(성공은 만족할 줄 모르고, 경쟁은 어디에나 도사리고 있으며, 자신의 자아 찾기는 잠재적으로 무한하다 등등) 때문이기도 하지만, 동시에 개인이 이러한 규범을 충족시키지 못하게 하는 구조적 장애물에 부딪힌다는 상황과 관련되기도 한다(2장 참조). 대학 입학 자격시험, 대학 공부 등 모든 것을 올바르게 한다고 해도 그는 성공을 거두지 못한다. 수많은 지원서를 써도 원하는 직장에 들어가지 못한다. 또는 그는 자신이 스스로 동의하지 않았지만, 내적 통찰에 따라 복종해야 하는 제한을 부과하는 가부장주의적 국가에 직면해 있다고 본다(3장 참조). 그러나 분명 권위주의적 성격이 변형되기 위한 결정적 계기는 사회화가 개인 안으로 옮겨지고 이것이 내적 긴장과 상처로 이어진다는 점이다(4장 참조). 자신의 독립성을 공격적으로 드러내는 것은 후기 근대 개인화의 **징후**인 동시에 그에 대한 **항의**이기도 하다.

그러면 이것은 정확히 무엇을 의미할까? 점점 더 많은 사람이 실로 사회적 기대를 충족시킬 권리와 제한된 정도에서 자원도 부여받았다. 동시에 이러한 목표를 달성하는 것은 그들의 통제를 벗어난다. 모순되거나 심지어 아노미적인 정황이 증가하며, 그와 더불어 혐오감과 일탈적 행동 방식도 나타난다(4장 참조). 예를 들어 코로나 항의에서 관찰할 수 있는 기본법에 대한 강조는 경직된 가치 관습주의를 가리키는 것이 아니라 사회적 목표를 실현할 개인의 권리를 요구한다. 나는 자율적 주체로서 나의 삶을 자유롭게 형성할 권리를 지닌다. 바로 그런 까닭에 이것을 그렇게 목소리 높여 표명하는 개인은 자기가 속았다고 생각한다.

무제한의 자기 계발에 대한 약속은 사회가 원하는 의미에서 성취되지 않을 때 상처가 된다. 따라서 자유지상주의적 권위주의의 정신 동역학을 형성하는 것은 사회적 규범들이 성격 구조로 통합되지 않은 것이 아니다. 오히려 자기 자신 위에 세워진 자아는 잠재적으로 해결될 수 없는 갈등의 해결을 요구받는다. 실로 자아에 점점 더 많은 매개 과제가 부과되는 동시에 자아는 이러한 매개를 성취할 수 없다. 왜냐하면 긴장이 그 자신의 처리 능력을 넘어서 있기 때문이다. 전통적 정신분석의 자아는 충동적 욕망과 내면화한 포기를 종합했다. 비판 이론의 약화한 자아는 이드와 초자아의 심급들이 고삐가 풀려 자유롭게 달려 나가게 했다. 이것은 오늘날에도 근본적으로 다르지 않다. 그러나 현대에는 자아가 이렇게 약해진 근거가 충동 동역학 외부에, 요컨대 같은 정도로 탈억제**와** 포기, 자유**와** 의존 위에 세워진 사회에 놓여 있다는 것이 더 분명해 보일 수 있다. 이로부터 생겨나는 자유지상주의적·권위주의적 성격은 두 가지 상반된 운동을 연결하며 "그리하여 특히 쾌락주의라는, 그러나 또한 자기의 반대에 부딪히는 권위라는, 사회를 초월하는 원심력이 진정된다."[31] 사람들은 자기 자신을 펼치고 자기 요구를 실현하며 자기 욕구의 충족을 원하고, 그런 까닭에 이러한 약속을 이행하지 않는 사회적 심급에 저항한다.

자유지상주의적·권위주의적 성격은 더는 구제와 권한 부여를 약속하는 인물에게 애착을 지니지 않는다. 외부적 심급과의 동일시는 해소되는데, 왜냐하면 외부 세계가 좌절하게 만들기 때문이다. 그 대신 자유지상주의적 권위주의자는 자기 자신을 주권적 주체로 정립한다. 나르시시즘적 자기 과시는 경험된 의존성을 부정한다. 그들은 사회적 유대를 거부하는 물화된 자유 이해를 배양한다. 그런 한에서 권위주의 성격의 자유지상주의적 표현은 또한 명시적인 관계없음의 관계로도 이해될 수 있다. 봉쇄된 자기 계발은 현실**에서의** 갈등이 아니라 현실**에 대한** 반항으로 이어진다. 해당 사람들은 극단적인 경우 상상적 가상 세계를 구축하는데, 그 세계 내부에서는 추상적 과정이 명확히 윤곽이 그려진 형태를 획득한다. 그들은 앙겔라 메르켈의 난민 정책에서는 "거대한 교환"을, 백신 접종 캠페인에서는 몰래 이식한 마이크로칩을 통해 자기들을 통제하려는 빌 게이츠의 시도를 본다(7장과 8장 참조). 그들은 이러한 인격화한 대체 대상에 자신의 공격성을 투사할 수 있다. 우발성과 모호성을 견디기 어려운 편집증적 활동에서 세계는 획일화된 패턴에 따라 해독된다. 이를 통해 현실은, 게다가 자신의 자아를 통해 통제할 수 있게 된다.

자유지상주의적 권위주의 인물들

권위주의의 비판 이론은 이제 시대에 뒤떨어진 것일까? 《권위주의적 성격 연구》 이후 70년 이상이 지났다. 사회는 변화했고, 그와 더불어 일부 사람들이 반민주적이고 권위주의적인 태도를 발전시킨 이유가 된 사회적 전제도 변화했다. 그럼에도 불구하고 근본적 발상은 오늘날에도 여전히 의미를 지닌다. 그 발상은 자본주의 사회가 그 구성원을 통합하는 방식 자체에는 권위주의적 경향이 내재한다는 데서 출발한다. 자본주의 사회는 개인을 통제하고 규율하고 조종한다. 그러한 사회에서 많은 사람은 서로 비슷하고 반복적으로 등장하며 하나의 증후군으로 응축되는 반민주적 성격 특징을 발전시킨다. 연구팀은 이 연구에서 "잠재적으로 파시즘적 성격"이라고 불린 이 일반적 증후군 이외에 개별적 징후들이 특히 두드러지거나 전형적 방식으로 조합되는 여섯 개의 "하위 증후군" 또는 하위 유형을 확인했다.[32] 이들은 선입견을 외부에서 상투적으로 받아들이게 하는 (그리고 좀더 좁은 의미에서 하나의 유형을 나타내지 않는) "**표면적 원한**", 외부로부터의 인정이 중요하고 일탈에 대한 두려움이 지배적으로 나타나는 "**관습적**" 유형, 복종과 공격성 사이에서 주저하고 약함에 대한 두려움을 지니는 "**권위주의자**" 유형, 억압된 충동이 파괴적 형식으로 우위를 획득하는 "**무법자**" 유형, 음모론적 가상 세계나 모든 감정에서 해방된 듯 상투적 도식주의로 물러난 "**망상가**(Spinner)"와 "**조작가**" 유형이다.[33] 그 당시 가장 자주 만날 수 있던 것은 "권위주의자"와 "관습적" 유형이었다.[34] 이들이 오늘날 사라진 것은 전혀 아니지만, 당시에는 오히려 주변적이고 특이해 보였던 다른 인물들이 더 많이 눈에 띈다. '반항자'라고도 불리고 자신의 이드 경향을 파괴적으로 외부로 돌리는 '무법자', 현실을 상상의 대용물로 대체하는 '망상가'가 그들이다. 권위주의 이론의 수용과 한층 더한 발전에서 이 두 인물은 그다지 중요한 역할을 하지 않았지만, 우리가 보기에는 자유지상주의적 권위주의의 선구자 유형으로서 중요성을 지닌다.

호르크하이머는 이미 1947년에 《도구적 이성 비판에 대하여》에서 문명화 과정에서 요구되는 리비도의 포기가 개인에게서 저항을 불러일으킬 수 있다고 지적했다. 그러나 그 시대에 "문명 증오"는 개인의 욕구 제한보다는 보답으로 물질적 안전을 보장하겠다는 사회의 약속이 깨졌기 때문에 촉발된 것이었다.[35] 세계 경제 공황 시기에 사람들은 열심히 일하고 많은 것을 포기하고 줄이기도 했지만, 그런데도 빈곤에서 벗어나지 못했다. 핵심적인 약속과 좌절하게 만드는 현실의 괴리 속에서 호르크하이머는 로버트 K. 머턴과 마찬가지로 반항적 잠재력을 인식했다. 그러나 독일의 사회철학자는 반항자를 여전히 진보적 인물로 간주했다. 어쨌든 반항자는 "현실을 끊임없이 진실과 대결시키고 이상과 현실 사이의 적대성을 들추어내는 것을 두려워하지 않는다."[36] 하지만 반항자는 퇴행적 측면도 지닐 수 있다. 20세기 중반의 권위주의적 반항에는 압도적 심급과의 동일시 대신 그에 대한 방어가 놓여 있었다. 아도르노가 관찰한 사례들에서 저항은 억제하는 환경에 대한 항상적 반응이 되었다. 이 반항자들은 권위적 인물이 자신의 이해관계에 유리하더라도 **모든** 권위적 인물에게 저항했다. 압도적 심급에 직면하여 무력함을 극복하기 위해 그들은 자기 자신을 권위의 자리에 올려놓았다. 프롬이 정식화했듯이 반항은 독립성을 가로막는 권력에 대한 "그럼에도 불구하고"[37]였다. 아도르노는 여기서 에른스트 룀과 같은 국가사회주의자를 염두에 두었다. 돌격대(SA)의 오랜 수장이던 룀은 자기 자신을 반항자로 묘사했고, 1934년 히틀러가 쿠데타를 계획했다는 혐의로 그에 대한 살해 지시를 내리기 전에 인민 민병대를 창설하고자 했다.[38] 반항자들은 자기 권력을 제대로 관철하지 못하는 약한 권위에 대해 투사적 적대감을 발전시켰다. 이러한 "의존성의 부정적 전이"[39]는 자신의 무력함에 대한 금기시된 느낌과 더 강하게 싸워야만 할수록 그만큼 더 집요하게 두드러졌다. 아도르노는 자기 행동에서의 파괴적인 탈억제, 무절제 성향 또는 기꺼이 폭력을 행사할 준비를 그 특징으로 간주했다. 이것은 개인의 삶에 대한 무관심으로 표현되는 양심 없는 허무주의를 동반한다.[40] 규범에 대한 애착은 모든 의미를 잃은 것으로 보였다. 아도르노를 중심으로 한 버클리 그룹에 있어 반항자는 오히려 바로 집단적으로 공유되는 가치 질서에 대한 전면적 거부, 이 질서를 구현하는 제도와 담당자에 대한 깊은 불신과 맞물린 태도로 특징지어졌다. 그 대신 과시적으로 제시된 '아니오'는 구속력 있는 행동 명령이 되었다. 아도르노는 이러한 반항적인 기본 태도를 욕망과 공격성 사이에서 주저하는 양가적인 충동 에너지의 폭발로 이어지는, 규제하는 자아와 제한하는 초자아의 형성 실패로부터 도출했다.[41] 그러나 일정한 경우에 "충동으로 조종되는 적대감"은 마르쿠제가 10여 년 후에 강조했듯이 또한 내면화한 규범 체계 자체에서도 비롯될 수 있다. 경쟁 시스템의 "자아 이상"과의 동일시는 특정 상황에서 어떠한 억제 심급도 용납하지 않는 공격적인 권력 추구를 불러일으킬 수 있다는 것이다.[42] 그러나 그러한 주권 시위를 고려할 때 그 당시의 반항자가 권위주의적 애착을 완전히 포기한 것은 아니라는 사실을 잊어서는 안 된다. 그들은—적어도 일시적으로는—자신들에게 개별적인 권력 개발을 보장하는 사람들에게 복종했다. 그러므로 권위에 대한 적대감은 때때로 증오 대상과의 연합을 동반했다.[43] 그러나 우리의 연구에서 반항자는 대개 좀더 문명화한 형식으로 나타난다. 예를 들어 그들은 공영방송 시청료(GEZ) 납부를 거부하고 독일제국 시민증('제국시민운동'의 증표. 제국시민운동은 현대 독일연방공화국과 그 기본법 체제를 부정하고 제2차 세계대전 이전 체제로의 회귀를 목표로 하는 반동적 보수주의 및 극우 성향의 사회운동이다—옮긴이)을 소지하며 다가올 봉기를 위해 양식을 저장한다. 그러나 우리는 단적으로 군사 훈련과 허무주의적 급진성에 매료되어 무장한 제국 시민들과 접촉을 유지하거나 일시적으로 독일민족민주당(NPD)에 가입한 사람들도 만났다(이에 대해서는 8장에서 자세히 설명한다).

이와 더불어 우리는 오늘날 더 큰 역할을 하는 이전의 두 번째 조연, 즉 그 당시의 이른바 **망상가**에 도달한다. 물론 오늘날에는 더는 '망상가'라고 말하지 않지만, 우리는 그 말에서 생각되는 음모론자를 너무도 잘 알고 있다. 이 사람들은 현실 원리를 포기함으로써 좌절감에 대응했다. 그러한 포기는 그들을 완전한 고립으로 몰아갔다. 아도르노에 따르면, "그들은 현실에 단호하게 대립시킨, 자주 망상에 가까운 내적 가상 세계를 스스로 세우지 않을 수 없다."[44] 그들은 현실이 자신들에게 더는 기대할 만하게 나타나지 않는 까닭에 현실과의 관계를 상실했다. 아도르노는 인터뷰에서 자신이 비밀 결사에 속하지만 더 자세히 말할 수는 없다고 설명한 50대 여성에 대해 전한다. 그녀는 동료들에 대해 별로 신경 쓰지 않았고 자신이 그들보다 우월하다고 느꼈다. 동료들은 물론 그것을 알지 못했겠지만, 그녀에게는 특별한 재능이 있었다. 그녀는 책을 많이 읽었고, 남편이 죽은 후 스스로 글을 쓰기 시작했다. 그러나 그녀는 자신의 이야기를 거의 아무에게도 보여주지 않았다. 그녀는 아프리카계 미국인이나 이주민 등의 '인종 문제'에 대해 이야기할 때 외국인 증오와 반유대주의를 거침없이 드러냈다. "일본인과 유대인, 흑인은 원래 살던 곳으로 사라져야 해요." 그녀는 반유대주의적 음모론에 빠져들었다. 그녀는 각성 체험 이후 그녀 자신의 "개인 종교", 그녀 "내면의 목소리"를 믿게 되었다.[45]

이 부인에게 인식적 분리는 자기 권한 부여의 수단이었다. 물론 연구 집단이 확인한 '망상가'들은 어떠한 출구나 성찰도 용납하지 않는 편집증에 의해 추동되었지만, 동시에 그들은 이를 통해 자기를 주권적 주체로 느꼈다. 그들은 스스로 만들어낸 상상에 전적으로 의존하는 상태에 놓여 있었음에도 역설적으로 자유로움을 느꼈다. 그들이 입은 상처는 오직 선과 악만 앎으로써 공격성에 대상을 제공한 이분법적 지각 양식의 형성으로 이어졌다. '망상가'는 "투사적"이고 "불신"하며, 선입견이 중요했다.[46] 그의 취약한 통합성은 오랫동안 지속되는 대개 반유대주의적이거나 인종차별적인 고정관념이 내비치는 외적인 적 이미지에 의해 유지되었다. "자연과학에 대한 마법적 믿음"[47]은 과학적 인식의 담보물들을 하나의 닫힌 세계관으로 조합했다. 그러므로 방법적으로 인도되고 경험적으로 작업하는 과학은 하필이면 그 당시의 '망상가'들에게 상상의 현실을 창조하는 수단으로서 이바지했다. 음모론자들은 오늘날에 이르기까지 "반쪽짜리 진실"을 가지고 작업한다. 그들은 자료를 취사선택하며, 그렇게 하면서 결정적인 것은 말하지 않는다.[48] 관건은 불투명하고 좌절하게 만드는 외적 세계에 대해 설명해주는 의미론적 명확성의 생산이다. 아도르노는 겪고 있는 실패에 대해 복수하겠다는 갈망이 상상적으로 생산적이지만 동시에 모든 진정한 화해를 방해한다는 것을 관찰했다. 여기서는 반복 강박이 되풀이되며, 이는 많은 혐오 감정의 특징을 이룬다(4장 참조). 왜냐하면 가상 현실에서만 주체는 계속해서 주권적일 수 있기 때문이다. 약자와 소수자에 대한 분노의 눈길 속에서 '망상가'는 자신을 강력한 심급으로 구성했다. 이제 그는 스스로 사회적 파문의 대상이 되는 대신 정죄하는 사람이 되었다. 그 당시의 '망상가'에게서 문제가 된 것은 사회적으로 제대로 통합되지 못한 채 "경제적 생산 과정에서 배제됨으로써 그 고립이 강화된" 점이었다.[49] 그러므로 그들은 자신에게 가해지는 아노미적 압박을 상상적 현실 전도를 통해 해소한 사람들이었다. 수평적 사고자 및 퇴행적 반항자들과의 대화에서도 우리는 비슷한 이야기를 들을 수 있었다(7장과 8장 참조). 우리는 언제나 거듭해서 종교와는 아무 상관도 없지만, 눈길의 전환을 일으킨 각성 체험 이야기를 접했다. 그들은 이제 모든 것을 다르게 보고 연관을 꿰뚫어 보며 모든 것의 배후에 거대한 계획이 숨어 있다는 것을 알고 있다.

물론 우리가 다음 장에서 근대화한 형태로 좀더 자세히 알게 될 이 두 유형은 대부분 지도자 인물 없이 나타나지만, 완전히 "이차적 애착" 없이 나타나는 것은 아니다.[50] 이 경우 인격화한 권위는 유사한 기능을 지닌 "이념, 추상"으로 대체된다.[51] 마르쿠제는 그러한 이념들이 "국가적 '대의' 또는 자본주의나 공산주의 또는 단순히 자유"일 수 있지만, 그 추상적 일반성 때문에 단지 조건적으로만 리비도적이고 나르시시즘적인 동일시에 적합할 수 있다는 제한을 지닌다고 지적했다. 하지만 바로 이 점을 자유지상주의적 권위주의에서 관찰할 수 있다. 자유의 물화된 이마고는 일단 속박에서 풀려나면 퇴행적이고 공격적인 에너지를 전개할 수 있는, 충족되지 않은 갈망과 욕구가 투사된 스크린이다. 자신의 팀과 함께 라이프치히 권위주의 연구를 진행하는 사회심리학자 올리버 데커도 마르쿠제를 재수용하는 가운데 전후 독일에서 권위주의적 동일시가 추상적 대상에 묶여 있었다는 데서 출발한다. 경제는 "나르시시즘적 봉합"이 되었다. 서독의 경제 기적은 나르시시즘적 상처, 즉 패배한 전쟁과 파시즘의 몰락을 방어하는 데 이바지했다. 이제 자존감을 안정시키고 국가와의 긍정적 동일시를 가능하게 한 것은 자본주의의 규범과 이상이었다.[52] 철학자 에바 폰 레데커는 신권위주의에 대한 분석에서 이 사상을 간접적으로 현실화한다. 그녀에게 실로 형식적으로는 법적 평등을 보장하지만, 실질적으로는 사람들의 소유권을 박탈함으로써 새로운 권위주의를 산출하는 것은 신자유주의 사회화의 구조다. 신권위주의자들은 퇴행적 방식으로 소유의 논리와 스스로를 동일시하는데, 왜냐하면 바로 그들에게 이 소유가 박탈되기 때문이다. 문화적 소수자에 대한 그들의 격분에서는 "자신의 소유를 방어하고 자신에게 소유를 되돌려주지 않는 모든 사회적 계약을 거부하는 침해당한 소유자의 몰락한 자유"가 폭발한다.[53] 권위주의적 축적은 경제 영역에서 문화적 정체성, 즉 백인 또는 남성성의 영역으로 옮겨진다. 우리는 자유지상주의적 권위주의에서도 비슷한 관찰을 할 수 있는데, 물론 자유지상주의적 권위주의가 우파 포퓰리즘의 신권위주의에서처럼 반드시 스스로를 본질주의적 정체성과 동일시하는 것은 아니다(6장 참조).

우리가 보기에 자유지상주의적 권위주의의 공격적 탈억제는 파괴적이고 공격적이며 과도한 잠재력을 자기 안에 숨기는 경쟁 사회 규범과의 동일시를 통해 이해될 수 있다. 우리는 경쟁적 세계관이 나르시시즘적 우월성 환상과 권위주의적 사고 도식을 동반할 수 있다는 것을 보았다. 자유지상주의적 표현에서의 반항자는 그가 반항하는 사회적 권위를 부정하지 않는다. 그의 항의는 바로 사회적 규범의 긍정과 파괴에 기반한다. 전적으로 머턴의 의미에서 반항자의 파괴적 행동은 하강 에스컬레이터를 타고 있는 사람들의 사회적 현실과 모순에 빠지게 되는 일반적으로 인정된 목표(자율과 자기실현, 성과와 성공)와의 동일시에서 그 원천을 지닌다. 행동할 수 없음과 동시에 외적 차단에 대한 주관적 경험은 그것이 개인의 요구를 침해하기 때문만이 아니라 그와 더불어 이러한 규범에서 발판을 찾는 취약한 자아의 통합성을 해치기 때문에도 급진화 위험을 숨기고 있다. 자유지상주의적 권위주의자들은 우리에게 실로 전혀 다른 상처 이야기들을 들려주었다. 그러나 그들은 모두 국가의 개입, 엘리트 또는 문화적 소수자들이 자신의 자기 결정권과 주권을 손상했다고 본다는 점에서 하나가 된다. 그리하여 그들은 자신들의 개인적 삶의 과정을 막다른 골목으로 몰고 간 사회에 의문을 제기하는 것이 아니라 자신의 굴욕을 대체 대상에 공격적으로 투사한다. 이 과정에서 우파 포퓰리즘에서와 아주 유사하게 소득 창출 일자리의 여성화와 점진적인 규범 변화에 직면하여 불안정해진 주변화된 남성성이 스스로를 위한 공간을 창출한다.[54] 이전의 대안은 2015년의 난민 수용으로 인해 위협받는 듯 보이며, 하강하는 지식인들은 '캔슬컬처'로 인해 압박당하고, 수평적 사고자들은 글로벌 엘리트들에 맞서 거리로 나선다. 그러한 가운데 오늘날에도 여전히 인종차별, 여성 혐오, 반유대주의적 고정관념이 적대적으로 투사되어 표현된다.

현대에 반항자와 더불어 음모론적 사고와 선입견에 대한 친화력을 지니고 아도르노가 '망상가'라고 부른 하위 인물도 다시 등장한다.[55] 우리가 관찰한 바의 음모론자들은 사회적 압력에서 벗어나기 위해 현실원리를 거부한다. 그들의 자아는 욕망에 따라 현실의 모형을 만들어냄으로써 긴장을 해소한다. 음모론이나 편집증적인 세계 설명은 배타적인 지식의 요소를 통해 주권이라는 환상을 만들어냄으로써 제한과 결핍의 현실을 보상한다. 세계에서 벌어지는 사건은 특권을 지닌 개인, 즉 '보는 자' 또는 '각성한 자'만이 그 존재에 대해 아는 어둠의 세력에 의해 의도적으로 조종된다. 코로나 회의론자들은 바이러스의 위험성뿐만 아니라 그와 동시에 개인의 행동을 제한하는 국가의 권능에 대해서도 의문을 제기한다(7장 참조). 이러한 의미에서 음모론자는 인식적 갈등의 징후로 이해될 수 있으며, 그에 상응하는 이야기를 통해 깨진 약속과 상처가 해소된다. 후기 근대에는 앞에서 살펴본 바와 같이 위험과 위기상황이 늘어나고 우발성과 무지의 경험이 증가한다. 이제 전능한 지도

자 인물 대신에 객관적 증명 가능성과 관계없이 주관적으로 행동력을 생성하는 배타적 지식이 들어선다. 대안적 지식에 대한 애착은 외부적으로는 사회적 고립을 강화하지만, 내부적으로는 공동체를 형성하는 효과를 지닐 수 있다. 이를 통해 편집증적 세계관은 개인을 사회가 아니라 같은 생각을 지닌 사람들의 공동체에 일시적으로 묶음으로써 결함 있게 기능하는 사회 통합을 성취한다. 여기서 지식 내지 대항지식은 집단적 의미의 우주를 창조하고 주권에 대한 나르시시즘적 환상에 봉사하는 공동체를 만들어내는 기능을 지닌다. 그 추종자들은 현실을 해독할 수 있도록 도와주는 자칭 '더 나은' 지식에 참여한다.

결정적 물음은 왜 어떤 사람들은 상상의 가상 세계로 빠져들거나 상위 심급에 대한 공격적 반항으로 기울어지고, 다른 사람들은 그렇지 않은가 하는 것이다. 우리도 이에 대해 명확한 답을 제시할 수는 없겠지만, 개별적인 사회문화적 환경들은 서로 다른 정도로 사회적 긴장의 퇴행적 처리에 감염되기 쉬운 것으로 보인다.

침해받은 자기주장의 사회적 공간

자기 자신을 비판적이고 자기 결정하는 존재로서 지각하는 사람들이 왜 모든 형태의 사회적 제한에 대해 파괴적으로 항의하는지 이해하려면 사회문화적으로 영위되는 삶의 방식에서의 내부적 분화를 살펴볼 필요가 있다. 현대 사회는 사회 구조적으로뿐만 아니라 구속력 있는 가치와 행동 규범의 측면에서도 상대적으로 비동시적으로 전개된다. 각각의 사회적 환경에서는 그 구성원들이 스스로를 그와 동일시하고 다른 집단과 자기를 구별하게 해주는 고유한 일상 규범과 관계망을 통해 뚜렷한 생활양식이 형성된다.[56] 그런 까닭에 역사학자 스벤 라이하르트는 사회적 환경을 "살아 있는 '해석 공동체'"로서 이해한다.[57] 그러나 그들의 표현적 생활양식은 규범에 대한 서로 경쟁하는 생각들을 전달할 뿐만 아니라 또한 서로 다른 사회 구조적 상황에 상응한다. 예를 들어 배타성과 지위에 대한 가시적 요구는 상위계급의 보수적 환경에 전형적인 것으로, 고립감은 오히려 하위계급의 불안정한 환경에 전형적인 것으로 여겨진다. 물론 이러한 환경은 내부적으로 결코 완전히 동질적이지 않다. 환경은 "생활양식의 내적 다양성과 상이성"[58]을 특징으로 하며, 우리는 보완적으로 가치의 다양성과 상이성을 덧붙일 수 있다.

우리가 연구한 사람들은 대부분 "사회적 후견, 제한, 소외에 반대하여 자율과 자기실현을 위한 노력"이 무엇보다 중요한 환경 출신이다.[59] 그러므로 그들은 오히려 일반적으로 권위주의적 태도를 추정하기 어려운 진보적 사회 환경에서 나온다. 물론 우리는 과연 자유지상주의적 권위주의가 이러한 환경에서 특히 자주 등장한다고 말할 수는 없지만, 이러한 환경에서 그것이 존재한다는 것은 사회적 공간 변화에 대해 뭔가 해명해줄 수 있다. 그러므로 우리는 사회적 환경을 권위주의적 사고 도식과 관련하여 새롭게 규정하려고 하지 않는다. 이는 고유하고 광범위한 연구 프로젝트가 될 것이다.[60] 그러나 우리는 특히 진보적 사회 환경의 변형에 근거하여 자유지상주의적 권위주의가 자라나는 사회문화적 원천에 발견술적으로 접근할 수 있다. 이러한 방식으로 **침해받은 자기주장의 영역들**을 확인할 수 있다.

기존의 환경 연구는 경제적 자원을 얼마나 갖추고 있는지에 의존하는 표현적 생활양식의 차별성을 강조하며, 이러한 점에서 우리의 시도를 위한 좋은 출발 토대를 제공한다. 여기서 논란의 여지가 없지는 않지만 가장 포괄적인 연구는 1970년대 말부터 수행된 지누스 연구소(Sinus Institut)의 환경 연구다. 이 연구는 상업적 목표집단 연구를 위해 개발되었으며 취향 선호와 삶의 방식 및 소비 양식을 고려한다.[61] 1990년대에 사회학자 미하엘 페스터와 그의 동료들은 지누스 연구의 결과를 실마리로 삼았지만, 프랑스 사회학자 피에르 부르디외의 이론에 기대어 사회적 환경의 다른 지도를 개발했다. 그들은 정량적 설문조사와 (부모와 그 자녀에게 질문을 던지는) '2세대 인터뷰'를 통해 생활양식이 어떤 방식으로 개별화되는지와 이것이 사회 구조적 상황으로부터 어느 정도 영향을 받는지 알아내고자 했다.[62] 여기서 그들이 관심을 기울인 것은 무엇보다도 우선 "**사회적 경계 설정과 배제 행위, 사회적 불평등에 대한 태도, 사회적 응집력 또는 아노미의 형식들**"이었다.[63] 이러한 환경적 특성과 우리가 보기에 자유지상주의적 권위주의로 표류할 가능성을 높이는 규범적 딜레마의 선택 친화적 적합성은 놀랍다.

우리가 인터뷰한 사람들은 (전부는 아니지만) 대부분 중간층 출신이고 종종 중상위 수준의 교육을 받았으며 대안적이고 개인주의적인 자기 이미지를 지닌다. 그들은 지난 수십 년에 걸쳐 일어난 환경 변화에 각인되어 있는데, 그 변화는 그사이에 근대화하고 더는 응집해 있지 않지만, 그 구성원들이 1968년 이후 "자기실현과 인격 계발, 개성과 진정성에 대한 요구"로 하나가 된 대안적 환경을 출발점으로 한다.[64] 이 환경은 원래 자율적으로 조직된 인프라와 해방적 가치 지향에 토대한 고유한 생활양식과 제식을 특징으로 했다.[65] 주로 사회적 명성이 높은 직업에 종사하는 학자들이 그에 속하는 사람들로 헤아려졌지만, 나중에 고소득층으로 올라간 학생과 연구자들도 있었다. 1980년 이후 대안적 삶의 방식에 대한 정치적 요구와 엄숙주의는 꾸준히 감소했다. 대안적 환경 대신에 미학적 아방가르드와 문화, 미디어, 기술 및 서비스 산업 출신의 신분 상승자가 혼합된, 페스터가 명명한 "포스트모던 환경"이 들어섰다.[66] 대안적 생활양식의 유토피아적 실험 대신 이제 아방가르드적 개인주의가 지배적이었다. 포스트모던 환경의 구성원들은 "미적 아방가르드로서의 자기 이해"를 기획하고 자신의 "체험, 소비 다양성에 대한 욕구를, 억제할 의무가 없는 자아 관련 특권으로" 이해했다.[67] 자율이나 진정성과 같은 규범은 달리 부과되었다. 자율적 주체성에서는 더는 해방적 지평이 아니라 현존재의 내재성 속에서 실현해야 하는 자발성과 독특함을 위한 노력이 자라났다.[68] 우리가 보기에 자유지상주의적 권위주의는 배타적이 아니라 정치적으로 고향이 없어진 아방가르드의 운동이기도 하다.

요컨대 현대 사회의 사회적 환경을 좀더 자세히 살펴보면, 우리가 연구한 사람들은 규범적 자기 이해에서 전통적-보수적이지도 않고 규범적으로 새로운 것을 지향하지도 않는다. 문제가 되는 것은 **첫째로** 무엇보다도 우선 자신의 일상적 행동에서 개인주의적이거나 쾌락주의적인 가치를 지향하지만, 그러면서 단연코 배타적 지위 의식을 내면화한 **이전의** 근대화주의자다. 수직으로 사회적 상황을, 수평으로 문화적 지향과 생활양식을 묘사하는 지누스 연구의 지도에서 이 집단을 자리매김하면, 우선은 수직으로는 중간에서 상위에 이르는 층에, 그리고 생활양식의 수평적 형태에서는 어느 정도 중간에서 오른쪽에 자리매김하는 환경을 살펴볼 필요가 있다(그림 참조). 그것은 안드레아스 레크비츠가 "**표현적 개인주의**"의 삶의 방식으로 확인하는 상위의 사회적 환경이다.[69] 그들은 자아를 실현하고자 하는 동시에 뚜렷한 지위와 소유 사고

독일의 지누스 환경
2020/2021

사회 상황과 근본 지향

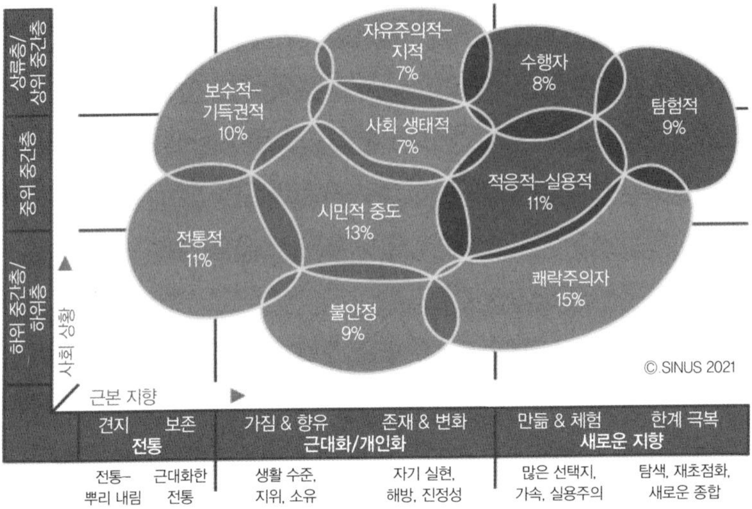

출처: 지누스 연구소, 《독일의 지누스 환경》, Heidelberg 2021.

를 드러내는 사람들이다. 그러나 우리는 그와 마찬가지로 **둘째로** 중간에서 불안정한 데 이르는 위치에 있지만, 그러한 만큼이나 보수적이고 적응적이며 성과 지향적이기보다는 개인주의와 향유 같은 가치로 향해 있는 환경에 속하는 매우 이질적인 스펙트럼의 사람들도 관찰했다. 제한된 물질적 자원에도 불구하고 체험 지향적인 삶의 방식을 통해 자기 실현이 추구된다. 이러한 환경의 구성원들은 전통적인 소부르주아지와 노동자 환경의 의무 윤리로부터 과시적으로 거리를 둔다.

상위의 사회적 위치에는 독일 인구의 약 7퍼센트가 속하는 '자유주의적-지적 환경'이 있다.[70] 여기에는 비판적이고 계몽된 교양 엘리트가 집중되어 있으며, 이들 대부분은 고학력에 중상위 소득자다. 이 환경은 평균 이상의 많은 프리랜서뿐만 아니라 고학력 회사원이나 고위 공무원도 포괄한다. 그에 속하는 이들은 자유주의적이고 세계주의적인 가치를 대표하며 탈물질적 생활양식을 선호한다. "그들은 자기 자신을 위해 (또한 외부 상황에 의한 강제에 맞서서도) 자유 공간을 만들고 시간 주권과 감속을 추구한다." 개인적 주권에 대한 욕구는 무엇보다도 새로운 지식을 전유하는 데 반영된다. 그들은 "미디어와 콘텐츠에 대한 비판적이고 성찰적인 태도"를 기르고 "가능한 한 스스로 정보와 배경지식을 적극적으로" 추구한다. 자유주의적-지적 환경의 구성원들은 자신의 사회적 위치를 자신이 이룩한 성과로 환원하며, 사회 정의를 지향하면서도 자기책임의 원리를 강조한다.[71] 페스터와 그의 동료들은 20여 년 전 "진보적 교양 엘리트"에 대해 "그들의 높은 노동과 성과 에토스는 자기실현과 자기표현에 대한 감각뿐만 아니라 새롭고 특이한 길을 걸어가고 근대적 추세를 정립하려는 진보적-엘리트주의적 욕구와도 결합해 있다"고 썼다.[72]

마지막으로 언급한 엘리트주의적-아방가르드적 자기 지향은 현재 인구의 약 8퍼센트를 차지하는 '수행자 환경'이 더욱 강력하게 구현한다.[73] 이 사람들은 그와 마찬가지로 높은 교육 수준에 중상위 소득자다. 그들은 대부분 중간 및 고위급 회사원이며 자신을 "근대적 엘리트"라고 이해하지만, 고전적 교양 이상을 추구하는 것이 아니라 오히려 자기를 "소비, 디자인 선호, 생활 태도"를 통해 정의한다. 뚜렷한 허세 소비는 "자기실현과 집중적 삶을 향한 추구"와 결합하는 "효율과 경쟁 및 경력에 대한 강한 지향"을 동반한다. 경쟁적 개인주의자는 자유로운 경쟁을 옹호한다. 그들에게는 개성이나 자유와 같은 가치들이 중요하다. 그들의 근본 지향은 지누스 연구에서 다음과 같이 요약된다. "모든 사람은 자기 행복에 대해 스스로 책임이 있으며, 자신이 무엇을 성취하고 이룰 수 있는지 스스로 알아야만 한다." 수행자들은 자신의 성과를 확신하고 그것을 물질적 지위 상징을 통해 과시한다.

그 구성원들이 사회 비판적이고 참여적인 자기 이해를 드러내는 '사회 생태적 환경'은 이전 대안적 환경의 잔재로 간주할 수 있다. 이 환경은 인구의 약 7퍼센트를 차지한다. 평균 연령은 51세로 비교적 높으며, 이제는 지도 기능은 없이 자격을 갖춘 일자리에 종사하는 옛 대안적 환경 구성원들이 여기에 속한다. 그와 더불어 해방적 가치를 지닌 다른 사람들이 이 사회적 공간을 형성한다. 그들은 자신의 탈물질주의적 요구를 종종 시민사회적 참여 및 대항문화적 공동체와 결합한다. "많은 사람이 무엇이 옳고 좋은지에 대한 정확한 관념을 지니며, 지속 가능한 대안(먹거리·주거·에너지·이동성)의 모범을 보이고 때로는 뚜렷한 사명감을 지니고서 그에 관해 다른 사람들을 설득하려고 노력한다." 그들의 자기 이미지는 관용적·다문화적·생태적·연대적이며, 물질적·경쟁적 가치와는 거리를 둔다. 그들은 "진정성, 온전함, 균형의 추구"를 특징으로 하는 느린 삶의 방식을 성과 원칙에 대립시킨다. 지도적 가치는 "자유, 책임, 자기실현, 마음 챙김 …… 과 감성"이며 종종 밀교적이고 영적인 요소가 가미되기도 한다. 그들은 대중적 취향에 대해서와 마찬가지로 배타적이고 허세적인 지위 의식에도 전혀 관여하려 하지 않는다. 그 대신 철저하게 향수와 목가적인 것에 대한 경향성에서 참다움과 자연스러움을 갈망한다. 물론 이러한 대안 문화의 잔재는 지배적 대항문화로서의 사회적 주도 기능을 오래전에 상실했다.

전체 인구의 약 16퍼센트를 차지하는 '쾌락주의자'는 중하위의 사회적 위치에 속한다. 이들은 비교적 젊고 중간 정도에 이르는 평범한 학력을 지닌다. 이것은 숙련 노동자와 작업반장, 평범하거나 중간 정도 회사원의 균일하지 않은 환경이다.[74] 페스터와 동료들은 이 환경을 "급진적 반순응주의와 개인주의"로 특징지어지는 청소년의 분리 추구와 동일시했다.[75] 여기서 개인주의적 고집의 태도는 현대 사회에서 반드시 삶의 과정에서 거치는 이행 단계에 머물지 않는다. 그것은 단연코 항구적인 근본 지향이 될 수 있다. 그러한 사람들은 자신의 삶을 "자발적이고 제한 없이" 영위하고 싶어 한다. 그들은 결정적인 것은 **무엇**을 경험할 것인가가 아니라 **새로운** 경험의 생성이라는 내재적 증가 논리에 따라 경험과 체험의 강화를 추구한다. 그러나 쉼 없는 탐색 배후에는 "사회적 수용"에 대한 갈망이 숨어 있으며, 이 점은 우리가 좀더 높은 사회적 위치의 환경에서 관찰할 수 있던 자기 확신에 찬 근본 지향과 구별된다. 자기실현의 장소는 감독당하고 때로는 힘을 소진하는 무의미한 소득 노동이 아니라 "프로그램화되지 않은 삶을 위한 피난처"로서의 자유시간이다. 여기서는 의무 이행에 토대하는 노동 세계가 제공할 수 없는 삶이 펼쳐진다. "가능한 한 자신을 제한하는 의무, 스트레스는 없다. 필요한 곳에서는 적응, 가능한 곳에서는 자유."[76] 규범 살림살이는 이러한 격언에 상응해 맞추어진다. 상향 지향과 장기적 목표를 위한 단기적 포기는 오히려 거의 관찰되지 않는다.

사회적 공간에서의 변형은 개인화라는 분화된 문제의 역사에 대한 지각을 예민하게 한다. 개인주의는 19세기와 20세기에 개인 삶의 기회를 높이기 위해 집단적 틀의 조건을 만들고자 했던 사회적 자유주의의 진보적 요구였다. 그러나 오늘날 일정한 환경에서는 더는 그것과 큰 관계가 없는 물화한 자유 개념이 널리 퍼지고 있다. 여기서 자유는 더는 자율적 삶을 영위할 수 있는 것, 국가적 자의로부터 자유롭게 집단적으로 정립된 규칙과 규범의 맥락 안에서 움직이는 것을 의미하지 않는다. 자신의 자율을 과장하는 것은 자기의 사회 의존성을 부정함으로써 권위주의적으로 될 수 있다.

표류로 추동하는 힘

우리는 이러한 환경 출신의 일부 사람들이 왜 특정한 상황에서 자유지상주의적·권위주의적 입장으로 기울어지는 경향을 보이는가 하는 물음을 다루어왔다. 이는 명확하게 대답하기 어려운 물음이다. 왜냐하면 자유지상주의적 권위주의가 이러한 환경의 **모든** 구성원에게서 관찰되는 반응도 아니고, 좌절하게 하거나 내재적으로 모순적인 상황에 반응하는 **유일한** 가능성도 아니기 때문이다. 혐오 정서를 형성하는 성향은 개인에 따라 다르며 객관화하기가 무척 어렵다. 또한 부정적 반응 형식은 우리가 자유지상주의적 권위주의에서 만나듯이 그 방식에서 반드시 퇴행적이고 파괴적이지는 않다. 근대화의 딜레마는 줄곧 광범위한 스펙트럼의 정서와 행동을 동원하며, 무관심과 공격성의 양극 사이에는 커다란 대역폭의 가능성이 존재한다. 그러므로 요컨대 권위주의적 태도와 행동 방식을 사회적 공간과 연결하고자 하는 경우 우리는 일련의 함정에 직면하게 된다. 특정한 환경에 속한다는 것이 자유지상주의적 권위주의로 이어지는 것은 아니다. 오히려 우리의 경험적 연구에서 많은 자유지상주의적 권위주의자들은 앞에서 언급한 사회적 환경들 출신이다.

그럼에도 불구하고 우리는 우리가 연구한 사람들이 왜 근대 사회화의 딜레마적 상황에 더 취약하게 반응하고 특정한 전제 아래 자유지상주의적 권위주의 경향을 형성하는지 이해하고자 했다. 왜냐하면 수직적인 사회적 위치는 다르지만, 자유지상주의적 권위주의는 주로 자기 결정, 자기실현 또는 쾌락주의에 토대하는 저 근본 지향에 따라 형성되는 현상으로 보이기 때문이다. 한 가지 가능한 설명은 이 사회적 환경들이 퇴행적 자유화의 영향을 더 강하게 받는다는 사실에 있다(3장 참조). 물론 앞에서 그 개요를 살펴본 모든 환경이 내재적으로 성과 또는 성공 지향을 드러내는 것은 아니지만(가령 사회 생태적 환경 또는 쾌락주의자 환경을 생각해볼 수 있다), 여기서도 그 소속원들은 자신의 삶을 (대안적인 틈새 공간에서든 자유시간에서든) 자기 책임 아래 형성하려고 한다. 아노미 경험은 삶의 현실에서 매우 다양한 형식을 취한다. 우리는 특히 아노미적 상황에서 자유지상주의적·권위주의적 태도로 이어질 수 있는(그러나 결코 반드시 그래야만 하는 것은 아닌) 다음과 같은 전제들에 부딪혔다.

파열적 사건: 우리의 인터뷰 대상자들이 자신들을 급진적인 내적 전회로 몰아간 통절한 체험에 관해 이야기하는 것은 드문 일이 아니었다. 그것은 예를 들어 일자리 상실이나 질병과 같은 개인사적 단절이거나 코로나 팬데믹으로 인한 이동 제한과 같은 국가의 개입일 수 있다. 스스로 결정하는 삶이 갑작스러운 제한에 직면한다. 그들은 더는 원하는 곳으로 여행할 수 없으며, 더는 걱정 없이 소비할 수 없다 등등. 자기 이미지를 지키기 위해 그들은 외적 위협에 맞서 적극적으로 방어한다. 여기서는 예를 들어 (예방접종) 증명서가 없어 입장을 거부당한 사람들이 크리스마스 때 마트에 밀어닥친 두 번째 팬데믹 겨울의 이미지를 떠올릴 수 있을 것이다. 극단적 경우에 이러한 지각 패턴은 급진화하며, 그 유발 인자로부터 해방되어 정서적 세계 경험으로 일반화된다. 이 경우 원

망은 상위 심급에 대한 일반적 의혹과 결합해 있다.

나르시시즘적 회복 탄력성: 불협화음의 경험은 자기 이미지의 변화를 가져올 수 있다. 특히 사회 생태적 환경의 일부 사람들은 자기 자신을 스스로가 겪은 운명의 타격으로 더 강해져 나타난 저항력 있는 개인으로 지각한다. 일반적으로 회복 탄력성은 위기를 견디고 극복할 수 있는 심리적 적응력으로 생각된다.[77] 그에 반해 우리가 관찰한 사례들에서 회복 탄력적인 자기 지각은 사회적 세계로부터의 주관적 분열로 이어진다. 이 점은 자신에게 커다란 저항력을 부여하고 자기 신체의 자기 치유력을 믿으며 자신에게 무엇이 좋은지 스스로 가장 잘 알고 자기 성찰에 대한 커다란 욕구를 드러내며 (가령 요가나 건강한 식습관과 같은) 자기 배려의 기술을 갈고닦는 사람들에게도 해당할 수 있다. 종종 이러한 자기 이미지는 해로운 영향에서 보호되어야 할 자연스러움의 추구를 동반한다. 그러한 사람들은 매개하는 심급이나 낯선 지식 없이 생겨나는 자기의 생활세계적 능력에 대한 믿음을, 스스로 설명을 필요로 하지 않는 전(前)합리적 직관으로부터 도출한다. 여기서 회복 탄력성은 나르시시즘적 자기 권한 부여로 변형되며, 무력함이나 의존 감정은 사라질 수 있다.

비판적 지성의 한계: 자기 권한 부여의 보완적 변형은 계몽된 지성의 절대화, 즉 세계를 완전히 이해하고 기존의 지식 요소를 비판적으로 판정하려는 소망에 기반한다. 자유주의적-지적 환경의 사람들은 그로부터 자신의 지위 의식을 끌어낸다('뭔가 말할 것이 있다', '비판적 의견을 갖고 있다' 등등). 그들은 신중하게 선별한 원천에서 자신의 지식을 생성하고 이를 바탕으로 다른 사람의 지식에 의문을 제기한다. 여기서는 지식의 수정보다는 자신이 알지 못할 **수 있음**이 특정한 상황에서 정체성 위기를

유발한다. 비판적 판단 능력의 뚜렷한 한계는 고통스러운 상처로 지각되며, 이 상처는 반과학적 원한으로 보상된다. 이러한 혐오감의 증가 논리에 따라 비판은 자립화하기 시작한다. 해당 사람들은 비판 대상에 대해 다소 도구적 관계를 형성하는 변절자가 된다. 결정적인 것은 **무엇**을 비판하는가가 아니라 비판한다는 **사실**이다. 비판적 추론은 그 구체적 내용에서 분리되어 자기 목적이 된다. 그들에게 공통된 것은 도발과 의혹을 향한 두드러진 경향이며, 그것은 극단적인 경우에 모든 것과 모든 사람으로 향할 수 있다. 자신의 판단 능력에 대한 공허한 시위는 지식의 주권적 주체를 구제하는 데 이바지한다.

무능력: 의존 감정은 불안정한 환경에서 일반적인 세계 경험이지만, 성과 능력이 있는 개인은 자신의 가치 지향을 실현하기 위해 사회 제도를 이용한다. 유동적이고 경쟁적인 시장은 그들에게 자기실현의 잠재력을 지닌다. 그들은 자신이 무력하게 맞서 있는 세계에 성공적으로 적응한다. 그러나 적응이 무위로 끝나고 모든 노력에도 불구하고 성공하지 못하면 경쟁 사회의 규범에 대한 동일시는 무능력의 느낌으로 바뀐다. 안정된 위치에 있던 사람들이 갑자기 자신을 스스로 역량을 실현할 수 없는 취약한 존재로 경험한다. 이 경우 규범에 의문을 제기하지 않는 의존성에 대한 퇴행적 방어가 발생할 수 있지만, 그들이 보기에 불법적으로 보너스를 받는 사람들도 발생할 수 있다. 그들에 대한 분노는 의미와 행동할 힘을 부여한다. 우리는 예를 들어 세계 개방적이고 사회에 헌신하는 사람들과 이야기를 나눴는데, 그들은 하강을 경험한 후 외국인 혐오 입장으로 나아갔다. 이전의 태도와 다른 이 명백한 전향은 그들이 자신의 자기 관계와 세계 관계를 구축하는 가치 태도를 반성해보면 더 잘 이해될 수 있다. 그러한 가치 태도는 경쟁적 비교 양

식을 작동시키고 시기와 원한과 같은 부정적 정서를 조장하는 관계적 규범들이다. 동시에 그것들에는 성과 능력이 있는 사람들도 만족시킬 수 없는 강화 동역학이 내재한다. 규범의 이행은 무력함의 느낌을 뒤에 남긴다.

자유화의 역설: 알렉시스 드 토크빌에 따르면 불만은 그저 규범 위반의 결과만이 아니다. 이 프랑스 역사학자는 불평등에 대한 더 커다란 감수성으로 이어지는 것은 바로 평등주의적 이상의 점진적 실현이라는 정반대 결론에 도달했다(4장 참조). 이 점은 현대 사회의 개인주의적 규범들에도 적용된다. 상위에서 중위에 이르는 사회적 위치 소속원들이 그렇게 자유로웠던 적은 없었으며, 바로 그런 까닭에 개인적 자유가 부족하다는 지각이 커진다. 지그문트 바우만은 여기서 자유가 사인(私人)화한 개인의 탈정치화한 요구로 바뀌는 위험을 보았다.[78] 우리는 이러한 현상을 물화한 자유라고 불렀다. 사람들은 정치적 자유라는 커다란 문제 대신 일상생활에서 개인의 자유를 극대화하는 데 몰두했다. 사람들은 전원에 작은 집을 갖고 싶어 하고 재택근무를 하고 싶어 하며 늦은 시간에도 쇼핑할 수 있고 구매한 물건을 가능한 한 바로 배달받고 싶어 한다.

이를 배경으로 하여 환경의 변형을 고찰하면 이것을 사회 공간적으로도 자리매김할 수 있다. 해방적 이념을 개인주의적 가치들과 결부시켰던 대안적 환경 대신에 실로 자율과 자기실현, 자기 결정의 규범을 견지하면서도 이를 지극히 개인적 관심사로 간주하는 이른바 “포스트모던”이 들어섰다.[79] 이는 “기업가적 자아”와 그야말로 잘 어울리는 자기 이미지다.[80] 잉골푸르 블뤼도르은 물론 초월적 내용은 사라졌지만, 그 안에 새겨진 탈억제의 논리는 사라지지 않았다고 지적한다(3장 참조). 사람은 지금 여기서 더 많은 자유를 원한다(바로 자유는 단편적으로만 실현될 수 있기 때문이다).[81] 따라서 자유화는 반대 방향의 발전, 특히 개인의 활동 공간이 국가에 의해 축소되는 시대에는 사적 자유를 위한 정서적 투쟁을 불러일으킬 수 있다.

규범적 경직화: 또 다른 측면은 사회적 규범들의 변화와 연속성에 관련된다. 사회적 공간이 그저 부분적으로나마 개방되면 지배적 가치관도 변화하며, 이는 세대 간 비동시성에 반영된다. 미국 정치학자 로널드 잉글하트와 피파 노리스는 포스트 산업화 사회에서 우파 포퓰리즘 정당의 부상을 설명하기 위해 가치 변화를 출발점으로 삼는다.[82] 파열적 자유화는 가족, 종교 또는 국가와 같은 전통적 가치를 지향했던 세대의 정체성을 위협한다. 공공 담론과 정치적 결정에서 자유주의적 가치가 지배하게 되면 사회 전체의 규범 구조가 기울고 대학 교육을 받지 못한 기성세대에서 권위주의적 가치가 활성화될 수 있다. 문화적 백래시가 시작되는 것이다(3장 참조). 우리가 관찰한 사람들이 우파 포퓰리즘 정당의 전통주의적이고 보수적인 유권자들과 공통점이 거의 없긴 하지만, 세대 간 비동시성은 규범적 경직화로 이어질 수 있다.

요컨대 우리가 관찰한 사람들은 부분적으로 아주 유사한 방식으로 가치관 변화로 인해 자신의 인격적 정체성과 일상적 삶의 방식이 제약된다고 느낀다. 여전히 강하게 개인화와 소비를 지향하는 높은 사회적 위치에 있는 중년 세대는 이제 기후 변화에 대한 뚜렷한 인식을 내면화하고 기성세대의 과도하고 쾌락주의적인 생활양식을 강력하게 비판하는 젊은 세대와 마주하고 있다. 그리고 철저히 진보적 가치를 위한 배타적 대변인 역할을 자임하는 자유주의적-지적 환경의 노년층 대표자들 가운데 일부는 바로 자신이 여론 지도권을 지녀야 한다고 요구하는 까닭에 의문의 대상이 된다. 이에 대한 한 가지 가능한 대답은 근본 지향의 자기 급진화이며, 이는 권위주의적인 것으로 기울 수 있다. 자신의 과도한 소비를 정당화하기 위해 일부는 기후 변화를 부정하는 사람이 되기도 한다.[83] 다른 사람들은 트리거 워닝(Trigger Warning: 누군가의 트라우마를 자극할 수 있는 소재라고 경고하는 것—옮긴이)이나 예민한 언어 규정을 배제의 정치로 해석함으로써 규칙과 규제에 대한 자신의 좌절을 자유롭게 표출한다. 그리고 이전에 확고한 지위를 가졌던 사람들이 주변적 위치로 내몰리는 증가의 논리가 전개된다. 배타적 위치는 폐쇄와 급진화를 통해 방어되고, 그리하여 자기주장에는 자기 배제가 뒤따른다(6장 참조).

6

진리 추구자의 몰락: 추락한 지식인

한스 울리히 굼브레히트는 〈노이엔 취르허 차이퉁〉에서 "지금까지가 우리의 전성기였을 것"이라고 말하고 나서 곧바로 다음과 같이 환멸의 말을 덧붙였다. "하지만 공론장이 모든 사람을 위한 광장으로 성립한 이후 두 세기 반 동안 2020년 여름만큼 지식인들이 가련해 보인 적은 결코 없었다."[1] 문학가이자 기자가 이렇게 쓰고 있을 때, 세계는 첫 번째 코로나 봄 이후 이제 막 첫 숨을 쉬고 있었다. 팬데믹은 '불확실성의 증가'를 가져왔고, 학자들은 새롭고 대단히 역동적인 현상에 직면했다. 한눈에 알아보기 힘든 시대는 해명과 정돈이 필요하다고 생각될 수 있다. 그리고 실제로 지적 해석이 쏟아져 나왔다. 철학적 어휘가 공적 토론에 스며들었고 '생명 정치', '죽음 정치', '예외 상태' 또는 '실재의 침입'이 이야기되었다. 그렇다면 굼브레히트는 무엇에 이의를 제기했을까? 그는 두 가지 관찰을 제시했다. 팬데믹에서 유럽 지식인들이 정부의 행위를 비판적으로 안내하는 대신 "고분고분하게 사회적 거리 두기와 마스크 착용 의무의 윤리적-도덕적 뒷받침으로" 후퇴한 데 반해, "미국 대학의 학문적 지식인들"은 자코뱅의 충만함으로 기념비를 무너뜨리고 건물 이름을 바꾸어 부르며 많은 경우에 심지어 해고된 동료들을 파문하는 "의견 테러 체제"를 수립했다는 것이다.

굼브레히트는 이 두 가지 현상으로부터 지적 담론이 "동어반복"이 되었다는 결론에 도달한다. "흔들리지 않는 진지함으로 그들은 아무튼 조화로운 다수 의견으로 확립된 것을 되풀이할 뿐이다." 자기 자신을 지식인의 반열에 세우는 그는(그는 "우리 지식인"이라고 말한다) 그것을 새로운 것으로 간주한다. 굼브레히트에 따르면, 지식인은 역사적으로 대학에서의 진보적 계몽가로부터 대중의 혁명적 선동가를 거쳐 약자와 소외된 사람을 대변하는 지적 옹호자에 이르는 세 가지 역할을 해왔다. 이제 이 세 가지 역할은 모두 사회 변화로 인해 낡은 것이 되었다. 대학에서 교육은 진리와 새로운 지식의 탐구가 아니라 오히려 실용적인 직업 교육이 되었고, 복지국가는 노동계급이 자본주의와 평화를 이룰 수 있게 해주었으며, 억압받는 소수자들은 오래전부터 스스로 목소리를 높여왔다. 하지만 철학자 페터 슬로터다이크는 여전히 예를 들어 2009년에 사회민주당의 조세 정책에 대한 날카로운 비판을 통해 다수 의견의 "윤리적 진지함"에 순종하는 대신 사고에서의 "지평"을 열어가는 데 성공하고 있다. 그 밖에 굼브레히트는 자신의 투쟁 동지들에게 "자유지상주의적"이거나 "반대하는" "위험한 사고"가 없다고 한탄한다. 그가 간과하는 것은 그의 논증 자체가 그가 비판하는 것과는 다르긴 하지만 지식인의 후기 근대적 변형의 한 징후라는 것이다.

'지식인'은 일반적으로 보편적인 교육을 받고(그리고 역사적으로는 대개 남성으로 생각된다) 지식에 대한 특권적 접근 권한을 이용해 공론장에서 자신의 목소리를 내는 사람으로 여겨진다. 사람들이 염두에 두는 것은 드레퓌스 사건 당시의 '지식인 선언', 즉 작가 에밀 졸라가 1898년 유대인 장교 알프레드 드레퓌스의 반역죄 유죄 판결에 항의하기 위해 프랑스 공화국 대통령에게 보낸 격정적인 〈나는 고발한다!〉이다.[2] 그 시대에는 국가에 대한 근대의 "비판 심급으로서 공론장"이 자리 잡게 되었다.[3] 지식인이라고 하면 사람들은 대체로 보편적 규범을 옹호하고 좀 더 포괄적인 도덕, 억압받는 소수자 또는 단적으로 인류 전체의 이름으로 말하는 작가, 학자, 예술가 또는 언론인을 떠올린다. 사람들은 그 스스로는 무력한 지식인을 대개 반(反)권력의 편에 자리매김한다.[4] 그들은 종종 당파적인 정치적·물질적 이해관계를 지닌 사회 계층에 속하지 않은 까닭에, 현실에 대한 명확한 눈길을 지니는 "자유롭게 떠도는 지성"으로 묘사되었다.[5] 간단히 말하면 지식인은 대개 사회적인 "내부자 지식"을 지니는 아웃사이더로 그려진다.[6] 그들은 심판처럼 경기를 지켜보며 언제 레드카드를 꺼내야만 하는지 전적으로 정확히 알고 있다.

의심을 제기하는 계몽가 또는 비판적으로 개입하는 간섭가라는 지식인에 대한 이러한 "보편적" 또는 "일반적"[7] 관념은 20세기가 지나기까지 공적 지각을 형성했다.[8] 지식인은 변화와 진보를 구현한다. 여기서 지식인에 대한 우리의 눈길은 일정한 방식으로 진보적 선입견으로 각인되어 있다. 진보 대신 지속을, 변화 대신 질서를 말하는 보수주의 학자들은 거의 이러한 유형과 동일시되지 않는다.[9] 그러한 가운데 보수적 목소리는 제2차 세계대전 이후 연방공화국(서독)의 지적인 창설에 적지 않은 역할을 했으며, 바로 그런 까닭에 그 목소리는 때때로 지식인의 상대자, 당국을 신뢰하는 '만다린(국가의 고위 관료나 고문—옮긴이)', 또는 곧바로 '반지식인'으로 양식화되었다.[10] 고도로 분화한 위험 사회에서 "무능하지만 정당한 비판"[11]을 행하는 보편적 지식인의 이념은 20세기 후반부터 낡아져 보였다.[12] 갑자기 위험을 예측하고 계산할 수 있는 분야별 특수 전문가가 요구되었다. 자연과학자들은 산성비나 프레온 가스로 인한 환경 피해를 경고했다. 그들의 전문성은 정치적으로 되었고 인류 전체와 관련되었다. 한때 '국가의 양심'으로 등장한 귄터 그라스나 마르틴 발저 같은 작가들도 실로 침묵하지 않았지만, 그들도 경쟁하게 되었다. 이제 제너럴리스트 대신 전문가가 요구되었다. 그러나 자유주의적-지적 환경의 일부에서는 최근 몇 년 사이에 다시 그 반대 상황을 관찰할 수 있었다. 보편적 지식인이 다시 돌아왔다. 물론 때때로 사회적 변화의 **퇴행적 대항자**로서이긴 하지만 말이다.

우리는 이 장에서 보편주의는 진보, 특수주의는 퇴보라는 근대적 등식을 가로지르는 지적 담론들을 살펴봄으로써 불명료한 정치적 간섭에 이르게 된다. 최초의 접근에서 우리는 이러한 무질서를 디드리히 디데리히센과 더불어 정치적 규범의 의미론이 변화하고 특정 개념이 그 기호를 바꾸는 "포스트 이데올로기적 횡단전선"[13]으로 기술할 수 있을 것이다. 우리가 다음에서 만나는 지식인들은 예를 들어 자신의 독립성이나 보편주의적 가치를 집요하게 끌어대지만, 특수한 입장을 옹호한다. 그들은 자신이 적대자들에게 감독받고 있다고 느끼며, 발언할 수 있는 자신의 자유가 위협받는다고 생각한다. 이들에게는 종종 욕설이 선택의 수단이다.

우리는 굼브레히트가 관찰한 것이 이전에 배제된 집단과 문화적 소수자의 정체성 정치, 과학적 전문성이나 국가와 미디어에서의 이른바 관변화한 엘리트 등 공동의 반대자들과 구별되는 가운데 항상 다양한 형태로 형성되는 한에서 그것을 이러한 변화된 형식의 비판에서 모범적인 것으로 읽을 수 있다. 공적 담론 전투에서 종종 '불평'으로 평가절하되는 것을 우리는 진보적 변화에 대한 반동적 자기 강화로 해석한다. 해당 지식인들은 자신의 권력 상실을 보상하기 위해 이데올로기적 연합을 맺는다. 이 점을 좀더 자세히 살펴보기 전에 우리는 우선 지적 참여의 영향권을 변화시키고 부분적으로 제한하는 사회적 격변을 고찰하고자 한다.

무너지는 기초

굼브레히트가 동의하는 "'지식인'의 몰락에 대한 한탄"[14]은 전혀 새로운 것이 아니다. 늦어도 1980년대 이후 지적 의심은 지식인의 개입 가능성과 그 영향력에 대한 근본적인 자기 회의를 동반했다.[15] 한스페터 뮐러는 이러한 정체성 위기에 대해 몇 가지 원인을 찾아냈다. **첫째**, 1970년대 이후 다른 사회에 대한 유토피아적 믿음이 사라졌다. 동시에 **둘째**, 근대적 확실성과 최종 근거짓기가 약화했다. 이와 평행해서 **셋째**, 이미 언급한 전문가의 부상이 이루어졌으며, 마지막으로 **넷째**, (처음에는 텔레비전, 나중에는 인터넷에 의한) 미디어의 변화와 **다섯째**, 대학의 구조조정으로 지식인의 전형적인 광장이 바뀌었다.[16]

20세기에 자본주의의 극복과 그와 다른 사회주의 사회의 건설은 오랫동안 좌파 비판의 지평을 형성했다. 1974년 러시아 반체제 인사 알렉산드르 솔제니친이 쓴 《수용소 군도》가 출간되었을 때 대부분의 지식인이 충격에 빠졌다. 소련에서 새로운 세계를 위한 설계도는 평등한 사람들의 자유로운 연합 대신 재교육과 노동 수용소라는 억압적 시스템을 만들어냈다.[17] 앙드레 글뤽스만과 베르나르앙리 레비를 중심으로 한 **신철학자들**과 더불어 이제 잠재적으로 전체주의적인 세계관에 대한 의심을 대중화하는 새로운 세대의 지식인이 등장했다. 이러한 분위기 속에서 장프랑수아 리오타르는 1983년 좌파 자유주의 성향의 〈르 몽드〉에 기고한 글에서 "지식인의 묘비"를 세웠다.[18] 적어도 우리는 혁명 계급의 이익을 위해 싸우고자 했던 "행동주의적" 지식인의 묘비라고 보완해야만 할 것이다.[19] **신철학자들**은 물론 억압받는 집단과 특히 인권을 위해 헌신했다. 그러나 그들은 새로운 세계를 창조하는 대신 기존의 세계 내에서 더 나은 세상을 실현하고자 했다.

1989년 이후 사회주의 동유럽 블록이 붕괴했을 때, 유토피아의 공간은 완전히 좁아졌다. 20세기 말에는 "자본주의가 유일하게 유효한 정치 및 경제 체제를 나타낼 뿐만 아니라 점차 자본주의에 대한 일관된 대안 일반을 **상상하는** 것조차 거의 불가능해졌다"는 느낌이 팽배해졌다고 마크 피셔는 2009년에 확언했다.[20] 이 영국 문화이론가는 그에 상응하는 태도를 "자본주의적 현실주의"라고 불렀다. 사회주의 유토피아와 함께 지적 항의의 일부는 자기의 규범적 척도도 상실했다. 자유·평등·정의와 같은 이상은 실로 그 타당성을 잃지 않았지만, 그 "미래 지향성"으로부터는 분리되었다.[21] 그것들은 이제 더는 다른 사회에 대한 구체적 희망과 결부되어 있지 않으며, 자본주의적 삶의 형식의 내재적 개선을 목표로 한다(3장 참조). 이것은 진보적 의심이 사라진다는 것을 의미하지 않는다. 하지만 그것은 더는 주로 사회적 공존의 사회경제적 조건에서 촉발되지 않는다.

유토피아적 환상 파괴와 더불어 1970년대 말부터 새롭게 등장한 인식적 의심이 지적 활동의 기초를 흔들었다. 1980년대에는 포스트모던을 둘러싼 격렬한 논쟁이 휩쓸었는데, 그것은 뮐러에 따르면 포스트모던과 더불어 지식인의 자기 이해도 뒤죽박죽되었다는 "징후"다.[22] 언어적 기호는 이제 더는 고정된 의미를 갖지 않았고, 기원 서사, 안정된 정체성 또는 사회에 대한 체계적 눈길은 근본적으로 의심받게 되었다.[23] 그 대신 포스트모던은 생활양식과 지식의 형식 및 가치의 다원주의를 강요했다. 그로 인해 지식인들에게서는 규범적 척도도 벗어났는데, 왜냐하면 규범적 척도는 그 평가를 이전에는 (이성·진보·진리와 같은) 고정된 규범적 기준점에 토대하여 제시했기 때문이다.[24] 지그문트 바우만에 따르면, 포스트모던에서 지식인의 사회적 기능은 "해석자" 역할로 축소된다. 그들은 더는 공유된 최종 근거짓기에 곧바로 호소할 수 없다. 그들에게 남은 것은 다양한 형식의 지식과 규범적 담론을 번역함으로써 "자율적(주권적) 참여자들" 사이의 공적 의사소통을 위한 공유된 기반을 만드는 것이다.[25]

게다가 지식인은 이제 갑자기 이른바 "더 나은 지식"을 두고 경쟁하게 되었다.[26] 종종 풀기 어렵게 얽혀 있는 문제 상황을 지닌 고도로 분화한 위험 사회에서 지식인은 전문가에게 지식의 특권을 내주게 된다.[27] 푸코는 이미 1970년대 말에 자신의 일터인 대학, 실험실, 병원 또는 정신병원에서 자신도 그 도구인 지식 기반 권력에 맞서 싸우는 "특수 지식인"에 대해 이야기했다.[28] 특수 지식인은 추상적인 당위적 지식으로 뒷받침되는 보편적 견해를 제시하는 대신 자신의 전문 지식에 근거하여 "진리의 '지배 체계'"를 지적한다.[29] 실로 전문가들이 현재의 지배 체계에 반드시 의문을 제기하는 것은 아니지만, 그들은 특별한 지식으로 인해 한때 지식인들이 가졌던 정치적 책임을 지니게 된다.[30] 푸코는 예를 들어 물리학자 로버트 오펜하이머를 과도기적 인물로 간주했는데, 오펜하이머는 원자물리학에 관한 "특수한 지식"으로 인해 박해받았지만, 그와 동시에 "세계의 운명", 따라서 보편적인 것을 구현한 사람이었다.[31]

일반적으로 지식인들이 머무는 장소를 찾는다면, 대학은 의심할 여지 없이 그들의 중심 활동 장소 가운데 하나다. 오늘날 대학이 더는 문화적 탁월함의 약속을 반드시 이행하지는 않는다고 해도, 자신의 학문 에토스와 공적 업무에 관한 관심을 결합하는 교육 엘리트 정신은 대학에서 계속 살아 숨 쉬고 있다.[32] 20세기 후반에 민주적이지만 동시에 고도로 전문화되고 관료적으로 조직된 대중 대학의 탄생은 이미 학식 있는 지식인의 엘리트주의적 자기 이해에 의문을 제기했다.[33] 이제 교수는 소수의 학생과 토론하는 대신 점점 더 많은 교육생 무리를 관리해야만 한다. 1980년대 이후에는 재생산될 수 있는 전문 지식과 더불어 정치적-공적 성찰의 사고 태도를 전달할 가능성이 더욱더 제한되었다.[34] 그에 더하여 21세기 초에 시작된 대학 개혁은 연구와 교육도 "경제적으로 고취된 거버넌스"에 종속시킨다.[35] 학문적 사고는 현재 도구적 유용성을 목표로 하는 기업가적 접근 방식, 제3자의 자금에 의존하는 연구, 표준화한 순위를 토대로 한 학문적 출판물 선정 시스템으로 인해 도전받고 있다.[36] 이러한 격변은 지위에 대한 두려움을 방출할 수 있는데, 그 두려움은 상실한 지식 특권과의 과도한 동일성 확인을 통해 보상된다.

미디어 분야도 좀더 모순적이긴 하지만 이와 비슷한 변화를 겪고 있다. 문화과학자 토마스 마호가 1992년에 말했듯이 "지적인 존재로 여겨지고자 하는 사람은 자신을 글 쓰는 존재, 즉 호모 스크립토르(*homo scriptor*)라고 고백해야만 한다."[37] 1960년대부터 텔레비전과 같은 시청각 미디어가 이러한 자기 이미지를 긁어대기 시작한 것은 너무나 당연한 일이다.[38] 텔레비전 프로그램과 토크쇼에서는 이제 고전적인 지적 덕목과 통합될 수 없다고 여겨지는 많은 것을 체현하는 유들유들한 "미디어 지식인들"도 논쟁을 벌인다. 그들은 보편적 가치를 위해 싸우는 대신 자기 자신을 연출하며, 근거 있는 사회 비판을 실천하는 대신 금기를 깨고 싶어 하며, 대안적 해석을 제공하는 대신 오히려 오락을 제공한다.[39] 위르겐 하버마스는 이에 대해 다음과 같이 비판적으로 언급한다. "이념형적으로 문제가 되는 것은 시선들의 연출된 묶음이 아니라 이유들의 교환이다."[40] 미디어 논리는 논증을 능변으로 대체한다. 이러한 조건은 오늘날까지도 계속 영향을 미치고 있다. 리하르트 다비트 프레히트나 마르쿠스 가브리엘 같은 철학자들은 미디어에 끊임없이 등장할 뿐만 아니라 모든 것에 대해, 모든 사람에게 무언가를 말해야 한다고 하기 때문에도 동료들에게서 회의적인 눈길을 받는다.

텔레비전이 지식인의 고전적 영역을 건드렸다면, 1990년대 이후에는 인터넷이 그 영역을 완전히 파 뒤집는다. 미디어 경쟁이 치열해지면서 그때까지 지배적이던 공개 토론, 인쇄 매체, 라디오는 그 주도적 기능을 잃는다. 문예란은 줄어들고 한정된 지면을 차지하기 위한 싸움은 더욱 격렬해진다.[41] 이와 동시에 트위터(X)와 페이스북과 더불어 발신과 수용 사이의 비대칭성이 지워지는 탈중심화된 공론장이 성립한다. 이는 그 자체로 이미 "이전에는 자신의 판단을 주권적으로 말하고 다소 모호하게 상정된 독자층을 향하던" 지식인들 사이에서도 "비판자 권위의 손상"으로 이어진다.[42] 갑자기 독자들이 대답할 뿐만 아니라 또한 그들 자신이 장문의 글을 통해 스스로의 관점을 제시한다. 이러한 **민주화**에는 민간 기술 콘체른에 의한 디지털 공론장의 **재봉건화** 위험이 대립한다.[43]

사람들은 이제 문턱이 낮아지고 공간적 제약도 없이 네트워크를 형성할 수 있다. 그러나 그들은 민주적 규범 저편에서 그렇게 할 수 있다. 바로 디지털 의사소통 채널의 보편화는 역설적으로 "특수한 형식의 공동체 생성"을 촉진했다.[44] 하버마스는 여기서 퇴행적 잠재력을 인식한다. 이전에 "위대한 해방적 약속"은 "자기 자신 내에서 돌고 있는 단편화된 메아리 공간의 황량한 소음에 묻혀버린다."[45] 물론 그러한 메아리 방을 통한 양극화는 경험적으로 명확하게 확증되지는 않지만, 디지털 독점은 자유로운 의견 표현에 대해 새로운 문제를 수반한다.[46] 가짜 뉴스와 증오 발언이 유행한 이후 '콘텐츠 관리', 즉 선의의 검열을 담당하는 부서가 대규모로 성장했다. 기술 콘체른이 민간 입법자가 된다.

뒤틀린 자유 투쟁

"우리는 분명 여전히 …… 말해도 좋을 것이다." 표현의 자유에 대한 많은 대화는 이러한 문구로 시작된다. 알렌스바흐 여론조사 연구소의 연구에 따르면 2021년 조사 대상자의 45퍼센트만이 독일에서 자신의 의견을 자유롭게 말할 수 있다고 느꼈다. 이는 1953년 최초의 조사 이후 사상 최저치다.[47] 실로 점점 더 많은 집단에서 자유가 확장되고 있지만, 동시에 대다수는 순응 압력이 커진다고 느낀다.[48]

이러한 가부장적 감독의 느낌은 현재 모든 종류의 부정적 연상으로 가득 찬 캔슬컬처의 확산 현상과 연관하여 종종 표현된다. 공적 논쟁에서 캔슬컬처가 그야말로 다양하게 발생하는 만큼 앵글로·색슨 세계에서 수입된 이 개념이 본래 무엇을 의미하는지 좀더 정확히 규정하기는 어렵다.[49] 이 단어가 전형적으로 사용되는 사례를 살펴보면, 대개 문제가 되는 것은 유명 인사의 발언이 항의를 불러일으키고 그 과정에서 (그 사람의) 배제 또는 (해당 발언의) 삭제가 요구되는 상황이며, 일부 경우에는 실제로 그러한 일이 일어나기도 한다. 예를 들어 카바레 예술가인 디터 누어가 출연한 독일 연구재단의 동영상은 그가 과학에 회의적이고 인종차별주의적인 것으로 지각되는 농담을 했다는 이유로 일시 삭제되었다. 함부르크에서 열린 문학 축제에서 그의 동료인 리사 에크하르트가 참여하는 행사는 그녀가 반유대주의와 트랜스젠더 및 동성애 혐오 풍자를 이유로 비난받았기 때문에 취소되었다. 이러한 결정에 앞서서는 매번 특히 소셜 미디어에서 논란의 여지가 있는 토론이 이루어졌다. 디지털 항의 집단은 (#누어 또는 #에크하르트 식으로) 비판받는 사람들의 이름에 해시태그를 붙이며 조직화했다.

이 지점에 이르기까지 일어난 일은 규범 침해를 폭로하고 집단적 정서를 표출함으로써 사회적 결속을 강화하거나 회복하는 이미 오래전부터 잘 알려진 정치적 스캔들화 전략에 대체로 상응한다.[50] 이제는 규칙적으로 일종의 2차적 질서의 스캔들화가 발생한다. 본래의 항의는 다른 관찰자들에 의해 앞서 언급한 캔슬컬처의 징후로서 문제시된다. 사람들은 좌파 자유주의적이거나 '깨어 있는' 담론 수호자들에 의해 도덕적 비판, 비방, 삭제 또는 직업상의 위협, 한 마디로 캔슬을 당하지 않고서는 더는 어떠한 표현도 할 수 없다는 것이다. 그렇다면 이러한 관점에서 볼 때는 코미디언이나 카바레 예술가의 농담이 아니라 그에 대한 공개적 비난이 스캔들이다. 흥미롭게도 이러한 형식의 "스캔들의 스캔들화"[51]는 역사적으로 국가 권력에 의문을 제기하기 위한 지식인들의 검증된 도구다.

역사학자 잉그리트 길허홀타이는 1962년 슈피겔 사건에서 피고발자와 고발자의 역할이 어떻게 뒤바뀌게 되었는지 추적했다. 연방 검찰은 시사지 〈슈피겔〉에 대한 수사 절차를 개시했다. 제기된 혐의는 이 잡지에 실린 독일 연방군에 대한 보도가 반역죄 구성 요건에 해당한다는 것이었다. 〈슈피겔〉의 편집자 루돌프 아우크슈타인과 다른 편집자들이 체포되었다. 항의가 빗발쳤고, 이 사건은 곧바로 정부의 위기로 발전했으며, 당시 국방부 장관 프란츠 요제프 슈트라우스〔기독교사회연합(CSU)〕는 사임해야만 했다.[52] 해당 논쟁에서 집단 규범과 규칙이 공개적으로 논의되었다. 무엇이 더 중요한가? 언론 자유인가 군사 기밀 유지인가?

이러한 구조적 공통성에도 불구하고 두 가지 점이 눈에 띈다. 첫째, 다양한 캔슬컬처 스캔들은 자주 유별나게 연출되고 부풀려진다. 개별 일화가 하나의 문화로 확대 해석된다. 갑자기 사회 전반의 분위기가 문제시된다. 그리고 둘째, 이러한 극화—과연 이 경우들이 실제로 곧바로 문화를 근거짓는지는 대단히 의문이다—는 사회적 가치의 새로운 합의를 곧바로 저지해야 함을 시사한다.

우리가 보기에 표현의 자유를 축소하는 가부장적 감독의 느낌은 무엇보다도 우선 점진적인 규범 변화의 수반 현상이다(4장 참조). 규범의 진화는 결코 갈등에서 벗어나 있지 않다. 현재 우리는 1960년대에 노르베르트 엘리아스와 존 L. 스콧슨이 관찰한 것과 유사한 기득권자와 아웃사이더 간 갈등을 체험하고 있다.[53] 한편에는 행동 규범의 추가 조정을 요구하는, 발전을 추구하는 아웃사이더가 존재한다. 실로 이론적으로는 모든 사람이 모욕당하거나 차별받지 않을 것을 요구하지만, 실제로 그것은 오랫동안 백인 이성애자 남성이라는 작은 집단에게만 타당했다. 성인지 감수성적 표현 방식, 이분법적이지 않은 성 정체성의 포용, 인종차별에 대한 제재를 주장한다는 점에서 이전에는 배제되던 집단이 이제 자신을 위해서도 이러한 권리를 요구하고 있다.

다른 한편에는 지금까지 문화적 해석 주권을 주장해온 기득권자가 존재한다. 그들의 일상과 관습은 사회적 기대에 상응했다. 그들은 식당에서 '지고이네르슈니첼(Zigeunerschnitzel: 집시 커틀릿)'을 주문하고 디저트로는 아마도 '모렌코프(Mohrenkopf: 무어인의 머리)'를 먹는다. 그러한 명칭이 반드시 차별적 의도로 사용된 것은 아니다. 오히려 특권을 지닌 지위 집단은 "인식적 한계"[54]로 인해 특정한 도덕적 문제를 지각할 수 없었다. 그들은 단적으로 출신과 성 또는 피부색으로 인해 불이익을 받은 경험이 결코 없었기 때문이다. 이제 아웃사이더의 증대된 해석 권력이 기득권자의 일상 세계로 침투하며, 갑자기 메뉴판에 '파프리카슈니첼(Paprikaschnitzel: 파프리카 커틀릿)'이 등장하고 슈퍼마켓 진열대에는 '쇼코쿠스(Schokokuss: 초콜릿 키스)'가 놓인다. 그런 까닭에 인용된 연구에서 설문에 응답한 이의 절반 이상(55퍼센트)이 다른 사람들이 언어 규칙을 강요할 때 짜증이 나서 **의도적으로** 정치적으로 올바른 용어로 자신을 표현하지 않는다고 대답한 것은 놀라운 일이 아니다.[55] 그러므로 여기서는 자유로운 의견 표현에 대한 주관적 권리와 함께 보편적 규범이 호출되며, 그리하여 기득권자의 특수한 권력 요구가 건드려지지 않은 채 그대로 남는다.[56] 지켜지는 것은 **자유**가 아니라 말할 수 있는 것의 공간을 계속해서 확정할 수 있는 자신의 자유다.

새로운 규범을 둘러싼 논쟁은 퇴행적 영향을 미칠 수 있으며, 게다가 양쪽 모두에 그럴 수 있다. 자유주의적-지적 환경의 일부는 "다수 지위의 이점 상실"과 함께 그와 관련된 "방향 상실"[57]에 때때로 권위주의적 원한을 지니고서 반응한다. 젠더 별표에 대한 가장 집요한 싸움은 반드시 식탁 모임에서 이루어지는 것이 아니라 문예란에서 벌어진다. 두 가지 예를 들고자 한다. 작가 하랄트 마르텐슈타인은 〈차이트-마가친〉에 쓴 칼럼에서 젠더 별표에 맞서 격렬하게 자신을 방어했고("나는 고문 위협을 받지 않는 한 젠더 별표를 결코 사용하지 않을 것이며, 감옥도 충분한 위협이 아니다"[58]), 언론인 안나 슈나이더는 〈벨트〉에서 젠더 별표의 엄청난 사회적 폭발력을 증명한다("젠더에 대해 말하는 사람은 양극화에 대해 침묵할 수 없다"[59]). 우리는 언제나 거듭해서 외적 동기에 맞서 자립화한 것으로 보이는 똑같은 서사에 부딪힌다. 언어나 예의범절에 대한 포괄적인 새로운 규제가 개인의 자기 결정, 사회적 결속 또는 문화 일반을 위협한다는 것이다.[60]

흥미롭게도 우리는 버클리 그룹이 고전적 권위주의에서 관찰하고 또한 우리가 자유지상주의적 권위주의에서 관찰한 몇 가지 측면을 캔슬 컬처의 거부에서 만나게 된다. 규제나 금지에 대항하여 이해관계, 성향 또는 행동 방식에 대한 사회적 협의에 반항하는 물화한 자유권이 정립된다. 자기 결정권을 무시하는 사람들을 공격적으로 단죄하고, 자신의 충동을 반대편으로 투사하며(예를 들어 비자유주의적이라는 비난), 민감한 것을 거부하고(특수한 특권과 동일시되며), 담론은 성적 주제로 고정된다(예를 들어 이분법적이지 않은 성 정체성의 거부). 표면적으로는 표현의 자유에 대한 보편적 권리를 요구하지만, 그 배후에는 표현의 자유가 실천적으로 일반화하는 것을 막음으로써 특수한 특권이 훼손되지 않도록 보호하려는(반드시 의식적이지는 않은) 욕구가 숨겨져 있다.

그러나 발전을 추구하는 소수자의 행동주의 그 자체에 퇴행적 요소가 전혀 없지는 않다. 이질적 환경에서는 "투사적 집단 정체성"이 형성되는데, 이는 상황을 정의하는 힘을 특히 상처 같은 감정과 결합한다.[61] 게다가 보편주의적 진리 주장의 배타적 메커니즘을 비판하는 대항인식론은 극단적인 경우 새로운 배제의 정치로 바뀐다. 이제 이전에 타자를 배제하는 문화적 해석 주권을 가졌던 모든 사람이 배제된다. 바로 과거에 해방적 소수자의 대변자로 이해되던 확고한 지위를 지닌 남성 지식인, '늙은 백인 남성' 사이에서는 취소와 이른바 '발언 금지'가 상처로 이어진다. 이제 주변화된 집단 자신이 목소리를 내기 시작한다는 사실, 그러고 나서 또한 그들에 반대해서도 목소리가 나오기 시작한다는 사실은 드물지 않게 정치적 전선을 변화시켜 원망하는 행동주의를 촉발할 수 있다. 발전을 추구하는 문화적 환경의 일부가 만들어내는 개인적 "인격"과 정치적 "입장"의 포괄적 등치는 그들이 싸우고 싶어 하는 바로 그 적대자를 비로소 만들어낸다(3장 참조).[62]

일상적 상호 작용에서 미묘한 차별화 형식에 대한 민감성 증가, 이른바 '깨어 있는' 의식의 증가는 우리가 보기에 이미 토크빌이 관찰한 포용적 평등화의 역설적 부작용이다. 오늘날 여성, 성전환자 또는 문화적 소수자들은 그 어느 때보다 더 많은 권리를 가지고 있을 뿐 아니라 그에 대한 무시는 동시에 "제도적 결과",[63] 즉 부족한 현실화와 현존하는 불평등에 더욱더 예민하게 만드는 상황을 초래한다. 캔슬컬처를 둘러싼 논쟁에서 벌어지는 문화적 위치 부여 투쟁은 한마디로 규범적 진보의 역효과다.

근대 대중 민주주의에서 지식인은 여전히 인식과 규범에서 특수한 지위를 차지해왔다. 지식인은 사회 구조를 꿰뚫어 보고 비판할 수 있는 사람이었다. 그는 배제되고 무시당하는 사람들을 대신해 목소리를 냈다. 정확히 이 모델이 지금 위기에 처해 있다. 억압받는 사람들, 배제된 소수자는 스스로 목소리를 낸다. 그들은 지식인의 보편적인 이성적 요구를 포함하여 그의 더 나은 지식을 권력 질서의 일부로 간주한다. 그로 인해 더 잘 알 수 있음을 통해 자기 위치를 차지해온 저 환경은 상징적 권력을 잃게 되고, 그런 까닭에 더욱더 집요하게 이 요구를 견지한다. 물론 배제되고 차별받는 이들은 추상적인 도덕이나 진리에 접근할 수 있는 특권이 없지만, 그들은 주관적 경험을 통해 불의를 고발하고 정의를 요구할 수 있게 해주는 도덕적 정당성을 지니게 된다.

보론: 슬로터다이크의 명상

이데올로기적 진영 사이의 모호한 간섭을 형성하는 지적 담론의 중요한 선구자는 이 장 서두에서 인용한 한스 울리히 굼브레히트의 글에서 "위험한 사고"에 대해 칭찬하는 페터 슬로터다이크다. 물론 슬로터다이크는 학문적 제도에서 언제나 어느 정도 미심쩍은 저자로 남아 있지만,[64] 〈빌트〉지는 그를 "독일의 가장 중요한 사상가"[65]라고 부르며, 여기에는 그럴 만한 이유가 있다. 뛰어난 문장가인 슬로터다이크는 블랑케네제 해변의 별장에서부터 루르 지역의 감자튀김 가게에 이르기까지 폭넓은 독자층을 얻었다. 한동안 바그완(Bhagwan: 오쇼 라즈니쉬) 운동의 오렌지색 옷을 입던 젊은 슬로터다이크는 분명 이런 일을 상상하기 어려웠을 것이다.

오늘날까지 슬로터다이크의 저술에는 나중에 '오쇼'라고 불린 자신의 영적 스승 바그완 쉬리 라즈니쉬에게서 알게 된 "명상적인 지방"의 분위기가 남아 있다.[66] 1970년대 말에 슬로터다이크가 머무른 인도 푸네에 있는 오쇼의 아쉬람(Ashram: 수행하며 거주하는 곳)은 영성의 장소이자 반형이상학적 쾌락주의의 장소였다. 사람들은 수행의 강제를 없애고자 했고, 치료 명상 중에는 아무 제지 없이 울면서 의식을 잃을 정도로 춤추거나 서로 좌충우돌했다. 이 코뮌은 폭력과 학대까지도 포함한 성적 과도함으로 인해 대중에게 큰 파문을 일으켰다. 오쇼가 문명과는 거리가 먼 만큼이나 그의 가르침은 동시에 자본주의적 소비 지향과 조화를 이루었다. 아쉬람은 번성하는 비즈니스 모델을 개발했고, 예를 들어 독일 대도시에서 수많은 디스코텍을 운영했다. 오쇼 자신은 값비싼 시계로 장식하고 롤스로이스 리무진을 함대 규모로 소유했다. 그럼에도 불구하고 비순응주의, 명상적 자기 탐구, 쾌락주의적 소비의 자극적 혼합은 슬로터다이크가 영향력 있는 대항인식론으로 번역한 후기 근대적 주관성의 새로운 요구와 단연코 일치했다. 슬로터다이크는 자신이 "이중 국적"을 선택했고 인도 아쉬람의 "두 번째 세계를 위한 여권"을 오늘날까지 보유해왔다고 회고한다.[67]

부수적으로 언급한 이 지전적 일화는 적지 않은 중요성을 지닌다. 슬로터다이크의 저술들에는 오쇼 사상 세계의 유산이—비록 은폐되어 있긴 하지만—남아 있다. 그는 2009년의 대중적 저술 《너는 너의 삶을 바꿔야만 한다》에서 인간을 "초월적 극"으로부터 이해하고자 한다. 실로 신에 대한 믿음은 현재 흔들리고 있지만, 우리는 우리 안에 내재하는 "수직적 긴장"을 부정할 수 없다. 우리의 눈길은 여전히 위로 향하고 있다.[68] 우리 삶을 규정하는 불안 속에서 우리는 이룰 수 없는 목표를 향해 나아간다. 우리는 스스로를 끊임없이 최적화하고 전혀 만족하지 않는다. 슬로터다이크에게 이것은 초월을 향한 노력이 세속화된 사회에서도 계속 존재한다는 것을 시사한다. 그는 세속적 삶을 영적 의미와 연결하려고 한다. '수평적 사고' 운동에 대한 우리의 분석에서 이러한 통찰은 나중에 중요해질 것이다(7장 참조).

탈억제되고 구속받지 않는 삶에 대한, 요컨대 슬로터다이크가 푸네에서 돌아온 직후 《냉소적 이성 비판》(1983)에서 정식화한 "본질적으로 평민적인 성찰"의 부끄러워하지 않는 "뻔뻔스러움"에 대한 옹호는 오늘날까지 슬로터다이크의 사상에 각인되어 있다.[69] 그의 문체는 연상적이고 은유적이며 때로는 도발적이다.[70] 그러나 지난 20년 동안 규칙 체계에 대해 그가 때때로 경솔하게 정식화한 회의는 그 평민적 핵심에서 분리되었다. 그것은 이제 더는 위쪽이 아닌 아래쪽으로 향한다. "주는 손의 혁명"이라는 첨예화한 이의제기를 가지고서 그는 2009년 신문 문예란에서 세금 정책에 대한 격론을 촉발했다.[71] 현재 문제는 부의 불평등의 지속보다도 그가 2006년 저서 《분노와 시간》에서 상세히 설명했듯이 "주는 자의 관대함"을 향한 "잃은 자"의 원한에 있다는 것이다.[72] 평등한 자들의 사회는 "만인에 대한 만인의 질투"[73]를 산출하는데, 이는 토크빌이 관찰한 평등의 역설을 독자적으로 허무주의적으로 독해한 것이다.

이 아이러니한 과장은 슬로터다이크에게 근대 사회의 바람직하지 않은 발전을 가시화하는 방법으로서 이바지한다. 실로 슬로터다이크는 오늘날까지도 반항적이고 도발적인 냉소주의자로 남아 있지만, 이전에는 항상 유동적이고 반성적이던 그의 입장 정립에서 최근 일정한 경직화 경향이 관찰된다. 2016년에 그는 앙겔라 메르켈이 이끄는 연방 정부의 이민 정책을 비판했다. 잡지 〈키케로〉와의 인터뷰에서 그는 독일이 "주권을 포기하는 행위로 스스로를 짓밟았다"고 확언했다.[74] 슬로터다이크는 거친 언어를 사용하는 데 거침이 없었지만, 여기서 그는 당시 매우 회자되던 우파 포퓰리즘 운동의 구호와 비교적 직접적으로 연결되었다. 그럼에도 불구하고 슬로터다이크는 우파 지식인이 아니다. 그는 자기 입장을 언제나 거듭해서 수정하며, 수천 쪽을 포괄하는 그의 저작으로도 거의 확정될 수 없다. 그러나 과장된 제스처로 말할 수 없는 것을 말할 수 있게 만드는 자신의 원칙을 가지고서 그는 극단으로 기울 수 있지만 거기에 머물 필요는 없는 대항인식론의 대표자가 된다.[75]

지적 횡단전선

현재의 문화적 갈등을 바라보며 우리는 스스로를 위협적인 교통사고 앞에서 무력한 목격자처럼 느끼는 경우가 드물지 않다. 처음에는 점차로 차선을 벗어나는 것을 가리키는 작은 신호만이 존재한다. 하지만 일단 차량이 속도를 높이면 더는 되돌릴 수 없다. 차량은 곡선 노선에서 밀려나고 언젠가는 충돌한다. 그래서 우리는 이전에 유명했던 언론인 마티아스 마투세크가 우파 포퓰리즘 시위에서 저항을 촉구하기 위해 어떻게 흔들리는 맥주 상자에 올라섰는지, 가수 사비어 나이두가 어떻게 모호한 음모론으로 점점 더 깊이 빠져들었는지(그사이 그는 이로부터 거리를 두고 있다), 또는 이탈리아 철학자 조르조 아감벤이 팬데믹 상황에서 예외 상태를 종식하기 위하여 어떻게 백신 접종 반대 운동의 싱크탱크를 설립했는지 지켜보았다.

하지만 사회에 잘 융화되고 심지어 성공까지 한 사람들이 음모에 대한 자신의 믿음에 의문을 제기하기보다는 직업적 성공, 친구, 가족 등 모든 것을 잃을 각오를 하면서까지 상상의 가상 세계로 빠져드는 일은 어떻게 해서 일어나는 것일까? 이하에서 우리는 심리학적 인격 연구를 수행하는 것이 아니라 사회적 병폐에 대한 비판이 엉뚱한 방향으로 흘러가 일반화된 불신으로 바뀔 수 있는 메커니즘에 접근하고자 한다.

우리의 세 가지 사례 연구는 전통적인 정치적 경계를 넘나든다. 좌파적 방탕은 문화적 다양성에 대한 원한과 결합하고, 국가 비판은 음모 사고와 만나며, 이에 따라 때때로 정치적 방향 감각 상실이 생겨난다. 이 복잡하게 얽힌 상황에서 지적 횡단전선(Querfront)이 형성되어 새로운 연대의 사슬을 만들어내고 좌파와 우파의 구분을 약화시킨다.[76] 역사적으로 횡단전선이라는 개념은 1930년대에 "우파와 좌파 집단들이 맺은 특수한 목적의 정치적 동맹"을 의미했다.[77] 바이마르 공화국이 건국된 후 오스발트 슈펭글러나 아르투어 묄러 판 덴 브루크 같은 이른바 "보수 혁명"의 일부가 국가주의적 사회주의를 선전했다.[78] 1930년대 초, 바이마르 공화국 수상 쿠르트 폰 슐라이허는 우파 지향의 사회민주당원들과 국가사회주의독일노동당(NSDAP: 나치) 내의 반자본주의 세력의 협력을 얻어 자기 권력을 공고히 하려고 했다.[79] 횡단전선 정부는 실패했지만, 민족적 사회주의의 이념은 히틀러가 1934년 국가사회주의의 대표 인사들을 살해할 때까지 국가사회주의의 에른스트 룀이나 슈트라서 형제 같은 인물들과 더불어 계속해서 살아 있었다.

그러나 오늘날의 상황은 특수한 목적을 추구하는 이러한 역사적 동맹과는 더는 아무런 공통점이 없다. 물론 새로운 뉴라이트 잡지 〈제체시온(Sezession)〉과 좌파 온라인 잡지 〈루비콘〉 환경의 일부 기자와 같은 정치 모델로서든, 기자인 위르겐 엘제서나 라디오 진행자 출신인 켄 엡센과 같이 길을 잃은 인물의 정치적 개인사를 생각하든 그야말로 횡단전선 사상을 되살리고자 하는 인물들이 정치적 공간 이곳저곳을 누비고 있다. 그러나 여기서는 다만 오랜 적대적 태도가 새로운 전선을 따라 굳어질 뿐, 영향력 있는 정치적 동맹에 대해서는 말할 수 없다. 우리는 해당 횡단전선으로부터 좌파 입장과 우파 입장의 선택적 친화성을 끌어내는 평가가 거의 설득력이 없다고 생각한다.[80]

지적 횡단전선에 대한 우리의 이해는 이념의 전달이 통제되지 않은 채 서로 다른 방향으로 이루어지는 비판의 미확정 경계 지대를 목표로 한다. 문학적 기호 체계를 연구한 러시아 기호학자 유리 M. 로트만은 경계를, 분리함과 동시에 대립 자체를 없애지 않고도 결합하는 침투 가능한 지대로 정의한다. 로트만에게는 한 문화에서 통용되는 다양한 기호 체계는 언제나 이미 서로 관계되어 있으며, 기호는 여러 가지 의미로 구성된다. 생물권에 비유하여 그는 이러한 문화적 의미 네트워크를 "기호권(Semiosphäre)"이라고 부른다. 경계는 서로 다른 의미들이 모이고 번역되는 접촉 지대다. "경계가 기호권의 필연적 부분이고 어떠한 '우리'도 '타자' 없이는 나오지 않기 때문에 문화는 그때마다 자기의 고유한 형식의 내적 조직뿐만 아니라 자기의 고유한 유형의 외적 '탈조직'도 만들어낸다."[81]

로트만의 개념은 이데올로기 영역으로 옮겨질 수 있다.[82] 여기서도 입장은 다른 것들에 대한 경계 긋기에서 형성되며, 여기서도 질서를 흐트러뜨리고 해체하는 이데올로기적 교환 과정이 발생한다. 이 장의 사례 연구에서 우리는 바로 정치적 기호 자료가 그 속에서 움직이고 새로운 이데올로기적 혼합 관계를 맺는 지적 경계 지대에 관심을 기울이지만,

여기서는 새로운 연합과 특히 권위주의적인 것으로의 경향을 자기 안에 지니는 자유지상주의로 이어지는 전달 메커니즘을 관찰할 수 있다.

이제 마지막으로 세 가지 사례 연구를 살펴보기 전에 우리는 앞에서 말한 재평가, 동맹 및 이념 전달에서 규칙적으로 관찰할 수 있는 몇 가지 패턴에 대해 간략히 언급하고자 한다. 우선은 우리에게 이미 잘 알려진 **스캔들화** 전략을 통해 새로운 연합이 만들어진다. 스캔들화는 도덕적 분개를 통해 결합을 만들어낸다. 실로 사람들은 히잡 비판자, 우파 포퓰리즘 성향의 독일을 위한 대안(AfD) 정치인, 반유대주의적 고정관념으로 도발하는 풍자가 등의 입장에 동의하지 않지만, 그들에게 쏟아지는 가혹한 거부 분위기는 도덕적으로 견딜 수 없을 것이다. 개별 사례가 사회적 폐해로 일반화됨으로써 사회 비판의 패턴이 재정의된다. 자유주의 지식인들은 공개적으로 발언할 권리를 옹호하지만, 이제는 비자유주의적 입장까지 옹호한다. 그 밖에 그러한 연합은 대개 **공유된 적대자**를 통해 성립된다. 사람들은 부정적 의미 전달체에 대해, 젠더 이론, 정체성 정치, 엘리트 또는 과학에 대해 분노한다. 그리하여 정치적 공간이 실제로 새롭게 정돈된다. 왜냐하면 자유지상주의적이라고 자처하는 성차별주의, 쾌락주의적으로 나타나는 외국인 혐오증, 결단주의적 방식으로 표류하는 국가 비판 등 이전에는 분리되어 있던 집단이 이제는 공동의 적대적 관계를 통해 결속하기 때문이다.[83] 마지막으로 때때로 **단절의 연출**이 편 바꾸기를 신뢰할 만하게 만들기 위해 이용된다. 종교적 회심 이야기에서와 유사하게 위기의 경험은 방향 전환을 일으킨다. 그것은 각성 이전의 잘못된 견해와 각성 이후의 올바른 견해를 분리한다.[84] 오랜 결합이 허물어지고 이데올로기적 재편이 일어난다.

과도한 의심

최초의 지적 횡단전선은 오랜 코로나 시기에, 즉 일상생활에 대한 대규모 제한이 팬데믹의 빠른 종식을 의미하는 것이 아니라 그 자체로 고립, 고독, 탈진, 우울함이나 실업과 같은 사회적 위험을 초래한다는 것이 서서히 분명해진 지속된 위기 시대에 형성되었다. 이제 지식인들은 자기 집 안에 고립된 모든 사람의 이름으로 발언하고 사회적 비참함을 지적했다. 물론 그들의 스캔들화에는 도덕적 과도함이 내재했지만, "예술가의 항의"[85]는 단연코 그럴듯한 이의제기로써 위기를 과학적 모델을 통해 해결하려는 과학주의적 정치의 병리학에도 주목하게 했다.

그러나 도덕적 과도함은 예를 들어 2021년 4월부터 울리케 폴케르츠, 보탄 빌케 뫼링, 울리히 투쿠르를 포함한 53명의 배우가 참여한 소셜 미디어 개입 영상 #전부다닫아(#allesdichtmachen)에서, 요컨대 저녁 공익 프로그램의 유명 인사들 모임에서 볼 수 있다. 뮌스터의 〈타토르트〉에서 잘난 척하는 뵈르네 교수 역으로 대중의 사랑을 받은 얀 요제프 리페르스는 '미디어'도 통제한다고 비난하면서 비꼬듯이 자신의 대중에게로 향한다. "조용히 절망하세요. 하지만 의심하지는 마세요."[86] 그에 반해 〈바빌론 베를린〉 시리즈의 주연 배우로 유명한 포커 브루흐는 아이러니하게도 정부에 더 많은 공포감 조성을 요구한다. "우리를 더 불안하게 만드세요. 지금 이 나라 사람들은 이런 불안이 필요해요."[87] 이 예술적 행동은 팬데믹 조치에 대한 비판을 사실과 허구가 용해되는 모호한 경계 공간으로 옮겼다. 몇몇 영상에서 배우들은 그들이 현실의 사람들로서 마찬가지로 현실의 연방 정부에 말을 걸고 있음에도 불구하고 정부 비판이 금지되고 오로지 충만한 칭찬의 형태로만 용인되는 전체주의적 독재의 수용자인 것으로 보인다. 다른 영상에서 체제에 대한 저항을 정식화하게 해주는 것은 과도한 규칙 순응주의다.[88] 이 개입은 의심을 대중화하려는 목표를 달성하지 못했고, 그 대신 격렬한 반발을 불러일으켰으며, 그 결과 일부 배우는 자신의 영상을 삭제했다. 그 개입은 그에 더하여 소셜 미디어를 통해 예술가들의 행동을 축하한 우파 보수주의자인 전 안전기획부장 한스게오르크 마센이나 AfD 정치인 알리체 바이델과 같은 원치 않는 동맹 파트너들을 끌어들였다. '#전부다닫아'는 봉쇄 조치로 인해 다른 어떤 직업 집단보다 더 큰 고통을 겪은 예술가들의 불만을 "확산한 격분"으로 이끌었다.[89] 해당 서사에서 어두운 권력의 중심은 삶과 예술을 감독하고 제 마음대로 부린다. 그래서 예술의 자유는 단지 음모적 이야기로 번역될 수 있을 뿐만 아니라 또한 그런 이야기로도 번역되어야 할 여러 가지 의미를 지닌 텍스트가 된다.

이탈리아에서 유럽 최초의 코로나 사망자가 보고된 직후인 2월 26일, 조르조 아감벤은 좌파 일간지 〈일 마니페스토〉에 "전염병의 발명"에 관한 글을 기고했다.[90] **호모 사케르** 시리즈에서 전개하는 아감벤의 예외 상태 이론은 정신과학에 엄청난 영향을 미치고 있다. 이 이론은 주권의 논리가 근대적 국가 성격의 중심 통제 원리를 나타낸다는 데서 출발한다. 이를 통해 사람들을 배제하는, 법적 규제가 없는 공간이 언제나 거듭해서 창출된다. 그의 가정에 따르면 국가사회주의의 강제 수용소는 결국 처음부터 서구 정치 안에 놓여 있었다.[91] 그러므로 그가 많은 논란을 불러일으킨 신문 기고문에서 "예외 상태를 검증된 통치 패러다임으로 사용하는 경향"[92]에 주목하는 것은 벤저민 브래튼이 《메르쿠르》

에서 밝힌 것처럼 "갑작스러운 마음의 변화"에 기인하는 것이 결코 아니다.[93] 팬데믹 정치에 대한 아감벤의 기고문은 통치자들의 어두운 계략을 증거로 제시하는 권력 비판이 어떻게 음모 사고로 전환될 수 있는지를 생생하게 보여준다. 2020년 6월에 쓴, 《우리는 어느 지점에 서 있나?》라는 책의 머리말에서 아감벤은 "이 세계의 지배 세력이 팬데믹—그것이 실재적인 것이든 단지 가상적으로만 그러한 것이든—을 의식적으로 …… 사람과 사물을 어떻게 통치할 것인지 완전히 새로운 패러다임을 창조하는 구실로 받아들였다"고 이야기한다.[94] 지적 회의는 권력의 참된 의도를 밝히기 위해 통제되지 않은 사건을 통일적 도식에 따라 해명하는 해독 시스템으로 자립화한다.[95] 새로운 국가적 상태에 대한 우려는 임박한 "거대한 전환(Großen Transformation)"(대문자 G를 포함한다)에 대한 불신으로 일반화된다.[96] 우리가 다음 장에서 더 자세히 살펴볼, 팬데믹을 둘러싼 수많은 음모론에서처럼 파시스트 독재와 현재의 "건강 공포정치"는 통치의 두 가지 전제적 방식으로 해석된다. 그 철학자 자신은 전복적 사건의 '증인'이 된다. 그는 배타적 해석을 요구하는, 보는 자이다. 확산하는 상황에 직면하여 그는 권력의 질서를 폭로할 수 있다. 여기서 지적 의심은 정치적인 것에 대한 종말론적 이념과 뒤섞인다. "한 가지는 분명하다. 새로운 저항 형식들이 필요할 것이다. 미래 정치의 이념을 견지하는 모든 사람은 주저 없이 그런 저항 형식들과 접속해야 한다."[97]

《침묵하는 자는 동의한다》는 유럽에 대한 헌신으로 유명한 정치학자이자 지식인 활동가인 울리케 게로가 2022년에 출간한 논고다. 저자에 따르면 이 책은 "지금 우리가 사는 방식대로 살 수 없는" 모든 이에게 헌정되었다.[98] 게로는 인식적 단절을 일으켰고, 그녀는 "코로나 조치의 행렬"에 올라타지 않은 까닭에 "오늘날 사회로부터 소외"되었다. 의심의 대가는 크다. 그녀는 감사의 말에서 "사회적 재구성"에 대해 이야기하는데, 그 재구성 과정에서 그녀의 친구들은 거의 다 바뀌었다. 하지만 그녀는 달리 행동할 수 없었다. 그렇지 않았다면 그녀는 1927년에 출간된 쥘리앵 방다의 논고《지식인의 배반》을 언급하며 말하고 있듯이 진리에 대한 배반을 범했을 것이다.[99] 이 프랑스 철학자는 그 당시 양극화된 논쟁 공간의 위험한 동역학에 대해 경고했다.[100] 그에 반해 게로는 진실을 말함으로써—사실에 반하는— 열등감으로 내몰리더라도 진실을 말하는 지적 미덕을 견지하고자 한다. 이 열등감은 배제에 대한 불만이 주목을 끌어들이는 한에서 사실에 반한다. 게로의 책은 그녀의 도발적 테제에도 불구하고가 아니라 바로 그로 인해 많은 화제를 불러일으킨 베스트셀러가 되었다.

게로의 현재 진단의 은유를 좀더 자세히 살펴보면 그녀가 상식과의 단절로부터 얻는 이익이 좀더 명확해진다. 게로에 따르면 사회 전체는 프란츠 카프카의 소설《변신》에서 어느 날 아침 딱정벌레로 깨어나 자신에게 무슨 일이 일어나고 있는지 알지 못하지만, 또한 알고 싶어 하지도 않는 그레고르 잠자와 같다. "사람들 대부분이 '현재의 주문'으로 최면에 빠진 까닭에 바로 무슨 일이 일어나고 있는지 알거나 생각해보려고 하지 않는다는 것을 많은 것이 이야기하고 있다."[101] 결국 인구의 대다수는 기꺼이 기만적 속임수에 굴복한다. 게로는 현 상태와의 동일시를 방조하는 "조건화", "언어적 재해석"에 대해 이야기한다. 연대가 국가에 대한 복종으로, 의존이 자유로, 사회 비판이 음모론으로 되는 것이다.[102] 이러한 의미론적 전회를 통해 그녀는 '수평적 사고' 운동의 중심 개념들과 이미지들('독재', '검열', '숙청' 등)을 끄집어낼 뿐만 아니라 '수평적 사고'를 과학주의적 이성과는 다르게 진행되는 주권적 사고의 방식으로 끌어올린다.[103] 그녀에게 현재의 "거대한 퇴행"[104]은 오로지 측정할 수 있는 지식만이 인식의 원천으로서 이바지하고 가령 영성과 같은 대안적 인식 형식은 주변화된다는 데 존재한다. "수학이 2+2=4라고 알려주는 곳에서 지혜는 우리에게 때때로 3도 짝수이게 해야 한다고 가르친다."[105] 우리는 어떤 주장의 사실상의 거짓을 의식하고 있지만, 바로 그것이 일상적 지성의 더 높은 인식으로 평가절상된다.[106]

게로와 아감벤을 하나로 묶는 것은 현재에 대한 그들의 **규정된** 부정이다. 그들은 기존 사회 질서에 대해 순수하게 부정적인 비판을 정식화하는 것이 아니라 회의를 "새로운 시대의 여명"에 대한 희망으로 전환한다.[107] 일반적 의혹을 대중화하는 것은 자유주의적-지적 환경으로부터의 비판적 목소리다. 그들은 널리 퍼진 불만을 독단적 사고가 사실에 대한 주권자가 되는 절대적 회의로 옮겨놓는다. 게로의 논고는 정치적 숙청 및 순수성에 대한 환상까지 포함하는 무제한의 주권에 대한 상상력으로 치달아간다.[108] 오직 자신의 권위만을 인정하는 자유지상주의적 사고는 여기서 이미 권위주의적인 것이 아닌데도 권위주의적인 것으로 기울어진다.

향수에 젖은 행동주의

두 번째 횡단전선은 종종 '정체성 정치'라는 많은 함축을 지니나 궁극적으로 구멍이 많은 개념을 가지고서 작동하는 해방 투쟁을 둘러싼 논쟁에서 형성되었다. 처음 접근할 때 우리는 그 개념이 일반적으로 성,

피부색, 성 정체성, 성적 지향과 같은 특정한 징표에 의해 정의되거나 그러한 징표로 자기 자신을 정의하는 집단의 참여를 말한다고 생각한다. 그러므로 비판자가 보기에는 《공산당 선언》에서 마르크스와 엥겔스가 모든 "지금까지의 운동"은 "소수자의 운동이나 소수자의 이해관계를 위한 운동"이었지만, "프롤레타리아 운동"은 "엄청난 다수의 이해관계를 위한 엄청난 다수의 자립적 운동"이라고 혁명적으로 강조하며 표명한 곳에서[109] 이제 다시 소수자 또는 적어도 특수한 집단이 중심에 서게 된다. 사람들은 모든 사람이 공유하는 징표가 아니라 한 사람을 다른 사람과 분리하는 특성을 통해 정의되며,[110] 이러한 특유성의 인정을 위해서나 이전에 특권을 누린 다수에 의한 배제나 차별에 대항하여 투쟁한다.

적어도 전통적인 좌파 환경의 특정한 부분에서는 정치적 갈등의 이러한 새로운 문법이 거부당한다. 근본 논증은 일반적으로 다음과 같다. 소수자의 특수한 요구에 초점을 맞추는 것은 다수의 일반적 이익을 평가절하하고 내몰았다는 것이다.[111] 노동하는 자들과 사회적으로 영락한 계층들은 더는 경제적 착취가 아닌 문화적 차별에 맞서 싸우는 좌파가 자기를 돌보고 있다고 느끼지 않는다. 그 대신 그들은 이제 우파 포퓰리즘 정당으로 향한다.[112] 그러나 그러한 가운데 이 실망한 지식인들이 전통적 노동자 계급에 돌리는 반응 패턴은 적어도 그들 자신에게서도 마찬가지로 발견된다.

근대 대중 민주주의에서 좌파 지식인들은 한편으로는 두드러진 위치를 차지했다. 그들은 차별받는 집단이나 심지어는 인류 전체를 위한 보편적 규범의 이름으로 말했고, 따라서 이를테면 보편적인 것을 내세웠다. 이러한 작업 모델은 후기 근대 사회의 분산된 공론장에서 억눌린다. 차별받는 자들이 갑자기 자기 자신을 대변하고, 그러한 가운데 이전에 그들을 대표했던 기존 지식인들도 비판한다. 그 밖에 이 과정에서 그들은 반드시 일반적인 것을 끌어대는 것이 아니라 특수한 입장과 이해관계를 분명히 표현한다. 이러한 상황에서 이전 아방가르드의 개별적 대표자들은 반격과 좀더 깔끔하게 정리된 시대에 대한 동경을 지니고서 대응하며, 이는 또한 그들의 발언을 우파와도 연결할 수 있게 만든다.[113] 향수에 젖은 계급투쟁의 이러한 복고적 이면은 특히 2018년에 창립된 '아우프슈테엔(Aufstehen: 일어나라)' 운동의 몇몇 저명한 대표자들에게서 특히 생생하게 드러난다. 좌파당 정치인 자라 바겐크네히트와 더불어 이 운동의 정치적 성격을 형성한 극작가 베른트 슈테게만은 정체성 정치에 대해 자본주의가 그것을 전유하는 데 이바지한 이기주의적 동기를 다음과 같이 증명한다. "모든 사람이 자기 자신의 자아를 자신이 주목하는 것의 중심으로 삼는다면 다른 특수한 요구에 대한 의미 있는 모순은 존재하지 않는다."[114] 그에 맞서 슈테게만은 "포퓰리즘의 지렛대"[115]의 도움을 받아 다시 정치적 공간에 닻을 내려야 하는 계급의식의 긍정적 일반성을 되살리고자 한다. 자본과 노동 사이의 경제적 근본 모순은 대중과 엘리트 사이의 포퓰리즘적 차이와 연결되어야 한다. "각각의 모든 포퓰리즘적 운동은 우파 포퓰리즘이든 좌파 포퓰리즘이든 똑같이 현실적 상황에서 긍정적 영향을 미친다. 그것은 엘리트들을 놀라게 하고 수십 년 만에 처음으로 자신들의 봉건적 구조를 공개적으로 인정하도록 강요한다."[116]

감정이 아니라 논증이 가치가 있는 영역으로서의 공론장 이미지를 슈테게만이 견지한다는 점도 이러한 향수에 젖은 충동에 속한다. 여기에는 감정, 차이 나는 것 그리고 이른바 지나치게 예민한 '깨어 있는'

의식에 반대하는 일정한 정서가 숨어 있다. 그래서 슈테게만은 "복잡성에 적합한 공적 의사소통"을 가능하게 하는 것에서 공론장의 결정적 성과를 본다.[117] 그곳에서 목소리들의 카오스는 공동의 대화로 전환될 수 있지만, 이것은 모든 구성원의 보편적 평등을 전제한다. 빈의 철학자 로베르트 팔러도 비슷한 노선을 취하는데, 그는 저서 《성인 언어》(2018)에서 "**성숙한 시민성**(citoyenneté)"을 인상적으로 옹호한다.[118] 공론장, 따라서 문명적인 교제 형식은 "거리를 견딜 수 있는 능력"에 기반한다.[119] 이 논증이 우리에게 친숙한 것으로 나타나는 데는 이유가 없지 않다. 그것은 리처드 세넷에게서 유래하며, 팔러는 "포스트모던"의 병리학을 몰락한 이상에 비추어 측정하기 위해 이를 끌어들인다.[120] 그러나 이러한 시민적 공론장은 "레트로피아",[121] 즉 동질성을 통해 내적 결속을 보장하는 이미 몰락한 그리움의 장소다. 그 장소는 일반성을 평등으로 생각함으로써 개인적인 것, 특수한 것, 차이 나는 것을 불안정한 위험 요소로서 간주해 배제하는 표준화 이념이 각인돼 있다.

슈테게만과 마찬가지로 팔러에게서도 "포스트모던 정체성 정치와 언어 정치"는 "평등의 정치"를 불가능하게 만드는, 아래에서 위로 향하는 신자유주의적 재분배를 위한 "선전"이다. 그러므로 우리는 여기서 낸시 프레이저가 대중화했지만, 복고적 항로로 빠져들 만큼 지나치게 단호한, "진보적 신자유주의"에 대한 급진적 비판을 만나게 된다.[122] 슈테게만의 전우인 자라 바겐크네히트에게서 이 비판은 마침내 소시민의 "정상주의"[123]로 기울어진다. 2021년에 출간된 책 《독선적인 사람들》에서 그녀는 무엇보다도 우선 "생활양식의 문제"와 "도덕적 태도 점수"에 몰두하고 "자율과 자기실현"을 "전통과 공동체보다 더" 평가하며, 이제는 — 여기서는 대표성의 독점 요구에 의문이 제기됨으로써 상처받고 있다는 것이 드러난다—사회 변화의 진보적 프로젝트와 잘못 동일시되는 이른바 지배적인 "생활양식 좌파"에 대해 끝없는 악담을 퍼붓는다.[124] 그러나 결국 순응적인 것은 안정과 안전에 대한 갈망이 아니라 특수화를 향한 특이한 추구다. 전통주의적 가치 관념을 지닌 보수적 환경과의 의미론적 동맹은 여기서 늦게나마 명백해진다.

이러한 전선 배치에서 정체성 정치의 항의 형식들은 "생활양식 좌파"에 의한 국가 나포 과정에서 성립하고 사람들에게서 일상생활의 마지막 즐거움을 빼앗고자 하는 가부장주의적 정부성의 징후로 나타난다. 담뱃갑에 경고문을 표시하고, 여성에게 하이힐과 스커트를 입지 말라고 조언하며, 불쾌한 농담에 대해 경고하는 데 반해, 경멸적인 농담은 곧바로 금지된다.[125] 팔러는 행동 표준화의 이러한 이질적 집합을 성인들이 더는 그 자신의 성인다움을 기대할 수 없게 하는 "문화적 청교도주의"로 해석한다.[126] 이러한 "위에서 아래로 내려오는 온유함"은 "사회적 관계의 잔인화"를 외면하는 한에서 신자유주의적 지배 형식이다. 사람들은 실업과 빈곤에 저항하는 대신 오히려 제3의 화장실 문(성소수자·성전환자 등을 위한 성 중립 화장실—옮긴이)이 없는 것에 대해 분노한다.[127]

이렇듯 소수의 쾌락주의와 또한 수직적 계급투쟁에 가담하는 것이 그 자체로 문제가 되지는 않는다. 그러나 그러한 것들이 이분법적으로나 적대적으로 정체성 정치의 인정 요구로 정립됨으로써 그것들은 특이함과 감수성을 과도한 예민함으로 평가절하하거나 권력의 도구로서 공격적으로 방어하는 원한을 창출한다. 그와 마찬가지로 배려를 거부하려는 자유지상주의적 충동도 관찰할 수 있다. 금지와 포기가 정체성 정치의 문화적 지배 형식으로 해석됨으로써 자신의 고정관념과 공격적 충동이 상대적으로 무력한 비교 대상에 투사될 수 있다. 정치적 투쟁은 권력자에 대항해서가 아니라 슈테게만이 공개적 의견 표현에 대한 "전염병"이라고도 표현하는 문화적 소수자의 반항에 대항하여 수행된다.[128] 향수에 젖은 계급투쟁은 포퓰리즘으로 채워진 문화 투쟁으로 급진화한다.

기호의 파르티잔

이념들이 새롭게 결합하는 세 번째 경계 지대는 전혀 다른 영역, 이른바 '포스트모던'을 둘러싼 싸움터에서 관찰할 수 있다. 근대의 기둥(이성, 진보, 계몽)을 근본적으로 해체하려는 포스트모던 사고의 본래 전복적 충동은 개별 지식인들에게서 불안정한 현재를 새롭고도 때로는 우파적인 기초 위에 세우는 최종 근거짓기로 변모한다.[129] 포스트모던을 어떻게 판정해야 하는지, 포스트모던에서 일반적으로 무엇을 이해해야 하는지는 그 자체로 좌파 이념과 우파 이념 사이의 경계 긋기를 둘러싸고 격렬한 싸움이 벌어지는 갈등의 장이다. 예를 들어 위르겐 하버마스는 1980년에 프랑스 작가 조르주 바타유, 미셸 푸코, 자크 데리다를 근대주의의 옷을 입고 반근대 입장을 정식화했다는 이유로 "젊은 보수주의자"로 묘사한 바 있다.[130] 그러나 현재 차이나 동일성 같은 기표가 우파의 개념적 도구 상자 안을 떠돌고 있다는 사실은 포스트모던의 우파적 기원에 대한 틀림없는 증명이라기보다는 대항인식론의 변형을 보여주는 증거다(3장 참조).[131]

개념들을 정반대로 대립하는 정치적 장소로 이끌던 그 개념들의 이주 운동은 잡지 〈소요〉의 변덕스러운 발전 과정에서 분명하게 예시될 수 있다. 이 잡지는 1979년에 '**교통학 잡지**'라는 부제를 달고서 프랑스 포스트 구조주의를 지향하는 메르베 출판사의 집단적 프로젝트로 첫 번째 호가 발행되었다. 당시 편집자였던 디트마르 캄퍼에 따르면 이 잡지의 동기는 "새로운 글쓰기 및 프레젠테이션 기법의 검증"이었다.[132] 바로 이 잡지라는 매체는 절대적 설명 원리들을 지닌 큰 이야기 대신 예술적-전복적 형식의 사회 비판에 논의의 장을 제공하기 위해 저자와 언어의 의심할 여지 없는 힘을 약하게 만들어야 했다. 〈소요〉 편집진이 상당수 저자로 참여했던, 1978년에 메르베에서 출간한 《반란의 빛남》 광고문은 다음과 같이 밝히고 있다.

> 전체가 망상의 체계로 전개되고 권력이 점유한 분야들이 점점 더 미궁에 빠지는 곳에서는 논리정연한 이론과 명확한 전략이나 대항 전략이 소용없다. 이제 예를 들어 수평적으로 생각하고 게임의 규칙을 뒤집으며 자기를 알아볼 수 없게 만들고 웃음을 터트리는 등, 권력 시스템을 방해하는 새로운 헤아릴 수 없는 형식들을 시도할 때가 되었다고 해서 놀랄 게 무엇이겠는가…….[133]

사회적 권력의 광범위하고 분화된 조직을 탐구하려는 변화된 접근 방식은 마르크스주의 정설과 단절한 새로운 형식의 지적 개입을 요구했다. 권력의 경로들이 복잡하게 뒤엉켜 있는 만큼 전복의 수단도 다양할 것이다. 그런 까닭에 〈소요〉라는 제목은 "'폭동', '반란', '반항'과는 달리 의도하지 않고 비자의적으로 함께 흐르고 흩어지는 것"을 표현한다고 공동 창립자 프랑크 뵈켈만은 말한다.[134] 사람들은 정치적인 최종 근거짓기를 거부함으로써 주변화된 사고 방향에 자기를 개방했다. 그리고 그것은 바로 우파의 사고 전통도 포함했다.[135] 그들은 다가오는 시대 전환을 상상했을 뿐만 아니라 또한 영웅적인 것을 새롭게 되살리고자 했다. 그들은 카를 슈미트의 《파르티잔의 이론》을 읽거나 에른스트 윙거의 《숲 걷기》를 배낭에 넣고 독일의 숲속을 돌아다녔다.[136] 하지만 그 당시에도 반패권주의적이고 파괴적인 사회 비판을 위해 불평하는 목소리를 내기 위한 시도가 이루어지고 있었다.

2013년에 부제가 '**합의 교란을 위한 계간지**'로 변하면서 정치적 재편이 예고되었다. 편집진의 실제적 분열은 2015/2016년 겨울에 난민 문제에 관한 입장 결정을 둘러싸고 이루어졌다. 이전에 좌파 대안적인 전복적 행동의 창립 일원이던 편집자 뵈켈만 밑에서 이 포스트 구조주의 잡지는 우파 스타일을 경험했다. 뵈켈만에 따르면 〈소요〉라는 제목에는 "원하는 대로 만들 수 있다는 망상, 즉 세계를 발명하고 자신의 정체성을 마음대로 구성할 수 있다는 휘브리스(Hybris: 오만)로부터의 이반이 새겨져 있다."[137] 그 제목이 본래는 사회적 안정화 시도가 항상 불안정하고 취약하며 흥분으로 관철되어 있다는 점을 강조했다면, 바로 근대의 질서 구조에 대한 이러한 급진적 의심이야말로 이제 우파에서 정치 제도를 비판하는 아주 효과적인 지렛대가 되었다. 잡지 초창기에 여전히 환영받던 "속박된 안보의 해체"[138] 시나리오(조류, 해체, 혼돈, 재앙 또는 전쟁)는 이제 한 사회의 고유한 정체성, 아니 그 문화적 실체를 위협한다. 이 잡지는 후기 근대에서 사회의 의미 비움과 전도에 대항한 우파의 "기호의 봉기"[139]를 시험하는데, 여기서 그것은 간단명료하게만 제시될 수 있다.

재창간의 동기로는 정치적 대안에 대해 폐쇄적이던 비밀스러운 합의가 언급된다.

이 계간지의 창간은 금융 자본이 지배하는 세계 경제 및 이들을 위해 노예같이 일하는 과학 및 연구 회사들과 결합하여 신순응주의 여론을 조성하고 있는 구 미디어와 최신 미디어의 전 세계적으로 네트워크화된 강력한 의미 생산자들이 산출하는, 점점 증가하는 합의 압력에 대한 반작용이다.[140]

이 음울한 진단에서 비판적 사고는 공적 의사소통에서 추방되어 있다. 전 세계적으로 운영되는 콘체른들이 무엇을 말해야 하고 일반적으로 무엇을 말할 수 있는지 결정한다. 그리고 학계 지식인들은 굴종적으로 그들을 보좌한다. 그래서 1년 후 두 편집자가 정확히 규정하듯이 합의라는 민주적 이념 배후에는 정치적 폐쇄의 메커니즘이 숨어 있다. "사람들은 다양성과 개방성에 열광한다. 하지만 그들은 거기서 분명 호환될 수 있는 승객의 만남을 염두에 두고 있을 것이다."[141] 오로지 정치 질서를 초월하지 않는 대안들만 허용되었다.

뵈켈만은 2015/2016년 겨울에 시민사회의 열정적인 헌신을 마주하고서는 "난민을 환영한다. 박수를 보내고 배려하는 도우미들은 시리아, 파키스탄, 소말리아의 삶의 방식, 얼굴, 심지어 역사에 대해 조금도 관심이 없다"고 쓰고, 계속해서 다음과 같이 언급한다. "도착하는 모든 사람은 인도적 헌신의 대상으로서 마찬가지로 잘 어울린다. 순수한 선함을 내보이는 데서는 자기 자신에 대한 것도 포함하여 완전한 무관심이 절정에 이른다. 어떠한 구별도 하지 않는 것은 응용된 허무주의다."[142] 전복적 정신을 상기시키는 가운데 이 잡지는 철학자 아르놀트 겔렌이 1969년에 출간한 저서 《도덕과 초도덕》에서 정식화한 것과 비슷한 논쟁적인 도덕 비판을 전개한다. 도우미들에게는 결국 난민을 보살핌의 형태 없는 '대상'으로 격하시키는 자기 평가절상의 이기적인 동기가 부여된다. 그러나 인구 전체에 널리 퍼져 있는 도움의 태도를 논박하는 것에서는 또한 명시적으로 언표되지 않은 다른 것, 즉 한 민족은 자기에게 할당된 영토적 공간에서 자기의 문화적 정체성을 보존해야만 한다는, 그래서 결국 민족 다원주의적 이념으로 흘러 들어가는 다양한 '생활양식들'의 질서를 만들어내는 차이에도 자리를 내준다.

그사이에 무엇보다도 우선 마티아스 마투섹이나 우베 텔캄프와 같은 우익 보수파 내지 우파 작가들이 필진에 있었는데도 불구하고(또는 오히려 그 때문에) 이 잡지는 자기의 전복적인 원천 이념을 포기하지 않았다. 이 잡지는 확고한 확신과 도덕 관념을 분쇄하고자 하지만, 무엇보다도 우선 자유주의 사회의 그것을 와해시키고자 한다. 권력 질서로서 확인되고 반항적 투쟁의 대상이 되는 것은 포용적 가치 관념들(공공 정신, 평등 또는 연대)이다. 그러한 가운데 이 잡지는 자기의 자주적 입장을 견지하며 파국적 현실 속에서도 저항을 수행할 수 있는 윙거의 자유지상주의적 '숲을 걷는 자'를 상기시키는 지적 자기 이해를 전개한다. "이 잡지의 이름 TUMULT(소요)는 **특이성의 봉기**에 대한 별명이기도 했고 지금도 마찬가지다. ……우리는 보편화와 지구화를 거부하거나 그러한 거부 과정에서 등장하는 다양한 형태와 형태화들에 공간을 제공한다"는 것은 2015년 가을에 포스트모던 미디어 이론가 장 보드리야르를 끌어들여 말한 것이다.[143] 지식인은 압도당한 위치로부터 의미론적 전쟁 수행의 수단들을 가지고서 정치적 질서를 서서히 변화시키는 기호의 파르티잔이 된다. 그는 압도적 질서의 희생자인 동시에 "잃어버린 지위"에서 참고 견디는 비극적 영웅이다.[144] 여기서 특이한 개인은 권위주의적 항의의 선구자가 된다. 사회 비판의 봉기적 자세, 전복적 규칙 위반은 그대로 남지만, 이제는 복고적 입장에서 출발한다.

비판 목록

사회적 격변 단계에서는 사회 질서뿐만 아니라 비판의 질서, 다시 말하면 사회적 현실을 지각하고 그것을 문제 삼으며 그에 관해 판단하는 방식도 불안정해진다. 퇴행적 근대화의 비동시성 과정에서 **비판 목록**이 움직이고 바뀌거나 교차한다.[145] 그것은 정치적으로 다른 의미를 지니거나 새롭게 서로 연결될 수 있다. 자유지상주의적 권위주의는 비판의 이러한 새로운 방식들 가운데 하나다.

우선 **보편주의/특수주의**라는 대립 쌍을 지니는 규범적 차원이 존재하는데, 이 차원은 재평가를 겪는다. 고전적 사회 비판에서 특수주의적 규범이 대개 재산권과 소유권을 지닌 지배 계급에 돌려지는 데 반해, 계몽의 보편주의적 규범은 해방적 계급과 사회운동을 대표했다. 이러한 구별은 이미 1970년대에 불명료해지기 시작했지만, 오늘날에는 그 반대로 기울어진 것으로 보인다. 특수성과 특이함에 대한 권리는 일반성에 반대하는 진보적 정체성 정치의 중심 요구다. 그 대신 보편주의에 대한 고집은 앞에서 보았듯이 권력을 유지하기 위한 도구가 된다. 자유지상주의적 권위주의자들에게는 다원주의와 다양성 대신 오직 하나의 원리, 즉 자신들의 원칙만이 타당하다.

비판의 인식적 차원과 관계되는 **지식/직관**의 대립도 이제 다르게 판정된다. 사회적 불평등에 대한 확실한 지식을 생산하는 사회 비판의 거리를 둔 관찰에 맞서, 사회적 고통을 구체적으로 경험할 수 있게 하는 주관적인 경험 공간과 감각 공간이 평가절상된다. 사람**에 대해** 이야기하는 비판의 제스처는 사람들 자신에 의해 문제시된다. 합리적 인식 대신에 작용하는 감각이 사회적 병폐를 설명할 수 있게 해주는 기초로서 등장한다. 이 점은 '깨어 있는' 정체성 정치에서뿐만 아니라 '각성한' 수평적 사고 운동에서도 관찰할 수 있다.

더 나아가 비판은 일반적으로 **개방/폐쇄**의 대립 쌍을 지닌 사회 집단의 포용에 따라 방향을 정한다. 원칙적으로 누구도 자원과 활동 및 고용 기회에 대한 접근을 거부당해서는 안 된다는 것은 진보적 요구로 여겨지는 데 반해, 엘리트주의적 공동체는 사회적 참여 가능성을 제한하고자 한다. 현재 관찰할 수 있는 것은 사회적 참여가 사람이나 지위의 배제를 통해 보장되어야 한다는 점이다. 비하 발언을 한 사람들을 내쫓고, 특정한 단어들을 일상적 언어 사용에서 추방하는 일 등등이다. 그러한 폐쇄를 통해 이전에 차별받고 접근할 수 없던 사람들에게 공적 공간이 열려야 한다는 것이다.

이와 관련된 비판의 또 다른 차원은 **소수/다수**의 대립을 통해 사회적 이해관계의 공간을 바라보는 것이다. 현재는 특히 문화적 소수자들이 기득권자들의 이익에 반하면서도 사회적 진보를 촉진하는 것으로 보인다. 그들은 언어 규제든 쿼터든 특수한 요구를 정식화하고 특별한 권리에 이의를 제기하지만, 그러함에 있어 보편적 평등과 포용과 같은 규범을 지향한다. 그에 반해 다수의 일반적 이해관계를 위한 표면적 투쟁은 드물지 않게 배타적 특권과 권력 요구를 옹호하는 데 사용된다. 젠더 별표와 제3의 화장실 문에 대한 투쟁은 다수의 이름으로 벌어진다.

국가/개인의 대립 쌍도 가치 전도를 겪는다. 진보적 운동은 일반적으로 국가적 제도에 회의적이고 개인적 자유를 옹호하는 데 반해, 보수적 운동은 강력한 국가와 순응적 생활 방식을 지지했다. 그러나 오늘날 해방적 투쟁은 국가의 제도 내에서 그리고 개인의 행동 규제를 목표로 하는 도구를 가지고서 벌어진다.[146] 그에 반해 보수주의자 내지 우파는 국가의 규제에 반대하는 개인의 자기 결정을 옹호한다.

마지막으로 이와 밀접하게 관련된 것이 **자유/부자유**의 대립에 따라 권력의 사회적 규제를 목표로 하는 차원이다. 다양한 색조의 진보적 비판이 시장을 제어함으로써 보장되는 자유로운 사회를 지지하는 데 반해, 보수적이거나 우파적인 입장은 대개 전통주의적인, 그러므로 자유롭지 않은 사회와 자유롭고 규제가 철폐된 시장을 목표로 한다.[147] 이러한 좌표계에서 이제 달리 설정된 배치들이 등장하고 있다. 진보주의자들은 일상생활의 표준화를 요구하고 경제적 유연화에서 새로운 해방의 기회를 보는 데 반해, 보수주의자들은 자유로운 자기 결정 권리를 끌어댄다.

그러므로 현재의 자유 갈등은 퇴행적 요소와 해방적 요소가 교차하는 항의 형식들을 자기 안에 숨기고 있다. 다음 두 장에서 우리는 비판 목록의 이러한 변위를 살펴볼 것이다.

7

세계의 재주술화: 코로나 항의

베버 부인은 교육학을 공부하고 있다. 그녀는 자신을 영적이고 직관적인 사람으로 묘사하며, 신과 우주의 힘을 믿는다. 평화와 조화로운 사회는 그녀에게 많은 의미를 지닌다. 그녀는 세계 시민이며 다른 종교나 피부색을 가진 사람들에게 매우 개방적이다. 인터뷰 중에 그녀는 젠더 중립적인 언어를 일관되게 사용하지 못했을 때 사과하기도 했다. 팬데믹이 시작될 무렵 그녀는 인도에서 홀로 죽는 것이 두려웠기 때문에 독일로 돌아왔다. 그녀는 세계 평화를 위한 명상 강좌를 수료했고 그 후 빠르게 '수평적 사고' 시위 현장에 합류했다. 그녀의 인생 반려자는 심지어 몇 개의 행사를 조직하기도 했다. 시위에 참석하기 전에 그녀는 자신이 정말로 그곳에 이끌리는지 스스로 확인한다. 그녀는 집회에서의 첫 연설을 미리 준비하지 않았다. 그것은 그녀 "안으로 주어진" 것이었다. 그녀에게 인간적 교제는 신체적 접촉만큼이나 중요하다. 이제 이 모든 것이 아이들에게는 유보된다. 아이들은 어떤 것을 다른 사람과 함께 체험할 수도 없고 친밀감을 경험할 수도 없다. 베버 부인에게 이것은 단순히 아이들의 복지에 대한 위협 그 이상이다. 그것은 "범죄"다. 그녀는 미디어와 정부가 "서로 연결되어 관변화한다"고 생각한다. 그녀가 말하듯이 국가가 억압을 행사한다는 사실을 그녀는 두려움의 징표로, 무언가 잘못되었다는 표시로 해석한다. 그녀는 환경 보호와 채식주의에 전념했을 때 이미 정부에 순응하지 않는 모든 것에서 제재를 체험했다. 그녀는 근본적으로 민주적 제도를 불신한다. 그리고 공감에 많은 가치를 두긴 하지만, 그녀는 자신이 참석하는 시위가 우파에 열려 있다는 사실에서 아무런 문제도 느끼지 않는다.

이 장에서 우리는 베버 부인과 같은 사람들이 왜 '수평적 사고' 운동에 동조했는지, 왜 자기 자신과 환경에 대한 특별한 감수성이 부정적 정서로 바뀔 수 있는지, 그리고 이것이 자유지상주의적 권위주의와 어떤 관련이 있는지 설명하려고 한다.

팬데믹 자유 갈등과 운동의 탄생

처음에는 상황이 그렇게 나빠지지는 않으리라고 많은 사람이 생각했다. 하지만 잘 알다시피 상황이 달라졌다. 2020년 3월에 최초의, 그러나 마지막이 아닌 포괄적인 접촉 제한 조치가 시행되었다. 4월부터는 마스크 착용 의무도 추가되었다. 코로나바이러스가 마침내 일상을 규정하게 되었을 때 "집단적 통제력 상실"의 느낌이 지배했다.[1] 많은 사람이 이를 자신의 자기 이해에 대한 상처로 받아들였고, 이 점은 바이러스가 **타자**

들의 바이러스로 남을 것이라고 믿던 자유주의 사회 전체에서도 마찬가지였다.[2] 그러나 그 상처는 더 멀리 나아갔다. 최근 수십 년 동안 그 손길이 주로 하위계급에 대해서만 감지되던 국가가 갑자기 모든 시민의 삶에 매우 직접적으로 개입했다.

이전의 팬데믹과 비교하여 전면적인 출입 및 접촉 제한 조치는 대규모 개입을 의미했다.[3] 학교, 유치원, 기타 공공시설이 문을 닫았을 뿐만 아니라 레스토랑, 스포츠 클럽, 문화 시설들도 폐쇄되어야만 했다. 게다가 팬데믹은 높아진 위험 의식과 맞닥뜨렸다. 1960년대 말에 이른바 '홍콩 독감'은 수만 명의 목숨을 앗아갔다. 하지만 전후 수십 년 동안 전염병은 여전히 일상생활의 자명한 일부였다. 그 이후 지금까지 반세기 동안 질병·죽음·노년에 대처하는 방식이 변했다. 초기의 숙명론은, 물론 모두에게 그런 것은 아니지만, 노약자에 대한 좀더 뚜렷한 배려에 길을 비켜주었다.[4] 우리와 관련해서 중요한 것은 이러한 조치에서는 경제와 건강의 관계에서 규범적 진보가 표현되었다는 점이다. 19세기와 20세기에는 일반적으로 경제적 관점을 우선시했지만, 코로나 정책은 우선적으로 특히 위험에 처한 집단을 보호하는 데 초점을 맞추었다.

울리히 벡에 따르면, 위험 사회에서는 항상 미래의 재앙을 선취해야만 하는 까닭에, 그 사회에서는 정상 상태와 예외 상태가 겹친다고 한다.[5] 물론 팬데믹에서는 더는 정상 상태가 존재하지 않았다. 위기 상황, 특히 시간 압박 아래서 역동적 정세에 대응해야만 하는 상황은 행정부에 새로운 권한 획득의 기회를 제공한다. 연방과 직접 민주주의 요소들을 통한 민주적 정당성이 본래 최고의 자산으로 여겨지는 스위스에서 연방 의회, 그러니까 정부가 3월 16일 전염병법에 따라 '비상 상황'

을 선언했다. 이제 행정부는 국가 긴급권에 의해 각 주의 의결을 거치지 않은 조치를 도입할 수 있었다. 2020년 3월 25일, 독일 연방 의회는 '국가적으로 중대한 전염병 상황'을 선포했고, 그로써 정부는 광범위한 권한을 승인받았다. 독일 의회에서는 처음에는 여전히 중도 좌파와 중도 우파 정당들 사이에 비교적 광범위한 합의가 도출되었지만(AfD와 좌파의 교섭 단체들은 기권했다), 스위스에서는 국회와 주 의회가 회의를 단기간 중지하기로 결의했다. 그러므로 접촉 및 출입 제한은 적어도 팬데믹 초기에는 일상생활뿐만 아니라 민주적 절차에도 극적으로 개입한 것이었다. 그 후 몇 달 사이에 의회와 연방 협상 과정뿐만 아니라 심의가 다시 더 활기를 띠게 되었다. 독일에서는 많은 결정이 총리와의 조율을 통해 이루어졌다. 연방 의회에서는 의회의 역할에 대한 열정적인 토론이 벌어졌다.[6]

팬데믹은 준비되지 않은 상태에서 국가를 덮쳤다. 국가는 자기의 조치를 끊임없이 조정해야만 했다. 권고 사항과 지침은 거듭해서 변경되었고, 이러한 코스 변경에 대한 설명은 종종 불충분했다. 예를 들어 처음 몇 주 동안은 마스크 착용을 권장하지 않았다. 여기에는 의학적 이유가 있었고, 아마도 마스크 공급 부족도 영향을 미쳤을 것이다.[7] 그 후 포괄적인 공론장의 성찰이 이루어지지 않은 채 마스크 착용 의무가 시행되었다.

그러므로 단연코 비판의 여지가 있었다. 하지만 이 비판도 일정한 한계 내에서만 표출되었다. 특히 초기 단계에는 "대안 없음의 정책"이 지배적이었다.[8] 국가는 "자비로운 가부장주의"의 의미에서 행동했다(3장 참조).[9] 토론은 물론 단연코 논쟁적이었지만, 바이러스의 위험성을 부인하거나 조치의 필요성에 의문을 제기할 수 없다는 합의가 광범위하게 존재했다. 갈등은 오로지 자유의 제한 정도를 두고서만 벌어졌다('단체 예방(Team Vorsicht)' 대 '단체 눈대중(Team Augenmaß)'). 그에 반해 많은 비판자에게는 해보고 나서 시정하는 정책은 변덕스러울 뿐만 아니라 순전히 자의적인 것으로 보였다. 이제 AfD는 초기의 자제 단계를 거친 후 "스마트 건강 독재"에 대항하는 유일한 야당으로 인정받을 기회를 이용했다.[10] 스위스에서는 소속 의원 두 명이 연방 내각에 참여하고 있었음에도 불구하고 스위스국민당(SVP)이 마찬가지로 '독재'에 대해 이야기했다.

팬데믹 동안에 정치화가 가속화했다.[11] 이전에는 다소간 비정치적인 것으로 여겨지거나(가령 식료품과 그 밖의 일상 용품 공급) 무시되던 것(예를 들어 체제 운용에 중요한 많은 노동자의 불안정한 지위)이 문제가 되고 공적 논쟁의 대상이 되었다. 자기실현을 위한 많은 장소(이를테면 피트니스 센터, 술집, 클럽, 문화 공연장)가 일시적으로 문을 닫아야만 한다는 사실은 일부에게 성과 지향적인 개인에 대한 쿠데타처럼 보였다. 불신이 커졌다. 그런 한에서 수평적 사고자들의 시위 현장에서 클라우스 슈바프 같은 인물들이 팬데믹을 이용해 비밀 계획을 실행하려 한다는 설이 곧바로 널리 퍼지게 된 것은 그리 놀라운 일이 아니었다. 세계경제포럼 의장이자 1990년대 신자유주의를 대표하는 인물 가운데 한 사람인 슈바프는 2020년 봄에 "그레이트 리셋(Great Reset: 대개조)"을 요구했다.[12] 이러한 격변 과정에서는 이제부터 경제 활동의 중심에 더는 주주의 이익이 아니라 정의와 지속 가능성 같은 원리들이 놓여야 했다. 물론 우리는 이제 거기서 문제가 되는 것은 화려한 수사학에 지나지 않는다고 의심할 수도 있다. 그러나 슈바프의 발언은 수평적 사고자들의 시위 현장에서 격론을 불러일으켰다. 사람들은 거기서 자유에 대한 자본의 음모를 감지했다.

기능적으로 분화한 사회에서 필연적으로 등장하는 위험 정치의 부작용들은 정치화의 또 다른 중요한 요인이었다. 봉쇄는 사회적 접촉을 감소시킬 뿐만 아니라 공급망 단절로부터 수업 결강을 거쳐 정신적 문제와 사회적 고립에 이르기까지 가능한 모든 영역에 영향을 미치는데, 이는 이전의 조치에 대한 또 다른 개입이나 수정을 필요하게 만드는 부작용들이다. 정부는 막강한 권력을 가졌는데도 이제 더는 조종하는 심급이 아니라 흔들리는 위원회로 여겨졌다. 물론 정치는 언제나 어느 정도는 실험적이기도 하다. 그러나 많은 시민에게는 장기적 전략이나 심지어는 사회적 진보가 의사 결정권자들의 시야에서 완전히 사라졌다는 인상이 강해졌다. 오랫동안 경제적 '상황 강제'로서 제시되던 긴축정책이 하룻밤 사이에 폐기되었다. 긴축정책의 지지자를 자랑스럽게 자처하던 올라프 숄츠 독일 재무장관은 확장적 재정 정책(표어: '바주카포')으로 방향을 선회했다. 동시에 후견주의가 붐을 이루었다. 기민당(CDU)/기사당(CSU) 의원들은 마스크 조달을 통해 이득을 보았다. 이는 정치인들의 성실성에 대한 의문을 제기했다. 그러나 놀랍게도 이 의문은 지식 갈등보다는 훨씬 적게 양극화되었다.

팬데믹 기간에 본래 존재하던 과학적 전문성에 대한 수요가 다시 한번 기하급수적으로 증가했다. 바이러스학자들은 미디어에서 엄청난 자리를 얻었고, 멜라니 브링크만이나 크리스티안 드로스텐은 본격적인 스타가 되었으며, 스스로 "증거에 토대"한다고 이해하는 정치에 커다란 영향력을 발휘했다. 일부 관련자들은 "과학자가 말할 때 모든 것이 이야기된다"는 인상을 주기도 했다.[13] 그렇지만 연구자들 사이에 언제나 합의가 지배했던 것은 결코 아니다. 연구자들의 해석과 위험 평가는 전혀 달랐고 곧 격론이 벌어졌다. 지식과 가치가 충돌했다.[14] 정치가 빠르게 더욱더 강력하게 인식화되고 과학이 정치화했다(3장 참조).

자유에 대한 제한과 함께 항의도 시작되었다.[15] 그것은 어느 정도 좌파적인 폴크스뷔네(Volksbühne: 독일의 극장 관객 조직—옮긴이) 환경으로부터 이른바 '보건 데모'가 조직된 베를린에서 시작되었다. 그러나 곧바로 제한 조치 비판자들의 분쟁 지대는 바덴뷔르템베르크 주의 주도인 슈투트가르트로 옮겨졌다. '수평적 사고 711'이라는 운동 단체는 독일에서 '수평적 사고자'라고 알려지게 된 항의 운동의 출발점이자 결절점이 되었다. 스위스의 비판자들은 처음에는 스스로를 '코로나 반항자'라고 불렀고 주로 스위스 중부와 수도 베른에서 활동했다. 그러나 그곳 현장은 아주 빠르게 일련의 운동 단체로 분화되었다. 우리는 이하에서 '수평적 사고자'라는 표현을 사용하고자 하는데, 이미 학문적 토론에서 확립된 표현이기 때문이다(국제적으로도 영어 'lateral' 또는 'diagonal thinkers'[16]라고 말한다).

이 운동에는 많은 이질적 이데올로기와 흐름이 모여들었지만, 바이러스의 위험성과 그에 따른 조치의 적절성에 이의를 제기한다는 공유된 의미 틀을 최소한의 공통분모로 삼았다. 이 "프레임"은 효과적인 동원 전략으로 입증되었다.[17] 그들이 끌어낸 공통의 이상은 자유·민주주의·자결이었다. 이들은 스스로를 국가기구에 공동선의 지향을 촉구하는 **데모스**(demos: 민중)의 비판적 부분으로 이해했고, 그리하여 스스로 '나는 고발한다'의 전통에 자리매김했다. 2020년 봄부터 수많은 도시에서 시위가 벌어졌다. 항의 사건은 연속적으로 진행되지 않았고 초점이 이동했다. 2022년 초에는 백신 접종 의무를 둘러싼 논쟁 과정에서 격전

지가 작센과 바이에른으로 옮겨갔고, 시위는 점점 더 과격해졌다.[18] 그러나 우리는 여기서 주로 초기 단계에 집중하고자 하는데, 왜냐하면 이 시기에 운동의 원칙적 해부학과 다양한 원천을 특히 잘 인식할 수 있기 때문이다.

수평적 사고자는 처음부터 대단히 양면적인 운동을 보여주었다. 그들이 가장 많이 외친 구호 가운데 하나는 '평화, 자유, 반(反)독재'였다. 참여자들은 적어도 처음 몇 달 동안은 자녀를 둔 부유한 가정, 나이 든 히피, 원자력 발전 반대자, 밀교도, 또한 다양한 색채의 우파 등 매우 이질적이었다.[19] 그들이 불만을 표현하며 스스로 그린 플래카드는 냉정한 비판("마스크 의무 반대")과 수사학적 확대("우리 아이들에게서 손 떼", "코로나 독재 반대") 그리고 폭주〔"그들(정치인과 바이러스학자)을 잡아넣으라", "연방 공로 십자 훈장에 크리스티안 드로스텐을 못박으라"〕 사이에서 움직였다. 동시에 거기서는 정부의 차가운 이성에 대립하는 '사랑'을 언제나 거듭해서 읽을 수 있었다. 시위에서는 종종 PACE(평화)라는 글자가 새겨진 무지개 깃발(성소수자의 상징—옮긴이)이 휘날렸지만, 그 옆에는 제국 깃발도 등장했다. 항의자들 가운데 많은 이는 독재로 가는 길에 있다고 생각했고, 국가사회주의와 비교하기도 했다. 일부는 심지어 유대의 별을 달기도 했다. 이는 많은 비판자에게 부적절하고 반유대주의적인 것으로 보였지만, 그리하여 나치의 테러가 상대화되었다. 수많은 집회가 감정적으로 치달았고, 평화로운 집회의 주변에서도 폭력이나 최소한 과열된 상황이 벌어지곤 했다.[20]

시위는 종종 정규적인 해프닝(Happening)처럼 조직되었다. 북을 치고 춤을 추며 그 밖의 퍼포먼스를 통해 후기 근대 히피 문화가 재현되었다. 군중 및 자연과 융합되는 상상은 때때로 축제 분위기를 동반했다.[21]

항의는 언제나 거듭해서 도발에 따른 엄청난 즐거움을 동반하면서, 심지어는 아주 경박하고 무절제한 형태를 띠었다. 베를린 보건 시위와 자칭 '민주적 저항'에서는 처음에는 주로 생명 정치적 통제에 대한 자유주의적이고 좌파적인 형식의 비판이 우세했지만, 이미 여기서도 "음모론적 불평"을 명확히 들을 수 있었다.[22] 그 밖에 운동이 스스로를 오른쪽으로 분류하지 않고 오히려 우파에 무관심하며 심지어는 때때로 공개적으로 대립한다는 것을 이미 일찍부터 인식할 수 있었다. 처음에는 다양한 하위 흐름을 하나로 묶는 것이 정부 조치에 대한 공유된 비판뿐이었다면, 인지적 동화의 내부 과정을 통해, 다른 비판 형식들에 대한 경계 짓기와 외적 압력을 통해 **참된** 민주적 저항으로서의 집단적 정체성이 곧바로 성립했다.[23]

함부르크의 범죄학자 크리스티네 헨첼은 운동의 기준틀로서 기본법의 의미가 어떻게 변화했는지 비교적 일찍부터 관찰했다. 처음에는 헌법으로 보호되는 기본권 옹호가 문제였다면, 곧바로 기본법은 "주권 결여의 상징"이 되었는데, 이는 제국시민운동에서도 마찬가지로 대표되는 평가다.[24] 2020년 8월 29일, 베를린의 시위대가 독일 의회로 돌격하려고 했다. 2022년 봄, 이른바 '월요일 산책' 과정에서 수평적 사고자는 우파에 열린 운동에서 적어도 부분적으로는 공공연히 우파적인 운동이 되었으며, 이 운동의 여러 곳에서는 극우주의자들이 주도적 역할을 했다. 폭력이 증가했고, 정치인들은 자택 앞에서 위협받았다.

수평적 사고 운동의 형태

쉰레 부인은 52세이며, 프리랜서로서 심리학자, 코치, 가족 상담사로 일하고 있다. 그녀는 자기가 자연과 친밀하다고 여기며 플렉시테리언(flexitarian: 'flexible'과 'vegetarian'의 합성어로, 낮은 단계의 유연한 채식주의자—옮긴이)이다. '수평적 사고'는 그녀에게 자기 직업의, 아니 자기 삶의 근본 전제다. 그녀가 세 살 때 부모님은 헤어졌다. 이미 그 당시 그녀는 양쪽 모두 나름의 진실을 가지고 있다는 것을 깨달았다. 그녀는 오늘날까지 이 통찰을 마음에 새기고 있다. 그녀의 원칙 가운데 하나는 자기 내적인 것에 따르는 것이다. 이전에 쉰레 부인은 국가를 신뢰했고, 스스로를 "지극히 민주적인 사람"으로 간주했다. 이미 청소년 시절부터 그녀는 불평등과 차별, 인종차별 반대에 관심이 많았다. 지금까지 그녀는 대개 녹색당에 투표했고 때로는 사민당에 표를 던졌다. 그러나 팬데믹 상황에서는 녹색당에 너무도 깊이 실망했다. 왜냐하면 녹색당이 자신이 진단한 민주주의의 공동화에 맞서지 않았기 때문이다. 결국 그녀가 결정적 각성을 체험하게 된 것은 내무부에서 낸 한 보고서를 접하고서였다. 그녀는 거기에 묘사된 조치, 특히 마스크 의무를 "남용"으로, 공포 조장을 특히 어린이에 대한 "심리적 테러"로 받아들였다. 보고서를 읽은 후 그녀는 공포를 도구화하는 시스템을 더는 지지하지 않기로 결심했다. 쉰레 부인은 아는 사람들 가운데 몇 명이 두 번째 백신 접종 후 몇 주 만에 사망했다고 전한다. 물론 그녀는 사망 원인을 모르지만, 코로나로 사망한 누구도 알지 못한다. 그녀는 팬데믹이 정치적 의제를 관철하기 위해 이용되고 있다고 믿는다. 의견이 다른 과학자들은 중상모략을 당하고 있다. 그러나 여기서 중요한 것은 서로 다른 입장에 귀를 기울이는 것이며, 그 밖에 "조금은 자신의 직관을 신뢰"해야만 한다.

쉰레 부인은 우리가 상세한 인터뷰를 진행한 수평적 사고자들 가운데 한 명이다. 2020년 가을부터 우리는 바젤에 있는 우리의 연구 집단에서 독일과 스위스에서의 이 운동을 조사해왔다. 온라인 설문조사 과정에서 1150명 이상이 광범위한 설문지를 작성했다.[25] 많은 수의 참여자에도 불구하고 우리는 이 연구가 수평적 사고자의 스펙트럼 전체를 파악할 수는 없다는 데서 출발해야만 한다. 결정적으로 우파 음모론자들은 아마도 참여하지 않았을 것이다. 왜냐하면 그들은 이런 종류의 연구를 처음부터 부패한 것으로 간주하기 때문이다. 더 나아가 우리는 '진보적' 부분이 운동을 더 좋게 보이게 하려고 불균형적으로 많이 참여했다는 것도 배제할 수 없다. 그런 까닭에 우리가 이하에서 분석하는 경험적 결과는 곧바로 수평적 사고 운동 전체를 규정할 수 없으며, 여기서는 오히려 좀더 심층적인 연구가 필요하다.

우리는 온라인 설문조사 외에도 민족지학적 관찰, 디지털 의사소통, 40여 건의 정성적(定性的) 인터뷰를 수행하고 평가하는 등 광범위한 경험적 단서를 추적했다.[26] 이렇듯 혼합된 다양한 방법의 도움을 받아 우리는 수평적 사고자와 코로나 반항자의 태도와 비판 형식을 다양한 방식으로 재구성하고 통합할 수 있었다.[27]

설문조사에 참여한 사람들은 거의 모든 사회 계층 출신이지만, 다수는 중간층에 속한다. 31퍼센트는 고등학교를 졸업했고, 34퍼센트는 대학 공부를 마쳤는데, 이는 독일 인구 전체에서보다 훨씬 더 큰 비율이다(독일 인구 전체에서는 18.5퍼센트가 대학을 졸업했고, 스위스에서는 29.6퍼센트다). 4명 가운데 1명은 자영업자로, 이 비율 역시 독일 인구에서(9.8퍼센트)나

스위스 인구에서(12.8퍼센트)보다 훨씬 더 높다. 스위스에서의 지난 국회의원 선거에서 응답자의 40퍼센트 이상이 사회민주당(SP)이나 두 녹색당 가운데 하나에 투표했으며, 33퍼센트는 우파 보수 정당인 스위스국민당(SVP)에 표를 던졌다. 이제 다음 선거에서는 43퍼센트가 SVP에 투표하고 싶어 했으며, 34퍼센트는 어떤 정당이 아니라 다만 인물에 투표하거나 미래의 항의 정당에 표를 던지고자 했다. 그에 반해 사회민주당과 녹색당의 합산 점유율은 18퍼센트가 채 안 돼서 절반 아래로 줄어들 것이다. 정치적 표류는 독일에서 더욱 뚜렷했다. 2017년 연방 의회 선거에서 참여자의 15퍼센트가 AfD에 투표했고, 2021년에는 27퍼센트가 그렇게 하고자 했다. 61퍼센트는 '디 바시스(Die Basis)'와 같은 대안 정당에 표를 던질 계획이었다. 2017년에 40퍼센트가 투표했던 좌파당이나 녹색당을 선택하겠다는 응답은 모두 해서 6퍼센트였다. 특히 바덴뷔르템베르크 주에서 녹색당의 몰락은 극적이었으며, 녹색당은 창당 환경의 상당 부분을 상실했다.[28]

수평적 사고자들은 자유민주주의 제도에서 깊이 소외되어 있다. 그들은 정부, 유럽연합이나 유엔 기구와 같은 초국가적 기관, 정당을 전혀 신뢰하지 않는다고 할 수 있다. 그들은 특히 이른바 '주류' 미디어에 적대적으로 대립한다.[29] 그곳에서는 비판적 목소리가 들리지 않거나 평가절하되고 오로지 소셜 미디어에서만 '진실'이 확산한다. 사법부, 시민운동, 기업, 환경 단체, 경찰에게는 여전히 신뢰를 보내지만, 이는 상대적으로 낮은 수준이다.

응답자의 대다수는 음모론을 믿으며, 교육 수준이 낮은 사람들이 높은 사람들보다 음모론을 더 많이 믿는다. 그들은 정치에 결정적 영향을 미치는 비밀 조직의 존재를 확신하고 정부가 진실을 숨기고 있다고 믿는다. 그들이 보기에 정치인은 이러한 조직의 "꼭두각시"일 뿐이다(이 진술에 찬성하지 **않는** 응답자는 8.5퍼센트에 지나지 않는다). 응답한 수평적 사고자들은 정치와 언론이 한통속이라고 확신한다. 빌 게이츠가 전 세계적으로 강제 백신 접종을 도입하기를 원한다는 진술에 공감하지 않는 사람은 10퍼센트가 안 되었다. 다만 연방 정부가 백신 접종 과정에서 마이크로칩을 이식하기를 원한다는 음모론에 관해서만큼은 의심이 존재한다. 그러나 흥미롭게도 기후 변화에 관한 연구가 위조되었다는 진술은 매우 적은 공감을 얻었을 뿐인데, 이는 많은 응답자가 생태학적 정보를 접해온 녹색 및 대안적 환경 출신이고 모든 문제에서 음모론을 따르는 것은 아니라는 사실과 관련된다.[30]

그 밖에 응답자 대다수는 뚜렷이 외국인이나 이슬람에 대한 적대감을 드러내지 않으며, 눈에 띄게 남성 우월주의적이거나 사회 다윈주의적인 태도를 보이지도 않는다. 그 대신 그들은 자주 명시적으로 반권위주의적인 입장을 옹호한다. 그들은—바로 2020년 현재에—결단주의적 결정과 또한 블라디미르 푸틴 러시아 대통령과 같은 강력한 지도자도 갈망하지 **않는다**(단 4퍼센트만이 그러한 지도자를 원한다). 64퍼센트는 아이들에게 권위에 순종하도록 가르쳐서는 안 된다고 말한다. 거의 94퍼센트는 국가가 점점 더 국민을 감독하고 있다는 진술에 동의하며, 80퍼센트는 표현의 자유가 위험에 처해 있다고 본다. 대다수는 AfD를 정상적인 정당으로 간주한다. 마지막으로 우리는 반유대주의로의 잠재적 경향을 확인할 수 있었다. 정치에 대한 유대인의 영향이 너무 크다는 진술에는 55퍼센트만이 명시적으로 동의하지 **않았다**.[31] 물론 많은 음모론이 반유대주의적 의미를 내포하고 있는 한에서 이는 놀라운 일이 아니다.

동시에 연구 참여자의 대다수는 온전함, 자연성 또는 자기 몸에 대한 신뢰가 기본을 이루는 뚜렷하게 영적이고 밀교적이며 인지학적인 사고를 나타냈다. 자연 방어력을 전면에 배치하고 보완 의학을 강화하고자 하는 이러한 사고방식에는 백신 접종 회의론도 속한다. 여기서는 코로나 백신의 개발과 승인 이전에 이미 본질적인 갈등선이 나타났다. 85퍼센트는 완전히 안전한 백신이 나오더라도 자기 자신은 백신 접종을 하지 않겠다고 답했다. 이에 상응하여 90퍼센트는 정부가 백신 접종 의무와 백신 접종 카드를 도입할 거라고 우려했다.[32]

설문조사에서 얻은 인식을 우리는 40여 차례의 정성적 인터뷰를 통해 심화시켰다.[33] 첫 번째 인터뷰 대상자는 우리의 시위 민족지 조사에서 알게 되었다. 그러나 압도적 다수는 정성적 인터뷰에도 동의한 설문조사 참여자들이었다. 이 경우 역시 스스로가 선택한 것이기에 우리는 또다시 진보적 선입견에서 출발하고자 하는데, 왜냐하면 우파 극단주의자나 편집증적 음모론자는 대학에서 일하는 우리를 분명 부패한 "기득권"의 일부로 바라보기 때문이다.[34] 우리는 그 밖에 (경제적으로 어느 정도 하위에 위치한) 쾌락주의자 환경에 속한 사람들과는 더 적게 인터뷰를 했다고 가정한다. 왜냐하면 이들은 공적 제도에 대한 회의가 클 뿐 아니라 또한 자유시간도 거의 없기 때문이다. 몇몇 사람은 우리 대학이 바젤에 본사를 둔 두 제약회사와 너무 긴밀한 관계를 유지한다는 이유로 우리와 대화하려 하지 않았다. 그에 반해 결국 인터뷰에 동의한 사람들에게서 우리는 종종 그들이 인터뷰어를 일종의 청중으로 여기고 자신의 각성을 공유하고 싶어 한다는 인상을 받았다. 인터뷰 대상자의 압도적 부분은 오랜 대안적 환경 출신으로 자연치유사, 급진적 자유주의자, 녹색당과 좌파의 동조자 또는 인지학 신봉자다. 그들은 지배에 비판적이지만, 드물지 않게 표류에 휩쓸렸다. 그들은 다소간 좌파 출신이지만,

수평적 사고 운동 내부에서 오른쪽으로, 자유지상주의적 권위주의자로 나아갔다.

대화에 대한 수요는 예외 없이 높았으며, 대화에서 우리는 한결같이 정당화에 대한 욕구와 뚜렷한 사명감의 혼합을 접했다.[35] 인터뷰에 응한 사람들은 스스로를 어느 것에도 속지 않는 진보적이고 계몽적이며 비판적인 사람이라고 힘주어 이야기했다. 그들은 정부가 제시하는 사실에 의문을 제기하는데, 왜냐하면 그들은 진실, 자기 결정, 민주주의, 법치국가를 위해 헌신하기 때문이다.[36] 그들 대다수는 호프만 씨가 강조하듯이 스스로를 국가의 월권에 저항하고 전체주의적 위험에 맞서는 용기 있는 시민으로 여긴다.

> 제가 보기에 이러한 방향, 이러한 모든 조치는 본래 이 땅의 시민을 점점 더 제약으로 이끌 뿐입니다. 근본적으로 입증되지 않은 주장에 근거해서 말이죠. 그래서 말인데, 제가 그런 말을 듣고 보게 되면 당연히 저는 소요를 일으키고 싶은 거죠. 그러므로 지금 폭력이라는 의미에서 폭동은 아니지만 저는 그에 맞서서 일어서야 한다고 생각합니다.

많은 대화가 일종의 자기 정당화에서 시작했다. 인터뷰 참여자들은 먼저 **대안적** 연구와 통계를 언급하며 팬데믹을 억제하려는 조치가 균형 잡힌 적절한 것이 아니라고 비판한다. 여기서 비판은 종종 팬데믹이라는 **현실**을 거쳐 가는 우회로를 취한다. 다음의 인터뷰 진술은 비판자들이 스스로 얼마나 이성적이며, 가치 판단을 하지 않는다고 주장하는지를 보여준다. "그리고 저는 단순히 그것이 균형 잡힌 적절한 것이 아니라고 말하는 거예요. 저는 사실에 기반하여 주장하는 거고, 통계를 아주 잘 알고 있어요."(부코비치 씨) 스스로 탐구하는 전문가로서 그들은 '주류' 전문가와 미디어에 맞선 대항지식을 끌어들인다. "그러나 저는 어떤 것을 처음 접할 때 언제나 의심하는 방식으로 모든 것을 다루어 왔어요. 그러므로 저는 어떤 것을 '우와, 전부 다 참임에 틀림없어'라고 말하는 사람이 아니에요."(에글리 부인) 여기서 눈에 띄는 것은 비판이 자유나 민주주의에 대한 추상적 진술과 극단적 구체성 사이를 자주 오간다는 점이다. 주장들은 도식적으로 잇따라 제시된다. 독학한 아마추어 연구자들은 특정 연구 결과가 왜 그렇게 옳을 수 없는지를 설명한다. 그들 자신의 직관과 친구나 가족의 이야기를 통해 그들은 더 나은 다른 지식을 지니게 되며, 그로 인해 불신이 극대화된다. 그러나 불신은 신뢰의 반대가 아니라 다만 부정적으로 코드화된 대응물일 뿐이다. 그것은 또한 복잡성도 줄여준다.[37]

많은 수평적 사고자들은 무엇보다도 우선 주관적 자유에 대한 제한에 분노했다. 슈스터 부인은 자신의 불만을 다음과 같이 설명한다.

> 이러한 조치 이전에 이만한 저항감을 제게 불러일으킨 일은 전혀 기억나지 않아요. ……물론 저는 지금은 훨씬 더 비판적으로 되었죠. 그러나 아직은 다른 문제에는 그렇게 많이 관여하지 않았어요. 왜냐하면 거기서는 그리 큰 제약을 느끼지 못했기 때문이죠. 지금까지 저는 살면서 제 자신의 책임과 자유를 마음껏 사용하고 펼칠 수 있었어요. 그러므로 지금까지 본래 다른 누구도 관여할 바 아닌 일을 높은 곳에서 지시받는 어린아이처럼 느낀 경험을 저는 해본 적이 없었어요.

인터뷰 대상자들 대부분에게 거리 두기와 마스크 착용에 대한 강제는 사회적 상호 작용에 대한 그들의 이해와 모순되는 터무니없는 가부장적 개입이었다. 거의 모든 인터뷰에서, 물론 이야기에 따라서는 다르지만, 항상 비슷한 논리를 반복해 보여주는 비판 패턴이 나타난다. 그들은 코로나바이러스에 대한 공식적 설명을 의심하면서 왜곡되었다고 비판한다. 여기서 우리에게 이미 잘 알려진 비판 목록이 호출되는데, 그 목록은 지식/직관의 대립을 통해 형성된다. 공식적 지식, 전문가 권력에 대항하여 그들은 **자신의 탐구**, **사물의 근거에 다가감**을 내세운다. 피셔 부인은 이를 간단히 표현한다. "제 취미는 스스로 생각하는 거예요." 특히 기술적 직업을 가진 사람들은 늘 자신들의 숫자 해석 능력을 거듭해서 언급한다. 동시에 차가운 통계의 세계만으로는 현실을 적절히 파악하기에 충분하지 않다고 강조한다. 그들은 뭔가 잘못되어 있다고 **느낀다**. 그들의 개인적 직관은 개별적으로 검증할 수 없는 추상적 과학과 충돌한다. 크루그만 씨는 다음과 같이 강조한다. "처음부터 저의 의학 지식과 통계학 지식을 가지고서 저는 모든 것이 우리에게 제시된 대로 되어 있는 것인지 회의가 들었어요. ……처음부터 뭔가 잘못되었다고 감지한 거죠."

언제나 거듭해서 제기되는 또 다른 비판은 아마도 집단적 히스테리를 일으키고 새로운 형식의 통제, 심지어는 전면적 감시를 시행하는 데 사용되는 것으로 추정되는 국가의 공포 조장에 대한 것이다. "정말로 팬데믹이 발생하거나 전쟁이나 우리가 알지 못하는 나쁜 상황이 발생하면, 정부의 임무는 사람들을 진정시키는 것이지 더 제정신 아니게 만드는 건 아니죠"라고 베르거 부인은 강조한다. 여기서는 종종 비판 목록의 국가/개인과 안전/자유가 서로 조합되기도 한다. 국가가 위선적인 안전 약속을 위해 개인의 자유를 부당하게 제한해서는 안 된다는 것이다. 개방/폐쇄라는 구별도 투입된다. 국가의 조치는 생활세계 면에서 근본적 폐쇄일 뿐만 아니라 그와 더불어 표현의 자유도 제한한다는 것이다. 교육자가 되고자 하는 베버 부인은 가령 "열린 담론은 …… 단순히 생겨나지 않아요. 다른 의견을 가진 사람들은 곧바로 나쁜 모욕적인 이름으로 …… 그러니까 음모론자로 불립니다"라고 설명한다.

모두는 아니지만 많은 사람이 자신의 비판으로 인해 광범위한 공론장에서 음모론자로 불릴 때 격분하고 명예를 훼손당했다고 느낀다. 대부분의 수평적 사고자는 자신을 다수가 존중하지 않는 소수라고 생각한다. 그들의 압도적 다수는 폐쇄 대신 개방, 개인적 자유의 옹호, 소수자 보호와 같은 본래 진보적인 목록에 호소한다. 그러나 그들은 이러한 목록을 국가의 의도된 음모가 존재한다는 직관과 결합한다. 이러한 가정을 통해 진보적 목록은 일반적 의혹으로, 원한으로 바뀐다.

우리가 평가한 거의 모든 인터뷰에는 이 조치에서는 국민의 건강이 아니라 오히려 다른 더 큰 무언가가 문제시된다고 주장하는 음모론적 사고의 구절들이 존재한다. 대화 과정에서 단적으로 구체적인 음모론을 언급하기도 하는데, 그 경우 대개 상대방이 어떻게 반응할지 테스트하려는 듯이 모호하게 정식화한다. 게르버 씨의 경우 다음과 같이 말한다. "그러므로 그 조치와 이러한 코로나 현상 전체는 방금 말씀드렸듯이 현상일 뿐이죠. 원인이 아니에요." 현실의 공식적인 전면 무대 뒤에는 일상생활에 숨겨져 있는 배후 무대가 존재한다. **보이는 그대로인 것은 아무것도 없다.**[38] 추어브리겐 씨에게 현실에 대한 이러한 접근 방식은 세계를 전유하는 생산적 형식이다. 아니 그것은 심지어 그의 적극적 정체성에 속한다. "저는 스스로를 음모 실천자로 부르죠. 왜냐하면 저는 본래 이미 오랫동안 구조와 대결하고 있기 때문입니다. 체계적 구조 말이죠. 도대체 본래 세계는 어떻게 기능하죠? 또는 정부는 어떻게 작동하죠?" 추어브리겐 씨는 우리가 인터뷰한 사람들 가운데 유일하게 그와 같이 공개적으로 음모론자라고 고백한 이다. 그에 반해 음모론적 사고 성향은 모두에게서 나타난다.

수평적 사고자들은 자주 자신을 각성한 사람 또는 "이제 막 실제로 깨어 일어난 사람"(플뤼키거 씨)으로 파악한다. 쉰레 부인의 경우 독일 내 무부에서 나온 보고서를 읽다가, 숄테스 씨의 경우 언젠가 "클릭하다가" 깨어났다고 한다. 이제 무대 전면의 배후를 볼 수 있게 되었다는 사실은 그들에게 숭고함의 느낌을 준다. 일부 지식인과 전적으로 마찬가지로 그들은 자신을 이미 각성한 아방가르드로 바라본다. 반면에 다른 모든 사람은 여전히 "고지식하게" 자신의 집에 갇혀 감시당하는 "잠자는 양"이다(게르버 씨). 그에 반해 그들은 진실을 말하고 사태들에 대해 망설임 없이 솔직하게 말한다. 이런 의미에서 음모론은 특이화의 수단으로 해석될 수도 있다. 팬데믹 동안 아무도 더는 자신의 문신을 과시하거나 헬스장에서 몸을 단련하거나 인스타그램에 멋진 칵테일 바에서 찍은 사진을 올릴 수 없었다. 하지만 각성한 사람들은 잠자는 양들과 대비되었고, 그래서 음모론은 자기를 다시 특별하게 만드는 수단이었다.

또 다른 반복 패턴은 정부를 비난하기 위해 내세우는 사회적 집단의 존재다. 인터뷰에서는 취약 계층에 대한 보호를 가능한 한 무시하면서도, 수평적 사고자들은 자기 자신을 대변할 수 없는 취약한 소수를 증인으로 끌어댄다. 무엇보다도 우선 더는 자기 가족을 볼 수 없는 노인들과 언제나 거듭해서 아이들이 소환된다. 아이들에게는 공포를 조장해서는 안 되며, 마스크는 아이들의 발달을 방해하고, 아이들도 마스크를 쓰고 싶어 하지 않는다 등등. 페터스 부인은 이렇게 말한다. "하지만 지금 우리가 여기서 어떻게든 사태를 다시 바로잡을 수 있거나 어떻게든 아이들이 말하게 할 수는 없어요." 눈에 띄는 것은 여기서 문제가 되는 것이 종종 일종의 **도구적 연대**라는 점이다. 다른 집단의 이해관계를 제기하는 것은 자기에게 적합하지 않은 조치를 막기 위해서다. 이러한 형태의 방어에서 아이들의 복지를 지켜내려는 관심사는 결코 문제가 되지 않는다. 왜냐하면 여기서 일부 조치의 유용성에 대해서는 오늘날까지 논란이 있기 때문이다. 오히려 그 문제는 이러한 방어의 투사적(projektive) 성격에 있다. 해당 응답자들은 자신의 혐오감을 아이들 삶의 현실로 옮겨놓는다. 그에 대한 언급은 언제나 제기된 반론에 신뢰성과 무게를 부여하는 "도덕적 무기"이기도 하다.[39] 어린이는 순수함과 자연스러움을 상징한다. 그들은 백신 접종과 같은 국가의 개입으로부터 보호받아야만 한다. 아이들의 복지에 대한 우려는 종종 과격한 용어로 정식화되며(가령 '아동 학대'나 '성폭행') 고독, 우울증 또는 자살에 대한 일화적 증거로 뒷받침된다. 팬데믹에서 특히 어린이들이 받은 스트레스는 실로 엄청났다.[40] 하지만 아이들에게서 두려움을 없애려고 한다고 내세웠던 바로 그 사람들이 이제 가장 큰 공포 조장자들이 되었다. 마스크 반대자들과 백신 접종 회의론자들은 벽에 공포 시나리오를 그리고 학교 건물에 침입하려 하면서 학생들을 괴롭혔다.

서로 다른 악이 순전히 도구적으로 비교 평가되며, 약자 집단에 대한 언급은 자신의 이익을 관철하기 위한 도덕적 지렛대로서 이바지한다. 예를 들어 피셔 부인은 중환자실 병상 수용 능력에 대해 비판할 때 다음과 같이 말한다.

운이 없어 모든 중환자실이 꽉 차 있고 그 자신이 사고를 당해 병원에 와서 중환자실이 필요할 때, 상황이 정말 나빠지면 중환자실을 얻지 못하고 비어 있는 일반 병상 앞에 서게 되죠. 이미 그런 일이 있었듯이 말이죠. 한 가지 질병을 골라 '지금 이 질병이 특히 중요해서 특별히 우선 치료해야만 한다'고 말하는 것은 터무니없다고 생각합니다. 다른 고통·질병·사고에는 이런 특권이 없잖아요. 그것은 제가 보기에 신의 역할을 하는 것이며, 이를 용인하는 것은 비인간화된 사회입니다.

그에 더하여 언제나 거듭해서 지적되는 것은 그러한 조치가 단적으로 삶의 일부인 죽음을 인위적으로 저지한다는 것이다. 일부 사람들은 개인적 위험을 저울질하며 제한과 위험 사이에서 후자를 선택한다. 예를 들어 베흘레 부인은 다음과 같이 말한다. "그 경우 저도 언젠가는 '이봐요, 젠장'이라고 말하겠죠. 저는 언제나 마스크를 쓰고 돌아다니며 스스로를 가두고 싶지 않아요. 지금 단순하게 내 삶을 즐기고 싶어요, 병에 걸려서 죽더라도 그냥 그렇게 냅두세요." 덧붙이자면 베흘레 부인은 우리 대화의 어느 자리에서도 자기 보호와 타자 보호, 즉 **다른 사람의** 보호가 서로 얽혀 있다는 점을 성찰하지 않는다. 그럼에도 불구하고 그녀가 불경한 이기주의자는 아니며, 그녀가 보기에 젊은이, 빈곤층 또는 노인에 대한 팬데믹 정책의 해로운 부작용은 단적으로 감염 위험을 압도한다. 우리가 대화에서 몇 번이고 마주친 이 위험 계산의 배후에는 사회적 다원주의가 아니라 오히려 후바허 부인이 설명하듯이 공동체의 활기찬 삶을 전면에 내세우는 어느 정도 자연적 다원주의가 숨어 있다.

우리는 모두 무언가로 죽게 되겠죠. 슬프지만 유감스럽게도 그렇지 않을 수 없어요. 그리고 노인들은 언젠가는 단적으로 더는 감염을 극복하게 도와주는 면역 체계를 갖지 못하게 되죠. ……도대체 그 사람이 완전히 고립된 채 20년을 더 살고 장갑과 마스크, 방호복을 입고서 방문받기를 원할까요, 아니면 자기 스스로 결정하고 싶어 할까요? 그래요, 저는 그런 경우 실제로 아마도 3년만 더 살면서 방문객과 함께 파티를 즐기고 싶어요. 그게 옳지 않을까요?

지금 이 경우 전 지구적 팬데믹처럼 인간이 만들어낸 문명적 위험이 피할 수 없는 자연적 힘으로 전환된다. 문명의 결과를 자연적 운명으로 파악한다면 모든 형식의 위험 정책은 인위적 개입이 된다. 그러나 이러한 사회 망각을 순수한 부정으로 해석하는 것은 너무 근시안적이다. 결국 문명적 의존성과 더불어 실제로 자연에 대한 의존성도 증가한다. 그에 반해 잊히는 것은 자연 관계도 사회적 산물이라는 사실이다.[41]

우리가 많은 인터뷰에서 마주친 또 다른 측면은 절박함, 즉 긴급한 위험에 대한 수사학이었다. 인터뷰에 응한 사람들은 자신을 희생자로, 즉 자신들이 저항해야만 하는 독재 정권에 의해 배제되고 핍박받는 자로 바라보았다. 그 경우 이 지점에서 종종 앞서 언급한 국가사회주의와의 비교 배경이 등장했고, 그리하여 그들은 자신의 태도를 영웅적으로 평가하고 권력 엘리트를 악마화할 수 있었다. 이런 의미에서 호프만 씨는 마스크 착용을 "굴종의 제스처"로 해석하며, 그것을 수사학적으로 더욱더 첨예화한다. "하지만 그것은 이를테면 새로운 히틀러식 경례가 될 수도 있어요." 규범적이거나 역사적인 척도를 알지 못하는, 점점 더 고조되는 비판 속에서 항의자들은 스스로를 '제3제국'의 희생자들과 비교한다. "기본적으로 우리는 그 당시의 유대인 아닌가요?"라고 요스트 부인은 수사학적으로 묻는다. 그에 반해 그들은 AfD와 스위스의 SVP에 대해서는 아무런 문제도 느끼지 않는데, 왜냐하면 그들이 보기에는 그런 정당들도 배제된 자에 속하기 때문이다.

우리가 인터뷰한 코로나 비판자들의 정치적 관념 세계와 항의 형식은 그중 많은 사람이 이전의 대안적 환경이나 그 근대화한 분파 출신임을 말해준다. 그들의 과시적 비순응주의, 그 발상에서 여전히 존재하는 반권위주의와 세계주의, 언제나 거듭해서 표현되는 자아실현, 진정성, 온전함에 대한 요구는 모두 이 방향을 가리킨다. 인터뷰 대상자 가운데 적지 않은 사람들이 생태학적인 그리고/또는 평화정치적인 가정에서 자랐으며, 일부는 대안학교를 다녔다. 또한 제도와 권위에 대한 반발, 일상적 예절의 비공식화, 명상적 자기 관리와 영적 기법도 인터뷰 대상자들에게 중요하며 뉴에이지 및 인지학과도 제설혼합주의적으로 결합한다.[42] 언제나 거듭해서 명상, 요가 및 마음과 몸의 치유를 말하고, 그리하여 자연과의 통일과 균형을 목표로 하는 수행을 이야기한다. 이 분석 지점에서는 아직 역설적으로 보일 수 있겠지만, 바로 그러한 요소들이 이 장의 논증 과정에서 **자유지상주의적** 권위주의의 핵심 구성 요소로 밝혀질 것이다.

물론 운동 전체에 대한 좀더 심층적인 연구가 필요하지만, 우리가 인터뷰한 수평적 사고자들은 대부분 앞에서 제시된 수행자, 쾌락주의자, 및 사회 생태적 환경의 집단에 속하는데, 우리가 보기에 이들은 자신들의 자유 침해에 특히 민감하다. 우리는 사람과의 상호 작용이 두드러진 직업을 가진 사람들 이외에 성과에 대한 요구가 높은 기업의 경영진과 수

많은 사람을 만났다. 우리의 설문조사는 엔지니어, 기술자, 교육자, IT 전문가, 소프트웨어 개발자, 예술가, 요식업 또는 창의적 직업에 종사하는 자영업자를 포함하지만, 무엇보다도 우선 상담사, 사회복지사, 안마사, 민간요법 치료사도 많이 포함한다. 그러나 흥미롭게도 생산직 노동자나 저숙련 근로자는 부르주아 상위계급 출신 사람들만큼 거의 나타나지 않는데,[43] 이는 다른 연구들에서 제출된 것과 비슷한 결과다. 축소된 환경 개념(교육·계층·가치관)에 기반한 연구에서는 '대안적 환경'이 좀더 사회적이고 세계 개방적이며 생태학적인 태도를 지니지만, 다른 환경과 비교했을 때 팬데믹과의 투쟁에 가장 낮은 우선순위를 두는 것으로 나타났다.[44] 코로나 기간의 "가치 환경"에 대한 베르텔스만 재단의 연구에서는 쾌락주의적인 "개인주의적 유물론자", 위험을 꺼리지 않는 "걱정거리 없는 관계형 인간", "성과 지향적 행동가", "비관습적 자기실현자"가 자유 제한을 가장 강하게 비판하고 자기 책임을 강조하며 백신 접종 의지가 가장 낮은 것으로 나타났다.[45]

인식적 저항

바움가르트너 씨는 자동차 회사의 과학기술 부문에서 일하며, 거기서 정기적으로 연구를 정리해야만 한다. 그러므로 55세의 그에게 분석적 사고는 낯설지 않다. 그의 아내는 심리학자이고, 오랫동안 거의 연락이 없던 아버지는 의사이며, 그의 (이복) 여동생 가운데 한 명도 의사이고 다른 한 명은 변호사다. 그는 의료 및 법률 문제에 대한 자신의 애착을 이러한 가족 환경 때문으로 설명한다. 그의 아내는 공부하는 동안 안티

파(Antifa: 반파시스트 행동을 뜻하는 'Antifaschistische Aktion'의 줄임말—옮긴이)에 참여했고, 이후 두 사람 모두 지역 정치에 적극적이었으며, 지방의회 선거에서 녹색당 후보 명단에 이름을 올렸다. 바움가르트너 씨는 스스로를 진보적인 사람으로 여긴다. 그는 발도르프 학교에 다니는 자녀들에게 미래를 위한 금요일(Fridays For Future: 기후 변화 대응 행동을 촉구하는 청소년들의 시위인 '미래를 위한 글로벌 기후 파업'의 일환으로 기후 행동에 나선 세계 청소년들의 연대 모임—옮긴이)에 참여하도록 격려했다.

팬데믹이 시작될 때 이미 그에게는 국가의 조치가 이상해 보였고, 심지어는 뭔가 의심스러웠다. 따라서 그는 첫 번째 시위에 참여한다. 바움가르트너 부부는 주변 사람들로부터 음모론자들과 함께 거리로 나섰다는 비난을 받는다. 그러나 바움가르트너 씨네 가족은 집회에서 주로 "보통 사람들"을 만났으며 거기에 "나치"는 아무도 없었다고 주장한다. 물론 제국 시민들도 있었지만, 그들은 곧 자신들이 거기에 속하지 않는다는 것을 깨달았다. 점차로 미디어가 시위를 잘못 보도하고 있다는 인상이 강화되고, 그는 집회 참가자 수를 다시 계산하기 시작한다. 참가자 수에 대한 "거짓" 보고는 그에게 결정적 체험이 된다.

> 솔직히 말해서 제게는 충격이었어요. 공영 텔레비전에서 어떻게 …… 그렇게 보도할 수 있죠. ……그리고 그 시점부터 저는 항상 출처로 가봐야 한다고 말해왔습니다. ……어느 쪽에서 말하든지 간에 …… 아무것도 믿지 마세요. 그래서 저는 그렇다면 우리가 이런저런 다른 시위도 방문해야 한다고 말해왔습니다. 그러나 그것은 바이러스에 의한 것보다 더 많은 것이 망가졌다는 것을 우리가 알아차렸을 때의 초기 발상이었어요.

그 이후 바움가르트너 씨는 병적일 정도로 집요하게 연구 보고서를 읽고 그 안에서 오류를 찾아내고 있다. 국가·과학·경제·미디어, 그 모든 것을 그는 의심하며 지켜본다. 그는 발도르프 학교에서의 조치 시행을 대화와 조화가 아닌 분열의 정책이라고 비판한다. 그는 더이상 녹색당을 선택할 수 없다. "저는 제가 환경 보호가 아니라 기본권에 찬성한다고 말할 수 있지만, 기본권이 지금 특정한 사람들이나 특정한 것들에만 적용되는 것은 가능하지 않아요." 현재 그는 '수평적 사고' 운동가인 보도 쉬프만이 공동 설립한 정당 '우리2020(Wir2020)'에 참여하고 있다. 그는 또한 대체의학에도 관심이 있고 정원에서 쑥을 재배하고 있는데, 그것을 자신과 가족이 코로나에 걸렸을 때 "아무런 문제 없이" 치료하는 데 사용했다. 이 목적을 위해 바움가르트너 부부는 말 구충제 이버멕틴도 보관하고 있다. 그러한 치료법이 널리 사용되지 않아 많은 사람이 생명을 대가로 치렀다.

후기 근대는 지식의 증가를, 그러나 또한 무지의 증가를 특징으로 한다. 코로나바이러스는 지금까지의 현실 패턴과 일치하지 않았으며, 그 침입은 많은 사람의 지식을 의문시했다.[46] 그러한 까닭에 특히 팬데믹 초기에는 그 실재를 두고 논란이 벌어졌다. 그러나 특히 팬데믹과 같은 예외적 상황에서 지식 생산의 과학적 과정에는 언제나 분석이 필연적으로 잠정적일 수밖에 없다. 울리히 벡은 그에 더하여 감각적으로 경험할 수 없는 위험에 대한 특정한 데이터와 해석은 다소간 믿어져야만 하며, 아니 "곧바로 언제나 제기될 수 있는 반대 의견에 면역되어" 있어야만 한다고 지적했다.[47] 이것은 코로나 팬데믹 진행 과정에서, 예를 들어 로베르트 코흐 연구소(RKI)에서 발표한 기본 재생산 지수(이른바 R값)

에 대해서도 타당했다. 하지만 감염 위험을 직접적으로 지각할 수 없기 때문에, 바이러스는 동시에 바이러스의 운송 매체가 되는 에어로졸과 꼭 마찬가지로 어디에나 존재하는 것처럼 보였다. 바이러스 위험은 일종의 "근대적 푸닥거리"가 되었다.[48]

우리의 인터뷰에서 인터뷰 대상자들은 앞에서 언급했듯이 처음에는 원칙적으로 과학에 적대적인 것이 아니라 단지 근대 과학의 특정한 변종만을 회의적으로 바라보는 **합리주의적으로** 논증하는 전문가라고 자기를 묘사한다.[49] 그들은 전문 출판물을 받아 보며 해당 분과의 전문 용어를 사용한다. 그러나 거기서 문제가 되는 것은 통계의 전문 개념을 과시적으로 사용함으로써 연출되는 원초적 합리주의다. 증거는 방법적으로 조회한 분석과 연관하여 제시되는 것이 아니라 파괴적 반증의 형식으로 '공식적' 인식을 거부하는 데 이바지한다. 그들은 마스크 착용이나 접촉 제한의 필요성을 입증하는 연구에는 의문을 제기하지만, 스스로 새로운 인식을 추구하지는 않는다.

과학의 추상화가 증가함에 따라 경험 지식은 지속적으로 평가절하된다. 팬데믹 과정에서 수평적 사고자들도 이 점을 감지하게 되었다. 그들이 보기에는 경험적 사실이 정치적 행동을 위한 "강제 성격"을 만들어냈다. 일부에서는 지식인 통치(Epistokratie)의 도래를 우려하기도 했다.[50] 따라서 그들에게 과학에 대항한 투쟁은 가치와 자유를 위한 투쟁이기도 하다. 그래서 수평적 사고자들은 **인식적 저항**을 행사한다.[51] 축구 경기에 항상 수백만 명의 국가대표팀 코치들(시청자들)이 있는 것처럼, 트위터나 텔레그램 그룹에도 이제 아마추어 바이러스학자들이 자신의 전문 지식을 게시한다. 이 지식은 종종 공동 탐사 작업으로 가공되어 더 멀리까지 배포된다.[52] 여기서 수평적 사고자는 관찰자의 관점을 취한다.[53] 그들은 팬데믹의 현실을 직접 관찰하는 것이 아니라 자신들의 관찰을 과학과 미디어를 통해 관찰하며, 거기서 과학과 미디어가 '통제'되고 있으며 '공포 선전'을 퍼뜨린다는 결론에 도달한다. 그에 반해 그들 자신은 이를 꿰뚫어 보았고 이 속임수의 베일 뒤를 들여다볼 수 있다.

그에 반해 우리의 인터뷰 대상자들은 자기 자신의 비판이 지니는 정합성과 일관성에 대해서는 눈에 띄게 무관심했다. 모든 것은 모든 것과 연관되며, 세상은 사악한 엘리트들에 의해 비밀리에 조종된다. 그들은 현실에서의 모순을 음모 매트릭스의 균열이라고 생각하지만, 자신의 주장에 놓여 있는 모순적인 것들을 제거하려는 욕구는 느끼지 않는다. 개별 음모론은 때때로 내적 일관성을 보일 수 있지만, 거의 자의적이고 구조적으로 서로 일치하지 않는 방식으로 사용된다.[54] 그래서 현장에서는 서로 모순되는 이론들이 돌아다닌다. 바이러스가 해롭지 않다거나 빌 게이츠가 인류에게 마이크로칩을 심기 위해 이를 이용한다거나, 바이러스는 바로 실험실에서 나온 생물 무기라는 것 등등이다. 그리하여 그런 이론들은 내용에 대한 논란에 이르지 않고서 극우적인 것을 포함하여 가능한 모든 세계관과 연결될 수 있다. 개별 요소들은 이야기의 통일성을 만들어내는 결절점으로 기능한다. 많은 참가자는 좌파/우파 축에 자신을 위치시키기를 거부하며, 자신의 정체성을 "주류"에 대한 거부로부터 끌어낸다.[55] 수평적 사고자들에게 의미 있는 것은 비판 **자체**, 대항하고 있다는 행위다.

이러한 형식의 자기 목적적 비판은 구체적 불만에 한정되지 않는다. 그것은 항상 커다란 전체, 사회적 지배의 인식적 구조를 목표로 한다. 운동의 부분들이 왜 현실의 공유된 독해에 대한 믿음을 포기하는지 더 잘 이해하기 위해서는 약간 우회로를 취하여 사회적 지배에 대한 사회학적 관점을 참조하는 것이 유용하다.

프랑스 사회학자 피에르 부르디외와 뤼크 볼탕스키는 두 가지 서로 다른 관점에서 지배 비판을 다루었다. 피에르 부르디외는 1989년에서 1992년 사이에 행한 《국가에 대하여》 강의에서 무엇보다도 왜 "사회 질서가 그렇게 쉽게 유지될 수 있는가"라는 물음을 제기한다. 그의 설명의 출발점을 형성하는 것은 "……그 존재를 잊어버릴 정도로 눈에 띄지 않게 작용하는 권력"인 "상징적 힘의 역설"이다.[56] 여기서 국가는 무엇보다도 우선 상징적 형식의 생산자로 파악된다. 국가는 학교 시스템과 같은 제도를 통해 "세계의 의미에 대한 합의"를 형성하는 "사고와 가치화의 구조"를 관철시킨다. 부르디외는 이에 상응하는 인식 행위와 인지 구조를 **독사**(doxa: '의견'이라고도 한다—옮긴이)라고 부른다. 여기서 문제는 "자기 자신을 믿음으로 지각하지 못하는 일종의 믿음"이다. 이를 통해 국가는 순종을 만들어내는 "마법적" 능력을 지닌다. 이 점은 적어도 이러한 해석 패턴을 흐트러뜨리는 교란이 발생할 때까지는 타당하다. 그러고 나서 **이설**, 즉 지금까지와는 다른 독해 방식이 생겨나고, 이전에는 자명한 것으로 여겨지던 **독사**가 갑자기 **정설**로, 즉 명시적으로 근거지어져야만 하는 단순한 다수 의견으로 나타난다.[57] 그래서 정치적 공론장에서는 이제 예를 들어 비판을 합법적 담론의 "유한한 공간"으로 제한하는 선택 과정이 발생한다. 그러한 가운데 토크쇼나 전문가 위원회의 점령에 대해서는 "일종의 검열"이 행사된다.—부르디외는 오늘날 이 개념 사용의 인플레이션을 고려하여 아마도 좀더 신중하게 정식화할 것이다.[58] 결국 **독사**가 복원된다.

그러나 부르디외는 결코 수평적 사고자의 선조가 아니었다. 이 사회학자는 진보적 계급 사회의 내적 근거를 폭로함으로써 그 사회의 메커니즘을 비판했다. 그에 반해 수평적 사고자들에게서 우리는 메커니즘과 기능적 필연성을 객관적으로 분석하지 않는 비판을 본다. 오히려 그들의 비판은 무엇보다도 관찰한 현상 배후에 어두운 의도가 숨어 있다는 의혹을 표현하는 원한으로 뒷받침된다. 이와 더불어 음모론적 사고에 이르는 길도 열린다.

냉정하게 고찰하면 음모론은 사회적으로 낙인찍힌 이단적 지식의 한 형식이다.[59] 그것은 또한 왜곡해 제기된 지배 비판의 관점이기도 하다. 물론 엄밀한 의미에서 음모론은 결코 참이 아니지만, 그 옹호자들은 사회적으로 관철된 **진리**를 의심할 수 있게 해주는 **진실성**의 태도를 스스로 요구한다. 그들의 비판은 이러한 진리를 의심하는 수행적 행위다.

여기서 부르디외의 제자 뤼크 볼탕스키의 성찰이 등장한다. 볼탕스키는 스승과는 달리 일차적으로 지배 비판을 수행하는 것이 아니라 비판 자체의 형식들에 관심을 가진다. 그는 **비판의 사회학**을 추구한다. 그는 비판이 어떻게 기능하는지, 사람들이 그 과정에서 어떻게 논증하고 어떤 규범적 기초 등등을 끌어들이는지 재구성하고자 한다. 그의 관점을 가지고 우리는 수평적 사고 운동의 수행적 특성을 더 잘 이해할 수 있다. 팬데믹 동안에 정치적 갈등은 무엇보다도 바이러스가 실제로 얼마나 위험한지의 문제를 중심으로 전개되었다. 중심 접근법은 인식적이었으며, 사람들은 행동의 기초로서 이바지한 지식을 비판했다. 볼탕스키는 전적으로 일반적으로 "사회적 삶의 구성은 **존재하는 것의 상태는 어떠한가**라는 물음과 관련한 근본적인 불확실성에 도전해야 한다"는 데서 출발한다.[60] 이 사회학자는 여기서 '현실'과 '세계'를 구별한다. '현실'에서 문제가 되는 것은 사회적으로 인정되고 제도적으로 보장된 구성이다. '세계'에서 그는 루트비히 비트겐슈타인과 마찬가지로 "성립해 있는 모든 것"이지만 직접적으로는 파악할 수 없는 것을 이해한다. '세계'는 언제나 거듭해서, 예를 들어 오래전부터 존재했지만, 지금까지는 아직 사람에게 옮겨지지 않아 알려지지 않은 바이러스를 통해 '현실'에 침입할 수 있다. 그러한 상황에서 '현실'은 깨지기 쉬우며 '세계'는 실제로 그렇게 보이는 것과는 전혀 다르다는 것이 드러난다. '현실'이 의문시되지 않는 한, 그것은 일반적으로 행위자의 의식에서 벗어난다. 그런 한에서 지배는 볼탕스키에게서도 일상에서의 그에 대한 "**오인**"에 기반한다.[61] 하지만 바로 일상이 변화할 때(또는 갑작스럽게 변화할 때), 지배 메커니즘이 가시화된다. 수평적 사고자들은 눈에 보이는 '현실' 배후에 또 다른 현실이 있다고 추측한다. 예를 들어 에글리 부인은 커튼에 대해 말한다. "저는 커튼을 당기고는 그 뒤를 들여다보죠." 팬데믹 동안 그녀는 스스로 이렇게 물었다. "누가 거기에 관심을 지니는가 하는 것은 또다시 커튼 뒤에 있는 물음이지만, 이 커튼은 제게 여전히 너무 두껍습니다."

에글리 부인과 다른 수평적 사고자들은 그러지 않았으면 구체적 효과로만 감지할 수 있는 이러한 지배의 베일 이면을 들여다보고 싶어 한다. 그리고 바로 이 구체적 효과들은 아마도 수평적 사고 운동이 특히 중간층에서 활성화하는 데 이바지해왔을 것이다. 국가가 어쨌든지 간에 자유에 개입하는(예를 들어 지원금 신청에서) 하위계급에서와는 달리, 이제 이 코로나 조치는 이전에는 국가가 자유 실현의 인프라만 제공했던 중간층과 상류층 일부에도 영향을 미쳤다.[62] 현실로 여겨지는 것에 대한 합의는 위기의 순간에 극도로 취약한 것으로 밝혀지고 근본적 불확실성으로 옮겨갈 수 있다. 이 지점에서 볼탕스키가 이미 2008년에 프랑크푸르트 아도르노 강연의 틀 내에서 제시한 성찰은 수평적 사고 운동을 선취한 분석처럼 읽힌다. 볼탕스키에 따르면, 일단 원칙적인 인식적 의심이 생겨나자마자 "현실의 토대를 뒤흔드는" "삶의 흐름의 예들"에서 도출되는 "실존적 검증"이 일깨워진다.[63] 많은 회의론자는 "너는 코로나에 감염되어 힘든 과정을 겪은 사람을 알고 있니?"라는 수사학적 질문으로 그러한 검증을 정식화한다. 그러나 그들은 그와 관련해 요스트 부인처럼 팬데믹으로 인해 스스로 목숨을 버린 많은 사람을 알고 있다. 그들에게 팬데믹 정책은 단순히 "논리적이지 않으며", 단적으로 무언가를 "덮어두고자" 하는 일과 관련된다.

볼탕스키에 따르면 현실의 고통—우리의 경우에는 자유의 제한으로 인한 고통—이 완화되지 않고 비판이 철저히 공허한 것으로 귀결된다는 인상이 발생하면 이는 "**일반적 의혹**"으로 표명되는 일종의 "폭로 습관"으로 이어질 수 있다. 이제는 이미 "진리를 의혹에 처하게 하려면 진리가 인정되고 있다"는 것으로 충분하다. 이러한 "의혹 충동에 의해" 동기를 부여받은 비판은 "그에 맞서는 것처럼 보이는 힘 이외의 다른 어떤 것에 의해서도 규정될 수 없다는 의미에서 **소외된** 것으로 표현될" 수 있다.[64]

일반적 의혹을 품고 있는 사람에게 현실은 비밀스럽게 보장되고 미디어와 경찰에 의해 안정화된 음모로 나타난다. 거기서 출발하는 소외된 비판은 그것을 더욱더 발전시키는 데 필요한 "허구들의 정교화"로 기울어지는 경향이 있다. 비판은 이제 자기의 만족을 "제스처 자체"에서 발견한다.[65] 우리가 인터뷰에서 언제나 거듭해서 마주친 것은 바로 이러한 태도였다. 바이러스의 존재에 대한 의심 표명, 주류에 대한 비판, 반복해서 나오는 "스스로 생각하기"라는 표현. 우리가 이미 지적했듯이 수평적 사고자들의 비판은 무엇보다도 수행적 행위다. 그러나 비판이 하나의 퍼포먼스라면 그것은 더는 현실 원리를 필요로 하지 않는다. 그래서 '현실' 자체를 부정하려는 유혹이 발생하며, 이것은 수평적 사고자들에게 현실과 관련된 규범을 위반할 수 있는 자유를 부여한다. 시위에서 그토록 자주 언급되는 '가짜 팬데믹(Fake-Pandemie)' 또는 '계획된 팬데믹(Plandemie)'은 그들에게는 하나의 구성일 뿐이다. 볼탕스키의 말을 빌리자면, 그들은 이 '현실'의 현실에 맞서 싸우고 있다.

수평적 사고자들은 자기 자신을 진리 갈등에서의 영웅적 인물로, 요컨대 동요하지 않고 선의 편에 서며 이를 위해 희생을 감수하는 참으로 비판적인 계몽주의자로 바라본다. 근본적으로 그들은 **파레시아**(parrhesia), 즉 개인적 위험을 감수하며 은폐하지 않고 진리를 말하는 고대의 미덕에 따라 자신을 상상한다.[66] 많은 사람이 이미 이전부터 음모론적 사고에 기울어져 있었지만, 그 경우 보이지 않는 위험은 어떤 일이 벌어지고 있는지에 대한 일반적 불확실성을 더욱 강화했다. 정치 시스템으로부터의 소외, 복잡성의 급증, 불투명한 미래 전망, 사회적 상처에 직면하여 수평적 사고자들은 자기 영웅화를 통해 자아를 안정화한다.

음모적 영성

라임그루버 씨가 들려주는 이야기는 마치 스파이 스릴러물의 줄거리 같다. 탄자니아의 존 마구풀리 대통령은 국제적인 코로나19 대응 체제에 반대했다. 마구풀리는 기도로 바이러스를 충분히 물리칠 수 있다는 견해를 지니고 있었다. 그 후 그는 사망했지만, 사인은 논란의 여지가 있다. 코로나? 아니면 심근경색? 어쨌든 그는 이제 "협력하고 싶어 하지 않은 다른 모든 아프리카인"처럼 죽었다고 라임그루버 씨는 말한다.

> 공교롭게도 심근경색이 있었다고 합니다. 그러나 우리 사이에서는, 우리 신문에서는 아마도 코로나로 사망했을 거라고 말합니다. ……자연스럽지 않았죠. 같은 기간 한 달 반 동안 네 명의 아프리카 주요 정치인이 사망했어요. 그는 그들 가운데 가장 중요한 사람이었죠. 그들 모두는 코로나 반대자였습니다.

라임그루버 씨는 그에 대해 누가 책임이 있는지 알지 못하지만, 대기업이나 나토가 배후에 있다고 확신한다. 그러나 그것이 관건은 아니다. 누군가가 저항하거나 동의하지 않는다고 선언하지 않으면 "시스템은 알아서 돌아갑니다." 라임그루버 씨는 이미 얼마 전에 이 시스템에 작별을 고했고, 남미에서 이 대화를 진행하고 있다. 이전에는 그 자신도 극도로 물질주의적인 사람이었으며, 금융 서비스 제공업체에서 좋은 직업을 가졌고, 주로 돈에 관심이 많았다. 하지만 그 후 그러한 것은 더는 그를 충족시키지 못했다. 그는 모든 것을 내던지고 당시 여자친구와 함께 인도로 떠났다. 그사이 세상을 떠난 한 친구가 그에게 첫 번째 영성 서적을 선물했다. 그는 당시 29세였던 친구의 치명적인 사고에 대해 냉정하게 언급한다. "때가 된 거죠." 영적 각성 이후 그는 밀교적 잡식가이자 "치유자"가 되기 위해 애써왔다. 그는 다른 사람들이 종종 자신을 "매우 지적"으로 생각한다고 여러 차례 언급했다. 그는 이러한 능력 덕분에 사물의 참된 핵심에 도달할 수 있었다고 한다. 라임그루버 씨는 매우 친절해 보이며 행복한 인상을 주려고 노력하고 "사랑"에 대해 많이 이야기한다. 그러나 언제나 전적으로 그런 것은 아닌 듯 보인다. 인터뷰 중에 그는 방금 보호소에서 풀려났다고 지나가는 말로 전한다. 그는 사소한 문제로 경찰과 싸웠고, 그래서 경찰은 그를 며칠 동안 거기에 붙잡아두었다.

수평적 사고자들이 표현하는, 고도로 분화한 사회의 합리성으로부터의 소외는 역사적으로 전혀 새로운 현상이 아니다. 우리가 수평적 사고자들에게서 언제나 거듭해서 접하게 되는 건강한 삶의 영위, 동양적 지혜 또는 우주적 사랑과 같은 모티브는 선구자를 지닌다. 특히 20세기의 첫 1분기에 독일과 스위스 일부 지역에서 크게 유행했던 생활개혁 운동 또는 줄여서 생활개혁(Lebensreform)이 그것이다.[67] 생활개혁의 발상은 그들의 자연 숭배에서 원천적으로 낭만주의적 이상에 호소했다. 낭만주의는 1800년경 유럽에서 계몽주의의 해독제로, 주로 독일어권에서 나타났다.[68] 낭만주의적 사고방식은 감정을 합리주의에 종속시키지 않고 그것을 진정한 인식 형식으로서 높이 평가한다. 후기 근대에는 사회적 기대와 요구로 일반화된 진정성, 자율, 독창성과 같은 이상들을 널리 선호한다. 그와 더불어 후기 근대의 표현적 개인주의에서와는 달리 공동체, 내면성, "삶에 대한 본원적 태도"에 대한 갈망도 중심 추동력이다.[69] 물론 우리는 그동안 논의되어왔듯이 낭만주의의 직접적 계승자들이 수평적 사고 운동과 함께 거리로 나서고 있다고 생각하지 않는다. 낭만주의에서 영감을 받은 생활개혁 운동은 확실히 독일어권에서 문화적 기억에 속하지만, 기껏해야 특정한 정신적 상태의 심층 구조에서 불러낼 수 있을 것이다. 하지만 직접적 연속성은 없더라도 우리는 수평적 사고자들에게서 의미 자원을 상실한 고도로 합리화한 사회에 대한 유사한 모습의, 이를테면 근대화한 비판을 발견한다.[70] 이 점은 오늘날의 백신 접종 회의론을 이해하는 데서도 여전히 빛을 발하는, 백신 접종 비판의 역사적 운동들에서도 이미 사실이었다.

백신 접종은 근대 사회의 위대한 성과 가운데 하나다. 18세기 후반부터 의학 연구는 극적 진보를 이루었다. 특정 질병에 대해 면역이 생기게 할 가능성은 의학이 그 자체로 독자적인 분과로 자리 잡을 수 있도록 도와주었다. 그러나 동시에 의학은 의사와 국가에 의해 권위적으로 시행되었다. 백신 접종은 개인의 신체에 대한 국가적 개입을 나타내는데, 그것은 19세기에는 더욱 침습적이었고 특히 하위계급에게는 아주 위험했다. 왜냐하면 백신 접종은 노동계급 지역에서는 종종 비위생적인 조건에서 시행되었기 때문이다. 백신 접종에서 진보와 생명 정치적 가부장주의가 만났다. 사회는 백신 접종에 근거하여 자연과 주권에 대해 이해하게 되었고, 이러한 백신 접종에서는 국가와 개인, 사회적 위험 고려와 개인의 두려움 사이의 갈등이 구체화했다.[71] 19세기 후반에 최초의 백신 접종 반대 운동은 여러 계급을 포괄했고 다양한 흐름의 영향을 받았다. 생활개혁가들도 개인의 자기 결정을 강조하는 사회민주주의자, 자유주의자와 마찬가지로 여기에 참여했다.[72] 그럼에도 불구하고 그들은 바로 하위계급에서 특히 많은 지지자를 발견했다. 왜냐하면 이 하위계급은 백신 접종에서 자신의 신체에 대한 또 다른 형태의 무시이자, 또한 다른 삶의 영역에서도 자신들을 억압하는 국가 가부장주의의 확대를 인식했기 때문이다.[73] 의심할 여지 없이 초기의 백신 접종 반대자들은 이미 반합리주의적 특징을 보였지만, 이는 생명 정치적 개입을 강제로 관철한 당국에 대한 지배 비판의 평민적 형식이기도 했다.[74] 천

연두는 극도로 위험했지만 백신 접종의 부작용도 엄청났다. 19세기 후반에 이르러서야 백신 접종 피해가 크게 감소했다. 위험이 줄어들었기 때문에 21세기에 백신 접종은 개인에게 그만큼 더 큰 의미를 지니게 되었다. 백신 접종에 대한 의지는 국가의 보건 정책에 대한 신뢰를 드러냈다.[75]

생활개혁이 진보적 운동이었는지 반동적 운동이었는지는 오늘날까지도 논쟁거리다. 어쨌든 거기서 문제가 된 것은 조직된 근대, 즉 막스 베버가 "세계의 탈주술화"라고 불렀던 삶의 산업사회적 합리화에 대한 반작용이었다. 생활개혁은 삶을 영위하는 자본주의적 방식에 대한 일종의 영적 대응물이었다. 채식주의, 금주, 자연요법은 **자연에 따른** 삶의 방식을 위한 기초를 형성했다.[76] 1960년대 이후의 새로운 사회운동도 역시 사회의 근대화에 대한 때때로 낭만주의적인 모티브가 관철된 대답으로서 등장했다.[77] 1970년대의 대안적 환경에서 특징적인 점은 소외, 전통적 권위, 대상과 사람 또는 감정의 진정성 결여에 대한 비판이었다.[78] 스벤 라이하르트에 따르면, 이론으로만 가득 채워진 학생운동의 공감 없는 진지함은 이후의 대안 현장에서 따뜻한 감정이입 방식의 교제 욕구를 일깨웠다.[79] 후기 근대 세계의 합리화와 더불어 마침내 세계의 **재주술화**에 대한 희망도 의미를 획득했다. 사람들은 직관, 자발적 감성, 살아 있는 경험을 강조했다. 우리는 이 모든 것에 "사이코붐(Psychoboom: 1970년대에 민속지학 연구 등에서 비서구적인 것에 대한 열풍—옮긴이)"이 수반되었다는 것을 기억한다.[80] 영적·우주론적·신비적·심리치료적 요소들이 거칠게 결합했다. 의미를 추구한 사람들은 빠르게 영적 종교성의 길로 빠져들었다. 불교, 힌두교, 신(新)이단, 자연 종교, 샤머니즘이 (다시) 발견되었다.[81] 이러한 관점에서 생활개혁의 모티브와 소극적 자유 이해는 대립물이 아니라 서로를 보완한다.

그에 상응하는 영향이 오늘날에는 무엇보다도 우리 연구에서 그 실행과 사고방식을 규칙적으로 접해온 세계관, 즉 인지학에서 다시 발견된다. 인지학은 수평적 사고 운동의 대안적 흐름 가운데 특별한 위치를 차지한다. 인지학은 그 창시자 루돌프 슈타이너와 더불어 명시적으로 과학적 세계관임을 내세우며, 다른 사회 분야에서도, 예를 들어 교육 시스템에서 발도르프 학교를 통해 중요한 역할을 한다.[82] 슈타이너의 사상은 범신론, 반유물론, 초감성, 재생(Reinkarnation) 관념, 인류의 인종적 역사를 절충적으로 혼합한 것이다.[83] 그의 관점은 수직성, 즉 인간과 초감각적 존재를 결합하는 관점이다. 아마도 이러한 이유에서도 그는 페터 슬로터다이크에게 "전적으로 보통의 천재"로 여겨질 것이다.[84] 수평적 사고자들과 관련하여 특히 흥미로운 점은 슈타이너가 인지학 지식에 더 높은, 아니 절대적 가치를 부여한다는 점이다. 오직 "정화된 자"만이 초감각적이고 민주화될 수 없는 인식을 소유했다는 것이다.[85] 게다가 인지학과 슈타이너의 교육학에는 개별적 개인에게서 유래하는 강력한 "반국가주의적 자기 이해"가 새겨져 있다.[86] 그런 한에서 인지학은 반권위주의적이라기보다 무엇보다도 우선 반국가적이다. 그 경우 팬데믹 동안에 수평적 사고 운동을 배양시킨 산실은 인지학의 영향을 받은 제도와 협회 자체가 아니었다. 오히려 선택적 친화성이 나타났다. 일반적으로 국가에 비판적 태도를 지닌 사람들이 자녀를 발도르프 학교에 더 보내는 편이고, 그곳은 백신 접종과 마스크 착용에 반대하는 데 관여했다.[87] 인지학적 조직들에서는 대체로 백신 접종 의지가 낮다.[88] 자녀에게 백신을 접종시키지 않으려는 부모는 자신을 특권화된 전문가들에 맞선 자로 이해한다. 백신 접종을 거부하는 이유에 대해 그들은 아이의 자연적 발달에 대한 그런 **인위적** 개입이 기능적인 면역 체계 형성을 방해하기 때문이라고 자주 언급한다. 또 다른 이유는 제약회사에 대한 큰 불신인데, 그들은 제약회사가 탐욕스럽게 이윤을 추구하느라 백신 접종의 이점을 과장한다고 비난한다.[89]

독일에서 인지학의 인기는 대안적 환경의 확립과 그것이 계속해서 사회 생태적 환경으로 발전하는 것과 연관된다. 신학자이자 역사가인 헬무트 찬더는 다음과 같이 설명한다. 인지학은 "예를 들어 의사들이 신체만을 돌보고 더는 영혼에 관심을 기울이지 않는 …… 기능적으로 분화한 영역들이 지배적인 사회에 대한 통합적 대안으로 나타난다. 그에 반해 인지학자들은 '전체적인' 세계를 보고 체험한다."[90] 이러한 상호 보완적 관점에 대한 욕구는 엄청나다. 역 서점에는 온갖 종류의 조언 및 안내 서적이 자리하고 있을 뿐만 아니라 영성과 밀교가 전체 매출의 약 10퍼센트를 차지한다.[91] 대체의학도 널리 퍼져 있다. 독일에서는 2021년에 약 4만 7000명의 민간요법 치료사가 활동 중이며 해마다 4600만 명의 환자를 치료하고 있다. 위약 효과 이외에 효과에 대한 어떠한 과학적 증거도 없는 동종요법 '치료제'가 해마다 5억 유로 이상 판매되고 있으며, 여성과 학자가 주요 고객층이다.[92]

그에 더하여 인지학은 뉴에이지라고 불리는 밀교적이고 유사종교적인 운동의 원천이자 역사적 구성 요소다. 여기에는 명상, 요가, 다양한 오컬티즘뿐만 아니라 밀교에서 영향을 받은 심리 치료 형식들도 속한다. 우리의 거의 모든 인터뷰에서 이 같은 유형의 다양한 실천들이 언급되었지만, 우리는 이제 제한적으로나마 예를 들어 요가가 그사이에 밀교적 실천에서 널리 보급된 실천으로 변모했다고 덧붙여야만 한다. 역사적으로 뉴에이지 운동은 생활개혁과 유사하게 단연코 진보적인 뿌리를 지녔지만, 20세기 후반에 오컬트적 요소가 진보적인 부분을 폭넓게 대체했다. 그럼에도 불구하고 뉴에이지 신봉자들은 자주 자신을 매우 개인주의적이고 관용적이며 포용적이고 개방적인 사람으로 이해한다. 영국 사회학자 폴 힐라스는 이 운동을 낭만주의의 영향을 받은, 자본주의적 근대에 대한 비판으로 바라보지만, 그가 생각하는 오쇼 가르침의 특징처럼 그 운동 자체도 영적으로 충만한 자기실현 소비에 의존하고 있다. 그야말로 역설적 배치다.[93] 후기 근대에 밀교는 상품화되고, 낭만주의적 비판은 소비로서 물화된다.[94] 더 고차원적인 힘, 자연이나 저 너머와의 통일에 대한 절충적 관계는 아도르노가 조롱조로 쓰고 있듯이 "초월의 패러디"가 된다.[95] 비판 이론의 대척점에 있는 슬로터다이크가 이러한 상품화된 초월을 널리 읽힌 그의 책에서 대중화한 것은 놀랄 일이 아니다.

뉴에이지 운동의 분파들은 오늘날 **전체론적 환경**이라고도 불린다.[96] 여기서 전체론이란 우주에서 모든 물질적인 것과 비물질적인 것이 "서로 연결되어" 있다는 생각을 의미한다.[97] 전체론적 환경과 수평적 사고자들 사이에는 많은 공통점이 있다. 전체론적 행위자들은 다른 환경의 사람들보다 외국인에 대한 적대감이 덜하고 마약이나 낙태에 대해서는 더 자유주의적이지만, 탈세와 아동 학대에 대해서는 더 강력하게 비난한다. 전체론적 환경은 실로 자신의 스타와 권위를 지니지만, 그 구조는 위계적이라기보다 오히려 네트워크 형태다. 그러나 수평적 사고에서는 새로운 합금을 이룬다. 전체론적 환경의 밀교와 영성은 음모론과 더불어 **음모적 영성**으로 통합된다.[98] 우리와 대화를 나눈 사람들 대다수는 소수 집단이 인류의 운명을 통제하려고 하지만 동시에 인류가 **각성하고 있다**는 데서 출발한다. 뉴에이지 운동이 좀더 여성적인 특징을 보이는

데 반해, 음모론의 현장은 남성적인 면이 좀더 지배적이다.[99]

오스트리아의 한 연구에서 저자들은 전체론적 핵심 환경과 어느 정도 불규칙적으로 실천하는 주변 환경을 구별했다. 핵심 환경의 사람들은 풀뿌리 민주주의, 녹색당 또는 좌파 자유주의 입장으로 더 강하게 기운다. 주로 대체의학뿐만 아니라 오컬트 수행에 몰두하고 점쟁이, 점성술사, 수맥 탐사자와 상담하는 주변 환경의 사람들은 더 권위주의적이며 어느 정도 우파 포퓰리즘을 지지하는 경향이 있다.[100] 이러한 구별은 우리의 경험적 지식에서 차별화를 위한 길을 지시한다. 또한 밀교적인 핵심 그룹의 구성원도 발견된다. 그들은 종종 육체적 또는 정신적 서비스로 생계를 유지하거나 자유시간을 충분히 허락하는 사무직에서 일한다. 그들은 무엇보다도 사회 생태적 환경 출신이지만, 일부는 수행자 집단의 경우보다는 더 적긴 하지만 쾌락주의자 환경 출신도 있다. 수행자 집단의 구성원들은 종종 코로나 조치로 인해 특히 자신들의 외적 자유가 훼손되었다고 느낀다. 그들 가운데 다수는 **자신의** 건강한 신체가 감염을 잘 감당해내리라고 확신한다. 그에 반해 사회 생태적 환경에서는 좋은 면역 체계가 오히려 영적-자연적 단련과 스포츠에 의한 단련에 기인한다고 본다. 이들 모두에게서 자신의 회복력에 대한 자신감은 취약한 집단의 욕구에 대한 의식 부족을 수반한다.

밀교적인 핵심 그룹은 여성이 많고 자연에 가까우며 풀뿌리 민주주의적이다. 그들은 어느 정도 AfD보다 '디 바시스' 정당을 지지하는 경향을 보인다.[101] 밀교적 개인주의자로서 그 구성원들은 물론 성과 지향적이지만, 후기 근대 경쟁 사회의 거짓 약속과 환상을 비판한다. 그들은 자기 안에서의 자기실현을 추구한다. 그들에게 밀교는 내적 자유를 의미하지만, 바로 영적 내면성으로 인해 그들은 의존성을 망각한다. 그들은 상처받고 있다고 느끼는데, 왜냐하면 국가가 자신에게서 내적 자유와 몸에 대한 주권을 빼앗아가기 때문이다.

핵심 그룹 저편에서는 기술직이나 자영업에 종사하는 많은 사람이 발견되는데, 그들은 삶을 영위하는 방식이 좀더 성과 지향적이며 어느 정도 수행자 환경이나 자유주의적-지적 환경에 속한다. 그들은 요가를 하거나 초심리학적 현상을 믿지만, 밀교는 그들이 영위하는 생활 방식의 주요 구성 요소가 아니다. 그들은 세계를 해명할 때 자주 음모론에도 의지한다. 그들은 때때로 밀교주의자이며 AfD에 투표한다. 클라인슈로드쉬슬러 부인처럼 말이다. 그녀는 54세이며 할 일이 부족하다고 불평할 수 없다. 독일어와 역사 교사였던 그녀는 지금은 어머니한테서 물려받은 두 개의 호텔을 운영하고 있다. 그녀는 가톨릭 세례를 받았으며, 자기의 "가치 체계"를 기독교적-인간주의적이라고 설명한다. 그녀는 비외르 회케 때문에 AfD를 떠났지만, 계속해서 이 당에 투표하고 있다. 물론 그녀는 음모론을 거부한다. 하지만 대체로 코로나 정책을 "비밀스럽다"고, 아니 그 배후에 틀림없이 다른 무언가가 있기에 나쁘다고 생각한다. 그녀는 "이 일이 사람들을 통제하거나 더 잘 통제하기 위해 순전히 의도적으로" 행해진다고 믿는다. "그리고 그 배경에는 많은 표면적 공포로 인해 그리 정확하게 관찰되지 않는 전혀 다른 많은 것이 포함되어 있어요." 그녀는 구체적 행위자를 언급하지는 않지만, 앞에서 언급한 클라우스 슈바프의 책을 읽고 있다. 독일에서의 상황 전개를 바라보며 클라인슈로드쉬슬러 부인은 해외로 이주하기를 원한다. 그녀는 더는 이 "병든 시스템"을 위해 세금을 내지 않을 것이며, 이 사회 시스템으로 들어오는 이민자에게도 자기 돈을 대고 싶지 않다. 우리는 다음 장에서 다시 이러한 동기를 접하게 될 것이다.

자유지상주의적·권위주의적 대항공동체

추어브리겐 씨는 자기 자신을 "음모 실천자"라고 설명한다. 그는 병원 환자들에게서 극적인 코로나 감염 사례가 있다는 사실을 부인하지 않지만, 팬데믹이 시작되었을 때 그에게는 정부가 다른 계획을 실현하기 위해 이를 이용할 것이라는 점이 명확했다. "빌 게이츠와 거대 제약회사"는 백신 접종을 관철하고자 했지만, 정부 기관도 무언가를 계획하고 있었다. 추어브리겐 씨는 자신을 자본주의 비판자로 간주하며, "신자유주의·대처·레이건"에 반대한다. 그는 사회적 병폐에 대한 자신의 반대를 다음과 같이 요약한다. "언제나 돈, 돈, 돈만 세고 있죠."

숙련된 지하 공사 도면 작성자인 그는 데이터와 통계에 관심이 많다. 그에게도 언제나 출처 확인은 중요하다. 이혼 후 그는 직장을 잃었다. 그가 점점 더 샤머니즘에 몰두하여 동료들을 짜증 나게 했기 때문이지만, 분명 자기 잘못을 적당히 넘기려고 했기 때문이기도 할 것이다. 이후 그는 더는 안정적인 궤도에 이르지 못했다. 계속해서 일자리를 잃은 그는 현재 성인 주거 공동체에 살고 있으며 "치유자"가 되기 위해 훈련하고 있다. 밀교적 사고는 그의 생애의 중심 구성 요소다. 1990년대에 그는 바그완(오쇼 라즈니쉬) 제자들의 주황색 옷을 입고 인지학에 공감했다. 오늘날 그는 가능한 모든 음모론에 관심을 기울인다. 심지어 미국 민주당 고위층이 국제 아동 인신매매 조직을 운영하고 인신 제물을 바친다는 큐아논(QAnon) 이론도 옳을 수 있다며 관심을 보인다. 그래서 그는 결국 사람들이 태곳적부터 희생 의식을 실천해왔다고 확신하게 된다. 추어브리겐 씨는 언제나 시민사회에 참여해왔으며 공동체를 중시한다. 그는 어렸을 때는 체조 협회에서 활동했고, 나중에는 녹색당에서 활동했으며, 오늘날에는 (팬데믹) 조치 비판자들에게서 새로운 보금자리를 발견했다. 개인의 자유와 관련하여 항의를 공식화하더라도 수평적 사고자들은 거기서 유아론적으로 머무르려 하지 않는다. 그들은 조직(이것은 산업적 근대의 요소일 것이다)이 아니라 공동체를 갈망한다.

이전의 사회운동과 달리 수평적 사고자들에게는 어떤 프로그램도 없고, 적극적인 정치적 유토피아도 없다. '평화·자유·사랑' 같은 구호는 제한과 새로운 생명 정치적 정부성에 반대하는 극도로 유동적이고 무정형한 운동을 느슨하게 묶어주는 접착제일 뿐이다. 그와 같은 정부성은 거리 두기와 마스크 착용과 같은 권고와 지시로 표현된다. 지지자들을 하나로 묶는 것은 공통된 해석 패턴과 무엇보다도 우선 정치 엘리트와 과학 전문가에 대한 일반적 불신이다. 그들은 세계에 대한 비슷한 관점을 지니고 자신들과 마찬가지로 "배제된", 같은 생각을 지닌 사람들을 갈망한다. 지극히 개인주의적이고 사회에서 잊혔기 때문에 그들은 친밀하고 정서적인 관계를 원한다. 그래서 "불신의 공동체"가 탄생한다.[102] 지그문트 바우만은 2000년에 이미 이런 종류의 일시적인 네트워킹을 먼저 파악했으며, 그것이 "일련의 개별화된 개인이 각자의 개별화된 불안을 일시적으로 매달 수 있는 일종의 못"을 제공한다고 확언했다.[103]

불신 속에서는 사회적 의존성을 성공적으로 부정할 수 있다. 그 대신 사람들은 대항 전문 지식을 모으고 저항적 존재의 실천적 문제를 다룬다. 그들은 예를 들어 건강 협회나 백신 미접종자를 위한 만남 플랫폼과 같은 대항공동체에 가입한다. 그것은 "차가운 사회"에 맞선 "따뜻한 공동체"에 대한 갈망이다.[104] 그러한 공동체에서는 결국 대안적 현실을 만들어 유지할 수 있다.[105] 사랑은 플래카드와 구호 그리고 우리의 인터뷰에서도 도구적 이성에 대한 해독제로서 언제나 거듭해서 등장한다. 그러나 사랑은 가령 시위 분위기가 공격적 탈억제로 기울어질 때면 언제든지 그 반대로 바뀔 수 있다. 안드레아스 레크비츠가 말한 대로 후기 근대의 "신공동체"는 자주 "격렬한 정동"으로 가득 차 있다.[106] 특히 앞에서 살펴보았듯이 어린이에 관한 주제에서는 많은 인터뷰 대상자가 분노에 사로잡혔다. 인터뷰 과정에서는 자주 긴장이 점점 더 고조되어 폭언으로까지 어이지기도 했다.

확실히 수평적 사고자와 코로나 반항자는 사회적 소수자에 지나지 않지만, 상대적으로 큰 반향을 일으키는 공간을 만난다.[107] 전체 인구의 약 38퍼센트는 일반적인 음모론적 사고 성향을 보여주는데, 그들은 비밀 조직이 정치적 결정에 큰 영향력을 행사한다는 진술에 동의한다.[108] 이러한 맥락에서는 밀교, 음모론적 사고 성향, 권위주의 사이의 연관성이 특히 높게 드러난다.[109] 그에 반해 국가를 거부하는 급진적 그룹은 여전히 수가 상당히 적지만 저항 의지는 더욱더 확고하다. 최근 수십 년 동안 백신 접종률은 상승했다. 하지만 이는 주로 백신 접종 회의론자 그룹이 축소된 데 기인한다. 그러나 중간 또는 심지어는 높은 수준의 교육을 받은 사람들이 좀더 많이 속해 있는 이 그룹의 구성원은 자녀에게 백신을 접종하게 할 가능성이 이전보다 더 적다.[110] 최근 사회 양극화가 점점 심화된다는 우려가 자주 제기된다. 하지만 우리가 보기에 이는 제한적으로만 옳다. 오히려 실상은 주변부의 정치적 태도가 점점 더 굳어지고 있다는 것이다.[111]

이렇게 굳어지는 경향은 수평적 사고자 집단의 경우 특히 팬데믹 동안 점점 더 자유지상주의적·권위주의적 입장으로 표류하기 전에 오히려 좌파 자유주의적이던 사람들에게서 발견된다. 조롱과 경멸은 공격적인 파괴 욕망의 표현이다. 사람들은 이른바 잘못된 방향으로 나아가고 있는 민주주의를 바로잡을 것을 목표로 삼지 않는다. 그들은 '독재'에 처해 있다고 상상하기 때문에, 더는 자유주의적 규범에 얽매여 있다고 느끼지 않는다. 이러한 **아노미적** 항의는 실로 민주주의와 법치국가 같은 가치를 부르짖지만, 해당 제도들에 대한 점점 더 많은 경멸을 드러낸다.[112] 여기서 항의자들 대부분은 자유지상주의적인 이유에서 국가 개입을 거부한다. 로버트 노직은 이러한 관점의 핵심을 다음과 같이 간추려 정식화했다. 국가는 연대를 강요하거나 "사람들에게 그 **자신의** 안녕이나 보호를 위해 …… 어떤 것도 금지해서는 안 된다."[113]

공개 논쟁에서 수평적 사고자들은 일찌감치 '우파'로 분류되었다. 그러나 사람들은 곧바로 시위가 뚜렷한 민족주의를 드러내지 않고 많은 참가자가 습관적으로 전혀 보수적이지 않으며 명백히 다른 정치적 사회화를 보여준다는 점에 직면하여 당황했다. 그들이 우선 관심을 기울인 것은 우파의 중심 목록인 국경 폐쇄가 아니라 국경, 스포츠 및 문화 시설, 바, 레스토랑 등의 개방이었다.

그러나 이러한 가상적 모순은 그들을 전형적 우파가 아니라 **자유지상주의적** 권위주의자로 볼 때 해소된다. **권위주의자**가 문제가 되는 것은 그들에게서 아도르노와 그의 협력자들이 묘사한 권위주의 성격의 수많은 징표가 나타나는 한에서다. 권위주의적 공격성, 힘자랑, 파괴성, 냉소주의, (음모론적) 투사성 및 미신이 자주 두드러지게 그리고 서로 조합되어 나타난다. 그 경우 성은 자기 신체에 대한 주권과 아이들에 대한 주권이 언급될 때 중요한 역할을 한다. 그에 반해 전통적인 권위주의 증후군의 다른 특성은 빠지거나 다르게 코드화된다. 수평적 사고자들은 오랜 중간 신분의 관습적 가치를 지향하지 않고 전통에서 벗어나고자 한다. 그럼에도 불구하고 그들은 그와 더불어 자기실현이 중요한 역할을 하는 그들 환경의 그사이 관습화된 가치를 따른다. 주관적인 것과 환상을 거부하기는커녕 오히려 정반대다. 무엇보다도 우선 권위주의적 복종은 거의 드러나지 않는다.[114] 그들은 명시적으로 국가의 권위에 복종하기를 거부한다. 그들이 국가에 맞선 급진적인 물화한 자유와 결합하는 개인주의는 그들을 결국 **자유지상주의적** 권위주의자로 만든다. 왜냐하면 그들 자신만이 자기의 유일한 권위이기 때문이다.

이러한 이른바 반권위주의적 특성은 다른 두 가지 측면에서도 표현된다. 첫째는 과학적 전문성을 거부하며 자신의 경험적 지식을 중시하는 방향으로 나아간다는 점에서다. 베버 부인은 이를 다음과 같이 요약한다. "저는 그사이에 제 눈으로 직접 보았거나 신뢰할 수 있는 사람들, 요컨대 제 파트너나 부모님이 본 사태만을 믿게 되었죠." 둘째는 전문가를 거부한다는 점에서다. 앞에서 살펴보았듯이 멜라니 브링크만과 크리스티안 드로스텐 같은 과학자들은 팬데믹 동안 큰 인기와 상당한 정치적 영향력을 획득했다. 그러나 수평적 사고자들이 보기에는 자신들이 영위하는 삶의 방식에서 자유가 그토록 심각하게 축소된 데 대한 책임은 바로 그 과학자들에게 있었다. 그러므로 그들은 대체로 눈에 보이지 않는 이 위험의 해석자들을 향해 어두운 이해관계에 봉사한다는 비난을 쏟아부었다. 이러한 패턴을 울리히 벡은 위험 사회란 언제나 "희생양 사회"라고 썼던 1986년에 이미 예견했다. "갑자기 일반적 불안을 불러일으키는 것은 위험이 아니라 그것을 지적하는 사람들이다."[115] 과학적 역량은 거부되었으며, 이 점은 증오하는 '주류'가 이러한 인물을 권위로 인정한다는 사실, 무엇보다도 바로 그 사실과 관련이 있었다. 그러나 그들은 바이러스가 일반 독감보다 더 위험하지 않다고 주장한 의사 주하리트 바크디, 의사 보도 쉬프만과 볼프강 보다르크, 재정학자 슈테판 홈부르크 같은 반체제 전문가들—이들은 거의 예외 없이 남성이다—을 계속해서 신뢰하는데, 왜냐하면 그들은 자신의 (이전) 명성을 가지고서 현실의 현실성에 대한 자신의 의심을 과학적으로 정당화했기 때문이다.[116]

수평적 사고자, 코로나 반항자, 조치 반대자들의 우주에는 "대안적 권위"로서 이바지하는 두어 명 정도의 다소간 저명한 인물이 존재한다.[117] 대항인식론의 실천에서는 다니엘레 간저 같은 저자들도 중요한 역할을 한다. 항상 진지한 모습을 보여주기 위해 주의를 기울이는 명민한 스위스 역사가인 간저는 2000년대부터 나토와 9·11에 대한 반미적 음모론으로 잘 알려졌으며 이제는 그의 책과 유튜브 영상 및 출연으로 큰 대중적 인기를 얻고 있다. 2020년 여름부터 그는 코로나에 대해서도 발언하기 시작했으며, 2021년 11월에는 봉쇄와 백신 접종의 위험성을 경고하고 그 배후에 "'세계경제포럼'이라 불리는 슈퍼리치 포럼의 '그레이트 리셋' 전략"이 있음을 밝히는 호소문의 첫 서명자 중 한 사람이었다.[118] 앞에서 언급한 온라인 잡지 〈루비콘〉의 자문위원회 위원인 간저는 우리의 인터뷰에서 **각성**의 요인으로 계속해서 언급되던 인물이다. 예를 들어 플뤼키거 씨는 "제 삶을 바꾼 사람 …… 바로 다니엘레 간저 박사였어요"라고 강조한다. 그에 반해 수평적 사고자의 창시자인 미하엘 발베크는 전혀 카리스마 넘치는 지도자가 아니다. 그는 오히려 자신의 연구에서 이른바 "운동 경영자"를 대표한다.[119] 예를 들어 켄 엡센이나 채식주의 요리책 작가 아틸라 힐트만 같은 몇몇 인물은 의식적으로 민중의 호민관 역할을 연출하며 의심스러운 유명세를 획득했다.[120] 때때로

화려하게 등장해 원한에 차서 경솔한 선동을 펼치는 그들은 1940년대에 레오 뢰벤탈이 연구한 "거짓 예언자"를 연상시킨다.[121] 아도르노와 호르크하이머의 동반자인 뢰벤탈은 버클리 그룹의 연구와 관련하여 뉴딜 시기 초기 파시스트 선동가들의 연설, 라디오 출연 발언, 팸플릿을 분석했다. 그는 거기서 기존의 편집증과 선입견 경향을 활성화하고 추종자들이 자신들의 파괴적 정서에 굴복하도록 부추기는 매혹적인 선동술을 알아냈다.

그러나 이러한 대안적 권위에 대한 수평적 사고자들의 관계에 관해서는 또 다른 제한이 제기된다. 이 예언자들은 물론 팬을 거느리지만, 우리는 인터뷰에서 권위주의적 정체성의 징후를 발견하지 못했다. 물론 그들의 입장은 유쾌하게 공유되었지만, 지도적 인물에 대한 확고한 믿음은 발견되지 않았다. 수평적 사고자들의 자유지상주의적 권위주의는 개인의 자유라는 추상적 원리에 종속돼 있다. 개인의 자유는 가장 높고—그들 자신과 더불어—그들이 타당하게 여기는 유일한 권위다. 그러나 이러한 경직되고 언제나 앞서 내세워지는 관점에서 문제가 되는 것은 자신의 사회적 조건을 반성하지 않는 물화한 자유다.

사회학자 니클라스 루만은 1980년대 중반의 사회운동을 언젠가 사회 "면역 체계"의 일부라고 설명한 적이 있다.[122] 기능적 분화는 체계 전체의 지속적 존립을 위협하는 위험으로 이어지지만, 개별적인 하위 체계들 자체는 그 위험을 인식하지 못한다. 항의 운동은 이러한 위험을 주제화하고 '아니오'라고 정식화한다. 이러한 언명들은 또다시 성공적인 '적응'을 가능하게 한다. "체계는 '아니오'에 대항해서가 아니라 '아니오'의 도움으로 면역된다."[123]

수평적 사고자들은 단연코 현존하는 문제를 다루지만, 그들의 비판은 민주적 교정이 아니라 민주주의와 진리의 전복을 목표로 한다. 그러므로 이러한 관점에서 볼 때 우리는 일종의 자가 면역 질환과 관계하고 있다. 수평적 사고자들은 지배 비판을 수행하지만, 우리의 관점에서 볼 때 **왜곡되고**—임상적인 의미에서가 아니라 좁은 의미에서 이해된—**전도된** 지배 비판을 수행한다. 그런데도 그들을 도덕적으로 단죄하는 것이 아니라 방금 기술한 사회운동의 기능을 냉정하게 상기하는 것은 여전히 의미가 있다. 여기에는 실제로 팬데믹 과정에서의 빈틈이 존재한다. 자유에 대한 제한의 정도를 고려한다면, 그럼에도 불구하고 조치의 합목적성에 원칙적으로, 그러나 이성적으로 의문을 제기하는 강력한 자유주의적 또는 좌파적 목소리가 거의 없었다는 것은 놀라운 일이다. 체계적 비판과 무엇보다도 사회적이고 과학적이며 정치적인 자기 성찰의 역할은 여전히 자리 잡지 못했다.[124]

미국 사회학자 배링턴 무어는 사회운동이란 무엇보다도 우선 사람들이 암묵적 사회 계약이 더는 이행되지 않는다고 볼 때 발생하는 도덕적 분개로 인해 추동된다고 지적했다.[125] 후기 근대 사회에서 이 계약은 다음과 같다. 즉 개인적이고자 하고 기꺼이 성과를 내고자 하는 사람은 광범위한 (물화한) 자유권을 획득한다는 것이다. 이 권리는 봉쇄 기간에 처음에는 모든 사람에게서, 나중에는 백신 접종을 원하지 않는 사람들에게서 축소되었다. 위르겐 하버마스는 시민의 생명을 보호하기 위해서는 기본권 제한도 정당했다고 주장했다. 국가는 "이미 기능적 이유에서" 연대를 "강제할 수 있었다."[126] 여기서 우리가 보기에는 하버마스가 아무리 옳다 하더라도, 그는 연대가 신자유주의 이후에는 암묵적인 사회 계약의 극히 적은 일부일 뿐이라는 점을 너무 적게 고려하고 있다.

물화한 자유의 사회 망각에서 연대가 차지하는 자리는 거의 없다.[127] 그렇다고 해서 수평적 사고자들이 순수한 '이기주의자'라는 의미는 아니다. 우리의 인터뷰들이 언제나 거듭해서 보여주듯이 그들은 철저히 사회적이다. 그러나 이러한 사회성은 국가나 사회 전체에 관계되는 것이 아니라, 그들이 보기에 사회보다 우선인 공동체, 인터뷰에 응한 사람들 가운데 많은 이가 팬데믹 이전에도 회의적으로 맞섰던, 외부적으로 결정된 사회적 관계에 대한 자기 결정의 대항 기획을 나타내는 공동체에 관계된다.

이에 더해지는 것은 지배 비판이 자주 규범적으로 무질서하게 나타나는 변이된 정치적 좌표 체계에서 수평적 사고자들이 행동한다는 점이다. 여기서 좌파당은 오래전부터 더는 주도 세력이 아니며, 팬데믹 기간에 그들은 주로 국가의 조치를 지지했다. 따라서 수평적 사고자들은 특정한 방식으로 금융 위기와 유로 위기 이후 급증한 '반(反)정치'의 연속이자 급진화다. '점령하라'나 이탈리아의 '5성 운동(Movimento 5 Stelle)' 같은 운동들의 '반정치'는 도덕적 반항의 표현이었다.[128] 프랑스의 노란 조끼 운동도 자유민주주의로부터의 깊은 소외를 증언했다. 그들의 풀뿌리 민주주의적 실천을 통해 우리는 이러한 운동들을 새로운 대항민주주의의 구성 요소로 이해할 수 있다. 그들은 자유민주주의와 그 제도의 기능 방식을 아주 원칙적인 방식으로 비판했다. 그들에게 부족했던 것은 대안적인 사회적·정치적 비전이었다. 수평적 사고자들은 그와 마찬가지로 정치적 소외의 표현이기도 하다. 그들도 정치적 프로젝트를 지니지 않으며, 지배 비판을 이를테면 **삐딱하게**(quer) 전유한다. 고전적 사회운동의 비판은 일반적으로 (자본주의적) 국가를 향한 것이었고, 수평적 사고자들은 음모가 작동하고 있다고 본다.

공식적 전문가들의 지배적 힘에 의문을 제기할 때 그들은 뒤틀린 방식으로 이전의 사회운동 전통에 서 있다. 그래서 가령 반핵 운동의 대표자들은 원자력 발전소가 안전하다는 공식적 전문성에 체계적이지만 과학적인 대항 전문성으로 맞섰다. 사회운동의 대항 전문가들은 과학, 권력 문제, 일상적 쟁점을 서로 결합한 대항 공론장을 창출했다.[129] 그에 반해 수평적 사고자들은 자기의 정당성을 오로지 '주류'에 대한 적대성으로부터만 끌어내는 이단적 전문가, 변절자들에게 의존한다.[130] 제시된 비판은 바이러스의 실재에 대한 의심을 정식화하기 때문에 인식적이다. 그러나 그것은 예를 들어 마르크스주의가 노동자 운동에 대해 또는 페미니즘이 여성운동에 대해 그러했던 것처럼 독자적인 이론적 기초를 지니지 않는다. 이론 대신에 불규칙하게 짜맞추어진 단편적인 목소리와 주장만이 존재한다. 수평적 사고자들은 논증의 엄밀함에 거의 가치를 두지 않는다. 그들은 누구나 전문가가 될 수 있다고 가정한다. 여기서 지식의 민주화는 지식에 대한 개인적 월권으로 바뀐다. 여기서 우리는 또한 마치 요술 거울에서처럼 예전 운동의 고전적 구호도 발견한다. 페미니즘에서 '내 몸은 내 것이다'라는 표어가 낙태권과 관계되었던 곳에서 이제는 백신 접종 연대에 대한 거부를 표현한다. 수평적 사고자들은 감정적이고 그에 대해 항상 불신하며 어떤 의미에서는 언제나 반대한다. 그들은 민주주의의 이름으로 민주주의 규범을 무력화한다. 자유·정의·사랑이라는 표어 뒤에는 때때로 파괴적 허무주의가 숨어 있으며, 바로 이러한 파괴성이야말로 자유지상주의적 권위주의의 핵심 구성 요소다.

8

파괴적 원리로서 전복: 퇴행적 반항자

렌츠 부인의 세계는 더는 예전의 세계가 아니다. 그녀가 성장했고 지금까지 살고 있는 작은 도시는 이전에는 북적이는 쇼핑 거리를 지닌 살아 있는 곳이었다. 현재는 많은 상점이 비어 있고 거리는 적막하며 '케밥 포장마차'가 줄지어 서 있다. 그녀가 알던 '삶'은 그녀의 도시에서 사라졌다. 1961년에 태어난 이 마사지사는 공공 인프라가 무너지는 것을 자기 몸으로 경험했다. 그녀의 작은 가게는 시립 병원이 폐쇄되기 전 자리 잡고 있던 건물에 입주해 있다. "지금 그들이 우리에게서 병원을 빼앗아갔어요"라고 그녀는 자신이 모든 '중요한 것'을 빼앗긴 것처럼 체념하며 말한다. 친구도 배우자도 없고 오로지 딸하고만 터놓고 지내는 렌츠 부인은 병원이 문을 닫으면서 고객 상당수를 잃었고 그와 더불어 사회적 세계와의 접촉도 끊겼다. 그녀의 마사지 가게는 계속해서 같은 장소에 있었지만, 건물의 나머지 부분은 처음에는 비어 있었고 나중에는 그곳에 난민들을 수용했다. 난민들이 그 공간을 다시 생명으로 채웠지만, 렌츠 부인은 자신의 삶을 빼앗겼다고 보았다. 그녀는 난민들에게 포위된 것처럼 느꼈다. "그들이 제 위, 제 옆, 제 아래에 있었어요." 난민들은 낯선 다른 '정신적 태도'와 '생활양식'을 함께 가져왔다. 그들은 그녀의 발코니 아래에서 고기를 굽고, 시끄럽게 떠들며, 밤늦게까지 음악을 듣고, 그녀의 손님들이 마침내 자리를 뜰 때까지 말을 걸었다. 그러나 그것은 렌츠 부인이 손님들에게 점점 더 난민에 반대하도록 부추기려고 했기 때문일 수도 있다. 그녀는 관습에 복종하지 않는 데 가치를 두지만, 바로 그 관습을 난민들에게 단호히 요구한다.

하지만 렌츠 부인은 결코 자신의 암울한 현실에 굴복하지 않을 것이다. 그녀는 어린 시절에 이미 "혁명가"였고 다른 의견에 전혀 순응하지 않았으며 그야말로 그것을 "천둥 번개처럼 몰아쳤다." 대화하는 동안 그녀는 언제나 거듭해서 탁자를 두드리고 분노에 사로잡혀 말하며 폭력의 환상 앞에서도 뒤로 물러서지 않았다. 그녀는 녹색당 정치인 쳄 외즈데미어를 자기가 "벽에 못박을" 수 있는 "개자식"이라고 불렀다. 그녀의 어머니는 헌신적인 선거 운동원이었지만, 그녀는 언제나 이미 항의하는 유권자였다. 그녀는 처음에는 우파 공화당에 투표했고, 그 후 몇 년 동안 좌파당에 투표했다. 하지만 2015년에 좌파당이 "국경 개방"을 내세우자 렌츠 부인은 이 당을 외면했다. 지난 몇 년 동안 그녀는 대안 미디어를 통해 자신의 세계관을 짜깁기했다. 그것은 물론 일관된 것은 아니지만, 그녀의 분노를 구체적인 적의 이미지로 향하게 한다. 그녀는 공영방송 시청료에 저항하며, 독일을 "주권 국가"로 간주하지 않고, 제국 시민증을 가지고 있으며, "유대인"이 독일을 "평준화"하려 한다고 확신한다. 그녀는 "차분하고" "신랄한" 태도를 지닌 AfD 정치인 알리체 바이델에게만큼은 여전히 열광한다. 렌츠 부인은 이제 AfD 당원이며, 이 '독일을 위한 대안'은 단적으로 "가장 강력한 반대" 정당이다.

렌츠 부인의 변화 과정은 퇴행적 반항을 보여주는 예다. 그녀는 이미 일찍부터 권위주의적 성향(공화당에 투표)을 지니고 있었지만, 이 성향은 민주적으로 길들여졌다. 그 후 그녀는 인종차별에 대해 공격적 입장을 견지하는 좌파당을 선택함으로써 몇 년 동안 자신의 반기득권 정서를 마음껏 펼칠 수 있었다. 그러나 2015년부터 그녀는 자유지상주의적 권위주의로 표류하기 시작했다. 그녀는 계속해서 관습을 따르려 하지 않는다. 그녀는 낯선 권위에 굴종하지 않지만, "외국인"과 그들의 낯선 관습에 대해서는 매우 공격적이고 투사적이다. "주류"에 대한 그 어떤 적응도 그녀는 격렬하게 거부한다. 1940년대 미국 망명 중에 아도르노를 둘러싼 버클리 그룹이 관찰한 반항자들과 비슷하게 우리가 대화를 나눈 사람들 가운데 많은 이는 처음부터 줄곧 모든 권위를 경멸했다. 그들은 관습에 반항하고 자신의 환경과 언제나 거듭해서 충돌한다. 극단과 과도함 그리고 전복으로 기울어지는 그들의 경향은 최근 들어 파괴적 항로로 들어섰다. 그들은 난민과 무슬림 또는 유대인을 비난하고 때로는 폭력적 환상에 빠져든다. 그들 대부분은 살아가는 가운데 실존적 단절이나 위기를 경험한 적이 있으며, 자기들의 자유를 제한하고 "외국인"을 편애하는 부패한 시스템에 그 책임이 있다고 비난한다. 이 장에서 우리는 이처럼 방향을 상실한 반항의 내면세계, 해당 사람들의 사고와 행동을 구조화하는 정치적 견해, 반자본주의적 색채를 띤 사회 비판을 원한과 분노로 바꾸는 그 혐오감의 세계에 대한 통찰을 제공하고자 한다. 퇴행적 반항자 유형과 더불어 우리는 이 유형의 좀더 온건한 동지인 권위주의적 혁신가를 제시한다. 이들 역시 외국인에 적대적이고 권위주의적 견해를 지니고 있지만, 민주주의 체제에 대해서는 원칙적으로 의문을 제기하지 않는다.[1]

참여와 소외

2017년 독일을 위한 대안(AfD)이 제3당으로 연방 의회에 입성하기 전 몇몇 사회운동은 위협적인 선거 결과를 저지하려고 했다. 그래서 비정부기구인 캄팍트는 2016년에 이 우파 포퓰리즘 정당에 반대하는 온라인 캠페인을 시작했다.[2] 이전에는 어느 정도 생태학적이고 사회적인 문제에 집중해온 이 진보적 조직에게는 새로운 활동이었다. 캠페인이 시작되자 조직 내부에서는 곧바로 큰 놀라움을 나타냈다. 이전에 항상 이 NGO의 관심사를 지지해온 캄팍트 메일링 리스트의 사람들 일부는 이 행동에 항의했다. 그들은 AfD에 공감을 표명했고, 심지어 그에 투표할 의향이 있다고 밝히는 사람도 적지 않았다. 당황한 활동가들은 학자들과 접촉했고, 우리는 정치 참여의 신권위주의적 형식들의 실상을 규명하기 위한 연구를 함께 수행하기로 결정했다.[3] 무엇보다도 우선 한 가지 물음이 바로 제기되었다. 민영화 비판과 같은 진보적 대의를 위해 캄팍트에 참여하는 사람들이 AfD에 대한 친화성을 나타내는 일이 어떻게 가능할까? 이 점을 밝히기 위해 우리는 2017년에 16차례의 전기적-서사적 인터뷰를 시행했다.[4]

우파 포퓰리즘의 성공에 관해서는 일반적으로 사회경제적 설명과 사회문화적 설명이라는 두 가지 설명이 우세하다. 전자가 경제적 문제,

불안정화, 박탈 경험을 전면에 내세우는 데 반해, 후자는 문화적 가치에 대한 위협 감지에 초점을 맞춘다.[5] 우리의 인터뷰 과정 및 그 사후 평가에서 두 가지 접근 방식 모두 너무 부족하다는 것이 분명해졌다. 우리의 경험적 연구에서는 박탈 경험이 없는 사람과 통렬한 박탈 경험을 지닌 사람이 동일한 문화 투쟁을 벌인다. 흔히 경제적 요인과 문화적 요인은 아주 밀접하게 얽혀 있다.[6] 무엇보다도 우선 앞에서 언급한 설명들은 우파 포퓰리즘 정당 지지자들의 태도가 그들의 전기적 과정에 걸쳐 어떻게 변화했는지에 대해 거의 말해주지 않는다. 여기서 우리의 인터뷰가 그 빈틈을 메웠다. 그런 면에서 이전에 이미 정치에 비판적으로 맞섰지만, 이러한 불만을 진보적 대의를 위한 시민사회적 참여로 전환한 후 마침내 AfD로 돌아선 사람들이야말로, 우리로 하여금 사회 질서에 대해 점점 더 파괴적으로 변해가는 대항민주주의를 더 잘 이해할 수 있게 해준다. 여기서 우리는 우파로 향한 표류의 서로 다른 두 가지 유형을 발견했다. 첫 번째 유형의 문제는 민주적 관습의 틀 안에서 움직이면서도 여전히 대체로 고전적 권위주의자들에 상응하는 형식이다. 우리는 그들을 **권위주의적 혁신가**라고 부른다. 다른 유형은 **퇴행적 반항자**다. 그들은 급진적인 자유지상주의적 권위주의의 한 변종을 구현한다. 사회적으로 규제되고 상대적으로 폐쇄된 국민국가가 깊게 자리 잡은 조직된 근대의 끝에서 그들은 여전히 세계 시민이었다. 경계가 허물어지고 규제가 완화되며 사회적으로 안전장치가 풀린 후기 근대의 정점에서 그들의 경로는 바뀌었다. 그래서 그들은 순화된 세계 시민이 되었고 이제 자유주의적 규범에 불만을 표시한다. 자신이 처한 상황과 소속 집단에 따라 그들은 이주민을 질책하고 당국에 반항하며, 생각이 다른 사람을 눈이 멀었다고 선언할 수 있다. 우리는 첫 번째 단계에서 두 유형의 공통된 권위주의적 징표를 밝혀낸 후, 이어서 권위주의적 혁신가를 퇴행적 반항자와 대비시켜 제시함으로써 퇴행적 반항자에게 더 선명한 분석적 윤곽을 부여하고자 한다.

1950년생인 빔머 부인은 이제 거의 집 밖에 나가지 않는다. 그녀는 심지어 식료품도 배달시킨다. 2001년 9월 11일 이후 그녀의 세계는 점점 더 축소되었고, 사진과 기념품만이 지난 시간을 떠올리게 한다. 이전에 그녀는 포드 머스탱을 몰았다. 언젠가 남편과 함께 중동도 여행했다. 태국에까지 흘러가서는 거기서 불교로 개종했다. 오늘날 그녀는 예외적인 경우에만 길거리로 나선다. 그녀는 자기 구역의 많은 이주민을 위협으로 여긴다. 그러나 이러한 공간적 퇴각이 정치적 무관심을 동반하는 것은 아니다. 빔머 부인은 집 안에서 PC로 동물권을 위해 헌신한다. "제게는 동물이 우선이죠"라고 그녀는 말한다. 그런 까닭에 인터넷에서 찾을 수 있는 모든 청원서에 서명하며, 심지어는 자신이 모르는 언어로 작성된 청원서에도 서명한다. 그러나 그녀는 정부를 "재계"와 "로비스트들"이 감독하는 "연극 각본"으로 간주한다.

빔머 부인의 삶의 상황과 태도는 여러 가지 측면에서 우리 인터뷰 대상자들의 전형적인 모습으로 보인다. 그들은 예를 들어 노동조합 같은 진보적 조직 또는 캄팍트에서 활동했거나 활동하고 있으며, 오랫동안 연대와 포용이라는 근본 방향을 따랐다. 그러나 최근 몇 년 사이 그들은 사적 영역으로 물러났고, 사교 범위는 그들이 소수—일반적으로 친척—에게만 접근을 허용하는 좁은 공간으로 오그라들었다. 이전에는 병폐에 대한 생산적 비판을 목표로 했던 그들의 참여는 파괴적 불신으로 바뀌었다.[7] 거의 모든 인터뷰 참여자가 의회, 정당 또는 유럽연합에 대한 신뢰를 거의 또는 전혀 지니지 않는다고 진술했다. 피에르 로장발롱의 말을 빌리자면, 그들은 "소외 사회"에 살고 있다고 할 수 있다.[8] 그들은 정치인을 믿지 않을 뿐만 아니라 자기의 개인적 환경에 들어선 낯선 사람도 신뢰하지 않는다. 그들에게 자세히 말하게 하면 많은 사람이 이러한 신뢰 상실의 이유로 지난 30년간의 신자유주의와 긴축정책을 제시한다. 사회적 세계가 불안정해졌고, 사회국가적 안전이 조금씩 해체되었다. 전에는 사민당에 표를 던졌으나 실망한 두 명의 유권자는 "야수 자본주의"와 "시장 순응 민주주의"에 대해 이야기한다. 사회민주주의의 몰락은 늘 반복해 나오는 주제다. 사민당은 은퇴한 은행원인 루프 씨가 정식화하고 있듯이 "본래는 작은 사람, 노동자의 정당"이어야 하지 않을까?[9] 많은 이에게 '의제 2010'은 결정적 전환점이었다.

그들은 정치 시스템 앞에서 점점 더 무력감을 느낀다. 정치 시스템은 시민사회로부터의 영향을 어떻게든 차단해왔다. 그들은 현실에서 멀리 떨어진 직업 정치인들이 의회를 장악하고 있다고 믿는다. 그들에게 정치적 의사결정은 불투명하다. 한동안 극우파 권역에서 운동해온 체형관리사 로조프스키 씨의 확언에 따르면 대항권력은 이미 사라졌거나 "사이비 야당"으로 전락해버렸다. 국가는 모든 사람을 빈틈없이 감시하고 모든 미디어를 통제하는 '동독 2.0'이다. 인터뷰 참여자들은 대항민주주의 운동을 도덕적으로 비합법화하는 "중도의 합의"[10]를 비판한다. 이는 우리가 현재의 우파 잡지 〈소요〉의 지식인들에게서 이미 접한 주장이다(6장 참조). 예를 들어 병가 중인 장거리 트럭 운전사로 한가한 시간에 음모론적인 콥 출판사의 책들에 몰두하는 키르히하이머 씨는 다음과 같이 관찰한다. "모든 것이 획일화되어 있고 모든 것이 하나같죠. 거기에 더는 차이가 없어요. 정치인이 아니라 로비스트와 로비가 우리를 지배하기 때문이죠."

대의제의 위기는 인터뷰 참여자들을 의회 민주주의 그 자체를 의문시하는 근본적 회의주의자로 바꿔놓는다. 그들은 정치적 사건들을 우리가 이미 자주 접해왔던 저 "음모 모드"[11]로 해석한다. 그들은 "민주주의 시뮬레이션", "조작" 또는 일정한 목적을 지닌 "거짓말과 잘못된 정보"에 대해 이야기한다. 진짜 권력은 시민들에게 문이 닫혀 있는 뒷방에서 행동한다. 인터뷰 참여자들이 광대한 음모 사고에 더 강하게 빠져들수록 그들은 현실성 상실을 **다른** 사람들, 즉 사회적 다수에게 돌리는데, 이는 스스로를 "잠자는 양"과 달리 각성한 자라고 생각하는 수평적 사고자들과 매우 비슷하다(7장 참조).

우리의 인터뷰 참여자들은 국민의 이해관계와 동떨어진 정치에 맞서 기술적 대표와 직접 민주주의의 이상을 정립한다. 렌츠 부인은 직업 정치인에 대한 자신의 요구를 다음과 같이 정식화한다.

> 좋아요, 저는 투표하지만, 그들이 국민의 대표자예요. 저는 어차피 정부라는 말을 더는 들을 수 없어요. 그래서 제가 생각하는 것에서, 무엇이 저를 좋게 하고 무엇이 제게 좋은지에 대한 제 의견에서 저를 대표해야 하는 것이 국민의 대표자예요. 제가 저에 대해 이야기할 때 저는 모두에 대해 이야기하는 거죠. 그래요, 모두는 각자 다른 의견을 갖지만, 상관없어요. 대표자들이 어떤 것을 끌어내는지 저는 궁금합니다. 그들은 제 돈으로 제 세금으로 살아가요. 그들이 하는 일에 대해 급여를 지급하는 것은 저예요.

위급한 사태를 대비해 자기 정원에 식수대와 식료품 저장고를 설치한 자영 운송업자 루트비히 씨는 더 많은 '국민투표'를 요구한다. 다른 사람들은 스위스 모범에 따른 직접 민주주의를 옹호한다. 대의 민주주의의 위기는 직접 뽑는 대표를 통해 해결되어야 한다는 것이다. 이러한 포퓰리즘적 관념에서는 **부정적 주권**으로 이해할 수 있는 대항민주주의의 병리학이 표현된다.[12] 의회 제도에 따른 통제의 중심 원리들인 대표, 위임 또는 조직을 통한 중재는 거의 강박적으로 적대시된다. 인터뷰 참여자들이 관여하지 않았거나 동의하지 않은 결정은 음모의 결과로 여겨진다. 국민의 이름으로 모든 형식의 사회성을 거부하는 물화한 자유가 옹호된다. 여기서 대항민주주의는 문자 그대로의 의미에서 **비**정치화했고, 거기에는 공동의 세계에 대한 관련성이 빠져 있다.[13] 이제 국민의 인격화로서 개인이 주권자로 일어선다.

자기 관심사의 관철이 문제가 될 때는 단연코 권위주의적 정치 모델이 옹호된다. 예를 들어 볼링거 씨는 평생 어느 정도 보수적인 태도를 보여왔지만, 중간에 녹색당에 투표하기도 했다. 인터뷰 시점에 72세였던 이 연금 생활자에게 무슬림 남성은 공적 공간에서 여성이 더는 안전하게 이동할 수 없게 하는 위협을 나타낸다. 그의 동반자는 반드시 후추 스프레이를 들고 집을 나선다. 거리에서의 족쇄가 풀리고 억제되지 않은 혼돈에 대처할 수 있는 유일한 방법은 엄격한 조치다. "우리 독일에서는 행동가가 필요해요, 수다쟁이는 필요 없습니다. 우리에게 수다쟁이는 충분해요, 우리는 행동가가 필요합니다." 그는 헬무트 슈미트 같은 사람이 필요하다고 덧붙인다. 인터뷰 참여자 가운데 총 6명이 2015년에 타계한 사회민주당 출신의 전 서독 총리를 긍정적으로 언급한 것은 분명 우연이 아닐 것이다. 슈미트는 바로 그들이 잃어버렸다고 생각하는 정치적 질서와 사회적 질서 사이의 결합을 구현했다. 왜냐하면 슈미트는 바로 사회민주주의자일 뿐만 아니라 군인답고 강인한 사람이었기 때문이다.

로장발롱에 따르면, 대항민주주의가 끌어대는 국민 주권의 이념은 파괴적으로 변한다(3장 참조).[14] 도대체 AfD의 어떤 점이 매력적이냐는 질문에 빔머 부인은 다음과 같이 대답한다. “메르켈 총리의 ‘우리는 할 수 있다’가 할 수 없는 일을 이제 그들이 마침내 한다는 점이죠.” 이어서 그녀는 AfD가 무엇을 해주는지 설명한다. “저는 여기 독일에서 주변 사람과 정말 독일어를 사용하고 싶어요. 제가 아프리카에 있는 것처럼 느끼고 싶진 않아요.” 그러므로 인터뷰 대상자들의 관념 세계에서 국민은 결코 여기에 사는 사람들과 일치하지 않는다. 특정한 일부가 배제된다. 그들의 국민은 여기서 정치적 범주(‘국민’ 대 ‘엘리트’)를 고려하든, 도덕적 범주(‘부패’ 대 ‘통합’)나 민족적 범주(‘원주민’ 대 ‘이주민’)를 고려하든 자신들이 보기에 거기에 속하지 않는 사람들과 구별하여 정의된다.[15] 1962년생인 체형 관리사 로조프스키 씨는 이에 대해 다음과 같이 생각한다. “그래서 우리는 외국인이 아닌 우리 자신과 함께 살아야만 해요.” 일부 지식인의 향수를 불러일으키는 계급투쟁에서와 비슷하게 여기서도 다수자의 목록은 소수자를 배제하기 위해 사용된다(6장 참조).

빔머 부인과 볼링거 씨에게서 이미 울려 나오기 시작한 것, 즉 반무슬림적 원한과 난민 정책의 스캔들화는 근본적으로 우리의 모든 인터뷰 대상자에게서 중심적 역할을 하고 있다. 이민은 사회 질서를 부식시키는 본질적인 배후 추동력으로 나타난다. “그들은 독일어를 알아듣지 못해요”라고 루돌프 씨는 독일 남서부에 있는 자기 고향에 대해 전한다. 인터뷰 참여자들이 보기에 특히 도시라는 사회적 공간은 디스토피아적 특징을 지닌다. 도시는 부도덕과 불법, 폭력의 온상으로 나타나며, 이 점에서도 무슬림 주민과 연관을 짓는다. “한번 에센이나 쾰른 같은 도시에 가보시겠습니까? 쾰른은 이미 칼리프(Caliph: 이슬람 지도자—옮긴이)의 영토예요"라고 뮌치거 씨는 생각한다. 도시적 분위기로 들어가는 입구인 지명 표지판은 질서의 종말을 표시하며, 종종 '게토화', '평행 사회' 또는 '출입 금지 구역'에 대해 이야기한다.

이미 언급한 바 있지만, 우리의 인터뷰 대상자 가운데 많은 이가 개인사적 단절과 통제력 상실의 느낌을 전한다. 이들은 친척의 사망, 고통스러운 이별, 또는 실직이나 자기 사업체의 폐업 형태로 경제적 박탈을 체험했다. 적지 않은 사람들이 살면서 "경제적 관계의 말 없는 강제"를 감지할 수 있었으며, 그것도 대개 그들이 아주 자주 전환점을 나타낸다고 말하는 2015년 이전부터 그랬다.[16] 오랫동안 그들은 침묵을 지켰다. 2015년 낯선 사람의 모습이 그들의 무대에 등장한 이후에야 비로소 경제적이거나 사회적인 박탈 과정에서 그들이 경험한 의존성에 대한 반항이 파괴적 방식으로 방출된다.

도덕적 단죄와 배제하는 비판

볼링거 씨는 질서 정연한 삶을 원한다.

> 저는 이렇게 표현하고 싶어요. 제가 바라는 것은 오른쪽으로의 작은 변화라고요. 우리는 지금 미디어와 텔레비전에서, 또한 정당들에서도 아주 강하게 왼쪽으로 표류하고 있죠. 오른쪽으로의 작은 변화일 뿐이에요. 제가 바라는 것은 우리 판사들이 다시 한번 정당하게 판결하고 여성들이 더는 저녁에 공원에 가거나 쇼핑하는 것을 두려워하지 않는 좀더 많은 질서와

법적 안전입니다.

"확신에 찬 군인"의 엄격한 가정에서 자랐고 직업적으로 여러 번 방향을 바꿔야만 했던 고학력의 이 산업체 관리 담당 직원은 AfD에 투표한다. 오직 AfD만이 중도의 관심사를 구현하며, 그런 까닭에 기존 체제에 의해 검열당한다. 그가 캄팍트에 참여하게 된 것은 캄팍트가 정당 정치 면에서 중립적인 시민운동이기 때문이다. 그 당시 총리 앙겔라 메르켈은 그에게는 그저 조지 소로스, "로스차일드 가문과 빌더버그 회의"에 조종되는 "멍청한 꼭두각시"일 뿐이다. 그가 보기에 유럽의 인구는 의식적으로 "멍청하게" 유지되고 미디어는 통제되며, 그리하여 부지불식간에 국가들이 사라질 수 있다. 그러나 음모론적인 인터넷 포럼의 사회자로서 그는 진실을 알고 있다. "사라친(Thilo Sarrazin: 사민당 출신으로 독일 연방은행 이사회의 일원이었다. 2010년 《독일은 스스로를 없애고 있다》라는 책을 출간했다—옮긴이)이 옳아요. 독일은 스스로를 없애고 있어요." 그에게 독일은 이미 이슬람화되었고, 거리는 온갖 "칼잡이"와 "성폭행범"으로 인해 더는 안전하지 않다. 그는 힘주어 강조한다. "유일한 진정한 위험"은 이슬람이라는 것이다. 그는 위협적인 독자적 삶을 전개해온 혐오스러운 감정 세계에 몰두하며, 무슬림 난민을 위한 "노동 수용소"와 범죄적 이민자에 대한 일관된 무기 사용을 요구한다. 그는 곧 내전이 일어날 것이며, 그러고 나면 마침내 모든 것이 정리되리라고 확신한다. 그는 불법 무기 소지자들이 점점 더 많아진다는 것을 알고 있다.

분노와 폭력에 대한 환상, 그리고 다가올 봉기에 대한 상상으로 볼링거 씨는 우리가 열여섯 번의 인터뷰에서 만난 분개의 스펙트럼에서 극단의 위치에 있다. 대부분의 참여자는 그렇게 파괴적인 방식으로 자신을 표현하지는 않지만, 그들을 하나로 묶는 것은 도덕적 우월성의 위치에서 개진하는 불의에 대한 의식이다. 예를 들어 안전한 환경에서 질서 정연한 삶을 영위하는 은퇴한 엔지니어 슈미트 씨는 망명 신청자들의 노동 윤리에 문제가 있다고 본다. "하지만 여기로 와서는 소셜 네트워크에 빠져들죠. 또는 좀더 일반적으로는 구걸을 해서 먹고삽니다." 그는 AfD에 표를 던지기 전에는 충실하게 사민당에 투표했다. 직장에서는 노동조합 대의원이었다. 그래서 그는 사회적 부정의에 단연코 민감하게 반응한다. 그러나 그는 망명 신청자들의 실업을 구조적 문제가 아닌 도덕적 문제로 인식한다. 그들은 원하기만 하면 일할 수 있을 것이다. 그의 분개는 특히 무슬림이나 아랍 남성에 대해 불타오른다. 거의 강박적으로 그는 그들에게 억제되지 않는 성적 특성이 있다고 여긴다. 루트비히 씨는 "하루 종일 시내에" 앉아 있다가 푸드뱅크에 가지만 "뚱뚱한 벤츠"를 몰고 다니는 일군의 시리아인 남성에 대해 거듭 보고한다. 예외 상태에 대비하고 있는 이 1962년생 자영업 화물차 운전사는 그 자동차가 새 차이며 전혀 작지 않다고 힘주어 강조한다. 그것은 사회국가적 성과의 불법적 전유를 상징적으로 보여준다. "그래요, 그걸 누군가 후원했다면, 아마도 저겠죠"라고 그는 비꼬듯이 덧붙인다. 우리의 인터뷰 대상자 대다수는 사회국가의 성과를 엄격하게 제한하고 노동하는 토박이 인구에게만 제공하는 "배제하는 연대"를 원한다.[17] 따라서 우리는 여기서 사회 정의에 대한 배타적 이념을 접하게 되는데, 이는 공적 연대 체계의 재편과 함께 확산한 **부정적 성과 사고**의 퇴행적 부작용으로 해석할 수 있다. 인터뷰 참여자들은 그야말로 압도적으로 자신을 성과 의지가 있는 사람으로 표현한다. 그들은 이 원칙을 거부하지 않으며, 반대로 일종의 과잉 동일시에 도달한다. 그러나 그들의 헌신에도 불구하고 그들은 종종 부모 세대의 직업적 성공에 이를 수 없었다. 민영화 과정에서 일자리를 잃었거나, 노년기나 질병에 걸렸을 때 빈곤에 직면하는 등등. 이제 성과는 부정적 분류 범주가 된다. 그들이 보기에 아무 성과도 거두지 못한(그러고 싶지 않은) 사람들은 평가절하된다. 무력함과 실패의 경험에 직면하여 그들은 낯선 사람에게 분노함으로써 자신의 주권을 주장하려고 한다. 그들의 일상생활에서 불만을 확산시키는 감지된 불의가 그 낯선 사람들에게 투사된다.

우파 포퓰리즘을 설명하려는 일부 시도에서 주장하는 세계주의와 공동체주의 사이의 충돌을 우리는 흥미롭게도 인터뷰 과정에서 확인할 수 없었다.[18] 분개는—지적 환경의 일부에서와는 달리—젠더 별표, 제3의 화장실 문 또는 채식주의 음식에 대해서는 거의 불붙지 않는다(6장 참조). 비판은 오히려 사회정치적 동기를 지니고 문화적 동기는 덜하며, 무엇보다도 우선 의회 민주주의와 그 대표자들 및 무슬림 소수자로 향한다.

자유지상주의적·권위주의적 태도 패턴과 관련하여 인터뷰 대상자의 관념 세계를 간추려 분석하면 권위주의적 공격성과 권력 사고 및 파괴성으로 기울어지는 경향을 분명히 확인할 수 있다. 그에 더하여 무슬림 남성에 대한 상상에서 종종 합쳐지는 고정관념과 투사성 및 성으로 기울어지는 경향도 눈에 띈다. 그에 반해 관습적 가치에 대한 애착은 명확하지 않다. 일부는 평생 어느 정도 보수적 태도를 지녔지만, 대다수는 열린 세계에 대해 자신을 닫기 전에 진보적 견해를 지지했다. 그들이 공유하는 것은 근본적인 질서 상실에 대한 진단이다. 그럼에도 불구하고 인터뷰 대상자들은 고전적 권위주의자가 아니다. 그들은 결코 굴종적이지 않으며, 그와 반대로 국가와 권위적 인물에 대해서는 극히 회의적이다. 또한 예민한 것, 감상적인 것, 상상력 풍부한 것을 그 자체로 거부하지 않으며 동물 복지를 옹호하거나 그들 자신이 각 가족의 별난 사람들이다. 퇴행적 반항자들은 고전적 권위주의와의 차이가 더욱 분명하다. 이들은 부모의 순응적 생활양식을 제약으로 받아들였다. 그들은 자기를 실현하고자 했고, 먼 나라로 여행을 떠났으며, 극동의 종교나 예술적 활동을 지향했다. 퇴행적 반항자들은 고도로 개별화된 개인들이지만, 종종 고독하고 거의 고립된 삶을 살아간다. 인터뷰에 응한 모든 이의 공통점은 무력함을 경험하고 이에 퇴각으로 대응한다는 점인데, 그러나 이 퇴각은 정치적 수동성으로 이어지는 것이 아니라 대항민주적 주권화로 이해될 수 있다.

권위주의적 혁신가

슈미트 부부는 깔끔한 삶을 영위하는 성찰적인 사람들로 정치에 관심이 많다. 그러나 두 차례 운명적 사건으로 인해 그들의 삶에 그늘이 드리운다. 그들의 두 아들은 이미 세상을 떠났다. 다른 인터뷰 참여자들과는 달리 그들은 사회적 불만을 이야기할 때 흥분하지 않고 차분하고 냉정한 모습을 보였다. 슈미트 씨는 1950년대부터 "지속해서 상승세를 타던" 사민당의 영향을 받은 노동자 가정 출신이다. 대학 교육을 받은 기계 제작자인 그는 사민당에 투표했고, 우리가 이미 살펴보았듯이 직장에서 노동조합 활동에 참여했다. 그러나 선거 공약이 파기된 후 그에게는 "숙고의 단계"가 시작되었다. 그는 사민당과 다른 정당들에 대한 믿음을 잃었다. 거의 모든 이슈에 의견이 같은 부부의 눈에 정치는 믿을 수 없는 것이 되었다. 슈미트 부인의 말에 따르면, 정당들은 시민들을 "부분적으로"(그녀는 이 제한을 강조한다) "때때로 기만당하기도" 하는 "멍청한 유권자"로 간주한다. 이것이 그녀가 AfD로 향하게 된 동기였다. 슈미트 씨가 보완하는 대로 하자면 이는 그곳의 "인물들" 때문이 아니라 "항의하기 위해서"인데, 왜냐하면 AfD는 "정치를 몰아붙이기" 때문이다. 그들은 또한 이전에도 한 번 좌파당에 투표한 적이 있는데, 그것은 자라 바겐크네히트 때문이었다.

슈미트 부부는 자신들의 정치적 태도 변화를 다음과 같이 회고한다. "우리는 수십 년 동안 사민당 투표자에서 오른쪽으로 방향을 바꿨어요. 왜냐하면 바로 2년 전에 메르켈 총리가 한 일이 **우리가 보기에는** 전혀 괜찮지 않았기 때문이죠." 난민 정책은 그들이 기존 정당 체제를 반대하게 된 계기였다. 그러나 그들이 그 체제를 완전히 거부하는 것은 아니었다. 그들은 탁구 동호회에서 "인종차별주의자"로 불릴 때 스스로를 방어하며, 자신들의 항의를 난민의 무제한 수용에 대한 교정책으로 바라본다. 그들은 이민자 자체에 반대하는 것이 아니라 "이주 배경을 지닌 시민"이 언제나 거듭해서 "불쾌하게 나타나는" 까닭에 너무 많은 이민자에 반대한다. 이 경우 슈미트 씨는 전형적인 인종차별주의자가 아니다. 그는 난민 지원 단체의 자원봉사자로 오랫동안 활동했으며, 그곳에서 독일어 수업을 했고, 오늘날에도 부부는 이주민 비율이 높은 학교 아이들의 숙제를 돕고 있다. 결국 우리는 "불평만 할 것이 아니라 무언가를 해야만 한다"는 것이다. 슈미트 부부는 스스로를 차별화되고 온건한 사람으로 제시한다. 그들은 회의적이지만 의회 민주주의를 내부로부터 개혁하고자 한다. 그리하여 그들은 우리가 퇴행적 반항자와 구별해서 바라보는 권위주의적 혁신가 유형의 정체성을 구현한다. 여기서 주도적인 것은 무엇보다도 우리가 4장에서 소개한 로버트 K. 머턴의 성찰이다. 우리가 기억하다시피, 머턴은 1930년대부터 자원이 거의 없는 사회 집단이 정당하게 여겨지는 목표를 더는 사회적으로 인정받는 수단으로 달성할 수 없는 가속화된 변화와 아노미 단계에서 어떻게 반응하는지의 문제를 다루었다. 여기서 그는 혁신과 반항을 두 가지 전형적인 패턴으로 제시한다. 반항에서는 저항이 지배적이며, 이때 사회적으로 인정된 목표는 내던져진다. 혁신에서는 다르다. 여기서는 해당 사람들이 목표를 포기하는 것이 아니라 이 목표를 달성하기 위해 때때로 수용되지 않는 길을 택한다. 우리가 인터뷰에서 알게 된 권위주의적 혁신가들은 여전히 자신들이 민주주의 및 결속에서 이해하는 것을 위해 전력투구했다. 다만 그들은 기존의 자유주의적-민주주의적 정당과 미디어로는 그들이 잃어버렸다고 믿는 민주주의를 회복할 수 없다고 생각하며, 그런 까닭에 AfD의 선택을 혁신으로 생각할 뿐이다.[19]

퇴행적 반항자와 달리 권위주의적 혁신가들은 비교적 사회에 잘 통합되어 있다. 그들의 직업적 지위는 안정적이거나 때로 성공적인 경력을 회고한다(세 명은 이미 은퇴했다). 그들은 어느 정도 재산을 소유하고 있고 질서 정연한 가족 관계 속에서 살고 있다. 그들은 모두 고용주에 대한 신뢰도가 높으며, 대부분 신망 있는 직종에서 정규직으로 근무했거나 근무하고 있다. 그들의 활동은 높은 수준의 사회적 협력을 요구한다. 우리의 표본에서는 엔지니어, 교사, 공장 관리자, 부업으로 유기농 농장을 운영하는 하이테크 기업 노동자, 은행원, 수위를 겸하는 문화계 종사자 등이 해당된다.

우리는 인터뷰 대상자 가운데 9명을 퇴행적 반항자로, 6명을 권위주의적 혁신가로 분류하며, 1명은 명확하게 분류할 수 없었다.[20] 우리는 권위주의적 혁신가를 나이와 관련해 두 하위 그룹으로 더 세분화했다. 요컨대 그들 사이에는 눈에 띄는 세대 간 차이가 존재한다. 더 나이가 많고 은퇴한 사람들(1944년, 1946년, 1953년생)은 집안의 최초이자 유일한 학생에서 엔지니어로, 은행원에서 경영 전문가로 또는 월급쟁이 제지공에서 회사 관리자로 사회적 상승과 직업적 성공을 체험했다. 그들은 학교, 훈련, 취직, 결혼, 가족 형성과 같은 동화한 보통의 삶의 경로를 완수했다. 그들은 결혼 생활도 전통적으로 영위했다. 그것은 구속이 많으나 안전한, 고전적인 남성 생계부양자 모델에 상응했다. 대체로 여성이 살림살이와 육아를 담당하는 동안 남성은 직업적으로 발전을 이룰 수 있었다. 그들은 함께 사회적 엘리베이터를 타고 위로 올라가는 "가족 경력"[21]을 쌓았다. 인터뷰 참여자들은 초과 근무와 과도한 업무에 대해 언급하지만, 이 길은 보람이 있었다. 관습적인 **안전한** 개인화 궤도 안에서 그들은 부르주아적 삶의 꿈을 실현할 수 있었다.

세 명의 중장년층 응답자(1956년, 1963년, 1964년생)는 여전히 생업에 종사하고 있으며 자신들의 일과 벌이에 만족해했다. 그러나 그들의 사회적이고 직업적인 경력은 더 이질적이다. 그들은 덜 직선적인 경로를 밟아왔다. 그들도 마찬가지로 특권적이지 않은 지위에서 출발했지만(처음 두 사람은 중등학교를 졸업했고, 세 번째 사람은 동독에서 공부할 수 있었다), 더 나이 많은 권위주의적 혁신가들에 비해 직업적 상승은 더 어려웠다. 그들 모두 현재나 과거의 재정적 어려움, 원치 않는 직업 변경, 때때로 경험한 자영업이나 다중 고용에 관해 이야기한다. 하지만 그들은 스스로의 노력이나 추가 교육 기회를 통해 어려움을 극복할 수 있었다. 그들은 미래에 대한 걱정이 전혀 없지는 않지만 비교적 안정된 상황에서 살아왔다. 그럼에도 불구하고 그들 삶의 이력은 조직된 근대의 상승과 안전에 대한 약속이 어떻게 점점 더 공염불이 되었는지 보여준다. 그들은 가족적인 '패치워크' 상황에서 살고 있거나 결혼의 위기에 관해 이야기한다. 동시에 자유로운 자기 형성과 삶의 형성에 대한 욕구가 더 많은 공간을 차지한다. 1964년생인 융 씨는 자신의 유기농 농장을 소유하는 꿈을 이루기 위해 교대 근무를 하고 있다. 1956년생인 로만 씨는 인쇄 시장이 무너진 후 프리랜서 대리인으로서의 활동을 포기하고 지금은 장애인들이 함께 연기하는 포용적 영화를 제작하고 있다. 그들의 삶은 구불구불하고 때로는 울퉁불퉁한, **안전장치 풀린** 개별화의 길을 따라간다.

연령 집단들 간에는 정치적 사회화의 차이도 존재한다. 나이가 더 많은 세 사람은 국민 정당들에 대해 가족으로 엮인 충성을 이야기한다. 슈미트 씨 외에 그루버 씨도 사민당과 밀접한 관계가 있는 노동자 가정 출신이다. 그의 아버지는 산업 노동자였다. "그건 아버지에 의해 각인된 거죠. 아버지는 사민당 사람이었고 마을 노동자들도 그랬어요. 그것이 저에게 처음 영향을 주었죠." 세 번째 루프 씨는 농민 가정 출신이다. 그는 시골, 따라서 어느 정도 보수적인 지역에서 성장했다. "사람들은 간단히 말해 비정치적이었다고 말할 수 있어요. 그들은 하나같이 기민당에 투표했어요. 모든 것이 좋았죠." 사람들은 의식적으로 동류 의식이 있어서가 아니라 전통에 따라 투표했다. 그런 까닭에 연금을 받기 시작하고 점차 불신이 커진 후에야 비로소 정치 의식이 자리 잡았다고 이야기한다. 아무도 그들에게서 소박한 복지를 더는 빼앗아갈 수 없지만, 사회적 관계의 안전장치가 풀려나가는 것은 그들에게 흔적 없이 지나가지 않는다. 그들은 곰곰이 생각하기 시작하고 불안과 공포의 혼란스러운 감정을 느끼지만, 무엇보다도 우선 망명과 이민 정책 문제에서 그 감정을 표현한다.

그에 반해 더 젊은 세 사람은 이미 일찍부터 정치적으로 활동했다. 융 씨는 20대 초반에 지역 정치에 참여했다. 그는 보수주의가 지배하던 고향 마을의 정치에 대립하는 경로에 들어섰지만, 뚜렷한 환경 인식에도 불구하고 녹색당에 입당하지는 않았다. 현재 그는 AfD에 투표하고 있으며, 이민은 그에게 "독일의 가치"에 대한 위협이다. 로만 씨는 병역을 거부했고, 이미 1970년대 캐나다 여행 중에 그린피스에 가입했으며, 사민당 청년 당원에서 녹색당원으로 변신하여 반핵 운동에 참여했다. 크라우제 부인은 동독에서 성장했고, 거기서 교사로 일하며 개혁 운동에 적극 참여했다. 그러나 체제 전환 이후 노동 시장에서 기회를 잡기 어려웠고, 부동산 중개인으로 재교육을 받았지만, 그 직업에서 행복감을 느끼진 못했다. 그녀는 가톨릭 학교를 공동 설립하고 거기서 이사와 교사로 활동했다. 현재 그녀는 남편과 함께 살고 있고, 장성한 자녀 다섯을 두고 있으며, 대체로 자급자족하며 생태학적 문제에 몰두하고 있다. 로만 씨와 크라우제 부인은 AfD에 투표하지는 않지만, 이 정당에 공감하고 있다.

정치적 견해와 시민사회적 참여는 우리가 방금 묘사한 사회적 궤적을 반영한다. 권위주의적 혁신가들도 민주주의 제도를 불신하지만, 이 제도 자체를 거부하지는 않는다. 그들은 특히 정당들과 유럽연합에 대해 회의적이다. 미디어에 대해서도 마찬가지로 아주 비판적이지만, 그렇다고 해서 미디어를 보이콧하지는 않는다. 그들은 날마다 〈타게스샤우(Tagesschau: 독일의 TV 뉴스 프로그램—옮긴이)〉를 시청하고, 전국 일간지를 읽거나 공영 라디오 방송을 듣는다. 대안 블로그나 유튜브 동영상은 보완적 견해로 참고할 뿐이다. 요컨대 그들은 공유된 현실을 바탕으로 움직이지만, 그 현실을 의심의 눈초리로 바라본다. 곧이어 살펴보게 될 퇴행적 반항자들과는 달리 그들은 말할 수 있는 것의 관습을 훼손하지 않기 위해 노력한다. 슈미트 부부와 마찬가지로 그들은 사실적이고 세분화하여 논증하는 데 많은 가치를 부여한다. 그런 까닭에 가족이나 지인들에게서 인종차별주의라는 비난을 들으면 그토록 큰 충격을 받는 것이다. 그들은 비록 주변부이기는 하지만 대중적으로 받아들여지는 의견 스펙트럼 내부에 자신을 계속 자리매김한다. 그들은 다른 입장을 인정하고 표현의 자유와 관용을 존중한다.

그들의 실망은 바로 민주적 제도에 대한 높은 기대의 결과다. 그들은 국가 당국에서 멀리 떨어져 적극적으로 불신하는 시민을 자처하지만, 잘못을 바로잡고 그 권력을 제한하고자 한다. 그들은 세금과 공공요금을 납부하고, 의무적으로 투표에 참여하며, 지역 및 중앙 정치인에게 항의 편지를 쓰거나 정치 행사에 참석한다. 그들은 스포츠 클럽과 교회 교구에서 활동하며, 학부모 협의회에 출석하거나 지역 정치나 노동조합 일에 자원봉사자로 참여한다. 동시에 그들은 이해관계 표현의 고전적 통로가 더는 반응하지 않는다고 비판한다. 정치와 사회에 영향을 미치기 위해 그들은 자신들에게 익숙하지 않은 참신한 방법을 선택하기도 한다. 예를 들어 그들은 공개적으로 AfD를 위한 선거운동을 한다. 궁극적으로 그들은 로장발롱이 모순적이라고 규정하는 대항민주주의의 "불신의 실천"을 전형적으로 구현한다.

> 그러한 실천은 시민 편에서 유익하게 주의를 촉진하고 이러한 방식으로 국가 당국이 사회적 요구를 더 잘 수용하도록 하는 데 이바지하지만, 때로는 파괴적 형식의 거부와 비방을 낳을 수도 있다.[22]

퇴행적 반항자에게서는 공유된 정치 세계에 대한 파괴적 거부 의사가 공공연하게 드러나지만, 권위주의적 혁신가들의 경우 파괴적 요소는 오히려 고정관념을 매개로 나타난다. 그들에게서는 명시적으로 표현된 공격성을 거의 찾아볼 수 없다. 그러나 그들의 선입견은 순응에 대한 욕구와 단적으로 충돌하여 표면으로 드러난다.[23] 예를 들어 로만 씨는 난민 정책에 대한 자신의 의견을 표명할 때 언제나 거듭해서 자신의 "이데올로기로부터 자유로운" 또는 "중립적인" 입장을 강조한다. "또는 바로 이 나라에 들어온 많은 사람으로부터 실제로 제기되는 위협은 AfD 투표자가 아니더라도 사실이라고 말할 수 있죠." 그는 자신의 불만을 정당화하기 위해 이른바 사실을 언급한다(하지만 이 사실은 '사람들은 잘 알죠', '사람들은 들었어요'라는 식으로 '사람들'이라는 부정대명사를 통해 비인격화한다). 이미 아도르노는 선입견에 대한 분석에서 해당 사람들이 자신의 혐오감에 정당한 기초를 부여하기 위해 "의사(擬似)합리적 논의"로 기울어지는 경향이 있다는 점에 주목했다.[24]

눈에 띄는 점은 두 연령 집단이 외국인 적대적 선입견을 표명하는 방식에서 구별된다는 것이다. 은퇴하기 전 은행 지점에서 일했던 루프 씨는 남성 합창단에서도 난민 문제에 침묵을 지킬 수 없었고, 거기서 수용된 난민들에 대해 격분했다. "도대체 왜 젊은 남자들이 도망치나요? 여자들과 아이들은 뒤에 남아서 위험에 처하는 것 아닌가요?" 그와 마찬가지로 더 나이 든 세대의 인터뷰 대상자들은 도덕적 스캔들화로 기울어지는 경향이 있다. 그들은 무슬림 소수자나 난민들의 (그들이 보기에) 도덕적 과오를 통해 자기가 속한 집단과 외국인 집단 사이를 명확히 구분한다. 이러한 방어는 자신의 가치관, 가령 루프 씨의 경우 가족과 남성성에 대한 전통적 이상의 보호에 이바지한다. 이러한 연령 집단에게는 무엇보다도 언어와 노동 그리고 가족을 꾸리는 것이 통합의 척도로 여겨진다. 루프 씨에게는 "외국인"도 "그들끼리" 머물지 않고 "공동체의 삶"에 참여하며, 자신과 함께 둘레길을 걷고 합창단에서 노래하는 등의 활동을 하는 것이 중요하다. 이러한 인터뷰들에서는 종종 외국인에 적대적이라며 불쾌하게 주목받지 않으면서 선입견을 표현할 수 있는 일종의 평가절하 위계가 드러난다. 통합을 원하지 않는 것으로 추정되는 일부 난민 집단에 부정적 정서를 투사하는 한편, 자신의 균형과 차별성을 강조하고자 통합의 의향이 있는 부분도 제시하는 것이다.

나이가 더 많고 감정을 더 강하게 통제하는 연령 집단에서는 드물게 나타나는 태도, 즉 외국인에 대한 공개적 원한은 더 젊은 세대의 권위주의적 혁신가들에게서 더 분명히 나타난다. 그들은 난민들에 대해 더 강하게 흥분할 뿐 아니라 음모론적 성격의 고정관념적 일반화에 더 자주 빠지는 경향이 있다. 예를 들어 융 씨는 "우리가 강조하는 서구적 가치"를 받아들이는 한 "어떤 외국인"에게도 문제가 없다고 강조한다. 그러나 동시에 그는 공장 동료들이 더는 거의 독일인이 아니라는 사실을 매우 우려스럽게 바라본다. 이는 그에게 위협적인 발전의 징조다. "완전히 몰려들고 있어요. 우리에게는 더는 후손이 없고 독일 아이들도 없어요." 더 젊은 세대에게 이민은 더 원칙적인 문제다. 이민으로 인해 문화의 불안한 균형이 뒤흔들린다. 왜냐하면 그 경우 한 사회에서의 "낯선" 가치 구성 요소가 우세해지기 때문이거나 많은 자녀 숫자가 공동의 삶의 생태학적 기초를 동요시키기 때문이다. 더 젊은 연령 집단에서는 아도르노가 이미 1940년대 말에 진단한, 정신에 대한 고정관념과 선입견의 "경제적" 기능이 더 분명히 나타난다.[25]

권위주의적 혁신가들의 내면에서는—외면적으로 통제된 행동에서도—좌절과 의존 경험에서 기인하는 적개심이 스멀스멀 피어오른다. 그들은 그로 인해 크게 상처받고 있다고 느낀다. 하지만 공격적 에너지가 그 유발자, 즉 그들을 둘러싼 자본주의 세계로 직접 향할 수는 없다. 순응을 위한 노력과 수치심에 대한 두려움이 너무 크다. 그런 까닭에 그 거부는 '대체 대상'으로 투사되며, 이 경우에 투사 대상은 그들이 보기에 자주 일반적인 관습을 훼손하는 난민이다.

퇴행적 반항자

루돌프 씨의 식탁에는 이미 "세상의 절반"이 앉아 있었다. 1956년생 물리치료사인 그는 전 세계에 고객이 있는 부유한 제조업 가문 출신이다. 그는 언젠가 중동을 여행한 적도 있는 세계 시민이다. 젊은 시절부터 정치에 참여해야 한다는 "내적 욕구"를 느낀 그는 일찍부터 녹색당에서 일했고, 슈투트가르트 21(이 프로젝트는 슈투트가르트의 위치적 이점을 활용해 철도 네트워크와 도시를 유기적으로 연결하는 것이다. 대형 공사인 데다 유서 깊은 건축물을 철거해야 해서 반대가 거셌다—옮긴이)에 대한 항의에는 처음부터 참여했으며, 현재는 사민당 당원이다. 그러나 "몇 가지 핵심적 체험" 후에 그는 깨어났다. "당신 자신의 조국이 갑자기 오그라드는 것을 보면 당신도 더는 소통할 수 없어요……." 세계 시민에서 조국의 수호자가 된 그는 AfD에 투표한다. 그는 기존 정당들에 배신당했다고 느끼고 "과도한 외국화"에서 독일 사회의 근본 문제를 본다. 부동산 관리인인 그는 "이민의 모든 물결"을 직접 체험했으며, 그런 까닭에 2015년 난민 위기를 제대로 판단할 수 있었다. 쉽게 흥분하고 부정의를 참기 어려워하는 루돌프 씨는 이민자 세입 신청자들이 보낸 편지에 분노하며 말한다. "**수백 명이에요, 수백 명**! 모두 아랍인이고, 모두 아랍 배경을 지니며, '나는 그걸 원해, 나는 그걸 원해, 나는 그걸 싸워 얻을 거야, 나는 그걸 싸워 얻을 거야'라는 **이해할 수 없는** 요구를 내세우는 생각을 지니고 있어요." 그에 반해 그의 가난한 독일 지인들은 빈손으로 돌아갔다. 그는 국가적 제도로부터 버림받은 사람들의 우울한 이야기를 많이 알고 있다.

그 자신의 삶에도 비극이 없었던 것은 아니다. 그에게는 많은 기회가 있었지만, 다 허공으로 사라져버렸다. 모두 일곱 형제 가운데 그는 강등된 사람이다. 오늘날 그는 거의 무일푼에 신체 건강이 좋지 못하며 대화가 진행되는 중에 계속해서 기침을 토해냈다. 그는 돌봄이 필요한 아버지를 보살펴야 했기에 대학을 마치지 못했지만, 그의 형제와 누이들은 교양 시민으로서 성공을 누릴 수 있었다(그중 일부는 의사가 되었다). 어쨌든 그는 그것이 자기의 희생 덕분이라고, 형제와 누이들이 부모를 돌보는 데 거의 참여하지 않았기 때문이라고 생각한다. 그는 환멸을 느꼈고 과거에 자신이 보여준 관대함에 대해 씁쓸해한다. 이제 그는 배우자도 자녀도 없이 온전히 혼자다. 그는 정치적 상황에 대한 폭력적 환상에 빠져들 "정도로 좌절해" 있다. 개인적 의무가 없다면 그는 평화주의적인 집안의 영향으로 계속해서 거부당해온 "군사 훈련", 즉 "**정말로 광적인 살해 욕망에 빠져** 삶에서 벗어나기 위해" "저격수 훈련"을 받을 것이다. 우리가 식탁에서 함께 슈프리츠쿠헨을 먹는 동안 그는 상상력을 마음껏 펼친다. "광적인 살해 욕망이고 확실히 악의 없이 환호하는 사람들이 아니라 **올바르게** 천둥소리를 울리는 것이죠. 예를 들어 여기서 슈투트가르트 21에 책임져야 하는 거물급 인사 두세 명을 **실제로 죽이는 것, 살해하는 것**이죠." 물론 그는 이것이 구체적인 계획이 아니라 때때로 자신을 위로하는 "이미지"일 뿐이라고 힘주어 강조하지만, 그럼에도 그야말로 숨이 막히는 이미지다.

루돌프 씨와 마찬가지로 우리가 퇴행적 반항자 유형으로 분류하는 다른 인터뷰 대상자들도 개인적 분열, 위기, 하강 경험으로 고통받았다. 그들이 거의 강박적으로 적대시하고 경멸하는 정치 질서와 그 대표자들에 대한 불만은 권위주의적 혁신가들의 경우보다 더 깊이 나아간다. 기존 제도에 대한 시민사회의 대항권력에 늘 수반되던 불신이 그들에게서는 파괴적으로 변한다. 머턴의 말을 빌리자면 우리는 그들이 합법적 수단뿐만 아니라 사회적으로 승인된 목표도 거부함으로써 아노미적 경험에 반응한다고 할 수 있다.

사회적으로 퇴행적 반항자는 끊임없이 하강하고 있다. 그들은 상승과 그 이후의 안정 대신 하강과 박탈을 경험했다(여기서 연령대는 1944년, 1945년, 1950년, 1954년, 1956년, 1961년생, 그리고 세 사람은 1962년생으로 더 폭넓게 흩어져 있다). 물론 그들은 비교적 좋은 교육 기회를 가졌다(세 사람은 대학 입학 자격시험에 합격했고, 한 사람은 전문대학 입학 자격을 가졌으며, 또 다른 세 사람은 실업학교를 마쳤고, 마지막 두 사람은 중등학교를 졸업했다). 하지만 누구도 이를 성공적인 직업 경력으로 옮겨놓을 수 없었다. 몇몇 사람은 그들이 일구어낸 소박한 복지를 잃어버렸고, 다른 사람들은 승진과 성공의 기회를 철저히 박탈당했다. 그들은 잦은 비자발적 직업 변경, 임시직, 사고나 질병으로 인한 노동 불능, 간헐적 실업 상태, 위협적인 노년기 빈곤에 관해 이야기한다. 루돌프 씨와 마찬가지로 다른 두 명의 인터뷰 대상자도 학업을 다 마치지 못했으며, 거의 대부분이 어느 시점에서 직업 진로를 바꿔야만 했다. 권위주의적 혁신가들과는 달리 우리 표본에서의 퇴행적 반항자들은 주로 서비스 부문에서 활동했거나 현재 활동하고 있다. 그들의 사회적 상호 작용은 본질적으로 고객과의 접촉으로 제한되었다. 그들은 예를 들어 장거리 화물차 운전사, 안마사, 체형 관리사로 일했거나 일하고 있으며, 따라서 고객의 지배와 시장의 이름 없는 힘에 직접 노출되었거나 노출되어 있다. 그들은 동료들 사이의 사회적 협력과 연대를 거의 체험하지 못했으며, 그 대신 자신의 상사나 고객과의 갈등에 대해 전한다. 9명의 인터뷰 대상자 가운데 3명만이 고용주를 신뢰한다고 답했다(그중 1명은 노동 불능자, 1명은 자영업자였다).

인터뷰 시점에 많은 사람이 아노미적 상황에 놓여 있었다. 직업 생활 과정에서 그들은 자신의 기대와 요구를 계속해서 제한된 가능성에 맞추어야만 했다. 그들은 불안정하고 즉흥적인 직업 경력을 되돌아보는데, 왜냐하면 거의 예외 없이 부업을 하지 않을 수 없었기 때문이다. 권위주의적 혁신가들에게는 제도적 기본 조건이 사회적 하강을 막아주는 역할을 했던 데 반해, 퇴행적 반항자들 상당수는 오로지 자기에게만 의지했다. 교육 시스템도 노동 시장과 시장 경제도 스스로 약속한 바를 달성하지 못했다. 퇴행적 반항자도 자신의 사회적 지위를 지키기 위해 열심히 일했지만, 대개는 그것으로 불충분했다. 많은 사람이 강등 위협을 받거나 사회 질서의 하위 서열에 적응해야만 했다. 루돌프 씨처럼 부유한 산업가 집안 출신인 은퇴한 브리덴캄프 씨는 젊은 시절에는 발레 무용수였고 최근에는 민간요법 치료사로 일했다. 이제 그는 가난하고 고독하고 씁쓸한 말년을 맞이하고 있다. "살기에는 너무 적고 죽기에는 너무 많아요."

이들의 직업 생활은 불연속적으로 이어질 뿐만 아니라 사적으로도 많은 사람이 개별화와 사회적 고립으로 고통받는다. 그들의 파트너 관계나 가족적 제도는 자주 전통적 모델에서 벗어난다. 네 사람은 평생 독신이고("가족도 동업 관계도 전혀 없다"고 브리덴캄프 씨는 전한다), 두 사람은 정식으로 결혼하지 않고 동거 생활을 하고 있으며, 세 사람만이 결혼했다. 많은 사람이 깊은 상처, 심각한 별거 또는 이혼을 보고하며, 몇몇 사람은 이미 오래전부터 자녀와 연락이 끊겼다. 렌츠 부인은 두 자녀가 있지만 오랫동안 파트너와 잘 지내지 못했다. 그들은 권위주의적 혁신가들의 더 나이 든 세대처럼 고전적인 가족 경력을 실현할 수 없었(고 원하지도 않았)지만, 또한 더 젊은 세대가 선택한 즉흥적인 삶의 이력도 그들의 경우에는 거의 스스로 결정한 것이 아니라 대개는 여러 해에 걸친 혼란의 결과다. 9명 가운데 4명만이 자녀가 있고, 그 가운데 둘은 혼자 키우고 있거나 혼자 키웠었다. 병가 중인 장거리 화물차 운전사 키르히하이머 씨는 이혼 이후 자녀와의 접촉이 금지되었다. 인터뷰 대상자 가운데 단 한 사람만 남편과 함께 아이를 키워왔다. 그 밖에 부모나 형제자매와의 관계도 자주 갈등으로 점철돼 있다. 몇몇 사람은 자기 가족과 단절되었고, 다른 사람들의 경우에도 반복해서 연락 두절 시기가 존재했다. 아도르노가 권위주의적 성격과 관련하여 관찰했듯이, 그들 또한 종종 복종하는 이상화와 공격적 거부 사이를 오가는 아버지에 대한 양면적 관계를 지닌다. 일반적으로 그들은 자신의 부모에 비해 경제적으로 박탈당해 있으며, 이는 확실히 불화의 원인이 되었다.

그러나 퇴행적 반항자는 자신의 정치적 목표를 달성하기 위해 다른 수단을 선택한다. 그들은 사회 질서를 내부에서 개혁하는 것이 아니라 사회 질서 전체에 반항하고자 한다. 능력주의 사회의 사회계약이 깨졌기 때문에, 그들은 더는 거기에 의무감을 느끼지 않는다. 그들은 가치와 행동 규범에 대한 유대를 끊는 절대적 형식의 반정치를 구현한다. 그들의 정치적 사회화를 고찰하면, 그들은 이미 일찍부터 민주적 제도와 절차에서 소외되었다고 느꼈다. 가족 내에서는 정치에 대해 거의 또는 전혀 이야기하지 않았다. 부모가 누구에게 투표했는지 종종 직감적으로 추측할 뿐이었다. 많은 사람이 이미 오래전부터 부동표 또는 항의 투표자다. 그들은 주로 녹색당, 좌파당, 자유민주당과 같은 군소 정당에 투표했으며, 그중 세 사람은 이미 이전 단계에 우파 성향 정당에 투표한 적이 있지만 지속적으로 그 정당에 묶여 있지는 않았다. 그들은 변덕스러운 정당 선호의 근거를 자신들의 반항적 성격에서 찾는다. 안마사인 렌츠 부인은 자신을 "혁명가"로 묘사하고, 볼링거 씨는 자신이 언제나 "야당의" 태도를 견지했다고 강조한다. 그들은 가족 안에서든 친구 사이에서든 또는 직장에서든 문제를 일으키고 쉽게 말다툼에 빠져든다. 반항하려는 내적 경향은 일반화된 것으로 보인다. 정치적 동기와 입장은 서로 다를 수 있지만, 그들에게 결정적인 것은 저항하는 것이다. 체형 관리사인 로조프스키 씨는 한동안 사민당에 투표했고 그 후에는 녹색당에 투표했지만, 어느 단계에서는 도중에 독일민족민주당(NPD) 서클에도 있었는데, 이는 동성애자인 그에게 단순하지 않은 일이었다. 아이러니하게도 그는 특히 "조금은 남성적인 취향과 조금은 군인다운 여행"을 좋아했다고 생각하며, 준군사적 훈련도 그의 마음에 들었다. 특히 그는 집단의 도발적 행동, 예를 들어 나치 행진에 매력을 느낀 것으로 보인다. 그러나 그는 거기서 자신이 곧바로 대항 시위대에 합류할 수 있었다고 인정한다. "그게 감정적으로 쉬웠을 것같지 않아요?" 그것은 부정적이고 눈부신 반항이며, 물론 때때로 새로운 권위와 편의적 동맹을 맺을 수 있지만, 본질적으로는 파괴 열망이 두드러진다. 그런 한에서 우리가 인터뷰한 퇴행적 반항자들이 오랫동안 우파 정당에 투표하지 않았다는 사실은 그들을 오랜 세월 통합할 수 있던 옛 서독의 성공 이야기의 일부분이기도 하다.

그러나 흥미롭게도 그들 모두가 인생의 이전 단계에서 정치적으로 우파 입장에 가까웠던 것은 아니다. 우리는 종종(인터뷰 대상자 9명 가운데 5명) 원래의 세계주의적 근본 태도가 파괴적으로 변형되는 것을 분명히 관찰한다. 그들은 **순화된 세계 시민**이다. 그들은 문화적으로 개방적 삶을 살았고 세계 시민적 태도를 보이다가 갑자기 그러한 삶의 기획에서 방향을 바꿨다. 그들은 배낭을 메고 근동과 중동을 여행하고, 인도나 태국에서 살았으며, 불교로 개종하고, 의미 추구에 헌신하고, 스스로에게 집중하는 명상 기술을 연습했다. 이는 앞에서 살펴본 수평적 사고자들 일부와 다르지 않다(7장 참조). 그리고 퇴행적 반항자에게도 근본적 전회가 일어났는데, 그것은 자신들의 눈을 뜨게 해준 사건 때문이라고 말하는 경우가 많았다. 가령 루돌프 씨는 자전거 여행을 하다 목이 말라 거의 쓰러질 뻔했을 때 슈바르츠발트 주유소에서 자기에게 "눈길 한 번 주지 않은" "튀르키에 사람 네다섯 명"과의 만남을 "핵심 체험"으로 언급한다. 이어 그는 혼잣말로 다음과 같이 말했다. "당신은 당신 자신의 땅에서 이방인이 되어서는 **안 돼요**." 이렇게 그는 사회학자 앨리 러셀 혹실드가 미국에서 우파 포퓰리즘인 티파티(Tea Party) 운동 지지자들과 인터뷰할 때 늘 들을 수 있었고, 이를 바탕으로 출간한 책 제목[《자기 땅의 이방인(Strangers in Their Own Land)》]으로 정식화한 표현을 사용하고 있다.[26] 혹실드의 인터뷰 대상자들과 마찬가지로 우리의 인터뷰 참여자들도 소외와 평가절하의 경험을 말하며, 그에 대해 이방인, 차별받는 집단의 구성원, 엘리트들에게 책임을 지운다. 그러나 우리의 경우 좌절감에 빠져 사회로부터 등을 돌린 것은 바로 특이한 인생 설계와 자기실현이 중요한 역할을 하는 사람들이다. 그들의 사회 부적응의 개인주의적 생활양식은 사회경제적 실패를 초래했다. 그들은 스스로 목표를 달성할 수 없었다. 삶의 과정에서 세계에 대한 그들의 친밀감은 세계 폐쇄로 전환되었다. 그러나 그들은 세계주의적 확신을 완전히 버리지는 못했다. 그들은 공동체주의보다는 퇴행적 세계주의를 대표한다. 그들은 여전히 스스로를 세계 개방적이고 계몽된 사람으로 여기지만, 다문화주의와 지구화에서 사회 파괴의 위험을 본다.

퇴행적 반항자의 의견과 시민사회적 참여는 거의 모든 정치적·사회적 제도로 뻗어나가는 일반화된 불신을 특징으로 한다. 인터뷰 대상자 9명 가운데 5명만이 시민운동을 여전히 신뢰했다. 끊임없는 적대시 속에서 권력의 제도들은 "시민들로부터 근본적으로 소외된 접근 불가능한 권위"로 변모한다.[27] 여기서 절대적 회의는 모든 구속력 있는 규칙을 던져버리고 드물지 않게 파괴 욕망을 동반하는 규범적 허무주의로 나아간다. 권위주의적 혁신가와는 달리 퇴행적 반항자는 우리가 이미 지적했듯이 자신이 사회적 관습에 매여 있지 않다고 느낀다. 반대로 규칙과 행동 규범을 자신의 의견과 행동의 자유에 대한 부당한 제한으로 파악한다. 기본적으로 그들은 이민 사회에 의해 자신의 자유가 상처받고 있다고 생각한다. 이 땅에 존재하는 많은 무슬림으로 인해 더는 자유롭게 표현하고 이동할 수 없다고 본다. 앞 장에서 분석한 수평적 사고자들이 폐쇄에 맞서 개방의 목록을 지지하는 것과는 달리 반항자들의 경우에는 상황이 정반대다. 그들은 순화된 세계 시민으로서 가능한 한 광범위한 폐쇄를 옹호한다. 그들의 비판은 자신들을 제한하고 구속하는 규칙의 교정이 아니라 철폐를 목표로 한다. 그들은 외적 제한과 억압에 대항하여 자기에게 권능을 부여할 것을 핵심 동기로 삼는 자유지상주의적 권위주의자들이다. 물론 그들도 형식적으로는 민주주의와 법치국가를 지지한다고 고백하지만, 그런 합리화 시도는 많은 경우 욕설과 비방 탓에 실패한다. 때로는 모욕이 당국과 이방인 또는 다르게 생각하는 사람들에 대한 폭력 환상으로 변질되기도 한다. 권위주의적 혁신가들에게 전형적인 적응 노력은 퇴행적 반항자들의 경우에는 파괴적-전복적 경향 탓에 갈수록 어려워진다.

〈타게스샤우〉나 전국 일간지 등의 기존 미디어는 일반적 의혹의 대상이다. 그들은 (특히 AfD와 이민 정책 문제에 대한) 언론의 왜곡 보도를 비난한다. 그들은 비판적 목소리로 공적 담론에 참여하는 대신 이를 거부하고 대안 공론장으로 눈길을 돌린다. 그들은 소셜 미디어에서 활동하거나 유튜브 동영상을 시청한다. 수평적 사고자들의 경우와 비슷하게 반항자들에게서도 대항 지식과 비밀스러운 지식 요소에 호소하는 것이 중심적 역할을 한다. 그들은 책 제목과 기밀 출처를 언급하고 음모 환경으로부터 관련 저자를 불러낸다. 정치적 대표성의 위기는 퇴행적 반항자들에게서도 '더 나은 지식'의 인식적 위기와 뒤얽혀 있다. 음모와 기만은 사랑받는 사회 진단이다. 권위주의적 혁신가들과 달리 그들은 '자신의 의견'을 배척된 지식으로 간주하는 경향이 있는데, 그것을 부르디외가 말하는 **독사**에 대항하여 주장한다. 토마스 비초렉스의 2009년 저서 《멍청해진 공화국(Die verblödete Republik)》을 여러 차례 언급하고 정기적으로 콥 출판사 책을 주문하는 키르히하이머 씨는 다음과 같이 설명한다.

> 저는 〈호이테 주르날(Heute Journal)〉이나 〈타게스테멘(Tagesthemen)〉 같은 TV 뉴스가 필요하지 않아요. ……그 언론인들은 국가에 의해 좌파로 훈련받은 사람들이에요. 저는 그들의 의견이 필요하지 않아요. 저는 의견

이 아니라 뉴스를 듣고 싶고, 무슨 일이 일어났는지 알고 싶고, 그러고 나서 내 의견을 형성할 수 있어요.

하지만 머턴이 관찰했던 것과 달리, 아노미적 삶의 상황에 대한 반항은 여기서 더 나은 질서에 대한 비전을 동반하지 않는다. 다만 현재의 관계를 전복하고자 하는 소망을 극단으로 몰고 갈 뿐이다. 예외 상태는 연방공화국의 부재, '인종 전환(Umvolkung)', 내전 또는 세계 음모와 같은 현실 지각의 근본적 패턴이 된다. 정서적 강렬함은 저항의 비제도적 수단을 정당화하는 도구다. 그들은 시청료를 내지 않고, 신분증을 반납하며, 루트비히 씨처럼 비축 창고를 설치하고 켐트레일〔chemtrail: '화학물질(chemical)'과 '비행운(contrail)'의 합성어로, 비행운으로 위장한 화학물질이 살포되고 있다는 음모론—옮긴이〕을 증명한다. 제국시민운동으로의 이행은 종종 유동적이다. 퇴행적 반항자는 **전도된** 방식으로 반체제적이고 자율을 지향한다. 인터넷에서 차단된 댓글, 가족과 친구 및 지인들 사이에서, 당국이나 (드물게는) 고객 및 동료와의 거래에서 일어나는 분쟁이나 불화는 이러한 근본 태도를 나타내는 증거다. 자기 입장의 철회는 약점이고 반항은 미덕으로 선언된다. 그들이 경험하는 거부와 배제는 그 미덕을 확증하며, 심지어는 영웅적인 자기 평가로 이어진다. 요컨대 그들에게는 아도르노와 그의 동료들이 지난 세기 미국 사회를 바라보며 기술한 "권위주의적 증후군"의 결정적 징표인 "복종"이 빠져 있다. 그 당시 아도르노는 "사회적 상승에 대한 야망"이 해당 사람들에게서 "권위와 서열에서 자신보다 우월한" "사람들과의 노골적인 동일시"로 표현된다고 지적했다.[28] 이것은 우리 시대의 퇴행적 반항자에게 더는 타당하지 않다. 그들은 자신의 상승을 막은 제도와 조직에 반항한다. 삶을 영위하는 방식에서 그들은 부르주아적 외관을 추구하는 동시에 동맹자들과는 (때로는 비밀스러운) 온라인 교류를 수행한다. 스스로 거슬려도 맥락에 따라서는 자기 입장을 숨겨야만 하지만, 그것은 그 이상의 좌절로 이어질 수 있다. 그에 반해 인터뷰 대상자들은 온라인에서는 반대와 더불어 인정도 경험한다.

권위주의적 혁신가들에 비해 그들의 선입견은 더 뚜렷하고 더 정서적으로 작용하며, 그 점에서는 두 유형 간 차이가 훨씬 더 분명해진다. 권위주의적 혁신가들에게 외국인에 대한 선입견은 무엇보다도 우선 외국인 집단이라는 부정적 비교 배경을 통한 "사회적 동일시를 위한 수단"[29]이다. 다른 사람들은 게으르고 의지가 없거나 도덕적으로 의심스럽게 행동하는 사람들이라는 것이다. 이러한 충동은 퇴행적 반항자들에게도 존재하지만, 여기서는 통제 불가능해진 정서 살림살이에 더 강하게 이바지한다. 그들의 경우 외국인 집단과의 접촉은 아주 적다. 그들은 난민 지원 단체나 통합 지원 단체에서 활동하지 않으며 동료나 이웃으로 접촉하는 일도 없다. 그럼에도 불구하고 특히 무슬림 소수자들은 좀더 자주 노동 시장과 주택 시장에서 사회국가의 성과를 둘러싼 경쟁자로서 확인된다. 예를 들어 루트비히 씨는 거침없이 분개한다. "나는 이곳을 위해 피땀 흘려 일했는데 저들은 공짜로 얻고 있어요." 그러므로 선입견은 이방인에 대한 부정적 경험에 토대하는 것이 아니다. 거기에는 사회적 신분 하락과 좌절의 혼란스러운 감정이 담겨 있다. 버클리 그룹에서 '권위주의적 증후군'은 불안정한 심리 동역학을 뒷받침하는 기능을 지녔었다. 충족될 수 없는 초자아의 엄격한 요구가 "적대시된 대상"에 투사되는 것이다.[30] 반항자들도 이방인 집단에 증오의 대상이 될 만한 온갖 특성을 부여한다. 그 이방인들은 기생동물이며, 탐욕스럽고 게으르고 성적으로 무절제하거나 폭력을 행사하는 경향이 있다는 것이다. 혁신가들보다 더하게 반항자들은 소수자에 대한 평가절하를 통해 그들 자신의 노동 윤리 가치를 더 높이는데, 이는 우리가 앞에서 살펴본 성과 지향의 퇴행적 결과다. 노력에도 불구하고 성공하지 못했다는 자기 혐오가 이방인에 대한 증오로 전환된다.

한때 남편과 함께 중동을 여행한 적이 있고 공적 직무에서 은퇴한 이후 예외적인 경우에만 집을 떠난다는 빔머 부인은 무슬림을 자신의 삶뿐만 아니라 사회 구조 전체를 뒤흔드는 추상적 위협으로 지각한다. “그들이 우리를 따라야 하지 그 반대가 되어서는 안 돼요”라고 그녀는 요구한다. 그녀도 다수에 대항하여 자신의 이해관계를 관철하고자 하는 소수자에 속한다. 이는 우리가 앞에서(6장 참조) 이미 알고 있는 비판 목록에 변화를 가져온다. 정치가 어떠해야 한다고 보느냐는 물음에 그녀는 매우 분명히 대답한다. “그래요, 일차적으로 독일인을 위해, 연금을 충분히 받지 못하는 연금 수급자를 위해 더 많은 일을 해야 하죠.” 그리고 곧바로 덧붙인다. “망명 신청자는 모두 내보내야죠.” 권위주의적 공격은 반항자들에게서 더 직접적이며, 적대감을 억누르지 않고 공개적으로 표현한다. 그들은 자신의 원한을 부끄러워하지 않으며 반대로 경박하게 과시한다. 가령 볼링거 씨는 지칠 줄 모르고 “칼부림”과 “강간”에 대해 이야기하고 아주 다양한 욕설을 사용한다. “이슬람이 독일에 속하나요?”라고 그는 수사적으로 묻는다. “그것은 독일에도 유럽에도 속하지 않아요. 이슬람은 단순히 똥일 뿐이에요. ……우리는 조혼도 필요 없고, 동물 도살도 필요 없고, 돌팔매질도 필요 없어요”라고 그는 분노에 가득 차 요약한다.

게다가 권위주의적 혁신가들과는 달리 퇴행적 반항자들은 반유대주의적 선입견도 때로는 은밀하게 때로는 아주 공개적으로 표출한다. 특히 좌절이나 무력감의 경험과 관련하여 그들은 비밀리에 작업하는 권력 엘리트를 반유대주의적으로 암호화하는 음모론적 설명 모델에 의지한다. "조지 소로스", "록펠러", "로트쉴트", "연방 준비은행" 또는 "세계 정부"가 언제나 거듭해서 언급된다. 그들은 일반적 의혹에 머물지 않고 세계 사건을 주도하는 어둠의 세력을 추적한다. 장애를 갖게 된 이후 정치 문제에 점점 더 관심을 기울이게 된 요바노비치 씨는 "AfD에 대한 선동"을 누가 남용하는지 정확히 알고 있다. "그들이 앉아 있는 곳에서 저는 모두 유대인 출신인 록펠러 …… 그리고 로트쉴트에 대해서도 말할 수 있어요. 모두 허튼소리라고요? 아니죠! 허튼소리가 아닙니다. 100퍼센트 아니에요!"

아도르노는 반유대주의에서 "상상의 적"이 현실과 완전히 분리되었으며 환상이 "거칠게 돌아다닌다"는 데서 출발했다.[31] 그러나 인터뷰 대상자의 심리 동역학에서 그러한 고정관념은 중요한 "합리적인", 다시 말하면 보상하는 기능을 지닌다.[32] 아도르노는 반유대주의적 선입견이 "경제적 경쟁자에 대한 시기심" 또는 "소유하고 있는 소수의 권리를 박탈함으로써 자신을 부유하게 하려는 희망"에서 비롯된다고 추정했다.[33] 오늘날 퇴행적 반항자는 (상상적 방식으로) 자기 자신에게 권능을 부여하기 위해 반유대주의적 관념에 의지한다. 그래서 그들은 자신의 의존성이나 박탈감을 보여주는 실제 사회 구조를 끌어대지 않고도 자신의 무력함을 반항으로 재해석할 수 있다. 예를 들어 산업체 관리 직원으로 수습 생활을 한 후 자신의 사치품 사업(은 제품, 도자기 인형, 고급 유리 화병 등의 판매)을 접고 보안 업무에서 은퇴할 때까지 마지막 몇 년간을 "싸워 나가야만" 했던 볼링거 씨는 다음과 같이 강조한다. "분명 저는 활동적이고 떠버리가 아니에요. 저는 무언가를 하지만, 그건 무의미해요." 그의 영웅적이지만 절망적인 투쟁은 그가 많은 증거를 수집했다고 주장하는 광범위한 음모 서사인 유럽 인구의 "거대한 교환"에 맞서 이루어진다. "우선은 로비에 의해 결정되며, 그 위에 소로스가 있고, 그 위에 새로운 세계 질서가 있어요"라고 그는 설명한다. "이건 지금 단순한 표어가 아니에요. 검증할 수 있죠. 사람들이 전혀 알지 못하는 몇몇 크고 중요한 세력이 있어요. 저는 많고 많은 정보에 근거하여 그 배경을 조금은 알고 있어요." 반항자는 자기 경험 밖에 놓여 있지만 그럼에도 불구하고 일상생활에 힘을 행사하는 현실의 저 부분을 조사하고 검증하는 음모적 기술의 도움을 받아, 현실을 통제하고 자기의 좌절을 구체적 수신자에게 돌릴 수 있다.

인터뷰 대상자들이 언제나 자기의 반유대주의적 선입견을 그런 식으로 대놓고 표현하는 것은 아니다. 그들은 근본적인 의심의 씨앗을 뿌리는 수사적 질문을 던지기도 하고, 음모 소문을 동원하여 추정을 그럴듯하게 만들기도 한다. 이러한 연관성 속에서 퇴행적 반항자들 가운데 많은 이는 홀로코스트(또는 그에 대한 기억)를 의문시하거나 사소하게 여기는 식의 이차적 반유대주의에 의지한다. 자주 관찰할 수 있듯이 인터뷰 대상자들은 독일의 책임을 부정할 뿐만 아니라 이를 독일인에 대한 국가적 평가절상과 결합한다. 그래서 키르히하이머 씨는 다음과 같이 해명한다. "독일인들은 한 번은 똑바로 서고, 현실적으로 다시 한번 조금은 줏대를 세우고, 과거와 그 당시에 있었던 일을 더는 현재로 다시 들여와서는 안 됩니다." 반유대주의적인 것뿐만 아니라 선입견은 종종 실존적으로 전환된다. 자신은 열심히 일해야만 했으면서도 가치를 인정받지 못하고 심지어는 상처를 입은 반면, 다른 사람들은 우대받는다. 이는 혹실드도 미국에서 계속해서 접한 "깊은 이야기"[34]다. 원주민을 속였다는 확신은 반항자들에게서 극도로 두드러지며, 무슬림 소수자와 엘리트에 대한 선입견이 권위주의적 혁신가들보다 더 파괴적이다. 강도와 특징에서 차이가 있긴 하지만 반무슬림적 선입견 및 음모 서사와 반유대주의의 공동 작용은 퇴행적 반항자들이 개인사적 문제 상황과 부정적 감정을 처리하고 독일의 정치적·사회적 질서에 반항할 수 있게 한다. 그들의 표류는 그들을 자유지상주의적·권위주의적 터널로 접어들게 했다. 그로 인해 그들은 이제 사회적 심의에 접근할 수 없고—두려운 일이지만—당분간 다시 나타나지 않을 것이다. 우리가 이 책에서 분석한 모든 자유지상주의적 권위주의자 가운데 퇴행적 반항자들이 가장 급진적이다. 그들은 국가와 자유주의적 규범을 매우 억압적인 것으로 받아들이며, 그리하여 (비록 상징적으로 언어화된 형식일지라도) 숨김없이 폭력 사용 의지를 드러냈다.

결론

오히려 자유는 부자유로 이어지는 저 과정의 의식적 인식과
이러한 과정 앞에서 낭만적으로 과거로 도망치지도
맹목적으로 그 과정에 몰두하지도 않는
저항의 힘을 전제한다.
–막스 호르크하이머 · 테오도어 아도르노, 《선입견과 성격》(1952)

최근 몇 년 사이에 자유지상주의적 권위주의가 등장했다. 이것이 바로 이 책의 진단이다. 이 자유지상주의적 권위주의는 개인화·민주주의·평등권 영역에서의 역설적 발전을 특징으로 하는 후기 근대 사회의 산물이다. 아울러 지식을 둘러싼 갈등, 포용과 배제를 둘러싼 갈등, 공론장과 대립의 변화에서 비롯된 결과이기도 하다.

독일어판에는 포함되지 않은 1950년의 《권위주의적 성격 연구》 서문에서 막스 호르크하이머는 권위주의적 인간이라는 "인간학적 종"의 출현을 이야기한다.[1] 이 권위주의적 인간은 합리주의와 비합리주의를 결합하며, "계몽적인 동시에 미신적이고, 자기의 개인주의를 자랑스러워하는 동시에 다른 사람들과 같지 못할까 끊임없이 걱정하며, 자기의 독립성을 염려하는 동시에 맹목적으로 권력과 권위에 복종하는 경향이 매우 강하다."[2] 이 권위주의적 인간 유형은 자유지상주의적 권위주의자

와 몇 가지 공통점을 지닌다. 마지막으로 다시 한번 버클리 그룹이 정교하게 다듬어낸 징표를 끌어내자면, 우리는 뚜렷이 드러나는 권위주의적 공격성, 투사성, 미신과 고정관념, 권력 사고, 파괴성, 냉소주의를 발견한다. 그럼에도 불구하고 우리가 연구한 집단들은 몇 가지 중요한 측면에서 이와 구별된다. **추락한 지식인**은 미신에 빠지는 경향은 덜하지만, 그 대신 두드러지게 이분법적이지 않은 성 정체성에 대한 강한 거부감에 추동된다. **수평적 사고자**는 후자의 성향이 덜하고, 역으로 미신과 투사성이 그만큼 더 널리 퍼져 있는 데 반해, 마지막 **퇴행적 반항자**는 오히려 파괴성과 냉소주의가 지배적이다. 그러나 거의 모든 자유지상주의적 권위주의자를 아도르노와 그의 동료들이 1940년대 후반에 연구한 사람들과 구별시켜주는 한 가지 특성이 있다. 그들은 관습적 가치의 엄격한 옹호자가 아니다. 여기서 '관습적'이라는 표현은 무엇보다도 고전적으로 보수적인 태도를 말한다. 그들은 우리가 앞에서 논의한 바와 같이 후기 근대 중간층 환경의 통상적 관습을 대표한다. 특히 권위주의적 굴종은 눈에 띄지 않는다. 반대로 그들은 자주 사회적 권위를, 무엇보다도 우선 국가와 전문가를 거부한다. 그들이 인정하는 유일한 권위는 자기 자신이다. 자유는 그들에게 무조건적 가치이며, 다른 사람들과의 사회적 관계에서 이 자유를 조정하거나 제한하려 하지 않는다. 그들은 자유를 오직 자신만이 가질 수 있는 자기의 유일한 권리로 파악한다. 우리는 이를 앞서 '물화한 자유'라고 불렀다. 그러므로 그들은 자기의 개인적 자유를 절대적으로 정립한다는 의미에서 **자유지상주의적**이다. 그러나 이는 동시에 그들의 **권위주의적** 경향을 보여주는 증거이기도 하다. 그들은 자유에 대한 다른 이해를 지지하는 사람들을 평가절하한다. 이러한 형식의 공격적 폄하를 통해 그들은 **자유지상주의적 권위주의**

자가 된다. 이 점에서 그들은 권위주의적 인격에 관한 원래 연구에서의 하위 유형인 '망상가', '반항자'와 흡사하다.

우리가 보기에 자유지상주의적 권위주의자들은 고전적 권위주의를 대체하지 못했다. 고전적 권위주의는 비록 길든 형식이기는 하나 여전히 강력하게 존재한다.[3] 버클리 그룹은 자신들의 이론이 "시대적 핵심"을 담고 있다는 점을 언제나 의식하고 있었다. 그 이론은 지난 세기의 30년대와 40년대에 개진되었다. 마치 집광 렌즈처럼 거기에는 저 몇십 년이 응축되어 있었다.[4] 그에 반해 사회가 변화하면 권위주의의 심리 동역학도 달라질 것이다. 그런 한에서 자유지상주의적 권위주의는 앞서 언급한 고전적 권위주의의 하위 유형이 어느 정도 변형된 것이며, 이제 더 뚜렷하게 전면에 나서고 있다. 호르크하이머가 그의 시대에 의식적으로 강조했듯이 과연 새로운 "인간학적 종"이 형성되고 있는지는 미래에 비로소 밝혀질 것이고 이를 위해서는 더 많은 연구가 필요하다. 권위주의의 형식 변화에 대해서는 자유지상주의적 권위주의가 모든 측면에서 후기 근대 사회적 변화의 특정한 요소와 연결되어 있다는 점이 말해준다. 우리는 실로 그 어느 때보다 자유롭지만, 구속은 사라지지 않았다. 자기를 구별하는 것, 자기 자신을 실현하는 것, 자기를 더 좋게 만드는 것은 다면적으로 볼 때 더는 스스로 선택하는 옵션이 아니라 외부에서 부과하는 요구다. 이러한 일은 규범이 끊임없이 변화하는 긴장된 세계 속에서 일어난다. 진보는 멈춘 듯 보이며, 부분적으로는 직접적 퇴보를 동반한다. 그에 더하여 후기 근대의 개인은 스스로 자기 계발의 요구를 실현할 수 없을 때 극도로 상처받기 쉽다. 그는 자기실현과 진정성을 지향함으로써 전적으로 내재로 향하며, 바로 그런 까닭에 초월의 대안적 형식들에서 굳건한 발판을 추구한다. 우리는 현장 조사와 인터뷰에서 언제나 거듭해서 그러한 욕구를 마주했다. 초월에 대한 이런 갈망은 어디서 오는 것일까?

우리는 앞에서 자유지상주의적 권위주의의 확산에 이바지한 사회적 변화의 다양한 측면을 논의했다. 이 과정에서 우리는 무엇보다도 (후기) 근대라는 개념에 의지했다. 그러나 근대는 합리화와 세속화의 영구적 과정으로서 루카치가 "초월론적 정처 없음"이라 불렀던 것을 계속해서 새로 산출하는 **자본주의적** 근대다.[5] 근대인은 영적 의미 구조 안에 자신이 내재함을 상실했다. 루카치에게 소설 읽기는 이 문제를 해결하는 하나의 가능성이었다. 문학에 몰입함으로써 우리는 다른 세계를 상상할 수 있다. 우리가 보기에 밀교나 영적 의미 부여의 다른 형식들은 초월론적 거처에 대한 수요가 여전히 존재함을 가리킨다. 특히 후기 근대 시장경제가 "스스로 문화가 되는", 폭넓게 철저히 합리화한 사회에서는 의미의 결핍이 존재한다.[6]

그에 더하여, 그리고 이 점은 우리가 보기에 마찬가지로 새로운 "인간학적 종"의 성립을 이야기하는 것이지만, 우리가 분석한 사람들 대다수(그러나 전부는 아니다)는 탈권위주의적으로 사회화되었다. 전후에 태어난 베이비붐 세대(독일에서는 대략 1955~1970년생)는 훨씬 더 권위주의적으로 교육받았다. 더 젊은 집단의 경우 가족이나 학교에서의 사회화 및 정치적 사회화 면에서 더는 그렇지 않다. 그들은 삶의 대부분의 시간 동안 좌파적이고 자유주의적이거나 온건 보수적이었다. 그들은 여러 영역에서 민주적 질서를 비판했지만, 그 질서를 전반적으로 수용하며 거기에 참여했다. 이제 그들은 스스로를 깨어났거나 각성한 사람으로 여기며, 사회는 독재로 가는 길에 있거나 오래전에 이미 거기에 도달했다고 본다. 우리는 경험적 자료 전체에서 각성의 비유를 발견했다. 이 점은 그들 가운데 적지 않은 사람이 이른바 “정체성 정치”의 깨어 있는(그러므로 마찬가지로 각성한) 대표자들과 명시적으로나 암묵적으로 거리를 두는 한에서 더욱더 놀라웠다.[7] 우리가 연구한 자유지상주의적·권위주의적인 **각성한 자들**은 인구에서 적은 부분을 차지할 뿐이지만, 그들에게서는 사회적 범위의 놀라운 축소를 확인할 수 있다. 퇴행적 반항자들의 세계는 작아졌고, 그들은 많은 접촉을 잃었다. 그러나 수평적 사고자나 추락한 지식인의 경우에는 무언가 다른 사태가 나타난다. 팬데믹 동안 자유와 연대를 둘러싼 갈등은 사적 일상에 깊숙이 침투했다. 우정과 친척 관계가 깨졌고, 수십 년 동안 이어져온 유대가 몇 주나 몇 달 만에 끊어졌다. 하지만 수평적 사고자들은 빠르게 불신의 새로운 공동체에서 새로운 고향을 발견했고, 많은 지식인도 마찬가지였다.

자유민주주의에 대한 날카로운 비판에도 불구하고 자유지상주의적 권위주의자들은 스스로를 민주주의자로 이해한다. 그렇지만 그들은 반정치적 민주주의, 의존성 거부, 물화한 자유라는 미끄러운 경사로에 올라선다. 그럼에도 불구하고 F 척도에서 높은 점수를 받은 사람들은 일반적으로 아도르노가 여전히 그렇게 고찰했던 파시즘적 인격이 아니다. 현재의 자유지상주의적 권위주의자들은 민주적으로 사회화되어 있으며 참여적 가치를 고백한다. 그러나 종종 파시스트와의 접촉을 두려워하지 않고 민주주의에 환멸을 느끼는 까닭에 그들의 권위주의적 표류는 일시적으로 우파 쪽으로 돌아서게 할 뿐 아니라 그 방향을 유지하게 만들 위험이 있다. 하지만 그렇게 멀리까지 나갈 필요는 없다. 이에 대해서는 끝에서 좀더 이야기하고자 한다.

국가 비판과 진보의 역설

자유지상주의적 권위주의자들의 분노는 근대 국가로 향한다. 국가는 더는 비스마르크적 특성을 지닌 계급 국가가 아니다. 복잡한 개입주의 국가, 즉 사회 진보를 관철하기 위한 도구다. 동시에 불평등, 계급적 지위, 배제를 재생산한다. 국가의 역할은 지난 20년 동안 다시 한번 두드러지게 변화했다. 물론 국가는 아직도 자본주의를 계속 유지하고 이를 뒷받침하는 계급 구조를 안정화하는 전략적 기능을 지닌다.[8] 그러나 국가에는 또한 규범적 진보를 둘러싼 갈등도 응축되며, 특히 점증하는 전지구적 위험에 직면하여 국가는 더는 단순히 (엥겔스의 말을 빌리자면) 관념적인 "총자본가"가 아니라 현실적인 "총사회화주의자"다. 국가는 스스로 사회적 관계의 성공적 재생산에 책임이 있다고 여긴다. 예를 들어 팬데믹 상황에서 불평등은 줄어들지 않고 오히려 첨예화되기도 했지만, 국가는 보편적 보건 정책을 추구했다. 과거에 국가에 대한 (무엇보다도 좌파의) 비판은 특히 국가가 궁극적으로 불평등에 맞서 아무것도 하지 않으며, 아니 불평등을 계속 유지하고 심지어는 증가시킨다는 사실을 겨냥했다. 그에 반해 고전적 신자유주의자들의 인식에서 국가는 시장과 경쟁력의 기능 역량에 대한 위협을 나타냈다. 최근의 자유지상주의적 권위주의자들에게 국가는 이제 포용 정책과 다문화주의에 의해서든 팬데믹 상황에서의 연대 강요에 의해서든 개인의 자유를 제한하는 기계로서 나타난다. 노년 남성을 포함한 일부 사회 집단은 그동안 누려왔던 권력의 지위를 상실하고 있으며, 이를 자유의 상실로 해석한다. 사회의 규범적 민주화와 포용 및 평등화는 그들이 이전의 계급적 지위와 위계 질서에서 누렸던 주관적 자유를 제한한다.

대부분의 문제는 국가 권력과 그에 대한 비판을 중심으로 구체화한다. 자유지상주의적 권위주의자들은 양도할 수 없는 자유의 행사를 국가가 제한한다고 본다. 그중 많은 이는 자신을 국가·대학·미디어를 장악한 이른바 진보적 찬탈자("좌파 자유주의적 세계 시민")의 희생자로 간주한다. 그래서 그들이 보기에 새로운 전선, 즉 좌파 자유주의 엘리트의 비자유주의적 지배와 민주적 다수 사이의, 대학 교육을 받은 중심부와 열심히 일하는 주변부 사이의 적대적 대립이 성립한다. 거기서 도시적 환경의 세계 시민은 후자를 내려다본다고 추정한다. 우리는 좌파 자유주의자들의 발언이 불쾌하고 주제넘게 느껴질 수 있다는 것을 부인하지 않는다. 그러나 실제로 그러한 갈등이 확실히 더 자주 발생한다고 생각하지는 않는다.[9] 도시와 농촌, 노동자와 회사원 등등의 상호적 원한은 이미 언제나 존재해왔다. 그러나 국가에서 권력 이동은 현실이다. 지위 질서에서 배제와 불평등은 순차적으로 줄어들었다. 이런 의미에서 자유에 대한 감상적 향수("이전에는 뭐든지 말할 수 있었어!")가 암시하는 바와는 정반대다. 예를 들어 여성은 이렇게 회고적으로 이상화된 시대에 결코 모든 것을 말하거나 할 수 없었으며, 당연히 권력도 필요한 발언권도 갖지 못했다. 앞에서 언급했듯이 스위스에서는 1971년에야 보편적 여성 참정권이 도입되었고, 독일에서는 1977년까지 '주부가 되는 결혼'이 적용되었는데, 예를 들어 남편은 자기 아내를 직장에서 해고할 수 있는 권리가 있었다.

그 당시에는 오늘날 상스럽게 여겨지는 많은 것을 말하고 행동할 수 있었다는 사실은 표현의 자유의 쇠퇴라기보다는 오히려 당시 그러한 발언에 반박할 힘이 아무에게도 없었다는 사실과 관계된다. 또한 그 당시에는 일종의 가위가 머릿속에 있었다는 사실과도 관계된다. 많은 사람이 성차별적 관습이나 인종차별적 용어에 반항할 생각조차 하지 않은 것이다. 오늘날에도 예를 들어 가정 살림살이에서, 관리직 할당에서, 그리고 무엇보다도 우선 소득에서 차별은 계속 존재한다. 그러나 적어도 규범적으로 평등 요구가 현재처럼 진일보한 적은 결코 없었다. 현재 갈등의 정서적 내용은 새로운 **감수성**에서가 아니라 도덕의 목록에서 지워지는 권력 문제에서 비롯했다. 우리가 쟁취해온 진보는 축적되어 새로운 토크빌의 역설을 낳았다. 배제의 감소는 성별이나 인종에 근거한 차별과 비(非)대표, 비(非)고려를 더는 수용할 수 없는 것으로 간주하는 것으로 이어졌다. 사회운동은 그것들을 사회적 잠재성(왜냐하면 그러한 것이 배제의 핵심 메커니즘이었기 때문이다)에서 가시성으로 끌어올린다.

그러나 민주적 포용과 평등화의 확대는 현재의 자유 갈등을 부추기는 대가를 치르고 있다. 한편으로 민주적 포용과 평행하게, 그러나 인과적 연관성 없이 사회적 권리들이 해체되었다. 이는 특히 노동자·실업자·빈곤층에게 개인의 적극적 자유권의 축소를 의미했다. 기존 엘리트들에게는 지금까지 배제된 집단의 평등화와 포용이 권력 상실로 이어졌다. 이 새로운 권력 투쟁에서 좌파 자유주의자들은 부분적으로 자신의 특권을 상실한 사람들, 즉 엘리트층과 마찬가지로 행동하는 일이 잦다. 그들은 경쟁에 맞서 싸우며 거기서 점잔 빼면서 행동하지 않는다. 그러나 좌파 자유주의는 스스로 '진보적 신자유주의'로서 등장할 때 물질적 사회 문제를 무시함으로써 자유지상주의적 권위주의자들만이 '작은 사람들'의 대표자로 행동할 수 있도록 허용한 것이 아니었다. 우파 포퓰리스트들도 이 기회를 열심히 활용한다.

자유지상주의적 권위주의자들은 그들이 보기에 **독재**에 맞서 싸우고 있다. 그들은 민주주의의 이름으로 스스로를 영웅화하지만, 민주주의의 규범을 전복한다. 그것은 때때로 혼란스럽다. 우리 시대의 무질서 가운데 하나는 얼마간 바빌론(바벨)적 언어 혼란이다. 민주주의와 자유를 전복적으로 해체하려는 자들도 민주주의와 자유의 이름으로 그렇게 한다. 자주 접할 수 있지만 그 의미에서 전도된 해방과 지배 비판의 언어는 스스로 탈급진화하거나 국가 제도로 편입되는—종종 동시에 둘 다를 수행하는—전통적 진보 운동의 취약성을 반영하기도 한다. 이전의 해방운동은 신분, 위계질서, 지배, 왕, 교회에 대항하는 공동의 투쟁에서 자기 힘을 끌어냈다. 그 운동들은 보편적 해방을 위해, 시민들의 민주적 사회를 위해, 자기 스스로 구성하고 통치하고 통제하는 민주주의를 위해 싸웠다. 20세기 후반 이후 많은 관찰자는 자유 운동이 이러한 힘을 상실했다고 믿는다. 왜냐하면 거대한 분열—시민권과 민주주의의 헌정체제—이 이미 지나갔기 때문이다. 이제부터는 오히려 개인적 권리의 점진적 확대가 중요해졌다. 그러나 그로 인해 비판은 자기 입장을 바꿨다. 비판에서 중요한 것은 더는 자본주의 총체성의 변형이 아니라 오로지 그 수정일 뿐이었다. 자본주의적 근대에 대한 원칙적이고 포괄적인 비판의 소리는 더는 거의 들리지 않으며, 만약 들린다고 하더라도 실제로는 실천적 구현의 기회가 존재하지 않는다. 전통적 지배 비판은 취약하고 방향을 상실했다. 그것은 지배에 대항하는 데서 더는 방향이나 거점을 제공하지 못할 정도로 너무 많은 사각지대를 드러낸다. 이러한 변형 이후 진보적 세력이 더는 국가와 (이제 그 스스로가 영향력 있는 위치를 차지하고 있는) 미디어, 생명 정치적 통치 조치에 저항하지 않기 때문에, 그리고 수많은 사람이 보기에 그들이 더는 사회 비판적 사고, 아니 '민중의 의지'를 대표하지 않기 때문에, 집단적 현실 원리를 대표하는 좌파 정당이나 사회운동은 지배 비판의 목소리로서 그 신뢰를 상실했다.

다가오는 진리 갈등

자유지상주의적 권위주의는 일시적 현상인가? 아니면 후기 근대 사회가 동반하는 영구적 현상인가? 2015년의 난민 위기는 비교적 성공적으로 관리되었고, 코로나 팬데믹도 언젠가는 끝날 것이다(2022년 여름에 우리는 이렇게 희망하고 있다). 또한 지적 분야에서의 갈등도 해명이나 상호 접근을 통해, 또는 단적으로 더는 화해할 수 없는 것은 아닌 새로운 세대의 지식인이 등장하여 해결될 수도 있을 것이다. 그러나 우리는 그렇듯 어느 정도 낙관적인 시나리오에서도 자유지상주의적 권위주의가 그렇게 빨리 종식되기는 어렵지 않을까 우려한다. 오히려 우리는 여기서 위르겐 하버마스가 코로나 항의와 관련하여 지적했듯이 "완전히 새로운 자유지상주의적 형식으로 등장하는 중도 극단주의의 점증하는 잠재력"의 징후를 인식한다.[10] 팬데믹 이후에도 커다란 개연성을 지니고서 계속해서 우리를 사로잡을 것은 반쪽짜리 진실과 음모론의 유행이다. 이 점은 이 책에서 이미 여러 차례 언급한 후기 근대 사회에서의 지식과 전문성, 행위 능력의 변화한 질서와 관련된다. 알렉산더 보크너는 "합의 거부자"의 다양한 움직임에서 "과학에 의한 사회 식민지화에 반대하는 이데올로기적 캠페인"을 본다.[11]

한편으로는 정보에 대한 접근이 민주화되었지만, 다른 한편으로는 과학의 진보와 그 전문화 및 위험 경험의 부족으로 인해 사람들은 결국 자신을 둘러싼 세계에 대한 이해가 떨어진다. 그럼에도 불구하고 사람들은 계속해서 담론에서 동등한 권리를 지닌 주체가 되고자 하지만, 자신의 지식보다는 오히려 자신의 의견을 가지고서 그러길 원한다. 여기서는 가짜 뉴스와 탈사실성(Postfaktizität: 객관적 사실이 아닌 의견에 호소하는 것—옮긴이)을 구분하는 것이 도움이 된다. 전자는 일차적으로 사실처럼 제시되는 단적인 거짓 진술인 반면, 태도로서의 탈사실성은 더 깊은 인식적 진리 갈등을 가리킨다. 이러한 측면에서 탈사실성—또는 미국식 표현으로는 '탈진실(post-truth)'—은 상황에 대한 평가에서 자신의 의견, 자신의 감정이 과학적 증거와 동등한 무게를 지녀야 한다고 주장한다.[12] 우리가 보기에는 바로 여기에 자유지상주의적 권위주의자들의 탈사실적 정치가 근거하는, 알 수 없음과 참여 요구의 동시성이라는 결정적 병리학이 놓여 있다. 그들은 **모든**(그러나 일차적으로는 **자신의**) 의견이 존중받기를 원한다. 이러한 갈등에서 자유지상주의적 권위주의자들은 자신의 견해가 지닌 타당성을 초보적인 과학적 증거, 텔레그램에서의 소문 또는 명백한 가짜 뉴스를 통해 확인한다.

고전적 지배 비판도 자연스럽게 자신의 감정, 사태에 대한 주관적 지각을 끌어댄다. 그러나 자유지상주의적 권위주의자들에게서 비판 목록은 종종 **전도되고** 왜곡되거나 반전되어 결국에는 본래 이미 파악한 의견과 일치한다. 무력감을 지배에 대한 합리적 비판으로 전환시켜줄 전동 벨트는 없다. 후기 근대 세계의 복잡성 요구 앞에서 자유지상주의적 권위주의자들은 무릎을 꿇는다. 아도르노는 이 메커니즘을 이미 반세기 이상 전에 다음과 같이 요약했다.

> 그러나 증대하는 의존성에 대한 통찰은 누그러뜨려지지 않은 채 그저 견디기 어려워질 뿐이다. 그것을 공개적으로 인정하게 된다면, 사람들은 객관적 변화 가능성도 보지 못하고 자기 안에서 정신적 힘도 느끼지 못하는 상태를 더는 견딜 수 없을 것이다. 그런 까닭에 그들은 별이든 국제 은행가들의 음모든 책임에서 벗어나게 해줄 무언가에 의존성을 투사한다.[13]

음모론에 더 강력한 공명판을 마련해주는 것은 사회 변화의 가속화다. 상황이 진정된다면, 다시 '정상 상태'가 돌아온다면, 아마도 사람들은 또다시 현실에 대한 인식적 저항에서 벗어날 수 있을 것이다. 그럼에도 불구하고 문제는 오랫동안 해결되지 않을 것이다. 왜냐하면 사회적 상처 경험의 전제 조건을 그렇듯 포괄적으로 만들어낸 것은 바로 그 이른바 '정상 상태'이기 때문이다.

하지만 우리가 더는 정상 상태로 되돌아가지 않는다면, 무엇이 지나갈 것이며, 아니 **말하기조차 끔찍한 일이지만** 도대체 무슨 일이 일어나게 될 것인가? 후기 근대 사회가—부분적으로는 나란히 진행되는—심각한 위기의 연속에 빠져든다면, 그 각각의 위기는 새로운 전환점과 자유 제한을 의미할까? 몇 가지 문제에 대해 우리는 그런 일들이 다가오리라는 것을 알고 있다. 기후 변화가 세계 사회에 대한 지속적인 도전이 되리라는 점은 이미 분명하다. 우리는 다른 커다란 위기들을 예감할 수 있었고, 예를 들어 크림반도 합병 이후 우크라이나 전쟁을 예상할 수 있었지만, 이를 집단적으로 억눌러왔다. 다른 한편으로 팬데믹과 같은 또 다른 위기는 '블랙 스완'의 원리에 따라 기능한다. 그것들은 발생 가능성이 없어 보이지만, 세계에 내재해 있다가 갑자기 특이한 사건을 통해 현실 안으로 들어오는 것이다.[14] 후기 근대 사회의 전 지구적 성격으로 인해 위기들은 서로 얽혀 있고 서로 심화한다. 예를 들어 코로나와 우크라이나 전쟁은 함께 글로벌 공급망과 식량 공급을 위험에 빠뜨리고 있다. 해당 분야들에서의 공급 부족은 최근 몇 년 사이의 느슨한 통화 정책에서 비롯된 인플레이션을 가속화하는데, 이 통화 정책은 그 자체로 전 지구적 경제 문제에 대응한 것이었다. 물론 우리도 어떤 위험이 실현될지 예측할 수 없지만, 후기 근대 사회가 선형적 진보의 길로 돌아가 지속적으로 안정적인 일상의 정상 상태를 달성하기는 실상 불가능하다고 생각한다. 그런 까닭에 우리는 자유지상주의적 권위주의가 그렇게 빨리 화면에서 사라지기는 어렵지 않을까 우려하고 있다. 이 점은 이미 2022년 여름에 조짐이 나타났다. 코로나 조치가 과장되었다고 생각한 사람들은, 예를 들어 우크라이나 전쟁 보도에서도 인위적인 극화나 코로나 정치가 환영할 만한 화제 전환을 보았다.[15] 수평적 사고 시위 현장의 많은 텔레그램 그룹에서는 러시아의 공격을 상대화하거나 심지어 정당화하기도 했다.[16] 그러나 여기서—우리가 현재 평가할 수 있는 한—자유지상주의적 권위주의자들의 관념 세계와 전혀 일치하지 않는 푸틴의 권위주의적 이상화를 반드시 시도하는 것은 아니다. 가령 우리의 2020년 설문조사에서는 단지 소수의 수평적 사고자들만이 강력한 지도자를 갈망했다. 2022년 2월 24일 이후 실시된 인터뷰에서도 푸틴은 매력적인 인물로 여겨지지 않았다. 하지만 전쟁은 부분적으로 서구의 구성물로 생각되었다. 우리가 수평적 사고자를 다루는 장에서 만나보았던 조치 비판자이자 AfD 투표자인 클라인슈로드쉬슬러 부인은 전쟁 책임에 의문을 제기하지는 않지만, 여기서도 상황이 올바르게 진행되고 있지 않다는 의혹을 표명한다. 여기서 그녀는 사회적 폐쇄 목록에 의지한다.

> 우크라이나에 대한 푸틴의 개입이 국제법에 어긋난다는 것은 논쟁의 여지가 없어요. 하지만 우리는 이제 어떻게 대처해야 할까요? 저는 우리가 그 점을 논의할 수 있어야만 한다고 생각합니다. 그래서 저는 다시 한번 코로나 조치에 적극 찬성했던 사람들의 90퍼센트가 지금 중화기 공급을 원하는 사람들과 동일하다고 말씀드립니다. 그리고 저는 〔난민들의〕 전적으

로 명확한 귀환 관점이 있어야만 한다고 생각해요. '당신은 지금 여기에 있다! 하지만 상황이 다시 평화로워지는 순간 당신은 되돌아간다'는 구호에 따라서 말이죠. 그리고 거기에 덧붙여지는 것은 실제로 우크라이나에서도 전면전이 일어난 것은 아니라는 사실이에요. 플릭스버스(Flixbus)가 매일 독일에서 키이우로 운행하는 것을 볼 때마다 저는 플릭스버스를 타고 전쟁 지역을 여행하는 것이 이제 흥미로운 사업이라고 말하지 않을 수 없어요. 그래서 저는 어떻게 그럴 수 있는지 자문해봅니다. 그리고 그 버스는 우크라이나에서 그 밖으로는 운행하지 않고 오로지 우크라이나행만 운행해요.

우리는 다가올 위기에서 왜곡된 지배 비판을 통해 결합할 더욱더 기이한 전선이 형성되리라 생각한다. 우리의 설문조사에서 기후 변화에 대한 음모론적 주장에 찬성하는 비율은 적은 편이었지만, 이미 예측할 수 있는 것은 코로나 회의론자와 음모론자들이 기후 변화 억제를 위한 조치도 더 강력하게 거부하리라는 점이다.[17] 운행 금지, 개인 CO_2 예산, CO_2 집약적 소비재 가격 인상 같은 개입은 물화한 자유 이해의 "트리거 포인트(유발점)"[18]가 될 수 있다. 노동 세계의 변화, 디지털화, 기후 변화는 이미 오늘날 주관적 박탈 경험에 뚜렷한 영향을 미치고 있으며 우파적 태도의 형성과도 체계적으로 연관된다.[19] 이러한 연관은 앞으로도 약해지지 않을 가능성이 크다.

분석적 관점을 지리적으로 확장하면 이 책에서 논의한 자유지상주의적 권위주의 현상은 국제적인 탈정치적 저항의 일부로 여겨질 수 있다. 이것이 반드시 오른쪽으로 표류해야만 하는 것은 아니며, 계속해서 혼종성을 띠거나 다시 왼쪽으로 강하게 기울 수도 있다. 프랑스의 노란 조끼 운동은 구조적으로 권위주의 성향이 있었는데도 불구하고 결국 서로 협력한 좌파의 개입 덕분에 마린 르 펜의 국민연합(프랑스 극우 정당으로 2018년 '국민전선'에서 현재 이름으로 개명—옮긴이)을 중심으로 한 전위 운동으로 이어지지 않았다.[20]

사회적 자유와 민주주의

문학사회학자 및 사회학자로서 우리는 물론 우리가 분석한 문제에 대한 특별한 해결책을 갖고 있지 않다. 우리는 이 책을 우리가 처한 불만족스러운 상태에 대한 사회적 논의에 이바지하는 것으로 이해한다. 따라서 결론적으로 이와 관련한 몇 가지 측면을 언급하고자 한다. 여기서 기본적인 것은 우리의 연구 결과를 후기 근대 사회의 역설적 변형에 대한 분석 맥락에서 얻었다는 점이다.

호르크하이머와 아도르노는 《계몽의 변증법》에서 어떻게 진보가 그 반대로 변할 수 있는지, 어떻게 인류가 "참으로 인간적인 상태로 들어서는" 대신 "새로운 종류의 야만"에 빠져들 수 있는지의 문제를 다루었다.[21] 이에 대해 그들이 제시했고 우리가 이미 언급한 한 가지 대답은 계몽주의가 실증주의에 사로잡힌 신화가 되면 자기 자신을 파괴할 수 있다는 것이다. 호르크하이머와 아도르노는 스스로의 사회적 기능을 반성하지 않는 과학, 자기의 결과를 보지 못하는 기술, 그리고 봉건적 질곡으로부터의 해방이라는 역사적 기능이 자본주의적 관계의 자기 목적적 신격화로 변환된 시장을 염두에 두고 있었다. 그들의 회의는 현재에도 여전히 대단히 현실적인 것으로 입증된다. 이 세 가지 분야에서는 오늘날 계몽의 근본 원리, 즉 대안적 사고보다 뒤떨어진, 대안이 없어 보이는 상황 강제가 출현하고 있다. 호르크하이머와 아도르노는 "사회의 자유는 계몽적 사고와 분리될 수 없다"고 깊이 확신했다.[22] 그에 따라 계몽은 더욱더 자기반성적이고 더욱더 대안을 생각해야만 하며, 또한 이 대안을 공론장에서의 선택을 위해 제시해야만 한다. 후기 근대의 새로운 계몽은 그 계몽이 "사실이라는 것의 신화"가 되는 실증주의로 퇴락하지 않도록 과학적 증거를 해석하는 데서 그 생산 조건을 고려할 것을 요구받고 있다.[23] 지난 25년간의 긴축은 대안이 없었을까? 재정적 **바주카포**를 여러 차례 투입한 후에야 우리는 이제 그럴 사안이 아니었다는 것, 오히려 정치적 동기가 전면에 놓여 있었다는 것을 알고 있다. 팬데믹 정치의 형식에는 대안이 없었을까? 반드시 그렇지는 않다. 그것은 앞을 내다보지 못하는 정치와 체계적 대비의 부재가 낳은 결과이기도 했다. 팬데믹의 위험은 이미 오래전부터 알려져 있었다. 신자유주의적 시장 경제는 대안이 없는 것일까? 아마도 그렇지 않을 것이다. 하지만 그것은 중국이나 러시아 같은 권위주의적 정체(政體)에 맞설 수 있는 유일한 대안으로 제시된다. 예를 들어 경제 민주주의 같은 다른 대안도 생각할 수 있다는 사실은 공론장의 담론에서 거의 반향을 일으키지 못한다.

이 책에서 우리는 많은 대결이 민주주의와 국가의 행동을 둘러싼 갈등에서 비롯된다는 것을 보여주었다. 정부는 종종 여전히 검증된 각본이 없는 사건에 아주 빠르게 대응해야만 한다. 실존하는 민주주의에서는 조치가 자주 잘못되거나 너무 느리게 취해졌다. 잘못은 있기 마련이며, 그것도 정치의 한 부분이다. 하지만 그에 대한 체계적 재평가, 자기반성적 태도, 집단적 학습이 이루어지지 않았다. 우리가 아는 한 오늘날까지 어떤 정치인이나 당국자도 마스크를 착용할 필요가 없으며 심지어는 해로울 수도 있다고 처음에 주장한 이유를 자기비판적으로 설명하지 않았다. 물론 러시아의 우크라이나 공격에 관해서는 그러한 자기비판이 이루어지고 있지만, 부분적으로는 정반대 징후를 보이기도 한다. 사람들은 푸틴 독재의 파시즘적 성격과 관련하여 잘못을 범했지만, 이제는 위르겐 하버마스의 비판처럼 주의 깊게 제시된 비판을 마주하고서도 많은 요구의 때때로 호전적 어조에 대해 조롱과 악의로 대응하고 있다. 따라서 우리가 보기에 다음과 같은 사항이 대안 모색에서 필수적이다. 물론 정치는 결국 집단적으로 구속력 있는 결정을 내려야만 한다. 하지만 정치는 첫째, 대안을 좀더 많이 공개함으로써 시민들에게 상황 강제를 끌어대는 대신 각각의 결과를 설명할 수 있다. 둘째, 우리가 보기에는 좀더 분명한 형식의 자기 성찰 및 필요하다면 자기비판도 적절하다.

또 다른 요점은 자유의 제도와 규범적 토대를 확장하는 것이다. 자유가 소극적 자유 그 이상이 되어야 한다면 우리는 자유를 무언가 매우 깊이 사회적인 것으로 파악해야만 한다.[24] 자유는 주관적 권리와 제도적 전제 조건의 잘 짜인 조직에 기반한다. 그런 까닭에 끝나가는 후기 근대에는 바로 경제적·정치적·사회적 **계획**이야말로 개인의 자유를 보장할 수 있다. 예를 들어 삶의 위험을 완화하는 사회국가, 다가오는 팬데믹에 대비하는 의료 시스템, 극단적 기후 사건에 대응할 수 있는 재해 예방 등이 그런 예다. 자유는 이러한 계획이 상호 의존성을 인정하는 가운데 이루어질 때에만 현실적으로 실현될 수 있다. 그러나 이를 위해서는 개인주의에 대한 새로운 이해가 필수 불가결하다. 개인으로서 우리는 분명히 독립적이고 자기 책임이 있으며 주권적일 수 있지만,

유기체로서 우리는 영구적으로 다른 사람과, 즉 주체로서 사회와 결합해 있다. 우리는 언제나 다른 개인·사회·자연과의 공존 속에서만 개인이다.[25] 이것은 결코 자기실현이나 독자성에 반대하는 것이 아니다. 하지만 이러한 자기실현이나 독자성은 그 사회적 전제를 의식하는 가운데 펼쳐져야지, 공동체와의 분리를 목표로 해서는 안 된다. 그런 의미에서 페터 바그너는 "개인주의적 자유주의"[26]가 사회적 자유의 불충분한 토대라고 비판한다. 논쟁에서 개인주의적 자유주의는 무엇보다도 우선 다른 정치적 가치와 의무의 위신을 실추시키는 데 이바지한다. 왜냐하면 그것은 바로 자유의 유지에 필요한 "연대의 의무"를 잠식하기 때문이다.[27] 미래의 자유는 연대를 필요로 한다. 악셀 호네트가 《자유의 권리》에서 주장하고 있듯이 인간은 "주체가 제도적 관행의 틀 안에서 바로 상대방의 목표들에서 그 자신의 목표가 실현될 수 있는 조건을 간취할 수 있는 까닭에 상호 인정 관계를 맺게 되는 그러한 상대방과 마주칠 때" 비로소 현실적으로 자유롭다.[28] 호네트는 여기서 민주적 인륜이 우세한 사회를 염두에 두고 있다. 그러한 사회는 바로 개성을 생명 없는 순응으로 응축시키는 것이 아니라 반대로 개성을 비로소 현실적으로 발현하게 할 것이다.[29] 거기에 이르기까지는 아직 갈 길이 멀다. 첫 번째 단계는 다시 사회적 대안을 생각하고, 선택지를 열어두며, 실제로 존재하는 대안이 너무나 잔혹할 수 있다는 핑계로 현상 유지가 최선이라고 긍정하지 않는 것이다. 민주주의와 경제 민주화는 세계의 가능성 공간에 놓여 있으며, 사람들의 증대하는 참여 요구를 충족시키고, 일상생활에서 종종 간접적으로만 느낄 수 있는 추상적 원리인 정치 질서로부터의 소외를 줄일 수 있다.[30] 그러나 대안은 갈등 속에서 비로소 등장한다. 프랑스 철학자 미겔 아방수르는 국가에 도전함으로써 민주주의를 새롭게 하고 참다운 민주주의로 전환하는 **반항하는 민주주의**를 옹호한다.[31] 그리하여 아방수르는 수평적 사고의 이론가와 전혀 다르다. 그는 오히려 정반대, 즉 현실에 이의를 제기하는 것이 아니라 현실의 관계들을 바꾸고자 하는, 아래로부터의 살아 있는 지배 비판을 주장하는 것이다.

감사의 글

문헌사회학자와 사회학자가 공동으로 작업한 이 책은 그 연구 기반 역시 협력적 연구 과정의 결과이다. 공동 연구자와 조교들의 뒷받침이 없었다면 경험적 자료의 수집과 평가는 불가능했을 것이다. 특히 이 자리를 빌려 경험적 연구 프로젝트에 협력하고 원고 작성을 도와준 Nadine Frei, Maurits Heumann, Johannes Truffer, Daria Wild, Matthias Zaugg, Clara Balzer-Nelson, Max Kaufmann, Verena Hartleitner, Robert Schäfer에게 다시 한번 감사 인사를 전한다.

바젤대학의 사회구조분석학 콜로키엄에 참석해 많은 자극을 주신 분들, 즉 위에 언급한 분들 외에도 유익한 제안을 해주신 Helene Thaa, Mirela Ivanova, Linus Petermann, Jacqueline Kalbermatter, Simon Schaupp에게 감사의 마음을 표한다.

그 밖에 생산적인 정신적 분위기를 조성해준 바젤대학의 Nicola Gess, 그리고 SNF-프로젝트 '반쪽짜리 진실'의 Silvan Bolliger, Hevin Karakurt, Lea Liese, Cornelius Puschmann에게 특별한 감사를 드린다.

또한 콘퍼런스, 워크숍, 연구소 복도, 또는 연구 네트워크에서 고

무적인 대화와 토론을 해주신 Sidonia Blättler, Ulrich Bröckling, Adrian Daub, Alex Demirović, Wolfgang Eßbach, Philipp Felsch, Johannes Franzen, Gunnar Hindrichs, Agnes Hoffmann, Vera King, Albrecht Koschorke, Piotr Kocyba, Nils C. Kumkar, Andrea Maihofer, Julian Müller, Johannes Paßmann, Dieter Rucht, Astrid Séville, Markus Steinmayr, Ferdinand Sutterlüty, Simon Teune, Hubert Thüring, Niels Werber, Eberhard Wolff에게도 감사의 뜻을 전한다.

헌신적으로 일해준 우리의 에이전트 Aenne Glienke에게 감사드린다.

우리가 다시 '입력'을 해야 할 때 놀라운 인내심을 보여준 우리의 아들에게도 고마움을 전한다.

마지막으로 믿을 수 없을 만큼 훌륭하고 신뢰감 있게 협조를 아끼지 않은 우리의 편집자 Heinrich Geiselberger에게 진심으로 고맙다는 인사를 전한다.

주

서론

1. Oliver Decker/Elmar Brähler (Hg.), *Autoritäre Dynamiken. Alte Ressentiments—neue Radikalität. Leipziger Autoritarismus-Studie 2020*, Gießen 2020; Wilhelm Heitmeyer, *Autoritäre Versuchungen. Signaturen der Bedrohung I*, Berlin 2018; Wilhelm Heitmeyer et al., *Rechte Bedrohungsallianzen. Signaturen der Bedrohung II*, Berlin 2020 참조.
2. Theodor W. Adorno et al., *Studien zum autoritären Charakter*, Frankfurt am Main 1995〔1950〕, S. 45.
3. Erich Fromm, "Sozialpsychologischer Teil", in: *Studien zu Autorität und Familie. Forschungsberichte aus dem Institut für Sozialforschung*, herausgegeben von Max Horkheimer, Lüneburg 1987〔1936〕, S. 77-135, S. 131.
4. Erich Fromm, *Arbeiter und Angestellte am Vorabend des Dritten Reiches. Eine sozialpsychologische Untersuchung*, München 1983〔1929〕, S. 249.
5. Adorno et al., *Studien zum autoritären Charakter*, a. a. O., S. 45f.
6. 같은 곳.

1 계몽의 아포리아: 자유의 비판 이론

1. 본보기로서 다음을 참조. Peter Bieri, *Das Handwerk der Freiheit. Über die Entdeckung des eigenen Willens*, München 2001; Otfried Höffe, *Kritik der*

Freiheit. Das Grundproblem der Moderne, München 2015; Axel Honneth, *Das Recht der Freiheit. Grundriß einer demokratischen Sittlichkeit*, Berlin 2011; Carlo Strenger, *Abenteuer Freiheit. Ein Wegweiser für unsichere Zeiten*, Berlin 2017.

2. Cornelius Castoriadis, *Gesellschaft als imaginäre Institution. Entwurf einer politischen Philosophie*, Frankfurt am Main 1990, S. 252.
3. Montesquieu, *Vom Geist der Gesetze*, Stuttgart 1994〔1835/40〕, S. 213.
4. Werner Conze, "Freiheit", in: *Geschichtliche Grundbegriffe. Historisches Lexikon zur politisch-sozialen Sprache in Deutschland*, Band 2, herausgegeben von Otto Brunner et al., Stuttgart 1975, S. 425-542, S. 425.
5. 요나스 피스터(Jonas Pfister)가 편집한 선집 《자유에 관한 텍스트들(Texte zur Freiheit)》(Stuttgart 2017)은 이 주제를 개관한다.
6. Isaiah Berlin, "Zwei Freiheitsbegriffe" (1969), in: ders. *Freiheit. Vier Versuche*, Frankfurt am Main 1995, S. 197-256의 구별 참조.
7. Ernst Bloch, *Das Prinzip Hoffnung. In fünf Teilen. Kapitel 33-42*, in: *Gesamtausgabe in 16 Bänden*, Bd. 5, Frankfurt am Main 1985, S. 614.
8. Honneth, *Das Recht der Freiheit*, a. a. O., S. 39.
9. Höffe, *Kritik der Freiheit*, a. a. O., S. 32.
10. 진보 개념에 대해서는 Peter Wagner, *Fortschritt. Zur Erneuerung einer Idee*, Frankfurt am Main 2018 참조.
11. Georg Wilhelm Friedrich Hegel, *Vorlesungen zur Philosophie der Geschichte* (1833-1836), in: ders.: *Werke in zwanzig Bänden*, Bd. 12, Frankfurt am Main 1986, S. 49, S. 86.
12. 헤겔의 자유 의식에 대해서는 Andreas Arndt, *Geschichte und Freiheitsbewusstsein. Zur Dialektik der Freiheit bei Hegel und Marx*, Berlin 2015 참조.
13. Höffe, *Kritik der Freiheit*, a. a. O., S. 29f. 참조.
14. Honneth, *Das Recht der Freiheit*, a. a. O., S. 36.
15. 같은 책, S. 36.
16. Theodor W. Adorno, *Negative Dialektik*, Frankfurt am Main 1975〔1966〕, S. 213f.

17. Karl Marx, "Zur Judenfrage" (1844), in: Karl Marx/Friedrich Engels, *Werke* (MEW), Bd. 1, Berlin/DDR 1976, S. 347-377, S. 365.

18. Theodor W. Adorno, *Zur Lehre von der Geschichte und von der Freiheit* (1964/65), in: ders., *Nachgelassene Schriften*, Bd. 13, herausgegeben von Rolf Tiedemann, Frankfurt am Main 2001, S. 11.

19. Alex Demirović, "Vernunft und Emanzipation", in: *Handbuch Kritische Theorie*, herausgegeben von Uwe H. Bittlingmayer et al., Wiesbaden 2019, S. 187-210 참조.

20. Max Horkheimer/Theodor W. Adorno, *Dialektik der Aufklärung. Philosophische Fragmente* (1944), in: Theodor W. Adorno, *Gesammelte Schriften*, Bd. 3, herausgegeben von Rolf Tiedemann, Frankfurt am Main 2003, S. 13.

21. 같은 책, S. 13.

22. Gunnar Hindrichs, *Zur kritischen Theorie*, Berlin 2020, S. 92.

23. Jürgen Habermas, "Urgeschichte der Subjektivität und verwilderte Selbstbehauptung" (1969), in: ders., *Philosophisch-politische Profile*, Frankfurt am Main 1981, S. 167-179, S. 168.

24. Adorno/Horkheimer, *Dialektik der Aufklärung*, a. a. O., S. 76.

25. 같은 책, S. 73.

26. Max Horkheimer, *Zur Kritik der instrumentellen Vernunft* (1947), in: ders., *Gesammelte Schriften*, Bd. 6: *"Zur Kritik der instrumentellen Vernunft" und Notizen 1949-1969*, Frankfurt am Main 1991, S. 21 186, S. 146.

27. 이에 대해서는 또한 David Riesman et al., *Die einsame Masse. Eine Untersuchung der Wandlungen des amerikanischen Charakters*, Darmstadt 1956도 참조.

28. Andreas Reckwitz, *Das Ende der Illusionen. Politik, Ökonomie und Kultur in der Spätmoderne*, Berlin 2019, S. 13.

29. Theodor W. Adorno, *Einleitung in die Soziologie* (1968), in: ders., *Nachgelassene Schriften*, Bd. 15, herausgegeben von Christoph Gödde, Frankfurt am Main 1993, S. 42.

30. 아도르노의 '개인성의 종언' 테제를 둘러싼 논의는 Thorsten Bonacker, "Ohne

Angst verschieden sein können. Individualität in der integralen Gesellschaft", in: *Die Gesellschaftstheorie Adornos. Themen und Grundbegriffe*, herausgegeben von Dirk Auer et al., Darmstadt 1998, S. 117-144, S. 142 참조.

31. Adorno, *Zur Lehre von der Geschichte und von der Freiheit*, a. a. O., S. 295.

32. 마르쿠제의 테제를 둘러싸고 학생운동에서 논란의 대상이 된 대중적 논쟁에 대해서는 Reimut Reiche, *Sexualität und Klassenkampf. Zur Abwehr repressiver Entsublimierung*, Frankfurt am Main 1971에서 찾아볼 수 있다.

33. Herbert Marcuse, "Das Veralten der Psychoanalyse (1963)", in: ders., *Kultur und Gesellschaft II*, Frankfurt am Main 1965, S. 85-106, S. 93.

34. Herbert Marcuse, *Der eindimensionale Mensch. Studien zur Ideologie der fortgeschrittenen Industriegesellschaft*, München 1994〔1964〕, S. 17f.

35. 마르쿠제는 《충동 구조와 사회》에서 이른바 "수정주의적 신프로이트학파"—여기서는 특히 에리히 프롬을 염두에 둔다—에 자신의 프로이트 해석을 대립시킨다. 즉 프로이트의 충동 이론 및 그의 동료들을 생물학주의적이라고 비난하는 대신 그는 그것을 그 핵심 자체에서 "사회학적"인 "사회 이론"으로 간주한다. Herbert Marcuse, *Triebstruktur und Gesellschaft. Ein philosophischer Beitrag zu Sigmund Freud*, Frankfurt am Main 1969〔1955〕, S. 11.

36. Marcuse, "Das Veralten der Psychoanalyse", a. a. O., S. 85-106, S. 102.

37. 같은 책, S. 102. "참된" 욕구와 "거짓된" 욕구를 구별하기 위해 마르쿠제는 결국 프로이트의 충동 이론을 견지해야만 했다. 그는 모든 인간에게 똑같이 내재하는 리비도적 에너지에서 인간을 억압하는 사회적 지배를 비판하고 결국 극복하려는 충동을 발견한다.

38. Horst Kurnitzky/Hansmartin Kuhn (Hg.), *Das Ende der Utopie. Herbert Marcuse diskutiert mit Studenten und Professoren Westberlins an der Freien Univ. Berlin über die Möglichkeiten und Chancen einer politischen Opposition in den Metropolen in Zusammenhang mit den Befreiungsbewegungen in den Ländern der Dritten Welt*, Berlin 1967 참조.

39. Marcuse, *Der eindimensionale Mensch*, a. a. O., S. 95.

40. 같은 곳.

41. Marcuse, "Das Veralten der Psychoanalyse (1963)", a. a. O., S. 99.

42. 에리히 프롬은 위르겐 하버마스가 마르쿠제의 사망 직전 대화에서 마르쿠제에게 상기시킨 '마르크스주의 사회심리학 프로그램'을 1930년대 초 사회조사연구소에서 결정적으로 발전시켰지만, 1940년대 이후 저서에서 프로이트의 충동 이론을 거부했다고 해서 바로 저 프로그램으로부터 수정주의적으로 일탈했다는 비판을 받았다. Jürgen Habermas, "Gespräch mit Herbert Marcuse" (1977), in: ders., *Philosophisch-politische Profile*, a. a. O., S. 265-318, S. 271.

43. 프롬과 연구소의 단절에 대해서는 Rolf Wiggershaus, *Die Frankfurter Schule. Geschichte. Theoretische Entwicklung. Politische Bedeutung*, München 1988, S. 298-307 참조.

44. Erich Fromm, *Die Furcht vor der Freiheit*, München 1990〔1941〕, S. 33.

45. 같은 책, S. 32.

46. Georg Lukács, *Die Theorie des Romans. Ein geschichtsphilosophischer Versuch über die Formen der großen Epik*, Darmstadt/Neuwied 1971〔1916〕, S. 32.

47. Fromm, *Die Furcht vor der Freiheit*, a. a. O., S. 90.

48. 같은 책, S. 94 참조.

49. 같은 책, S. 33.

50. 같은 책, S. 106.

51. 같은 책, S. 209.

52. 비판 이론의 최근 세대 가운데 하르트무트 로자는 프롬의 정신적 발자취를 따르고 있다. 그 역시 공감의 추구를 인간에게 동기를 부여하는 내적인 힘으로 본다. Hartmut Rosa, *Resonanz. Eine Soziologie der Weltbeziehung*, Berlin 2018 참조.

53. Adorno, *Zur Lehre von der Geschichte und von der Freiheit*, a. a. O., S. 303.

54. Markus Schroer, *Das Individuum der Gesellschaft. Synchrone und diachrone Theoricperspcktiven*, Frankfurt am Main 2001, S. 43.

55. Zygmunt Bauman, *Flüchtige Moderne*, Frankfurt am Main 2003, S. 32. 이 문장은 다음과 같이 이어진다. "제도들은 정체성을 정의하는 모든 문제를 너무도 기꺼이 개인에게 맡기려 할 뿐이며, 사람들이 반항할 수 있는 그 어떤 일반적 원리도

거의 만들어질 수 없다." 이것은 오늘날 수평적 사고 운동의 자유 항의를 고려할 때 말할 것도 없이 다르게 보일 것이다.

56. Peter Wagner, *Soziologie der Moderne*, Frankfurt am Main/New York 1995 참조.

57. Bauman, *Flüchtige Moderne*, a. a. O., S. 34.

58. 이에 대해서는 바우만과 마찬가지로 Hartmut Rosa, *Beschleunigung. Die Veränderung der Zeitstrukturen in der Moderne*, Frankfurt am Main 2005; Andreas Reckwitz, *Die Gesellschaft der Singularitäten. Zum Strukturwandel der Moderne*, Berlin 2019 참조.

59. 이것을 마르쿠제는 그야말로 분명히 꿰뚫어 보았다. Marcuse, *Der eindimensionale Mensch*, a. a. O., S. 265 참조.

60. Eric Hobsbawm, *Das Zeitalter der Extreme. Weltgeschichte des 20. Jahrhunderts*, München 1995; Hindrichs, *Zur Kritischen Theorie*, a. a. O., S. 46-90 참조.

61. Herbert Marcuse, "Vorwort", in: ders., *Kultur und Gesellschaft I*, Frankfurt am Main 1965, S. 7-16, S. 7.

62. Herbert Marcuse, "Der Kampf gegen den Liberalismus in der totalitären Staatsauffassung" (1934), in: ders., *Kultur und Gesellschaft I*, a. a. O., S. 17-55, S. 22.

63. Karl Marx, *Das Kapital. Kritik der politischen Ökonomie. Erster Band*, MEW 23, Berlin 1962〔1867〕, S. 743.

64. 같은 책, S. 765.

65. 같은 책, S. 766.

66. Marcuse, "Der Kampf gegen den Liberalismus", a. a. O., S. 23.

67. Ludwig von Mises, *Liberalismus*, Jena 1927, S. 45. 마르쿠제의 미제스 참조는 다음에서 발견된다. Marcuse, "Der Kampf gegen den Liberalismus", a. a. O., S. 23.

68. Carl Schmitt, "Starker Staat und gesunde Wirtschaft. Ein Vortrag vor Wirtschaftsführern", in: *Volk und Reich. Politische Monatshefte für das junge Deutschland* 1/2 (1933), S. 81-94.

69. 가령 알렉산더 뤼스토프(Alexander Rüstow)에 대해 그렇다. Christoph Butterwegge et al., *Kritik des Neoliberalismus*, Wiesbaden 2017, S. 31-38 참조. 자유주의와 파시즘의 관계에 대해서는 Ishay Landa, *Der Lehrling und sein Meister. Liberale Tradition und Faschismus*, Berlin 2021의 포괄적 연구 참조.
70. Schmitt, "Starker Staat und gesunde Wirtschaft", a. a. O., S. 84.
71. 같은 곳.
72. 같은 곳.
73. 같은 책, S. 90.
74. Grégoire Chamayou, *Die unregierbare Gesellschaft. Eine Genealogie des autoritären Liberalismus*, Berlin 2019, S. 299.
75. Hermann Heller, "Autoritärer Liberalismus" (1933), in: *Gesammelte Schriften*, Bd. II, herausgegeben von Christoph Müller, Leiden 1971, S. 645-653. 헬러의 슈미트 해석에 대해서는 Wolfgang Streeck, "Heller, Schmitt and the Euro", in: *European Law Journal* 1/3 (2015), S. 361-370 참조.
76. Heller, "Autoritärer Liberalismus", a. a. O., S. 652.
77. Hauke Brunkhorst, "Autoritärer Liberalismus", in: Karsten Fischer/Sebastian Huhnholz (Hg.), *Liberalismus. Traditionsbestände und Gegenwartskontroversen*, Baden-Baden 2019, S. 291-314, S. 291.
78. Chamayou, *Die unregierbare Gesellschaft*, a. a. O., S. 347.
79. 물론 크리스토프 묄러스는 권위주의적 자유주의 개념이 무엇보다도 "자유주의에 대한 논박"에 기여하고 "권위주의 체제의 정확한 분류"에는 이바지하지 않는다고 강조하지만, 그래서 그는 권위주의적 자유주의에 대해 비판자들이 입증한 경제적 기능 논리를 간과한다. Christoph Möllers, *Freiheitsgrade. Elemente einer liberalen politischen Mechanik*, Berlin 2020, S. 32.
80. Friedrich Pollock, "Bemerkungen zur Wirtschaftskrise", in: *Zeitschrift für Sozialforschung* 2/3 (1933), S. 321-354, S. 350.
81. Adorno et al., *Studien zum autoritären Charakter*, a. a. O., S. 1.
82. Max Horkheimer/Theodor W. Adorno, "Vorurteil und Charakter" (1952), in: Ders., *Gesammelte Schriften*, Bd. 8: *Vorträge und Aufzeichnungen 1949-1973*,

herausgegeben von Gunzelin Schmid Noerr, Frankfurt am Main 1985, S. 64-76, S. 69.

83. Theodor W. Adorno et al, "Bemerkungen zu *The Authoritarian Personality*" (1947/48), in: ders., *Bemerkungen zu "The Authoritarian Personality" und weitere Texte*, herausgegeben von Eva-Maria Ziege, Berlin 2019, S. 21-61, S. 32.

84. Adorno et al., *Studien zum autoritären Charakter*, a. a. O., S. 40-44의 표 참조.

85. 같은 책. S. 45.

86. 같은 곳.

87. 같은 책, S. 95-101.

88. 같은 책, S. 99.

89. Fromm, "Sozialpsychologischer Teil", a. a. O., S. 79 참조.

90. 같은 책, S. 84f.

91. 같은 책, S. 87.

92. 같은 책, S. 118.

93. 같은 책, S. 117.

94. 같은 책, S. 120.

95. Franz L. Neumann, "Angst und Politik", in: ders., *Wirtschaft, Staat, Demokratie. Aufsätze 1930-1954*, herausgegeben von Alfons Söllner, Frankfurt am Main 1978, S. 424-459, S. 429.

96. 같은 책, S. 435.

2 의존성 속의 자유: 개인화의 변증법

1. Andreas Reckwitz, *Das hybride Subjekt. Eine Theorie der Subjektkulturen von der bürgerlichen Moderne zur Postmoderne*, Berlin 2020 참조. 레크비츠는 사회적 성격 대신 주체 문화에 대해 말한다.

2. 이에 대해서는 또한 지침이 될 만한 연구인 Wagner, *Soziologie der Moderne*, a. a. O.도 참조.

3. 같은 책, S. 119-140. 또한 Marcuse, *Der eindimensionale Mensch*, a. a. O., S. 21-

38도 참조.

4. 우리는 개성의 다양성을 의식하고 있지만, 이하에서는 사회 전체의 근저에 놓인 동역학을 보여주기 위해 개인화의 이념형적 재구성에 초점을 맞춘다.

5. Karl Marx/Friedrich Engels, *Manifest der Kommunistischen Partei* (1848), MEW 4, Berlin 1972, S. 461-93, S. 482.

6. 같은 책, S. 464.

7. 같은 책, S. 465. 지그문트 바우만은 역사적 근대화 과정을 해석하는 데서 이 비유를 이용한다. 증발은 "복잡한 사회적 관계망을 연결하지 않은 채로" 남겨두고 그것을 "경제적 합리성의 거친 바람에 노출"할 것이다. Zygmunt Bauman, *Flüchtige Moderne*, a. a. O., S. 10.

8. Karl Marx, *Grundrisse der Kritik der politischen Ökonomie*, MEW 42, Berlin 1983, S. 47-770, S. 414. 또한 Marx, *Das Kapital*, a. a. O., S. 183도 참조.

9. Marx/Engels, *Manifest der Kommunistischen Partei*, a. a. O., S. 465.

10. Max Horkheimer, "Egoismus und Freiheitsbewegung" (1936), in: *Gesammelte Schriften*, Bd. 4: *Schriften 1936-1941*, herausgegeben von Alfred Schmidt, Frankfurt am Main 1988, S. 9-88, S. 70-71.

11. 이에 대한 개관은 Schroer, *Das Individuum der Gesellschaft*, a. a. O. 참조.

12. Hermann Korte, *Einführung in die Geschichte der Soziologie*, Wiesbaden 2011, S. 161-163 참조.

13. Norbert Elias, *Über den Prozeß der Zivilisation. Soziogenetische und psychogenetische Untersuchungen*, Bd. II, Frankfurt am Main 1976[1939], S. 319f.

14. 같은 책, S. 313.

15. Norbert Elias, *Die Gesellschaft der Individuen*, Frankfurt am Main 1991, S. 85f. 참조.

16. Sigmund Freud, *Das Unbehagen in der Kultur* (1930), in: *Studienausgabe*, Bd. IX: *Fragen der Gesellschaft, Ursprünge der Religion*, herausgegeben von Alexander Mitscherlich et al., Frankfurt am Main 1974, S. 191-270, S. 227.

17. 같은 책, S. 225.

18. 그에 반해 자본주의의 본원적 축적 단계에서는 여성과 특히 여성의 신체가 정복과 규율의 대상이 되었다. Silvia Federici, *Caliban und die Hexe. Frauen, Körper und die ursprüngliche Akkumulation*, Wien 2012〔2004〕 참조.

19. Bauman, *Flüchtige Moderne*, a. a. O., S. 14.

20. 같은 책, S. 43.

21. Hans-Peter Müller, "Diagnostiker des Individualismus", in: *Merkur* 59/675(2005), S. 637-42, S. 638 참조.

22. Georg Simmel, "Über sociale Differenzierung" (1890), in: *Georg Simmel Gesamtausgabe* (GSG), Bd. 2: *Aufsätze 1887 bis 1890. Über sociale Differenzierung. Die Probleme der Geschichtsphilosophie (1892)*, herausgegeben von Heinz-Jürgen Dahme, Frankfurt am Main 1989, S. 109-296 참조.

23. Georg Simmel, *Philosophie des Geldes*, GSG 6: *Philosophie des Geldes*, Frankfurt am Main 1989〔1900〕, S. 396.

24. 같은 책, S. 375.

25. Émile Durkheim, *Soziologie und Philosophie*, mit einer Einleitung von Theodor W. Adorno, Frankfurt am Main 1976, S. 129.

26. 또한 Slavoj Žižek, *Auf verlorenem Posten*, Frankfurt am Main 2009, S. 22도 참조.

27. Durkheim, *Soziologie und Philosophie*, a. a. O., S. 129.

28. Nadia Urbinati, "Demokratischer Individualismus", in: *Westend. Neue Zeitschrift für Sozialforschung* 14/1 (2017), S. 119-140, S. 120.

29. Émile Durkheim, "Der Individualismus und die Intellektuellen" (1898), in: *Gesellschaftlicher Zwang und moralische Autonomie*, herausgegeben von Hans Bertram, Frankfurt am Main 1986, S. 54-70, S 86.

30. Peter Wagner, *Moderne als Erfahrung und Interpretation. Eine neue Soziologie zur Moderne*, Konstanz 2009, S. 43.

31. Thomas Hobbes, *Leviathan oder Stoff, Form und Gewalt eines bürgerlichen und kirchlichen Staates. Teil I und II*, Frankfurt am Main 1984〔1651〕, S. 202.

32. Honneth, *Das Recht der Freiheit*, a. a. O., S. 47.

33. John Stuart Mill, *Über die Freiheit*, Hamburg 2009[1859], S. 20.

34. 같은 책, S. 16.

35. Berlin, "Zwei Freiheitsbegriffe", a. a. O. 참조.

36. Ulrich Beck, *Risikogesellschaft. Auf dem Weg in eine andere Moderne*, Frankfurt am Main 1986, S. 206-219 참조.

37. Theodor W. Adorno et al., "Die verwaltete Welt oder: Die Krise des Individuums. Aufzeichnung eines Gesprächs im Hessischen Rundfunk am 4. September 1950", in: Max Horkheimer, *Gesammelte Schriften*, Bd. 13: *Nachgelassene Schriften 1949-1972*, herausgegeben von Gunzelin Schmid Noerr, Frankfurt am Main 1989, S. 121-142.

38. Elias, *Gesellschaft der Individuen*, a. a. O., S. 185.

39. Elias, *Über den Prozess der Zivilisation* I, a. a. O., S. vii-lxx의 머리말 참조. 또한 Norbert Elias, *Was ist Soziologie?*, Weinheim/Basel 2014[1970], S. 139-145도 참조.

40. Elias, *Gesellschaft der Individuen*, a. a. O., S. 207-315 참조.

41. Beck, *Risikogesellschaft*, a. a. O., S. 211.

42. 같은 책, S. 119-210.

43. 이에 대해서는 바로 다음 장의 알랭 에렝베르에 대한 상세한 논의 참조.

44. Adorno, *Zur Lehre von der Geschichte und von der Freiheit*, a. a. O., S. 7-372, S. 292.

45. Bauman, *Flüchtige Moderne*, a. a. O., S. 51; Beck, *Risikogesellschaft*, a. a. O., S. 211 참조.

46. 줄어드는 중간층에 대해서는 Bertelsmann Stiftung/OECD (Hg.), *Bröckelt die Mittelschicht? Risiken und Chancen für mittlere Einkommensgruppen auf dem deutschen Arbeitsmarkt*, Gütersloh 2021, 하위계급에 대해서는 Mayer-Ahuja/Nachtwey, "Verkannte Leistungsträger:innen. Berichte aus der Klassengesellschaft", in: *Verkannte Leistungsträger:innen. Berichte aus der Klassengesellschaft*, herausgegeben von Nicole Mayer-Ahuja und Oliver Nachtwey, Berlin 2021, S. 11-46 참조.

47. Pierre Rosanvallon, *Die Gesellschaft der Gleichen*, Berlin 2017; Robert Castel, *Die Metamorphosen der sozialen Frage. Eine Chronik der Lohnarbeit*, Konstanz 2000 참조.

48. Oliver Nachtwey, *Die Abstiegsgesellschaft. Über das Aufbegehren in der regressiven Moderne*, Berlin 2016, S. 126f.; Hartmut Rosa, "Wettbewerb als Interaktionsmodus. Kulturelle und sozialstrukturelle Konsequenzen der Konkurrenzgesellschaft", in: ders., *Weltbeziehungen im Zeitalter der Beschleunigung*, Frankfurt am Main 2012, S. 324-356, S. 201; Hartmut Rosa, *Beschleunigung und Entfremdung. Entwurf einer kritischen Theorie spätmoderner Zeitlichkeit*, Berlin 2013, S. 189-191 참조.

49. 특히 Richard Sennett, *Der flexible Mensch. Die Kultur des neuen Kapitalismus*, Berlin 1998; Sighard Neckel, "Identität als Ware. Die Marktwirtschaft im Sozialen" (1996), in: ders., *Die Macht der Unterscheidung. Essays zur Kultursoziologie der modernen Gesellschaft*, Frankfurt am Main 2000, S. 37-47 참조.

50. Oliver Nachtwey, "Entzivilisierung. Über regressive Tendenzen in westlichen Gesellschaften", in: *Die große Regression. Eine internationale Debatte über die geistige Situation der Zeit*, herausgegeben von Heinrich Geiselberger, Berlin 2017, S. 215-232 참조.

51. Thomas Meyer, "Die Agenda 2010 und die soziale Gerechtigkeit", in: *Politische Vierteljahresschrift* 45/2 (2004), S. 181-190 참조.

52. Nachtwey, *Die Abstiegsgesellschaft*, a. a. O., S. 114-117 참조.

53. Oliver Nachtwey, *Marktsozialdemokratie. Die Transformation der SPD und Labour Party*, Wiesbaden 2009, S. 225-226.

54. Honneth, *Das Recht der Freiheit*, a. a. O., S. 142.

55. Nachtwey, *Die Abstiegsgesellschaft*, a. a. O., S. 107-109, 169-179 참조.

56. Adorno, *Zur Lehre von der Geschichte und von der Freiheit*, a. a. O., S. 272 참조.

57. 성과 원칙의 지배 기능에 대해서는 점점 더 지침이 되고 있는 연구서인 Claus Offe,

Berufsbildungsreform. Eine Fallstudie über Reformpolitik, Frankfurt am Main 1975 참조.

58. Sighard Neckel, *Flucht nach vorn. Die Erfolgskultur der Marktgesellschaft*, Frankfurt am Main 2008, S. 62-63 참조.

59. 같은 책, S. 12.

60. 로버트 K. 머턴은 미국 자본주의에 만연한 상승 지향을 고려하여 이미 1949년에 "성공 숭배"에 대해 이야기했다. Robert K. Merton, *Soziologische Theorie und Soziale Struktur*, Berlin/Boston 1995〔1949〕, S. 131-133.

61. Neckel, *Flucht nach vorn*, a. a. O., S. 89f.

62. Mayer-Ahuja/Oliver Nachtwey, "Verkannte Leistungsträger:innen", a. a. O., S. 14-20 참조.

63. Mark Lutter, "Strukturen ungleichen Erfolgs. Winner-take-all-Konzentrationen und ihre sozialen Entstehungskontexte auf flexiblen Arbeitsmärkten", in: *Kölner Zeitschrift für Soziologie und Sozialpsychologie* 65/4 (2013), S. 597-622; Sighard Neckel, "Oligarchische Ungleichheit. Winner-take-all-Positionen in der (obersten) Oberschicht", in: *Westend. Neue Zeitschrift für Sozialforschung* 11/2 (2014), S. 51-63 참조.

64. Carolin Amlinger, *Schreiben. Eine Soziologie literarischer Arbeit*, Berlin 2021 참조.

65. Oliver Nachtwey/Philipp Staab, "Das Produktionsmodell des digitalen Kapitalismus", in: *Soziologie des Digitalen—Digitale Soziologie?*, herausgegeben von Sabine Maasen und Jan-Hendrik Passoth, Baden-Baden 2020, S. 285-304 참조.

66. Michael Hartmann, *Der Mythos von den Leistungseliten. Spitzenkarrieren und soziale Herkunft in Wirtschaft, Politik, Justiz und Wissenschaft*, Frankfurt am Main/New York 2002.

67. Sam Friedman et. al., "Deflecting privilege. Class identity and the intergenerational self", in: *Sociology* 55/4 (2021), S. 716-733.

68. Neckel, *Flucht nach vorn*, a. a. O., S. 12.

69. 같은 책, S. 16.

70. 같은 책, S. 64.

71. Adrian Daub, *Was das Valley denken nennt*, Berlin 2020, S. 134-152 참조.

72. Bauman, *Flüchtige Moderne*, a. a. O., S. 47 참조.

73. 미국 사회학자 C. 라이트 밀스(C. Wright Mills)는 1959년 산업적 근대 말에 출간한 고전적 저서 《사회학적 상상력(Soziologische Phantasie)》(Wiesbaden 2016)에서 사적 어려움이 언제나 동시에 공적 문제도 증명한다는 것을 밝혔다(S. 30f.). 이러한 사회적 의식은 상실되었다.

74. Neckel, *Flucht nach vorn*, a. a. O., S. 188 참조.

75. Vgl. Bundesregierung, *Lebenslagen in Deutschland. Der Sechste Armuts- und Reichtumsbericht der Bundesregierung*, Berlin 2021; Bertelsmann Stiftung/OECD (Hg.), *Bröckelt die Mittelschicht?*, a. a. O.; Nachtwey, *Die Abstiegsgesellschaft*, a. a. O. 참조.

76. 영국 문화사회학자 폴 윌리스는 1970년대에 노동계급 청소년들이 학교에서 보이는 저항을 연구하여 이들이 학교에 대한 노골적 경멸과 술, "남성성"을 통해 자기를 주장하면서도 또한 의도적으로 자기 자신을 어떻게 배제하는지 보여주었다. 왜냐하면 그들은 근본적으로 이미 자신이 공장에서 일하게 될 것이고 상승할 수 없다는 것을 알기 때문이다. 윌리스와 더불어 우리는 여기서 설명되는 과정을 근대화한 형태의 자기 배제로 고찰할 수 있다. Paul Willis, *Spaß am Widerstand. Learning to Labour*, Hamburg 2013〔1977〕 참조.

77. 갱스터랩에서 나타나는 사회적 출세 문제에 대해서는 Martin Seeliger, *Soziologie des Gangsta-Rap. Popkultur als Ausdruck sozialer Konflikte*, Weinheim/Basel 2022 참조.

78. Rosa, "Wettbewerb als Interaktionsmodus", a. a. O., S. 326. 이미 1980년대 초에 위르겐 하버마스는 잘 알려진 것처럼 "생활세계의 식민화"를 경고했다. Jürgen Habermas, *Theorie des kommunikativen Handelns*, Bd. 2, Frankfurt am Main 1995〔1981〕, S. 471, S. 522.

79. Neckel, *Flucht nach vorn*, a. a. O., S. 15.

80. Marion Fourcade, "Ordinalization. Lewis A. Coser Memorial Award for

Theoretical Agenda Setting 2014", in: *Sociological Theory* 34/3 (2016), S. 175-195 참조.

81. Marion Fourcade/Alex V. Barnard, "Das Unbehagen an der Ordinalisierung", in: *Kölner Zeitschrift für Soziologie und Sozialpsychologie* 73/1 (2021), S. 113-135, S. 131.

82. 같은 곳.

83. William Davies, *Nervöse Zeiten. Wie Emotionen Argumente ablösen*, München 2019 참조. 데이비스는 무엇보다도 우선 영국과 미국을 염두에 두고 숙고했지만, 독일에서도 비슷한 발전을 확인할 수 있다. 물론 복지는 전반적으로 증가했지만, 많은 수급을 받는 연금 생활자의 기대 수명은 연금이 적은 동년배보다 훨씬 더 많이 증가했다. Georg Wenau et al., "Socioeconomic disparities in life expectancy gains among retired German men, 1997-2016", in: *Journal of Epidemiology and Community Health* 73/7 (2019), S. 605-611 참조.

84. Thomas H. Marshall, "Staatsbürgerrechte und soziale Klassen" (1951), in: *Citizenship—Soziologie der Staatsbürgerschaft*, herausgegeben von Jürgen Mackert und Hans-Peter Müller, Wiesbaden 2020, S. 45-102; Rosanvallon, *Die Gesellschaft der Gleichen*, a. a. O. 참조.

85. Martin Kohli, "Normalbiographie und Individualität. Zur institutionellen Dynamik des gegenwärtigen Lebenslaufregimes", in: *Vom Ende des Individuums zur Individualität ohne Ende*, herausgegeben von Hanns-Georg Brose und Bruno Hildebrand, Wiesbaden 1988, S. 33-53.

86. Reckwitz, *Das hybride Subjekt*, a. a. O., S. 29.

87. 레크비츠는 《하이브리드 주체》에서는 아직 이 시기를 "포스트모던(Postmoderne)"이라고 언급한다. 후기 저술들에서야 비로소 이 용어를—앤서니 기든스에 기대어—"후기 근대(Spätmoderne)"로 바꾼다. Reckwitz, *Die Gesellschaft der Singularitäten*, a. a. O.; Anthony Giddens, *Modernity and Self-Identity. Self and Society in the Late Modern Age*, Stanford 1991 참조. 우리는 여기서 레크비츠의 간결한 체계화를 따른다. 왜냐하면 이 체계화가 우리의 논의 전개에 매우 유용하기 때문이다. 그러나 다른 곳에서는 레크비츠에게서 노동자의 주체 문화가

기본적으로 완전히 빠져 있는 것을 분석적 빈자리로 주제화하는 것이 흥미로울 수 있다.

88. 운디네 에버라인은 개성의 이러한 변형을 "낭만주의적 개인주의"라고 표현한다. Undine Eberlein, *Einzigartigkeit. Das romantische Individualitätskonzept der Moderne*, Frankfurt am Main 2000 참조.

89. 그 역사적 뿌리에 대해서는 Colin Campell, *The Romantic Ethic and the Spirit of Modern Consumerism*, Oxford 1987 참조.

90. Axel Honneth, "Organisierte Selbstverwirklichung. Paradoxien der Individualisierung", in: *Befreiung aus der Mündigkeit. Paradoxien des gegenwärtigen Kapitalismus*, herausgegeben von Axel Honneth, Frankfurt am Main 2002, S. 141-158, S. 149 참조.

91. Luc Boltanski/Ève Chiapello, *Der neue Geist des Kapitalismus*, Konstanz 2003〔1999〕 참조.

92. Frithjof Bergmann, *New Work, New Culture. Work We Want and a Culture that Strengthens Us*, Alresford 2019 참조.

93. Jan Guldner, "Moderner und billiger, da kann man nicht nein sagen", Interview mit Nick Kratzer, in: *Wirtschaftswoche* (12. September 2021), 다음 웹사이트에서 확인할 수 있다. https://www.wiwo.de/erfolg/homeoffice/desksharing-moderner-und-billiger-da-kannman-nicht-nein-sagen/27469168.html (alle URL Stand Juni 2022) 참조.

94. Vgl. Nachtwey, *Die Abstiegsgesellschaft*, a. a. O.

95. Andreas Reckwitz, "Gesellschaftstheorie als Werkzeug", in: ders./Hartmut Rosa, *Spätmoderne in der Krise*, Berlin 2021, S. 23-150, S. 110; Reckwitz, *Das Ende der Illusionen*, a. a. O., S. 210; Reckwitz, *Die Gesellschaft der Singularitäten*, a. a. O., S. 273-289 참조.

96. Nils C. Kumkar et al., *Die beharrliche Mitte. Wenn investive Statusarbeit funktioniert*, Wiesbaden 2022.

97. Reckwitz, *Die Gesellschaft der Singularitäten*, a. a. O., S. 22.

98. 같은 책, S. 342.

99. Reckwitz, *Die Gesellschaft der Singularitäten*, a. a. O., S. 14; Reckwitz, "Gesellschaftstheorie als Werkzeug", a. a. O., S. 88.

100. Undine Eberlein, "Serielle Einzigartigkeit und Eigensinn", in: *Die Ausweitung der Bekenntniskultur—neue Formen der Selbstthematisierung?*, herausgegeben von Günter Burkart, Wiesbaden 2006, S. 127-143 참조.

101. Simmel, "Philosophie des Geldes", a. a. O., S. 591-616.

102. Edgar Cabanas/Eva Illouz, *Das Glücksdiktat. Und wie es unser Leben beherrscht*, Berlin 2019, S. 19 참조.

103. Anja Röcke, *Soziologie der Selbstoptimierung*, Berlin 2021, S. 10.

104. Reckwitz, "Gesellschaftstheorie als Werkzeug", a. a. O., S. 110.

105. Greta Wagner, *Selbstoptimierung. Praxis und Kritik von Neuroenhancement*, Frankfurt am Main 2017 참조.

106. Max Weber, *Die protestantische Ethik und der Geist des Kapitalismus*, herausgegeben von Dirk Kaesler, München 2004 (1904), S. 160.

107. 자가 측정에 대해서는 Steffen Mau, *Das metrische Wir. Über die Quantifizierung des Sozialen*, Berlin 2017, S. 167-184; Simon Schaupp, *Digitale Selbstüberwachung. Self-Tracking im kybernetischen Kapitalismus*, Münster 2016; Stefanie Duttweiler et al. (Hg.), *Leben nach Zahlen. Self-Tracking als Optimierungsprojekt?*, Bielefeld 2016 참조.

108. Ulrich Bröckling, *Das unternehmerische Selbst. Soziologie einer Subjektivierungsform*, Frankfurt am Main 2007 참조.

109. Bauman, *Flüchtige Moderne*, a. a. O., S. 45.

110. 하지만 이미 여기서도 또다시 이탈 움직임을 관찰할 수 있다. 세기 전환기 직전이나 직후에 태어난 젊은이들은 친구나 가족과 함께 시간을 보내는 것에 더 많은 가치를 둔다. 그들은 더 많은 동료애를 원하지만, 무엇보다도 자신의 노동에서 단순히 돈을 버는 것 이상의 의미를 원한다. 그러나 이는 여전히 경쟁적 주체성이 지배하는 양식에 대한 반작용일 뿐이다. 이에 대해서는 정기적으로 발표되는 딜로이트 밀레니얼 설문조사 참조.

111. 이에 대해서는 이미 감정 관리를 다루는 Arlie Russell Hochschild, *The Managed*

Heart. Commercialization of Human Feeling, Berkeley 1983 참조.

112. Cabanas/Illouz, *Das Glücksdiktat*, a. a. O.; Bröckling, *Das unternehmerische Selbst*, a. a. O.; Ulrich Bröckling, *Gute Hirten führen sanft. Über Menschenregierungskünste*, Berlin 2017, S. 113-139 참조.
113. Sighard Neckel/Greta Wagner (Hg.), *Leistung und Erschöpfung. Burnout in der Wettbewerbsgesellschaft*, Berlin 2013 참조.
114. Honneth, "Organisierte Selbstverwirklichung", a. a. O., S. 154f.
115. Bauman, *Flüchtige Moderne*, a. a. O., S. 25.
116. Max Horkheimer, "Zum Begriff der Freiheit", in: ders., *Gesammelte Schriften*, Bd. 7: *Vorträge und Aufzeichnungen*, herausgegeben von Gunzelin Schmid Noerr, Frankfurt am Main 1985, S. 145-153, S. 147.
117. Robert Nozick, *Anarchie Staat Utopia*, München 1974.
118. John Rawls, *Eine Theorie der Gerechtigkeit*, Frankfurt am Main 1979.
119. Peter Niesen, "Die politische Theorie des Libertärianismus. Robert Nozick und Friedrich A. von Hayek", in: *Politische Theorien der Gegenwart*, Bd. 1, herausgegeben von André Brodocz und Gary S. Schaal, Opladen 2002, S. 69-110 참조.
120. Nozick, *Anarchie Staat Utopia*, a. a. O., S. 60.
121. Wagner, *Moderne als Erfahrung und Interpretation*, a. a. O., S. 8.
122. Alexis de Tocqueville, *Über die Demokratie in Amerika*, Ditzingen 2021 〔1835/40〕, S. 240, 239.
123. Georg Lukács, *Geschichte und Klassenbewußtsein. Studien über marxistische Dialektik*, Berlin 1970 (1923), S. 171.
124. 같은 책, S. 174.
125. Marx, *Das Kapital*, a. a. O., S. 86.
126. Timo Jütten, "Verdinglichung und Freiheit", in: *Deutsche Zeitschrift für Philosophie* 59/5 (2011), S. 717-730, S. 719.
127. 이에 대해서는 C. B. Macpherson, *Die politische Theorie des Besitzindividualismus. Von Hobbes bis Locke*, Frankfurt am Main 1990. 하버마스는 그

의 의사소통 행위 이론에서 마찬가지로 소유 개인주의를 참조한다. Habermas, *Theorie des kommunikativen Handelns*, Bd. 2, S. 480 참조.

128. Habermas, *Theorie des kommunikativen Handelns*, Bd. 2, S. 522. 하버마스는 여기에서 "일상 의식의 문화적 빈곤화와 단편화"를 설명하고자 "체계/생활세계 개념들로 재정식화한 물화 이론"을 제시한다.

129. Ole Nymoen/Wolfgang M. Schmitt, *Influencer. Die Ideologie der Werbekörper*, Berlin 2021 참조.

130. '저거너트 바퀴'는 멈출 수 없는 축적 과정에 대한 마르크스의 은유다(Marx, *Das Kapital*, a. a. O., S. 674). 저거너트 개념은 힌두교의 축제 행렬에서 등장하는, 일단 움직이기 시작하면 거의 멈출 수 없는 아주 무거운 전차에서 유래한다.

131. Robert Castel, *Die Krise der Arbeit. Neue Unsicherheiten und die Zukunft des Individuums*, München 2011, S. 21.

132. Marcuse, *Der eindimensionale Mensch*, a. a. O., S. 30.

133. 아도르노도 이러한 정황을 예견했다. 그는 자본주의의 세계 과정과 자신을 동일시하는 개인이 "실로 불행하고 신경증적으로 손상된 상태에서 다시 한번 자본주의를 강화하게 될" 것을 두려워했다. "나는 이것이 바로 역사에서 인간의 위치에 관한 진실이라고 말하게 될 것이다." Adorno, *Zur Lehre von der Geschichte und von der Freiheit*, a. a. O., S. 113.

134. Marx, "Zur Judenfrage", a. a. O., S. 369.

135. Adorno, *Zur Lehre von der Geschichte und von der Freiheit*, a. a. O., S. 300.

3 무질서의 질서: 사회적 변화와 퇴행적 근대화

1. Reckwitz, *Das hybride Subjekt*, a. a. O., S. 28.

2. Reckwitz, "Gesellschaftstheorie als Werkzeug", a. a. O., S. 119.

3. Ulrich Beck, "Das Zeitalter der Nebenfolgen und die Politisierung der Moderne", in: Ulrich Beck/Anthony Giddens/Scott Lash, *Reflexive Modernisierung. Eine Kontroverse*, Frankfurt am Main 1996, S. 19-111, S. 60.

4. Martin Hartmann/Axel Honneth, "Paradoxien kapitalistischer Modernisierung", in: Axel Honneth, *Das Ich im Wir*, Berlin 2010, S. 222-248; Axel Honneth/

Ferdinand Sutterlüty, "Normative Paradoxien der Gegenwart—eine Forschungsperspektive", in: *Westend. Neue Zeitschrift für Sozialforschung* 8/1 (2011), S. 67-85 참조.

5. Oliver Nachtwey/Martin Seeliger, "Transformation of industrial citizenship in the course of European integration", in: *The British Journal of Sociology* 71/5 (2020), S. 852-866.
6. Simon Schaupp, "Algorithmic integration and precarious (dis)obedience: On the co-constitution of migration regime and workplace regime in digitalised manufacturing and logistics", in: *Work, Employment and Society* 36/2 (2022), S. 310-327; Steven Vallas/Juliet B. Schor, "What do platforms do? Understanding the gig economy", in: *Annual Review of Sociology* 46/1 (2020), S. 273-294 참조.
7. Nachtwey, *Die Abstiegsgesellschaft*, a. a. O.; Nachtwey, "Entzivilisierung", a. a. O. 참조.
8. Horkheimer/Adorno, *Dialektik der Aufklärung*, a. a. O., S. 53 참조.
9. Claus Offe, "Was (falls überhaupt) können wir uns heute unter politischem Fortschritt vorstellen?", in: *Westend. Neue Zeitschrift für Sozialforschung* 7/2 (2010), S. 3-14, S. 13.
10. Wagner, *Fortschritt*, a. a. O.; Ingolfur Blühdorn/Felix Butzlaff/Margaret Haderer et al., "Emancipatory politics at its limits? An introduction", in: *European Journal of Social Theory* 25/1 (2021), S. 3-25도 참조.
11. Reinhart Koselleck, "Fortschritt und Niedergang—Nachtrag zur Geschichte zweier Begriffe" (1980), in: ders., *Begriffsgeschichten. Studien zur Semantik und Pragmatik der politischen und sozialen Sprache*, Frankfurt am Main 2006, S. 159-181, S. 159 참조.
12. Pippa Norris/Ronald Inglehart, *Cultural Backlash. Trump, Brexit, and Authoritarian Populism*, New York 2019, S. 25-35, S. 77-101 참조. 사회 양극화의 심화도 자주 이야기된다. 이에 대해서는 비판적으로 Steffen Mau, "Kamel oder Dromedar? Zur Diagnose der gesellschaftlichen Polarisierung", in: *Merkur*

76/874 (2022), S. 5-18 참조.

13. 비판자들은 이러한 형식의 다양성을 문제로 여긴다. 왜냐하면 인재 선발에서 능력 측면이 충분히 고려되지 않기 때문이다. 그에 반해 다양성이 능력을 증가시킨다는 사실을 잘 확증하는 연구도 있다. 게다가 그 비판은 이전에는 능력 기준이 중요한 역할을 했다고 가정하는 까닭에 설득력이 떨어진다. 그렇다면 어째서 안드레아스 쇼이어는 대연정이 끝날 때까지 연방 교통부 장관으로 남았던가?

14. Beck, *Risikogesellschaft*, a. a. O.; Beck, "Das Zeitalter der Nebenfolgen und die Politisierung der Moderne", a. a. O.; Claus Offe, "Die Utopie der Null-Option. Modernität und Modernisierung als politische Gütekriterien", in: *Die Moderne. Kontinuitäten und Zäsuren*, *Soziale Welt Sonderband* 4, herausgegeben von Johannes Berger, Göttingen 1986, S. 94-117 참조.

15. Jürgen Habermas, *Die neue Unübersichtlichkeit. Kleine Politische Schriften V*, Frankfurt am Main 1985 참조.

16. 이에 대한 상세한 내용은 Zygmunt Bauman, *Retrotopia*, Berlin 2017 참조.

17. Fredric Jameson, *Archaeologies of the Future. The Desire Called Utopia and Other Science Fictions*, London 2005, S. 199 참조.

18. Henry Ford et al., *The Expanded and Annotated "My Life and Work"*, Boca Raton u. a. 2013[1922], S. 54.

19. Eli J. Finkel et al., "Online dating: A critical analysis from the perspective of psychological science", in: *Psychological Science in the Public Interest* 13/1 (2012), S. 3-66 참조.

20. 해당 자료는 다음 웹사이트에서 확인할 수 있다. https://www.destatis.de/DE/Themen/Gesellschaft-Umwelt/Bevoelkerung/Haushalte-Familien/Tabellen/4-3-lr-alleinstehende.html.

21. Bauman, *Flüchtige Moderne*, a. a. O., S. 77; Rosa, *Beschleunigung und Entfremdung*, a. a. O. 참조.

22. Bauman, *Flüchtige Moderne*, a. a. O., S. 76.

23. Slavoj Žižek, *Die Tücke des Subjekts*, Frankfurt am Main 2010, S. 465.

24. Slavoj Žižek, "Why we all love to hate Haider", in: *New Left Review* 2 (2000),

S. 37-46.

25. Žižek, *Die Tücke des Subjekts*, a. a. O., S. 465.

26. 더 적은 정도에서이긴 하지만 이는 인종적 출신과 관련해서도 적용된다.

27. Nachtwey, *Die Abstiegsgesellschaft*, a. a. O., S. 76 참조.

28. Reckwitz, *Das Ende der Illusionen*, a. a. O., S. 85-96 참조.

29. Mayer-Ahuja/Nachtwey, "Verkannte Leistungstrager:innen, a. a. O.

30. Nachtwey, *Die Abstiegsgesellschaft*, a. a. O., S. 94-107 참조.

31. Cas Wouters, *Informalisierung. Norbert Elias' Zivilisationstheorie und Zivilisationsprozesse im 20. Jahrhundert*, Wiesbaden 1999 참조.

32. 이 개념은 노르베르트 엘리아스에게로 거슬러 올라간다. Elias, "Wandlungen der Machtbalance zwischen den Geschlechtern. Eine prozesssoziologische Untersuchung am Beispiel des antiken Römerstaats", in: *Kölner Zeitschrift für Soziologie und Sozialpsychologie* 38 (1986), S. 425-449 참조.

33. Aladin El-Mafalani, *Das Integrationsparadox*, Köln 2018 참조.

34. Sabine Hark/Paula-Irene Villa, *Unterscheiden und herrschen. Ein Essay zu den ambivalenten Verflechtungen von Rassismus, Sexismus und Feminismus in der Gegenwart*, Bielefeld 2017, S. 26.

35. Armin Nassehi, *Unbehagen. Theorie der überforderten Gesellschaft*, München 2021, S. 194.

36. 이에 대해서는 Norris/Inglehart, *Cultural Backlash*, a. a. O. 참조.

37. 이 점은 미국의 노동조합에만 적용되는 것이 아니다. Sigrid Koch-Baumgarten, "Vom Arbeitnehmerpatriarchat zur Quotengewerkschaft? Ein Rückblick auf 50 Jahre Geschlechterverhältnisse in den Gewerkschaften der Bundesrepublik", in: *Femina Politica. Zeitschrift für feministische Politikwissenschaft* 8/1 (1999), S. 36-48 참조.

38. Arlie Russell Hochschild, *Fremd in ihrem Land. Eine Reise ins Herz der amerikanischen Rechten*, Frankfurt am Main 2017 참조.

39. Nancy Fraser, "Vom Regen des progressiven Neoliberalismus in die Traufe des reaktionaren Populismus", in: Geiselberger (Hg.), *Die große Regression*,

a. a. O., S. 77-92 참조.

40. Beck, *Risikogesellschaft*, a. a. O., S. 25.

41. 같은 책, S. 255.

42. 같은 책, S. 37.

43. Adorno, *Zur Lehre von der Geschichte und von der Freiheit*, a. a. O., S. 269.

44. Alexander Bogner, *Die Epistemisierung des Politischen. Wie die Macht des Wissens die Demokratie gefährdet*, Ditzingen 2021.

45. Davies, *Nervöse Zeiten*, a. a. O., S. 130.

46. Beck, *Risikogesellschaft*, a. a. O., S. 63.

47. 같은 책, S. 65.

48. Ulrich Beck, "Wissen oder Nicht-Wissen? Zwei Perspektiven reflexiver Modernisierung", in: Beck et al., *Reflexive Modernisierung*, a. a. O., S. 289-315, S. 302.

49. 같은 곳.

50. Pierre Rosanvallon, *Die Gegen-Demokratie. Politik im Zeitalter des Misstrauens*, Hamburg 2017.

51. Ulrich Beck, *Weltrisikogesellschaft*, Frankfurt am Main 2007, S. 65-73.

52. Beck, *Risikogesellschaft*, a. a. O., S. 70.

53. Beck, *Weltrisikogesellschaft*, a. a. O., S. 107.

54. Beck, *Risikogesellschaft*, a. a. O., S. 101.

55. Reckwitz, *Die Gesellschaft der Singularitäten*, a. a. O., S. 17 참조.

56. Hartmut Rosa, "Best Account. Skizze einer systematischen Theorie der modernen Gesellschaft", in: ders./Reckwitz, *Spätmoderne in der Krise*, a. a. O., S. 151-252, S. 202; Rosa, *Beschleunigung*, a. a. O., S. 690-699도 참조.

57. 가장 잘 알려진 것은 확실히 Colin Crouch, *Postdemokratie*, Frankfurt am Main 2008〔2003〕이다. 또한 Jacques Rancière, *Das Unvernehmen. Politik und Philosophie*, Frankfurt am Main 2002; ders., "Demokratie und Postdemokratie", in: Alain Badiou/Jacques Rancière, *Politik der Wahrheit*, Wien 1996, S. 119-156도 참조.

58. Peter Mair, *Ruling the Void. The Hollowing of Western Democracy*, London

2011 참조.

59. Žižek, *Die Tücke des Subjekts*, a. a. O., S. 271-281, S. 461-479 참조.

60. 가령 Göran Therborn, *Inequality and the Labyrinths of Democracy*, London 2020 참조.

61. Lea Elsässer, *Wessen Stimme zählt? Soziale und politische Ungleichheit in Deutschland. Vol. 91*, Frankfurt am Main/New York 2018 참조.

62. Armin Schäfer/Michael Zürn, *Die demokratische Regression*, Berlin 2021; Philip Manow, *(Ent-)Demokratisierung der Demokratie*, Berlin 2020 참조.

63. Peter Wagner, *Modernity. Understanding the Present*, Cambridge 2012, S. 101.

64. Manow, *(Ent-)Demokratisierung der Demokratie*, a. a. O. 참조.

65. Ingolfur Blühdorn, *Simulative Demokratie. Neue Politik nach der post-demokratischen Wende*, Berlin 2013; John Keane, *The Life and Death of Democracy*, London 2009 참조.

66. Rosa, "Best Account", a. a. O., S. 202.

67. 이는 기후 위기에도 적용되겠지만, 여기서는 의도적으로 의사 결정의 속도가 늦춰진다.

68. Rosanvallon, *Die Gegen-Demokratie*, a. a. O. 참조.

69. 같은 책, S. 14.

70. 같은 책, S. 26.

71. Dieter Rucht, "Gesellschaft als Projekt—Projekte in der Gesellschaft", in: Ansgar Klein et al., *Neue soziale Bewegungen. Impulse, Bilanzen und Perspektiven*, Opladen 1999, S. 15-27 참조.

72. 같은 책, S. 26.

73. Rosanvallon, *Die Gegen-Demokratie*, a. a. O., S. 156-171 참조.

74. 같은 책, S. 167.

75. Otto Kirchheimer, "Der Wandel des westeuropäischen Parteiensystems", in: *Politische Vierteljahresschrift* 6/1 (1965), S. 24-41, S. 41.

76. Mair, *Ruling the Void*, a. a. O. 참조.

77. 이러한 전개를 좀더 자세히 살펴보는 것은 독자적 연구의 가치가 있을 것이다.

78. Anthony Downs, *An Economic Theory of Democracy*, New York 1957 참조.

79. Tariq Ali, *The Extreme Centre. A Warning*, London 2015 참조.

80. Chantal Mouffe, *Für einen linken Populismus*, Berlin 2018, S. 27.

81. Chantal Mouffe, *Über das Politische. Wider die kosmopolitische Illusion*, Frankfurt am Main 2007, S. 7-47 참조.

82. Manow, *(Ent-)Demokratisierung der Demokratie*, a. a. O., S. 21.

83. Kirchheimer, "Der Wandel des westeuropäischen Parteiensystems", a. a. O., S. 41.

84. Davies, *Nervöse Zeiten*, a. a. O., S. 111.

85. 예를 들어 뤼크 볼탕스키는 다양한 비판 이론이 여전히 "메타 비판적으로" 논증할 뿐, 더는 일상적 삶에서 정식화된 개인의 판단과 일치하지 않는다고 이의를 제기했다. Luc Boltanski, *Soziologie und Sozialkritik. Frankfurter Adorno-Vorlesungen 2008*, Berlin 2010, S. 15-28 참조.

86. 마르크스는 헤겔에 대한 비판에서 하나의 이념은 "그것이 대중을 사로잡자마자" 오직 그때에만 "물질적 힘"이 될 수 있다고 강조했다. Karl Marx, *Zur Kritik der Hegelschen Rechtsphilosophie. Einleitung*(1844), MEW 1, Berlin 1972, S. 378-391, S. 385.

87. Oliver Nachtwey/Fabienne Décieux, "Occupy. Proteste in der Postdemokratie", in: *Forschungsjournal Soziale Bewegungen* 27/1 (2014), S. 75-89 참조.

88. Oliver Nachtwey, "Citizenship-Proteste? Zum Wandel des sozialen Konflikts", in: *Protest in Bewegung. Zum Wandel von Bedingungen, Formen und Effekten politischen Protests, Leviathan Sonderband* 33, herausgegeben von Priska Daphi et al., Baden-Baden 2017, S. 147-170 참조.

89. Nachtwey/Décieux, "Occupy", a. a. O. 참조.

90. Priska Daphi et al., "Occupy Frieden. Eine Befragung von Teilnehmer/innen der Montagsmahnwachen für den Frieden", in: *IPB Working Papers*, Berlin 2014 참조.

91. Jürgen Habermas, *Technik und Wissenschaft als "Ideologie"*, Frankfurt am Main 1968, S. 54.

92. 이것으로 우리가 계몽의 비계몽적이고 부분적으로 인종차별적인 전제를 비판하는 탈식민주의적 계몽 비판을 생각하는 것은 아니다.

93. 이에 대해서는 Fredric Jameson, *Postmodernism, or, the Cultural Logic of Late Capitalism*, Durham 1991, 그리고 Alex Callinicos, *Against Postmodernism. A Marxist Critique*, Cambridge 1989의 여전히 읽을 만한 가치가 있는 비판들과 사회 이론적 재구성 참조.

94. Albrecht Koschorke, "Linksruck der Fakten", In: *Zeitschrift für Medien- und Kulturforschung* 9/2 (2018), S. 107-118, S. 117 참조.

95. Wolfgang Welsch, *Unsere postmoderne Moderne*, Berlin 2008, S. 40 참조.

96. Philipp Sarasin, *1977. Eine kurze Geschichte der Gegenwart*, Berlin 2021, S. 21.

97. Scott Lash, "Expertenwissen oder Situationsdeutung? Kultur und Institutionen im desorganisierten Kapitalismus", in: Beck et al., *Reflexive Modernisierung*, a. a. O., S. 338-364, S. 344 참조.

98. Jean-François Lyotard, *Das postmoderne Wissen. Ein Bericht*, Wien 2019 〔1979〕 참조.

99. Michel Foucault, *Überwachen und Strafen. Die Geburt des Gefängnisses*, Frankfurt am Main 1977 참조.

100. Jean Baudrillard, *Agonie des Realen*, Berlin 2016〔1978〕 참조.

101. Carolin Amlinger, "Rechts dekonstruieren. Die neue Rechte und ihr widersprüchliches Verhältnis zu Postmoderne", in: *Leviathan* 48/2 (2020), S. 318-337, S. 334.

102. Paul Feyerabend, *Wider den Methodenzwang*, Frankfurt am Main 1986〔1975〕 참조.

103. Bogner, *Die Epistemisierung des Politischen*, a. a. O., S. 61.

104. 같은 책, S. 64.

105. Bruno Latour, *Das Parlament der Dinge. Für eine politische Ökologie*, Frankfurt am Main 2009〔1999〕 참조.

106. 이에 대해 자세한 것은 Carolin Amlinger, "Men make their own history.

Conspiracy as counter-narrative in the German political field", in: *Plots. Literary Form and Cultures of Conspiracy*, herausgegeben von Ben Carver et al., London/New York, S. 179-200 참조.

107. Bogner, *Die Epistemisierung des Politischen*, a. a. O., S. 79.

108. Ingolfur Blühdorn, "Liberation and limitation: Emancipatory politics, socio-ecological transformation and the grammar of the autocratic-authoritarian turn", in: *European Journal of Social Theory* 25/1 (2021), S. 26-52.

109. 같은 책, S. 33-40.

110. 여기서 우리는 블뤼도른을 긍정적으로 언급하지만, 그 비판의 과감함은 잘못된 방향으로 나아간다. 그는 실로 민주적 퇴행의 발생을 해독하지만, 결국 그의 논증은 보수적으로 되는데, 왜냐하면 그가 암묵적으로 칸트적 의미에서의 일관된 주체를 선호하기 때문이다.

111. Nicos Poulantzas, *Staatstheorie. Politischer Überbau, Ideologie, Autoritärer Etatismus*, Hamburg 1978.

112. 통치 불능에 대해서는 Claus Offe, "Unregierbarkeit. Zur Renaissance konservativer Krisentheorien", in: *Stichworte zur "Geistigen Situation der Zeit*, herausgegeben von Jürgen Habermas, Bd. 1: *Nation und Republik"*, Frankfurt am Main 1979, S. 294-318 참조.

113. David Harvey, *Kleine Geschichte des Neoliberalismus*, Zürich 2007 참조.

114. Nachtwey, *Die Abstiegsgesellschaft*, a. a. O., S. 47-68 참조.

115. Quinn Slobodian, *Globalisten. Das Ende der Imperien und die Geburt des Neoliberalismus*, Berlin 2019; Thomas Biebricher, *Die politische Theorie des Neoliberalismus*, Berlin 2021 참조.

116. Jamie Peck, *Workfare States*, New York 2001; Loïc Wacquant, *Bestrafen der Armen. Zur neoliberalen Regierung der sozialen Unsicherheit*, Opladen 2009 참조.

117. 이에 대해서는 Michel Foucault, "Die Gouvernementalität", in: Thomas Lemke et al. (Hg.), *Gouvernementalität der Gegenwart. Studien zur Ökonomisierung des Sozialen*, Frankfurt am Main 2000, S. 41-67; Michel Foucault, *Sicherheit,*

Territorium, Bevölkerung. Geschichte der Gouvernementalität I, Frankfurt am Main 2006; Michel Foucault, *Die Geburt der Biopolitik. Geschichte der Gouvernementalität II*, Frankfurt am Main 2006 참조.

118. 이에 대해서는 지침이 될 만한 Lemke et al. (Hg.), *Gouvernementalität der Gegenwart*, a. a. O. 참조. 그러나 정부성 연구는 행위자로서 국가의 결정적 역할을 낮추어 보는 경향이 있다. 이에 대해서는 Loïc Wacquant/Ulf Kadritzke, "Der neoliberale Leviathan. Eine historische Anthropologie des gegenwärtigen Gesellschaftsregimes", in: *Prokla. Zeitschrift für Kritische Sozialwissenschaft* 42/169 (2012), S. 677-698의 비판 참조.

119. Richard H. Thaler et al., "Libertärian paternalism", in: *American Economic Review* 93/2 (2003), S. 175-179 참조.

120. 이에 대해서는 특히 David Graeber, *Bürokratie. Die Utopie der Regeln*, Stuttgart 2016, S. 7-56; Giandomenico Majone, "Paradoxes of privatization and deregulation", in: *Journal of European Public Policy* 1/1 (1994), S. 53-69 참조.

4 사회적 상처: 혐오감의 사회적 성격에 대하여

1. Svenja Flaßpöhler, *Sensibel. Über moderne Empfindlichkeit und die Grenzen des Zumutbaren*, Stuttgart 2021 참조.

2. 그 본보기로는 Ursula Orlowsky/Rebekka Orlowsky (Hg.), *Narziss und Narzissmus im Spiegel von Literatur, Bildender Kunst und Psychoanalyse. Vom Mythos zur leeren Selbstinszenierung*, München 1992 참조.

3. Ovid, "Metamorphoses/Verwandlungen III 339-510", in: Almut-Barbara Renger (Hg.), *Mythos Narziss. Texte von Ovid bis Jacques Lacan*, Leipzig 1999, S. 44-54, S. 50.

4. 나르키소스와 나르시시즘의 융합에 대해서는 Ursula Orlowsky/Rebekka Orlowsky, "Einleitung: Intention und Aufbau des Buches", in: dies. (Hg.), *Narziss und Narzissmus im Spiegel von Literatur, Bildender Kunst und Psychoanalyse. Vom Mythos zur leeren Selbstinszenierung*, Stuttgart 2002, S. 19-28, S. 19 참조.

5. Almut-Barbara Renger, "Vorwort: Narcissus—Selbsterkenntnis und Liebe als Passion. Gedankengänge zu einem Mythos", in: dies. (Hg.), *Narcissus. Ein Mythos von der Antike bis zum Cyberspace*, Stuttgart, Weimar 2002, S. 1-12, S. 6.
6. 마르틴 알트마이어는 인정의 계기를 지적한다. Altmeyer, "Narzißmus, Intersubjektivität und Anerkennung", in: *Psyche* 54/2 (2000), S. 143-171, S. 143 참조.
7. Ovid, "Metamorphoses/Verwandlungen III 339-510", a. a. O., S. 51-53.
8. Almut-Barbara Renger, "Vorwort", in: Renger (Hg.), *Mythos Narziss*, a. a. O., S. 14-21, S. 16.
9. 특히 1970년대에 나르시시즘은 퇴락에 대한 인플레이션적 진단이 되었는데, 우리는 이에 대해 나중에 좀더 자세히 이야기할 것이다.
10. Adorno, *Zur Lehre von der Geschichte und von der Freiheit*, a. a. O., S. 290.
11. Peter Sloterdijk, "Warum treten zunehmend Leute aus der Wirklichkeit aus?", in: ders., *Der Staat streift seine Samthandschuhe ab. Ausgewählte Gespräche und Beiträge 2020-2021*, Berlin 2021, S. 149-171, S. 169.
12. Christopher Lasch, *Das Zeitalter des Narzißmus*, Hamburg 1995〔1979〕, S. 46.
13. 뉴에이지와 정신성 및 시대 감정에 대해서는 Sarasin, *1977*, a. a. O., S. 190-200 참조.
14. Beck, *Risikogesellschaft*, a. a. O., S. 158.
15. Alain Ehrenberg, *Das Unbehagen in der Gesellschaft*, Berlin 2011, S. 23.
16. 악셀 호네트는 사회적 병리를 "사회적 협조의 표준적 형식들에 참여하는 사회 구성원의 합리적 능력에 대한 언급할 만한 가치가 있는 침해로 이어지는" 사회적 발전으로 정의한다(*Das Recht der Freiheit*, a. a. O., S. 157). 그에 반해 우리의 의도는 이러한 사회적으로 조건지어진 침해의 주관적 결과를 보여주는 것을 목표로 한다.
17. Reinhard Haller, *Die Macht der Kränkung*, Salzburg 2015, S. 36 참조.
18. Georg Simmel, "Fragment über die Liebe (1921)", GSG 7: *Aufsätze und Abhandlungen 1901-1908*, Bd. I, herausgegeben von Otthein Rammstedt et al., Frankfurt am Main 1995, S. 30 참조.

19. John Steiner, *Narzißtische Einbrüche. Sehen und Gesehenwerden. Scham und Verlegenheit pathologischer Persönlichkeitsstörungen*, Stuttgart 2006 참조.
20. Georg Simmel, "Zur Psychologie der Scham" (1901), in: *Schriften zur Soziologie. Eine Auswahl*, herausgegeben von Heinz-Jürgen Dahme und Otthein Rammstedt, Frankfurt am Main 1992, S. 140-150, S. 145.
21. Sighard Neckel, *Status und Scham. Zur symbolischen Reproduktion sozialer Ungleichheit*, Frankfurt am Main/New York 1991, S. 99.
22. Sighard Neckel, "Achtungsverlust und Scham. Die soziale Gestalt eines existentiellen Gefühls (1993)", in: ders., *Die Macht der Unterscheidung*, a. a. O., S. 92-109, S. 106.
23. 상세한 것은 Léon Wurmser, *Die Maske der Scham. Die Psychoanalyse von Schamaffekten und Schamkonflikten*, Berlin, Heidelberg 1990 참조.
24. Heinz Weiß, "Groll, Scham und Zorn. Überlegungen zur Differenzierung narzißtischer Zustände", in: *Psyche* 62/7 (2008), S. 866-886, S. 874. 바이스는 원망, 수치심, 분노라는 세 가지 나르시시즘적 감정 상태를, 거부된 관계 방식을 좀더 정확하게 특징지을 수 있는 다양한 관점과 결합한다. 우리의 분석은 그의 견해가 결정적으로 작용했다.
25. 같은 책, S. 867f.
26. 같은 책, S. 868.
27. Rainer Paris, "Ohnmacht als Pression. Über Opferrhetorik", in: *Merkur* 58/665-666 (2004), S. 914-923, S. 917-918. 그러나 권력 및 조직 사회학자인 라이너 파리스는 불이익을 받는 집단의 차별 경험을 상대화하기 위해 이러한 통찰을 이용한다. 그는 퀴어 페미니스트 입장에 대한 비판으로 우익 잡지 〈소요〉의 필자가 되는데, 이 잡지의 성격에 대해서는 이후의 장에서 논의하고자 한다.
28. Haller, *Die Macht der Kränkung*, a. a. O., S. 84.
29. Weiß, "Groll, Scham und Zorn", a. a. O., S. 868 참조.
30. Sighard Neckel, "Eingesperrt: der Groll", in: *Merkur* 75/864 (2021), S. 81-87, S. 84.

31. 같은 책, S. 85. 또한 Michael Feldman, "Groll, die zugrundeliegende ödipale Konfiguration", in: Ronald Britton et al. (Hg.), *Groll und Rache in der ödipalen Situation*, Tubingen 1997, S. 51-96도 참조.

32. 정서 연구의 대표자들은 심지어 한 걸음 더 나아가 정서가 (정치적) 사건을 만들어 낸다고 주장한다. 예를 들어 Kathleen Stewart, *Ordinary Affects*, Durham 2007; Janet Staiger et al. (Hg.), *Political Emotions*, New York 2010 참조. 그들은 시몬 슈트릭이 강조하듯이 "감정"과 "정체성"을 강렬함, 원망, 찰나의 인상, 막힘, 억제, 분위기의 복잡하게 얽힌 동시 발생을 의미 있는 일상으로 이해할 수 있고 따라서 감정적으로 "체험"될 수 있는(그러나 반드시 그래야만 하는 것은 아닌) 것으로 처리하려고 하는 잠정적인 것으로서 이해한다(Simon Strick, *Rechte Gefühle. Affekte und Strategien des digitalen Faschismus*, Bielefeld 2021, S. 72).

33. Pankaj Mishra, *Das Zeitalter des Zorns. Eine Geschichte der Gegenwart*, Frankfurt am Main 2017; Uffa Jensen, *Zornpolitik*, Berlin 2017; Cornelia Koppetsch, *Die Gesellschaft des Zorns. Rechtspopulismus im globalen Zeitalter*, Bielefeld 2019 참조.

34. 기자인 디르크 쿠르뷰바이트는 2010년에 발표한 에세이 〈격분한 시민〉에서 이 새로운 정치적 형태에 이름을 부여했다. Dirk Kurbjuweit, "Der Wutbürger. Stuttgart 21 und die Sarrazin-Debatte. Warum die Deutschen so viel protestieren", in: *Der Spiegel* (11. Oktober 2010), 다음 웹사이트에서 확인할 수 있다. https://www.spiegel.de/spiegel/a-724587.html.

35. Jan-Werner Müller, *Was ist Populismus? Ein Essay*, Berlin 2016, S. 42 참조.

36. Weiß, "Groll, Scham und Zorn", a. a. O., S. 878.

37. Jensen, *Zornpolitik*, a. a. O., S. 79 참조.

38. Heinrich Popitz, *Phänomene der Macht. Autorität—Herrschaft—Gewalt—Technik*, Tübingen 1986, S. 68.

39. Heinz Kohut, "Überlegungen zum Narzißmus und zur narzißtischen Wut" (1971), in: ders., *Die Zukunft der Psychoanalyse. Aufsätze zu allgemeinen Themen und zur Psychologie des Selbst*, Frankfurt am Main 1975, S. 205-251.

40. Peter Sloterdijk, *Zorn und Zeit. Politisch-psychologischer Versuch*, Frankfurt am Main 2006, S. 39.

41. 같은 책, S. 344. 또한 Jensen, *Zornpolitik*, a. a. O., S. 119-123도 참조.

42. Friedrich Nietzsche, *Genealogie der Moral* (1887), in: *Kritische Studienausgabe*, herausgegeben von Giorgio Colli und Mazzino Montinari, Bd. 5, München 1999, S. 245-412, S. 271.

43. 같은 책, S. 270.

44. 베버가 니체의 노예 도덕을 수용한 것에 대해서는 Hermann Kocyba, "Max Weber. Ressentiment und Rationalität—Zur Genealogie des modernen Menschen", in: Eicke Brock/Jutta Georg (Hg.), *"ein Leser, wie ich ihn verdiene". Nietzsche-Lektüren in der deutschen Philosophie und Soziologie*, Stuttgart 2019, S. 293-317 참조.

45. Max Scheler, *Das Ressentiment im Aufbau der Moralen*, Frankfurt am Main 1978〔1915〕, S. 7. 니체도 고통의 자립화를 비슷하게 설명한다. "고통받는 사람들은 …… 과거와 현재의 내부를 샅샅이 뒤져서 어둡고 의심스러운 이야기를 찾아내며, 거기서 그들은 자유롭게 괴로운 의혹에 탐닉하고 자기 악의의 독에 도취한다." (Nietzsche, *Genealogie der Moral*, a. a. O., S. 375)

46. Horkheimer/Adorno, *Dialektik der Aufklärung*, a. a. O., S. 201.

47. 토마스 베도르프는 인격화에서 포퓰리즘의 징표를 본다. Thomas Bedorf, "Zur Rhetorik des politischen Ressentiments", in: *Zeitschrift für Praktische Philosophie* 6/1 (2019), S. 239-256, S. 252 참조.

48. Scheler, *Das Ressentiment im Aufbau der Moralen*, a. a. O., S. 8.

49. 같은 책, S. 9.

50. 물론 우리의 초점은 상처를 유발하는 사회적 원인에 있다. 그러나 이것은 결코 혐오 감정이 우리가 이제 탐구하게 될 긴장에 대한 전형적이거나 유일한 반응 방식임을 의미하지 않는다. 혐오감은 다만 그러한 긴장에 특별한 정도로 노출된 개인에게서 나타날 가능성이 더 클 뿐이다.

51. Axel Honneth et al., "Stichwort: Alex de Tocqueville und die Paradoxien der Gleichheit", in: *Westend. Neue Zeitschrift für Sozialforschung* 26/1 (2017),

S. 71-74, S. 71.

52. Hans-Peter Müller, "Soziale Ungleichheit und Ressentiment", in: *Merkur* 58/665-666 (2004), S. 885-894, S. 888.

53. 같은 책, S. 889.

54. Tocqueville, *Über die Demokratie in Amerika*, a. a. O., S. 44.

55. 민주주의적 감정으로서 시기에 대해서는 Johannes Voelz, "Wendungen des Neids. Tocqueville und Emerson zum Paradox einer demokratischen Leidenschaft", in: *Westend. Neue Zeitschrift für Sozialforschung* 26/1 (2017), S. 141-154 참조.

56. Tocqueville, *Über die Demokratie in Amerika*, a. a. O., S. 314-315.

57. Müller, "Soziale Ungleichheit und Ressentiment", a. a. O., S. 890.

58. Elias, *Die Gesellschaft der Individuen*, a. a. O., S. 80.

59. Nachtwey, "Entzivilisierung", a. a. O., S. 227 참조.

60. Norbert Elias, *Studien über die Deutschen. Machtkämpfe und Habitusentwicklung im 19. und 20. Jahrhundert*, Frankfurt am Main 1992, S. 243.

61. Scheler, *Das Ressentiment im Aufbau der Moralen*, a. a. O., S. 18.

62. 같은 책, S. 9.

63. 같은 책, S. 14.

64. 같은 곳.

65. Émile Durkheim, *Der Selbstmord*, Frankfurt am Main 1983〔1897〕, S. 292.

66. 헬무트 토메는 이러한 측면을 간결하게 요약한다. Helmut Thome, "Zur Normalität von Anomie in funktional differenzierten Gesellschaften", in: *Zeitschrift für* Soziologie 45/4 (2016), S. 261-280, S. 263.

67. Durkheim, *Der Selbstmord*, a. a. O., S. 282.

68. 같은 책, S. 290.

69. 같은 책, S. 233.

70. 제도적 아노미 이론은 경제 제도에서의 일탈적 행동 방식을 시장 지향적인 정신적 성향과 결합한다. Steven F. Messner et al., "Institutional Anomy Theory. An evolving research program", in: *Handbook on Crime and Deviance*, herausgegeben von Marvin D. Krohn et al., New York 2019, S. 161-177 참조.

71. Neckel, "Identität als Ware", a. a. O., S. 45.

72. Scheler, *Das Ressentiment im Aufbau der Moralen*, a. a. O., S. 15.

73. 같은 책, S. 17.

74. Joseph Vogl, *Kapital und Ressentiment. Eine kurze Theorie der Gegenwart*, München 2021, S. 162f.

75. Jan Slaby/Christian von Scheve (Hg.), *Affective Societies. Key Concepts*, London, New York 2019 참조.

76. Mishra, *Zeitalter des Zorns*, a. a. O., S. 25.

77. 같은 책, S. 24.

78. Sighard Neckel, "Blanker Neid, blinde Wut? Sozialstruktur und kollektive Gefühle" (1999), in: ders., *Die Macht der Unterscheidung*, a. a. O., S. 110-132, S. 119.

79. Michael J. Sandel, *Vom Ende des Gemeinwohls. Wie die Leistungsgesellschaft unsere Demokratien zerreißt*, Frankfurt am Main 2020, S. 38.

80. 같은 책, S. 40f.

81. 같은 책, S. 43.

82. 또한 Neckel, "Blanker Neid, blinde Wut?", a. a. O., S. 129도 참조.

83. Robert K. Merton, *Soziologische Theorie und soziale Struktur*, Brlin/Boston 1995〔1949〕, S. 160.

84. 같은 책, S. 156.

85. Reckwitz, *Die Gesellschaft der Singularitaten*", a. a. O. 물론 나르시시즘은 종종 스타 숭배와 관련된다. 하지만 나르시시즘은 그와 마찬가지로 시기심과 열등감의 생성자이기도 하다.

86. Heinrich Popitz, *Die normative Konstruktion der Gesellschaft*, Tübingen 1980, S. 10.

87. Heinrich Popitz, *Soziale Normen*, herausgegeben von Friedrich Pohlmann und Wolfgang Eßbach, Frankfurt am Main 2006, S. 65.

88. Merton, *Soziologische Theorie und soziale Struktur*, a. a. O., S. 184.

89. 크리스티안 바론은 이것을 그의 소설 Christian Baron, *Ein Mann seiner Klasse*

(Berlin 2020)에서 감동적으로 묘사한다.

90. Fromm, *Die Furcht vor der Freiheit*, a. a. O., S. 92.

91. Popitz, *Soziale Normen*, a. a. O., S. 68.

92. 같은 곳.

93. Sahra Wagenknecht, *Die Selbstgerechten. Mein Gegenprogramm—für Gemeinsinn und Zusammenhalt*, Frankfurt am Main/New York 2021, S. 102 참조.

94. Merton, *Soziologische Theorie und soziale Struktur*, a. a. O., S. 176f.

95. Heinz Weiß/Heinrich Merkt, "Eine pathologische Organisation auf der Grundlage des Strebens nach Perfektion", in: Vera King et al. (Hg.), *Lost in Perfection. Zur Optimierung von Gesellschaft und Psyche*, Berlin 2021, S. 225-238, S. 225 참조.

96. King et al. (Hg.), *Lost in Perfection*, a. a. O. 참조.

97. Rosa, *Beschleunigung und Entfremdung*, a. a. O., S. 190.

98. Cabanas/Illouz, *Das Glücksdiktat*, a. a. O., S. 161.

99. Merton, *Soziologische Theorie und soziale Struktur*, a. a. O., S. 176. 그에 반해 그레타 바그너가 인지 능력 향상을 위한 약물 사용 연구에서 인상적으로 보여주었듯이 사회적 규범에의 적응 성과는 철저히 비순응적일 수 있다. Wagner, *Selbstoptimierung*, a. a. O. 참조.

100. Merton, *Soziologische Theorie und soziale Struktur*, a. a. O., S. 179.

101. Berlin, "Zwei Freiheitsbegriffe" (1958), a. a. O., S. 219.

102. Merton, *Soziologische Theorie und soziale Struktur*, a. a. O., S. 180.

103. Alain Ehrenberg, *Das erschöpfte Selbst. Depression und Gesellschaft in der Gegenwart*, Frankfurt am Main 2015, S. 55.

104. Merton, *Soziologische Theorie und soziale Struktur*, a. a. O. S. 137.

105. Sennett, *Der flexible Mensch*, a. a. O., S. 79.

106. Lutz Eichler, *System und Selbst. Arbeit und Subjektivität im Zeitalter ihrer strategischen Anerkennung*, Bielefeld 2014, S. 301.

107. Nicola Gess, *Halbwahrheiten. Zur Manipulation von Wirklichkeit*, Berlin 2021,

S. 49-63; Sighard Neckel, "Bluffen, Täuschen und Verstellen. Bemerkungen zu einer Variante des Leistungsprinzips" (1987), in: ders., *Die Macht der Unterscheidung*, a. a. O., Frankfurt am Main 2000, S. 60-66 참조.

108. Nymoen/Schmitt, *Influencer*, a. a. O. 참조.

109. Merton, *Soziologische Theorie und soziale Struktur*, a. a. O., S. 150-151.

110. 같은 책, S. 151.

111. 같은 곳.

112. 또한 Maurits Heumann/Oliver Nachtwey, *Autoritarismus und Zivilgesellschaft*, IfS Working Paper Nr. 16, Frankfurt am Main 2021, S. 29-60도 참조.

113. Lasch, *Das Zeitalter des Narzißmus*, a. a. O., S. 14.

114. 같은 책, S. 15.

115. 같은 책, S. 53.

116. 같은 책, S. 257f 참조.

117. Ehrenberg, *Das Unbehagen in der Gesellschaft*, a. a. O., S. 163.

118. 이에 대해서는 Philip Cushman, "Why the self is empty. Toward a historically situated psychology", in: *American Psychologist* 45/5 (1990), S. 599-611 참조.

119. Richard Sennett, *Verfall und Ende des öffentlichen Lebens*, Frankfurt am Main 1986.

120. 같은 책, S. 408.

121. 같은 책, S. 425.

122. 같은 책, S. 410.

123. Koschorke, "Linksruck der Fakten", a. a. O., S. 107-118 참조.

124. 인구에서 나르시시즘적 인격 장애의 유병률, 다시 말하면 질병 빈도는 대개 1퍼센트 미만으로 평가된다. Kathrin Ritter/Claas-Hinrich Lammers, "Narzissmus—Persönlichkeitsvariable und Persönlichkeitsstörung", in: *Psychotherapie, Psychosomatik, Medizinische Psychologie* 57/2 (2007), S. 53-60, S. 56; Aline Vater et al., "Narzisstische Persönlichkeitsstörung. Forschung, Diagnose und Psychotherapie", in: *Psychotherapeut* 58 (2013), S. 599-615, S. 607 참조. 문화적 발전의 부정적 기술에서 나르시시즘 진단의 부풀려진 사용에 대해서는

Kristin Dombek, *Die Selbstsucht der anderen. Ein Essay über Narzissmus*, Berlin 2016 참조. 나르시시즘을 인간학적 상수로 평가절상하는 것에 대해서는 Katharina Ohana, *Narzissten wie wir. Vom Streben nach Aufwertung—ein ehrlicher Blick auf uns Menschen*, Weinheim 2022 참조.

125. Jean M. Twenge/W. Keith Campbell, *The Narcissism Epidemic. Living in the Age of Entitlement*, New York 2009.

126. Jean M. Twenge et al., "Egos inflating over time. A cross-temporal meta-analysis of the Narcissistic Personality Inventory", in: *Journal of Personality* 76/4 (2008), S. 875-902.

127. Twenge/Campbell, *The Narcissism Epidemic*, a. a. O., S. 73-88.

128. 같은 책, S. 89-106.

129. Yaida T. Uhls/Patricia M. Greenfield, "The rise of fame: An historical content analysis", in: *Cyberpsychology. Journal of Psychosocial Research on Cyberspace* 5 (2011), o. S.

130. C. Nathan DeWall et al., "Tuning in to psychological change. Linguistic markers of psychological traits and emotions over time in popular U.S. song lyrics", in: *Psychology of Aesthetics, Creativity, and the Arts* 5/3 (2011), S. 200-207.

131. Twenge/Campbell, *The Narcissism Epidemic*, a. a. O., S. 107-122.

132. Timo Gnambs/Markus Appel, "Narcissism and social networking behavior: A meta-analysis", in: *Journal of Personality* 86/2 (2017), S. 200-212.

133. Twenge/Campbell, *The Narcissism Epidemic*, a. a. O., S. 123-140.

134. 유니케 베첼이 이끄는 연구팀은 트웬지와 캠벨과는 대조적으로 1990년대 이후 미국 학생들에게서 지속적인 후퇴를 확인할 수 있었다. 특히 자격 의식, 즉 자신이 더 높은 가치를 지닌다는 느낌이 감소했다. Eunike Wetzel et al., "The narcissism epidemic is dead; long live the narcissism epidemic", in: *Psychological Science* 28/12 (2017), S. 1833-1847 참조.

135. Aline Vater et al., "Does a narcissism epidemic exist in modern western societies? Comparing narcissism and self-esteem in East and West Germany",

in: *PLOS ONE* 13/5 (2018), S. 1-16; Paul K. Piff, "Wealth and the inflated self. Class, entitlement, and narcissism", in: *Personality and Social Psychology Bulletin* 40/1 (2013), S. 34-43; Peter K. Hatemi/Zoltan Fazekas, "Narcissism and political orientations", in: *American Journal of Political Science* 62/4 (2018), S. 873-888; Virgil Zeigler-Hill et al., "Through the eyes of Narcissus. Competitive social worldviews mediate the associations with ideological attitudes", in: *Self and Identity* 20/6 (2021), S. 811-840 참조.

136. 사회적 인물의 개념에 대해서는 Tobias Schlechtriemen/Sebastian J. Moser, "Sozialfiguren. Zwischen gesellschaftlicher Erfahrung und soziologischer Diagnose", in: *Zeitschrift für Soziologie* 47/3 (2018), S. 164-180 참조.

5 자유지상주의적 권위주의: 물화한 자유의 운동

1. Wendy Brown, *Die schleichende Revolution. Wie der Neoliberalismus die Demokratie zerstört*, Berlin 2015 참조.
2. Wendy Brown, "Das Monster des Neoliberalismus. Autoritäre Freiheit in den Demokratien des 21. Jahrhunderts", in: Ulf Bohmann/Paul Sorensen (Hg.), *Kritische Theorie der Politik*, Berlin 2019, S. 539-576, S. 554.
3. 같은 책, S. 565.
4. 같은 책, S. 567.
5. Heitmeyer, *Autoritäre Versuchungen*, a. a. O., S. 86.
6. Marcuse, "Das Veralten der Psychoanalyse", a. a. O., S. 102.
7. Blühdorn, "Liberation and limitation", a. a. O., S. 14.
8. Torben Lütjen, "The anti-authoritarian revolt. Right-wing populism as self-empowerment?", in: *European Journal of Social Theory* 25/1 (2021), S. 75-93, S. 15 참조. 뤼텐은 거기에 "자기 권한 부여"를 향한 포퓰리즘의 추구가 근거한다고 본다. 포퓰리즘은 실로 근대적 합리성과 그 방법을 수용하지만, 지식을 생산하고 처리하는 기존 권위를 비판한다. "포퓰리즘은 실제로 세계의 복잡성을 외부의 도움 없이 스스로 이해할 수 있을 정도로 유능하다고 생각하는 사람들에게 말을 걸고 있다. ……아마도 직관에 반하는 것으로 들릴지 모르지만, 문제가 되

는 것은 개인의 자기 권한 부여(새로운 독일어로는 Empowerment)다." Torben Lütjen, "Populismus oder die entgleiste Aufklärung", in: *Frankfurter Allgemeine Zeitung*〔15. Januar 2019〕, 다음 웹사이트에서 확인할 수 있다. https://www.faz.net/aktuell/politik/die-gegenwart/populismus-oder-dieentgleiste-aufklaerung-eine-begriffsbestimmung-15975253.html.

9. Eichler, *System und Selbst*, a. a. O., S. 459 참조. 루츠 아이힐러는 공로가 많은 그의 연구에서 사회적 주체성의 변형을 추적하고 그것을 사회학적 이론 형성과 연관시키려 한다.
10. Adorno et al., "Die verwaltete Welt", a. a. O.
11. Theodor W. Adorno, "Freudsche Theorie und die Struktur der faschistischen Propaganda", in: *Psyche* 7/24 (1970), S. 486-509, S. 504.
12. Freud, *Das Unbehagen in der Kultur* (1930), a. a. O., S. 226.
13. Adorno, "Freudsche Theorie und die Struktur der faschistischen Propaganda", a. a. O., S. 491.
14. Sigmund Freud, "Massenpsychologie und Ich-Analyse" (1921), in: ders., *Studienausgabe*, Bd. IX, a. a. O., S. 61-134, S. 119 참조.
15. Oliver Decker, "Prothetische Ergänzungen und narzisstische Plomben. Zur Psychoanalyse der autoritären Dynamik", in: *Swiss Archives of Neurology, Psychiatry and Psychotherapy* 170 (2019), S. 1-9, S. 1.
16. Freud, "Massenpsychologie und Ich-Analyse", a. a. O., S. 105.
17. Fromm, *Die Furcht vor der Freiheit*, a. a. O., S. 122.
18. Adorno et al., *Studien zum autoritären Charakter*, a. a. O., S. 45.
19. Marcuse, "Das Veralten der Psychoanalyse", a. a. O.
20. Oliver Decker, "Flucht ins Autoritäre", in: ders./Elmar Brähler (Hg.), *Flucht ins Autoritäre. Rechtsextreme Dynamiken in der Mitte der Gesellschaft. Die Leipziger Autoritarismus-Studie 2018*, Gießen 2018, S. 15-64, S. 38.
21. 이에 대해서는 비판 이론의 권위주의 이론을 근대화하여 양적 질문으로 번역한 *Leipziger Autoritarismus-Studien zu rechtsextremen und politischen Einstellungen in Deutschland* (LAS) 및 Decker/Brähler (Hg.), *Autoritäre*

Dynamiken, a. a. O. 참조.

22. Marx, *Das Kapital*, a. a. O., S. 189.

23. 안겔리카 에브레히트레르만은 고독한 전사라는 사회적 인물을 권위주의의 망령으로 탐구하고 비슷한 결론에 도달한다. 그녀는 랩과 IS 전사들의 자기표현에서 "전체주의적 탈차별화"와 "자기 권한 부여"에 대한 바람을 전달하는 "부정적 나르시시즘"을 관찰한다. Angelika Ebrecht-Laermann, "Einzelkämpfer—Wiedergänger des Autoritarismus?", in: Oliver Decker/Christoph Türcke (Hg.), *Autoritarismus. Kritische Theorie und Psychoanalytische Praxis*, Gießen 2019, S. 29-48, S. 44 참조.

24. 이에 대해서는 Herbert Marcuse et al., *Aggression und Anpassung in der Industriegesellschaft*, Frankfurt am Main 1968에서의 기고문들 참조.

25. Fromm, *Furcht vor der Freiheit*, a. a. O. 참조. 프롬은 반항자도 하위 유형으로 이해했다.

26. Adorno et al., *Studien zum autoritären Charakter*, a. a. O., S. 52-53.

27. Alexander Mitscherlich, *Auf dem Weg zur vaterlosen Gesellschaft. Ideen zur Sozialpsychologie*, München 1963 참조.

28. Marcuse, "Das Veralten der Psychoanalyse", a. a. O., S. 89.

29. Marcuse, *Triebstruktur und Gesellschaft*, a. a. O., S. 42.

30. Gunnar Hindrichs, "Autoritär-kulturindustrieller Charakter", in: *Psyche* 76/4 (2022), S. 1-29, S. 24. 힌드리히스에 따르면, 아직 권위주의적 성격에서와는 달리 오늘날 자아의 약함은 이드의 자기 제한에 토대하는 "문화 산업적 성격"의 징후다. 문화 산업이 동시에 "정숙한 체하고 외설적"인 까닭에 단적으로 승화되지 않은 쾌락을 부여한다는 비판 이론의 진단에서 출발하면, 정신 동역학에서의 적응 성과도 자리를 옮겨 "이드의 자기 제한"이 된다(같은 책, S. 19).

31. 같은 책, S. 27.

32. Adorno et al., *Studien zum autoritären Charakter*, a. a. O., S. 312f.

33. 같은 책, S. 314.

34. 같은 책, S. 315.

35. Horkheimer, *Zur Kritik der instrumentellen Vernunft*, a. a. O., S. 121.

36. 같은 책, S. 123. 바로 이 몸짓이 음모론적 사고에서 전도된다는 것을 우리는 7장에서 좀더 자세히 살펴볼 것이다.
37. Fromm, *Die Furcht vor der Freiheit*, a. a. O., S. 126.
38. Adorno, *Studien zum autoritären Charakter*, a. a. O., S. 328.
39. 같은 곳.
40. 같은 책, S. 328f.
41. 같은 책, S. 330.
42. Marcuse, "Das Veralten der Psychoanalyse", a. a. O., S. 94.
43. Adorno, *Studien zum autoritären Charakter*, a. a. O., S. 328; Fromm, *Die Furcht vor der Freiheit*, a. a. O., S. 126 참조.
44. Adorno, *Studien zum autoritären Charakter*, a. a. O., S. 331.
45. 같은 책, S. 332-334.
46. 같은 책, S. 331f.
47. 같은 책, S. 332. 그 밖에 아도르노는 이 지점에서 또 다른 특성으로 얼치기 교양을 제시한다.
48. Gess, *Halbwahrheiten*, a. a. O. 참조.
49. Adorno, *Studien zum autoritären Charakter*, a. a. O., S. 332.
50. Fromm, *Furcht vor der Freiheit*, a. a. O., S. 107 참조.
51. Freud, "Massenpsychologie und Ich-Analyse", a. a. O., S. 94.
52. Oliver Decker et al., "Wohlstand, autoritäre Dynamik und narzisstische Plombe. Psychoanalytisch-sozialpsychologische Beiträge zur Kritik der postdemokratischen Gesellschaft", in: *Forschungsjournal Soziale Bewegungen* 27/1 (2014), S. 63-75.
53. Eva von Redecker, "Ownership's shadow. Neoauthoritarianism as defense of phantom possession", in: *Critical Times* 3/1 (2020), S. 33-67, S. 35. 레데커뿐만 아니라 데커도 신권위주의를 설명하기 위해 결함이 알려지지 않게 해줄 수 있는 인위적 대리자의 의미론에 의존한다. 데커가 프롬에 뒤이어 권위주의의 "인공 장구-안전"에 대해 이야기하는 데 반해, 레데커는 절단 후의 환상통처럼 나타나는 "환상 소유" 개념을 도입한다. Oliver Decker, "Prothetische Ergänzungen und

narzisstische Plomben", a. a. O., S. 4-6; Redecker, "Ownership's shadow", a. a. O., S. 35.

54. Birgit Sauer, "Gesellschaftstheoretische Überlegungen zum europäischen Rechtspopulismus. Zum Erklärungspotenzial der Kategorie Geschlecht", in: *Politische Vierteljahresschrift* 58/1 (2017), S. 3-22 참조. 우파 포퓰리즘과 성에 관한 연구의 개관은 Vincent Streichhahn, "Das Geschlecht des Rechtspopulismus. Ein Forschungsüberblick", in: *Wie weiter mit der Populismusforschung?*, herausgegeben von Seongcheol Kim et al., Baden-Baden 2021, S. 293-318 참조.

55. 오늘날에도 가령 코로나 회의론자들을 규범적으로 평가절하하기 위해 여전히 일상 언어에서 단연코 '망상가'라는 표현이 잘 알려져 있거나 지식인들이 편집증적 사고 패턴에 접근할 때 '횡설수설가'라는 용어가 사용되기는 하지만, 우리는 이러한 경멸적 의미론을 포기하고자 한다. 우리가 보기에는 음모라는 상상의 현실과 이러한 음모의 공동체 형성 작용을 분석적으로 포착하려면 음모론자라는 명칭이 더 적합하다.

56. 환경 개념에 대해서는 다음 참조. Michael Vester et al., *Soziale Milieus im gesellschaftlichen Strukturwandel. Zwischen Integration und Ausgrenzung*, Frankfurt am Main 2001; Ronald Hitzler/Anne Honer, "Lebenswelt—Milieu—Situation. Terminologische Vorschläge zur theoretischen Verständigung", in: *Kölner Zeitschrift für Soziologie und Sozialpsychologie* 36/1 (1984), S. 56-74; Stefan Hradil, *Sozialstrukturanalyse in fortgeschrittenen Industriegesellschaften. Von Klassen und Schichten zu Lagen und Milieus*, Opladen 1987.

57. Reichardt, *Authentizität und Gemeinschaft*, a. a. O., S. 40.

58. Vester et al., *Soziale Milieus im gesellschaftlichen Strukturwandel*, a. a. O., S. 311.

59. 같은 곳.

60. 우파 포퓰리즘의 환경 의존적 각인에 대한 지누스 환경(지누스 연구소에서 발표한 여론조사 결과 보고서—옮긴이)의 설명력에 대해서는 Bertram Barth/Berthold

Bodo Flaig, "Aktuell und zukunftssicher", in: dies. et al. (Hg.), *Praxis der Sinus-Milieus. Gegenwart und Zukunft eines modernen Gesellschafts- und Zielgruppenmodells*, Wiesbaden 2018, S. 30-33 참조. 라이프치히 권위주의 연구도 인구의 정치적 증후군을 공통 특성에 따라 그룹화하기 위해 군집을 형성한다. 그러나 이러한 군집은 사회적 환경을 제시하는 것이 아니라 인격 측면, 가치와 정치적 지향을 목표로 한다. Oliver Decker et al., "Das autoritäre Syndrom heute", in: Decker/Brähler (Hg.), *Flucht ins Autoritäre*, a. a. O., S. 117-156, S. 132-134 참조.

61. 사회학이 지금까지 독자적이고 비교 가능하며 지속적인 환경 연구를 개발하지 못했기 때문에, 지누스 환경은 언제나 거듭해서 사회 진단을 위한 해석적 발견술로서 이바지한다. 닐스 C. 쿰카르, 우베 쉬망크와 안드레아스 레크비츠 간의 논의 참조. Nils C. Kumkar/Uwe Schimank, "Drei-Klassen-Gesellschaft? Bruch? Konfrontation? Eine Auseinandersetzung mit Andreas Reckwitz' Diagnose der Spätmoderne", in: *Leviathan* 49/1 (2021), S. 7-31; Andreas Reckwitz, "Auf der Suche nach der neuen Mittelklasse—Replik auf Nils Kumkar und Uwe Schimank", in: *Leviathan* 49/1 (2021), S. 33-61. 이어서 궁극적으로 상업적 연구를 위해 개발된 환경 모델 사용을 둘러싼 논쟁이 불붙었다. 이 방법은 파트리크 자흐베가 비판하듯이 불투명하고 상호주관적으로 수행할 수도 없고 복제할 수도 없다. Patrick Sachweh, "Klassen und Klassenkonflikte in der postindustriellen Gesellschaft", in: *Leviathan* 49/2 (2021), S. 181-188, S. 184. 우리는 이러한 결함을 의식하고 있으며, 다음에서는 다만 자유지상주의적 권위주의의 사회적 공간에 접근하기 위한 비교 배경으로서만 지누스 환경을 끌어들인다. 어쨌든 우리는 여기서 전개한 우리의 분석을 검토하는 더 심층적인 연구가 필요하다고 생각한다.

62. Vester et al., *Soziale Milieus im gesellschaftlichen Strukturwandel*, a. a. O., S. 311-327 참조. 또한 Helmut Bremer/Andrea Lange-Vester, "Zur Entwicklung des Konzeptes sozialer Milieus und Mentalitäten", in: *Soziale Milieus und Wandel der Sozialstruktur. Die gesellschaftlichen Herausforderungen und die Strategien der sozialen Gruppen*, herausgegeben von Helmut Bremer und Andrea Lange-Vester, Wiesbaden 2014, S. 13-41도 참조.

63. 같은 책, S. 315. 지누스 환경의 방법론에 대해서는 또한 Barth et al. (Hg), *Praxis der Sinus-Milieus*, a. a. O.의 자기표현도 참조.

64. Vester et al., *Soziale Milieus im gesellschaftlichen Strukturwandel*, a. a. O., S. 509. 대안적 환경에 관한 상세한 내용은 Reichardt, *Authentizität und Gemeinschaft*, a. a. O. 참조.

65. Franz Walter, *Gelb oder Grün? Kleine Parteiengeschichte der besserverdienenden Mitte in Deutschland*, Bielefeld 2010, S. 73.

66. Vester et al., *Soziale Milieus im gesellschaftlichen Strukturwandel*, a. a. O., S. 510.

67. 같은 곳.

68. Blühdorn, "Liberation and limitation", a. a. O. 참조.

69. Reckwitz, "Auf der Suche nach der neuen Mittelklasse", a. a. O., S. 38.

70. Sinus Markt- und Sozialforschung, *Die Sinus-Milieus in Deutschland. Infopaket für Lehrzwecke*, Heidelberg 2021, S. 25-31 참조.

71. 같은 책, S. 26.

72. Vester et al., *Soziale Milieus im gesellschaftlichen Strukturwandel*, a. a. O., S. 507.

73. Sinus, *Die Sinus-Milieus*, a. a. O., S. 33-39.

74. 같은 책, S. 34, S. 65-71, S. 67, S. 66, S. 89-95, S. 91.

75. Vester et al., *Soziale Milieus im gesellschaftlichen Strukturwandel*, a. a. O., S. 521.

76. Sinus, *Die Sinus-Milieus*, a. a. O., S. 90.

77. 사회학적 논의에 대해서는 Martin Endreß/Andrea Maurer (Hg.), *Resilienz im Sozialen. Theoretische und empirische Analysen*, Wiesbaden 2015에서의 기고문들 참조.

78. Bauman, *Flüchtige Moderne*, a. a. O., S. 46 참조.

79. Vester et al., *Soziale Milieus im gesellschaftlichen Strukturwandel*, a. a. O., S. 509f.

80. Bröckling, *Das unternehmerische Selbst*, a. a. O.

81. Blühdorn, "Liberation and limitation", a. a. O., S. 14-15 참조.
82. Inglehart/Norris, *Cultural Backlash*, a. a. O. 참조.
83. Philipp Lepenies, *Verbot und Verzicht. Politik aus dem Geiste des Unterlassens*, Berlin 2022 참조.

6 진리 추구자의 몰락: 추락한 지식인

1. Hans Ulrich Gumbrecht, "Die Debatte läuft sich tot", in: *Neue Zürcher Zeitung* (8. August 2020), S. 29.
2. Émile Zola, "J'accuse!" (1898), in: *Die Affäre Dreyfus*, herausgegeben von Siegfried Thalheimer, München 1963, S. 185-193, S. 186.
3. Andreas Franzmann, *Der Intellektuelle als Protagonist der Öffentlichkeit. Krise und Räsonnement in der Affäre Dreyfus*, Frankfurt am Main 2004, S. 536. 또한 Ulrich Oevermann, "Der Intellektuelle. Soziologische Strukturbestimmungen des Komplementär von Öffentlichkeit", in: *Die Macht des Geistes. Soziologische Fallanalysen zum Strukturtyp des Intellektuellen*, herausgegeben von Andreas Franzmann et al., Frankfurt am Main 2003, S. 13-75도 참조.
4. Hauke Brunkhorst, "Die Macht der Intellektuellen", in: *Aus Politik und Zeitgeschichte* 40/10 (2010), S. 32-37 참조.
5. '자유롭게 떠도는 지성'이라는 대중적 정식은 카를 만하임에게 소급되는데, 만하임은 이를 알프레트 베버에게서 가져왔다. 그것은 지식인에게 규범적으로 독립적인 판단을 형성할 수 있게 해주는 사회적 비구속성을 가리킨다. Karl Mannheim, *Ideologie und Utopie*, Frankfurt am Main 1995〔1929〕 참조. 알프레트 베버의 원래 개념에 대해서는 Wolfgang Eßbach, "Intellektuellensoziologie zwischen Ideengeschichte, Klassenanalyse und Selbstbefragung", in: *Intellektuelle in der Bundesrepublik Deutschland. Verschiebungen im politischen Feld der 1960er und 1970er Jahre*, herausgegeben von Thomas Kroll und Tilman Reitz, Göttingen 2013, S. 21-40 참조.
   지식인에 대한 '반복되는 논증 속성 도표'는 Thomas Jung/Stefan Müller-Doohm, "Vorwort: Fliegende Fische. Zeitgenössische Intellektuelle zwischen Distanz

und Engagement", in: *Fliegende Fische. Zeitgenössische Intellektuelle zwischen Distanz und Engagement*, herausgegeben von Thomas Jung und Stefan Müller-Doohm, Frankfurt am Main 2008, S. 9-18, S. 14f.에 수집되어 있다.

6. Hans-Peter Müller, "Wozu (noch) Intellektuelle? Versuch einer Standortbestimmung", in: *Merkur* 66/760-761 (2012), S. 878-885, S. 878.

7. 드물지 않게 자기 참여의 일반화로서 생각되는 지식인의 고전적 자기 자리매김 가운데 장폴 사르트르의 자리매김이 특히 강력한 것으로 입증되었다. "총체적" 또는 "보편적" 지식인이라는 그의 모델은 거의 모든 공적 업무에서 공적 발언권을 강화하는 보편적 진리 개념을 끌어들인다. "지식인은 자신과 아무 상관도 없는 것에 관심을 기울이는 사람"이라고 그는 정의한다. Jean-Paul Sartre, "Plädoyer für die Intellektuellen" (1965), in: ders., *Gesammelte Werke*, Bd. 6: *Politische Schriften*, Reinbek bei Hamburg 1995, S. 90-148, S. 91.

8. 디츠 베링은 포괄적인 연구에서 지식인 개념의 다양한 사용방식을 역사적으로 재구성했다. Dietz Bering, *Die Epoche der Intellektuellen. 1898-2001. Geburt Begriff Grabmal*, Berlin 2010. 지식인에 관한 최근 연구는 다음에 요약되어 있다. Hans Manfred Bock, "Der Intellektuelle als Sozialfigur. Neuere vergleichende Forschungen zu ihren Formen, Funktionen und Wandlungen", in: *Archiv für Sozialgeschichte* 51 (2011), S. 591-643.

9. 보수주의를 개념화하는 어려움에 대해서는 Martin Greiffenhagen, *Das Dilemma des Konservatismus in Deutschland*, Frankfurt am Main 1986, S. 27-36 참조.

10. Hauke Brunkhorst, *Der Intellektuelle im Land der Mandarine*, Frankfurt am Main 1987 참조. 독일에서의 보수적 사고에 대해서는 Sebastian Liebold/Frank Schale (Hg.), *Neugründung auf alten Werten? Konservative Intellektuelle und Politik in der Bundesrepublik*, Baden-Baden 2017 참조.

11. M. Rainer Lepsius, "Kritik als Beruf. Zur Soziologie der Intellektuellen", in: *Kölner Zeitschrift für Soziologie und Sozialpsychologie* 16/1 (1964), S. 75-91, S. 88.

12. 공로 많은 지식인 연구자 한스 만프레트 보크는 예를 들어 2012년에 다음과 같이 요약한다. "〔지식인들이〕 비판과 독립의 입장을 보존하는 데 성공하더라도 그들

은 앞으로 분명 보편적 가치보다는 분과적 전문성에 호소함으로써, 그러므로 먼 정치적 목표보다는 생활세계의 가까운 정치 영역에서 행동하며 관여함으로써 자신을 정당화할 것이다." Hans Manfred Bock, "Nekrologe auf Widerruf. Legenden vom Tod des Intellektuellen", in: *Merkur* 66/760-761〔2012〕, S. 866-877, S. 877. 같은 해에 Philipp Korom, "Der Aufstieg der Expertenintellektuellen. Eine kritische Auseinandersetzung mit Bourdieus Soziologie der Intellektuellen", in: *SWS-Rundschau* 52/1 (2012), S. 69-91이 출간되었다. 우리는 나중에 전문가 지식인 테제를 좀더 자세히 살펴볼 것이다.

13. Diedrich Diederichsen, "Postideologische Querfronten", in: *Jahrbuch der Zeitschrift "Theater heute"* (2015), S. 14-20 참조.
14. Jürgen Habermas, "Ein avantgardistischer Spürsinn für Relevanzen. Die Rolle des Intellektuellen und die Sache Europas" (2006), in: ders., *Ach, Europa. Kleine Politische Schriften XI*, Frankfurt am Main 2008, S. 77-87, S. 81.
15. Bock, "Nekrologe auf Widerruf, a. a. O., S. 866 참조.
16. Müller, "Wozu (noch) Intellektuelle?", a. a. O., S. 878 참조.
17. Frank Schirrmacher, "Der Solschenizyn-Schock", in: *Frankfurter Allgemeine Zeitung* (4. August 2008) 참조. 다음 웹사이트에서 확인할 수 있다. https://www.faz.net/aktuell/feuilleton/buecher/sieg-ueber-die-geschichteder-solschenizyn-schock-1677319.html.
18. Jean-François Lyotard, "Grabmal des Intellektuellen", in: ders., *Grabmal des Intellektuellen*, herausgegeben von Peter Engelmann, Graz/Wien 1985, S. 9-19, S. 11.
19. Ingrid Gilcher-Holtey, "Konkurrenz um den wahren Intellektuellen. Intellektuelle Rollenverständnisse aus zeithistorischer Sicht", in: *Intellektuelle in der Bundesrepublik Deutschland*, herausgegeben von Thomas Kroll und Tilman Reitz, Göttingen 2013, S. 41-54, S. 45. 지식인의 다양한 사회적 형상에 대해서는 Stephan Moebius, "Intellektuellensoziologie—Skizze zu einer Methodologie", in: *Sozial. Geschichte Online* 2 (2010), S. 37-63, S. 47-50 참조.
20. Mark Fisher, *Kapitalistischer Realismus ohne Alternative? Eine Flugschrift*,

Hamburg 2013, S. 8.

21. Axel Honneth, *Die Idee des Sozialismus. Versuch einer Aktualisierung*, Berlin 2017, S. 15.

22. Müller, "Wozu (noch) Intellektuelle?", a. a. O., S. 881.

23. Amlinger, "Rechts dekonstruieren", a. a. O., S. 320.

24. Müller, "Wozu (noch) Intellektuelle?", a. a. O., S. 881.

25. Zygmunt Bauman, *Legislators and Interpreters. On Modernity, Post-Modernity and Intellectuals*, Cambridge 1987, S. 5.

26. Georg Vobruba, *Die Kritik der Leute. Einfachdenken gegen besseres Wissen*, Weinheim 2019, S. 107-116 참조.

27. Martin Carrier, "Engagement und Expertise. Die Intellektuellen im Umbruch", in: *Wandel oder Niedergang? Die Rolle der Intellektuellen in der Wissens-gesellschaft*, herausgegeben von Martin Carrier und Johannes Roggenhofer, Bielefeld 2007, S. 13-32 참조.

28. Michel Foucault, "Die Intellektuellen und die Macht"(1972), in: ders., *Dits et Ecrits. Schriften*, Bd. II: *1970-1975*, herausgegeben von Daniel Defert, Frankfurt am Main 2002, S. 382-393, S. 384 참조. 또한 Gilcher-Holtey, *Eingreifendes Denken*, a. a. O., S. 359-391도 참조.

29. Michel Foucault, "Wahrheit und Macht. Interview mit A. Fontana und P. Pasquino", in: ders., *Dispositive der Macht. Über Sexualität, Wissen und Wahrheit*, Berlin 1978, S. 21-54, S. 54.

30. 필리프 코롬은 이에 대해 "전문가 지식인" 개념을 제안한다. Philipp Korom, "Der Aufstieg der Expertenintellektuellen", a. a. O. 참조.

31. Foucault, "Wahrheit und Macht", a. a. O., S. 46f.

32. Gangolf Hübinger, *Gelehrte, Politik und Öffentlichkeit. Eine Intellektuell-engeschichte*, Göttingen 2006, S. 14 참조.

33. Frank Furedi, *Where Have All the Intellectuals Gone?*, London/New York 2004 참조.

34. Bock, "Der Intellektuelle als Sozialfigur", a. a. O., S. 613.

35. Richard Münch, *Akademischer Kapitalismus. Über die politische Ökonomie der Hochschulreform*, Berlin 2011, S. 14.

36. 예를 들어 카를로스 슈푀르하제는 "언제 어디서 어떤 방식으로 출판하는지는 …… 예를 들어 도대체 누구의 연구가 지각되는지, 누가 명성 있는 대학에 자리를 잡는지, 주요 후원 기관이 누구를 지원할 준비가 되어 있는지, 지식 주장이 어떻게 정식화되고 도전받을 수 있는지, 이러한 표현이 어떠한 후속 의사소통을 불러일으키는지에 상당한 영향을 미친다"고 강조한다(Carlos Spoerhase, "Filetierte Vernunft. Veröffentlichen in den Geistes- und Sozialwissenschaften", in: *Mittelweg 36* 31/2〔2022〕, S. 4-13, S. 5).

37. Thomas H. Macho, "Geistesgegenwart. Notizen zur Lage der Intellektuellen", in: *Intellektuellendämmerung? Beiträge zur neuesten Zeit des Geistes*, herausgegeben von Martin Meyer, München 1992, S. 38-56, S. 45.

38. Axel Schildt, *Medien-Intellektuelle in der Bundesrepublik*, herausgegeben von Gabriele Kandzora und Detlef Siegfried, Göttingen 2020, S. 611-622 참조.

39. Stephan Moebius, "Der Medienintellektuelle", in: *Diven, Hacker, Spekulanten. Sozialfiguren der Gegenwart*, herausgegeben von Stephan Moebius und Markus Schroer, Frankfurt am Main 2010, S. 277-290 참조.

40. Habermas, "Ein avantgardistischer Spürsinn für Relevanzen", a. a. O., S. 83.

41. Amlinger, *Schreiben*, a. a. O., S. 636-638 참조.

42. Ekkehard Knörer, "Demokratisierung der Kritik? Von Experten und Metaexperten", in: *Merkur* 66/760-761 (2012), S. 945-956, S. 952.

43. Martin Seeliger/Sebastian Sevignani (Hg.), *Ein neuer Strukturwandel der Öffentlichkeit?*, *Leviathan Sonderband* 37, Baden-Baden 2021 참조.

44. Vogl, *Kapital und Ressentiment*, a. a. O., S. 178.

45. Jürgen Habermas, "Überlegungen und Hypothesen zu einem erneuten Strukturwandel der politischen Öffentlichkeit", in: Seeliger/Sevignani (Hg.), *Ein neuer Strukturwandel der Öffentlichkeit?*, a. a. O., S. 470-500, S. 488.

46. Pablo Barberá, "Social media, echo chambers, and political polarization", in: *Social Media and Democracy. The State of the Field, Prospects for Reform*,

herausgegeben von Nathaniel Persily und Joshua A. Tucker, Cambridge 2020, S. 34-55 참조.

47. Thomas Petersen, "Die Mehrheit fühlt sich gegängelt", in: *Frankfurter Allgemeine Zeitung* (16. Juni 2021), S. 8.

48. 피파 노리스는 여러 나라를 포괄하는 경험적 연구에서 캔슬컬처에 대한 지각이 과연 개인의 가치관이 지배적 문화와 얼마만큼 일치하는지에 달려 있는지 탐구한다. 그녀는 엘리자베스 노엘레노이만의 "침묵의 나선" 개념을 재수용하는 가운데 사회적 "주류"의 규범과 가치 관념이 점차 관철되어 지배적인 문화가 되는 데 반해, 이와 다른 소수의 목소리는 순응 압력으로 인해 침묵하게 된다는 데서 출발한다. 그래서 노리스는 후기 산업화 자유주의 사회에서는 주로 우파 학자들이 배제되었다고 느끼는 데 반해, 전통적인 도덕 문화를 가진 이른바 개발도상국에서는 오히려 좌파 학자들이 그렇게 느낀다는 결과에 도달한다. Pippa Norris, "Cancel culture. Myth or reality?", in: *Political Studies* (11. August 2021), S. 1-30 참조. 그러나 노리스가 주목하지 못한 것은 동질적으로 생각되는 다수자와 소수자의 내부적 모순과 분파화다.

49. 그 용어의 정치적 사용 역사에 대해서는 Meredith D. Clark, "Drag them. A brief etymology of so-called cancel culture", in: *Communication and the Public* 5/3-4 (2020), S. 88-92 참조. 이 개념과 논쟁의 미국적 기원에 대해서는 Adrian Daub, *Cancel Culture Transfer. Wie eine moralische Panik die Welt erfasst*, Berlin(출간 예정) 참조.

50. Sighard Neckel, "Das Stellhölzchen der Macht. Zur Soziologie des politischen Skandals", in: *Anatomie des politischen Skandals*, herausgegeben von Rolf Ebbighausen und Sighard Neckel, Frankfurt am Main 1989, S. 55-82 참조.

51. Ingrid Gilcher-Holtey, "Skandalisierung des Skandals. Intellektuelle und Öffentlichkeit", in: *Skandale zwischen Moderne und Postmoderne. Interdisziplinäre Perspektiven auf Formen gesellschaftlicher Transgression*, herausgegeben von Andreas Gelz et al., Berlin/Boston 2014, S. 217-234, S. 219f.

52. 같은 책, S. 221-228.

53. Norbert Elias/John L. Scotson, *Etablierte und Außenseiter*, Frankfurt am Main 1993〔1965〕. 또한 Uwe Schimank, "Universitäten und Gesellschaft im Wandel", in: *Aus Politik und Zeitgeschichte* 71/46 (2021), S. 42-47, S. 46도 참조.

54. Robin Celikates, "Moralischer Fortschritt, soziale Kämpfe und Emanzipationsblockaden. Elemente einer Kritischen Theorie der Politik", herausgegeben von Ulf Bohmann und Paul Sörensen, Berlin 2019, S. 397-425, S. 409.

55. Petersen, "Die Mehrheit fühlt sich gegängelt", a. a. O., S. 8.

56. Karsten Schubert, "Umkämpfte Kunstfreiheit. Ein Differenzierungsvorschlag", in: *Zeitschrift für Menschenrechte* 14/2 (2020), S. 195-204 참조.

57. Albrecht Koschorke, *Identität, Vulnerabilität und Ressentiment. Positionskämpfe in den Mittelschichten*, FGZ 연구 보고서 1(12월), Leipzig 2021, S. 5.

58. Harald Martenstein, "Über Sternchenpausen, Bösewichtinnen und neue Erwerbsquellen für den Duden", in: *Zeit-Magazin* (28. April 2021), 다음 웹사이트에서 확인할 수 있다. https://www.zeit.de/zeit-magazin/2021/18/harald-martenstein-gendern-kritik-sprachesprachentwicklungduden. 마르텐슈타인은 논란이 된 '나치-비교'라는 제목의 칼럼을 삭제하고 2022년 2월 베를린의 신문 〈타게스슈피겔〉을 떠난 후 일부 관찰자들에게 캔슬컬처의 희생자로도 여겨진다. 이 칼럼에서 그는 코로나 시위에서 '백신 접종하지 않음'이라는 문구가 적힌 '유대의 별'을 착용하는 것을 두고 착용자들이 스스로를 유대인 희생자들과 동일시하는 까닭에 "확실히 반유대주의가 아니다"라고 설명했다. Claudia Tieschky, "Harald Martenstein verlässt Tagesspiegel", in: *Süddeutsche Zeitung* (20. Februar 2022) 참조. 다음 웹사이트에서 확인할 수 있다. https://www.sueddeutsche.de/medien/martensteintagesspiegel-1.5532655.

59. Anna Schneider, "Weit weg von der Lebensrealität", in: *Die Welt* (21. Juni 2021), 다음 웹사이트에서 확인할 수 있다. https://www.welt.de/debatte/kommentare/plus231996405/Diskriminierungssensible-Medien-Weit-weg-von-der-Lebensrealitaet.html. 또한 슈나이더는 국가의 코로나 조치에 대해 근본적으로 자유지상주의적 입장을 지지한다. 예를 들어 Anna Schneider, "Die Freiheit beginnt beim Ich", in: *Die Welt* (20. November 2021). 다음 웹사이트에서 확

인할 수 있다. https://www.welt.de/debatte/kommentare/plus235159368/Anna-Schneider-zu-Individualismus-und-Covid-Freiheit-beginnt-beim-Ich.html.

60. '반(反)젠더리즘' 정치의 상세한 내용은 Sabine Hark/Paula-Irene Villa (Hg.), *Anti-Genderismus. Sexualität und Geschlecht als Schauplätze aktueller politischer Auseinandersetzungen*, Bielefeld 2015 참조.

61. Koschorke, *Identität, Vulnerabilität und Ressentiment*, a. a. O., S. 2.

62. Paula-Irene Villa et al., "Lässt sich cancel culture empirisch belegen?", in: *Aus Politik und Zeitgeschichte* 71/46 (2021), S. 26-33, S. 27 참조.

63. Diedrich Diederichsen, "Am Stammtisch der Sachlichkeit. Markiertes Sprechen in Deutschland", in: *Merkur* 75/868 (2021), S. 5-18, S. 6.

64. 이 점은 그의 방대한 작업에도 불구하고 슬로터다이크에 관한 연구 문헌이 간단히 개관할 수 있다는 사실에서 이미 드러난다. 예를 들어 다음과 같은 문헌들은 예외에 속한다. Sjoerd van Tuinen, *Peter Sloterdijk. Ein Profil*, Paderborn 2006; Sjoerd van Tuinen (Hg.), *Peter Sloterdijk*, *Cultural Politics* 3/3 (Sonderheft), Oxford 2007; Jean-Pierre Couture, *Sloterdijk*, Cambridge/Malden 2016; Christian Hein, *Peter Sloterdijk. Der Briefkurier der POST-Moderne*, Würzburg 2021.

65. Willem A. Tell, "Was fasziniert die Deutschen an Helene Fischer? 8 Fragen an Deutschlands wichtigsten Philosophen", 페터 슬로터다이크와의 인터뷰, in: *Bild* (26. Juni 2015), 다음 웹사이트에서 확인할 수 있다. https://www.bild.de/unterhaltung/kultur/helene-fischer/warumlieben-die-deutschen-den-schlagerstar-41518092.bild.html.

66. Peter Sloterdijk, *Reflexionen eines nicht mehr Unpolitischen. Dankrede von Peter Sloterdijk zur Entgegennahme des Ludwig-Börne-Preises 2013*, Berlin 2013, S. 32.

67. 같은 책, S. 35.

68. Peter Sloterdijk, *Du mußt dein Leben ändern. Über Anthropotechnik*, Frankfurt am Main 2012, S. 700.

69. Sloterdijk, *Kritik der zynischen Vernunft*, Bd. 1, Frankfurt am Main 1983,

S. 207-208.

70. Van Tuinen, *Peter Sloterdijk*, a. a. O., S. 19 참조.

71. Peter Sloterdijk, "Die Revolution der gebenden Hand", in: *Frankfurter Allgemeine Zeitung* (13. Juni 2009) 참조. 다음 웹사이트에서 확인할 수 있다. https://www.faz.net/aktuell/feuilleton/debatten/kapitalismus/diezukunft-des-kapitalismus-8-die-revolution-der-gebenden-hand-18 12362.html. 또한 이 논쟁에 대한 슬로터다이크의 다양한 기고문들을 모은 *Die nehmende Hand und die gebende Seite. Beiträge zu einer Debatte über die demokratische Neubegründung von Steuern* (Berlin 2010)도 참조. 이에 대해서는 Jan Rehmann/Thomas Wagner (Hg.), *Angriff der Leistungsträger? Das Buch zur Sloterdijk-Debatte*, Hamburg 2010도 참조.

72. Sloterdijk, *Zorn und Zeit*, a. a. O., S. 68, S. 60.

73. 같은 책, S. 66.

74. Christoph Schwennicke, "Es gibt keine moralische Pflicht zur Selbstzerstörung. Peter Sloterdijk über die Flüchtlingskrise", 페터 슬로터다이크와의 인터뷰, in: *Cicero* (28. Januar 2016), https://www.cicero.de/innenpolitik/peter-sloterdijk-luegenaether-fluechtlinge-koelnsilvester/plus.

75. 몇몇 다른 지식인과 달리 슬로터다이크는 가령 코로나 시위를 이해하지 못했다. "나는 이 사람들을 이해할 수 없다. ……SARS-CoV-2라는 이름의 보이지 않는 음험한 X가 사람에서 사람으로 빠르게 퍼지는 것은 단순한 믿음의 문제가 아니다." (Sloterdijk, "Der Staat zeigt seine eiserne Faust", a. a. O., S. 62.)

76. Diederichsen, "Postideologische Querfronten", a. a. O., S. 20 참조.

77. Volker Weiß, "Querfront. Die Allianz der Populisten", in: *Stichworte zur Zeit. Ein Glossar*, herausgegeben von Heinrich-Böll-Stiftung, Bielefeld 2020, S. 227-240, S. 227.

78. Stefan Breuer, *Anatomie der konservativen Revolution*, Darmstadt 1993 참조.

79. Axel Schildt, *Militärdiktatur mit Massenbasis? Die Querfrontkonzeption der Reichswehrführung um General von Schleicher am Ende der Weimarer Republik*, Frankfurt/New York 1981 참조.

80. 좌파와 우파 입장의 구조적 유사성을 가정하는 극단주의 이론에 대한 비판은 Eva Berendsen et al. (Hg.), *Extrem unbrauchbar. Über Gleichsetzungen von links und rechts*, Berlin 2019 참조.
81. Jurij M. Lotman, "Der Begriff der Grenze", in: ders., *Die Innenwelt des Denkens. Eine semiotische Theorie der Kultur*, herausgegeben von Susi K. Frank et al., Frankfurt am Main 2010, S. 174-190, S. 189. 이에 대해서는 Uwe Wirth, "Zwischenräumliche Bewegungspraktiken", in: *Bewegen im Zwischenraum*, herausgegeben von Uwe Wirth, Berlin 2012, S. 7-34 참조.
82. Albrecht Koschorke, "Lechts und rinks. Seitenwechsel in Zeiten der Polarisierung", in: *Mittelweg 36*(근간) 참조.
83. Diederichsen, "Postideologische Querfronten", a. a. O., S. 16 참조.
84. Julian Müller, "Der politische Konvertit als Fürsprecher seiner selbst", in: *Mittelweg 36*(근간) 참조.
85. Thea Dorn et al., "Der Einspruch der Kunstler. Es geht nicht darum, wer recht hat", in: *Die Zeit* (29. April 2021), S. 47f.
86. "Jan Josef Liefers" (2021년 4월 22일) 참조. 다음 웹사이트에서 확인할 수 있다. https://www.youtube.com/watch?v=Ux_j8ALQiQY.
87. "Volker Bruch" (2021년 4월 22일) 참조. 다음 웹사이트에서 확인할 수 있다. https://www.youtube.com/watch?v=sOCi3B9wJ5U. 폴커 브루흐와 제아나 파라쉬파 감독은 '#모든것을의제로(allaufdentisch)'를 가지고서 계속 행동했다. 이제 예술가들은 전문가들과 비판적인 대화를 나누어야 했다.
88. Peter Kümmel, "Büschn schämen" , in: *Die Zeit* (29. April 2021), S. 49 참조.
89. 같은 곳.
90. Giorgio Agamben, "Die Erfindung einer Epidemie" , in: ders., *An welchem Punkt stehen wir? Die Epidemie als Politik* , Wien 2021, S. 15-19.
91. Giorgio Agamben, *Homo sacer. Die souveräne Macht und das nackte Leben*, Frankfurt am Main 2002, S. 175-189.
92. Agamben, "Die Erfindung einer Epidemie", a. a. O., S. 16.
93. Benjamin Bratton, "Die Philosophie in der Pandemie—ein Totalausfall", in:

Merkur 75/869 (2021), S. 66-71, S. 67. 아감벤 사유의 연속성에 대해서는 Thomas Assheuer, "Haben wir das Sterben verlernt? Kritik an Corona-Maßnahmen", in: *Zeit online* (2022년 1월 15일) 참조. 다음 웹사이트에서 확인할 수 있다. https://www.zeit.de/kultur/2022-01/kritik-corona-massnahmen-intellektuelle-philosophie.

94. Giorgio Agamben, "Vorwort", in: ders., *An welchem Punkt stehen wir? Die Epidemie als Politik*, Wien 2021, S. 7-14, S. 7.
95. Carolin Amlinger/Nicola Gess, "Reality check. Wie die Corona-Krise kritische und weniger kritische Theorien auf den Prüfstand stellt", in: *Geschichte der Gegenwart*(2020년 7월 1일) 참조. 다음 웹사이트에서 확인할 수 있다. https://geschichtedergegenwart.ch/reality-check-wie-diecorona-krise-kritische-und-weniger-kritische-theorien-auf-denpruefstand-stellt/.
96. Agamben, "Vorwort", a. a. O., S. 8.
97. 같은 책, S. 8f., S. 7, S. 12f.
98. Ulrike Guérot, *Wer schweigt, stimmt zu. Über den Zustand unserer Zeit. Und darüber, wie wir leben wollen*, Frankfurt am Main 2022, S. 5.
99. 같은 책, S. 10, S. 135, S. 42.
100. Julien Benda, *Der Verrat der Intellektuellen. Essay*, Frankfurt am Main 1988 〔1927〕, S. 116.
101. Guérot, *Wer schweigt, stimmt zu*, a. a. O., S. 77.
102. 같은 책, S. 48f., S. 96, S. 60.
103. 같은 책, S. 12, S. 16, S. 22, S. 31, S. 37, S. 48.
104. 같은 책, S. 53. 이 개념은 함축적으로 Geiselberger (Hg.), *Die große Regression*, a. a. O.를 가리킨다. 물론 이 개념이 게로에게서 전혀 다른 의미를 얻는다는 구별은 존재한다.
105. Guérot, *Wer schweigt, stimmt zu*, a. a. O., S. 53.
106. Nils C. Kumkar, *Alternative Fakten. Zur Praxis der kommunikativen Erkenntnisverweigerung*, Berlin 2022 참조.
107. Guérot, *Wer schweigt, stimmt zu*, a. a. O., S. 134.

108. 게로는 예를 들어 다음과 같은 시나리오를 묘사한다. "먼저 우리는 각자 자기 땅에서 숙청하고자 한다. 우리는 우리에게 바이러스를 옮긴 것이 박쥐가 아니라 실험실이라는 것이 밝혀지면 책임자를 국제형사재판소에 넘길 것이다. ……우리는 미국에 앤서니 파우치와 빌 게이츠에게 관심을 기울이도록 요청할 것이다. 우리는 WHO를 폐쇄하고 제약 산업과의 재정적 얽힘을 조사할 것이다. 우리는 화이자(Pfizer)의 음험한 인물들이 빠져나가도록 내버려두지 않을 것이다"(같은 책, S. 116).

109. Marx/Engels, *Manifest der Kommunistischen Partei*, a. a. O., S. 472.

110. 이에 대해서는 Richard Rorty, *Stolz auf unser Land. Die amerikanische Linke und der Patriotismus*, Frankfurt am Main 1999, S. 74f.의 비판 참조.

111. 본보기로서 Mark Lilla, "Das Scheitern der Identitätspolitik. Trumps Amerika. Lehren für die Linke" in: *Blätter für deutsche und internationale Politik* 62 (2017), S. 41-55 참조.

112. Emma Dowling et al. "Rückkehr des Hauptwiderspruchs? Anmerkungen zur aktuellen Debatte um den Erfolg der Neuen Rechten und das Versagen der Identitätspolitik", in: *Prokla* 47/3 (2017), S. 411-420, S. 413에서의 재구성 참조.

113. 같은 곳.

114. Bernd Stegemann, "Der liberale Populismus und seine Feinde", in: *Blätter für deutsche und internationale Politik* 4 (2017), S. 81-94, S. 89.

115. 같은 책, S. 92.

116. 같은 곳. 질케 판 디크는 이 인용을 심지어 우파 포퓰리즘과 전략적 횡단전선을 형성할 준비가 되어 있다는 것으로 해석한다. Silke van Dyk, "Krise der Faktizität? Über Wahrheit und Luge in der Politik und die Aufgabe der Kritik", in: *Prokla* 47/3 (2017), S. 347-367, S. 361 참조.

117. Bernd Stegemann, *Die Öffentlichkeit und ihre Feinde*, Stuttgart 2021, S. 62.

118. Robert Pfaller, *Erwachsenensprache. Über ihr Verschwinden aus Politik und Kultur*, Frankfurt am Main 2017, S. 21.

119. 같은 책, S. 23.

120. 같은 책, S. 24. 슈테게만의 토의적 공론장의 재구성에 대해서는 Habermas, *Die Öffentlichkeit und ihre Feinde*, a. a. O., S. 39-50 참조.

121. Bauman, *Retrotopia*, a. a. O.

122. 대체로 사람들은 명시적으로도 낸시 프레이저를 끌어들인다. 예를 들어 Pfaller, *Erwachsenensprache*, a. a. O., S. 19 참조.

123. Jürgen Link, *Versuch über den Normalismus. Wie Normalität produziert wird*, Göttingen 2009 참조.

124. Wagenknecht, *Die Selbstgerechten*, a. a. O., S. 25.

125. Pfaller, *Erwachsenensprache*, a. a. O., S. 19-20.

126. 같은 책, S. 204. 스베냐 플라스푈러도 자신의 책, Svenja Flaßpöhler, *Sensibel. Über moderne Empfindlichkeit und die Grenzen des Zumutbaren* (Stuttgart 2021)에서 비슷한 비판을 정식화한다. 그러나 플라스푈러는 문명사에서의 민감화가 지니는 진보적 동역학을 무시하지 않는다.

127. Pfaller, *Erwachsenensprache*, a. a. O., S. 14-15.

128. Bernd Stegemann, "Keine Macht den Denunzianten und Reinheitsfanatikern der Kulturszene!", in: *Schweizer Monat* 1077 (2020). 다음 웹사이트에서 확인할 수 있다. https://schweizermonat.ch/keine-macht-dendenunzianten-und-reinheitsfanatikern-der-kulturszene.

129. Koschorke, "Linksruck der Fakten", a. a. O. 참조.

130. Jürgen Habermas, *Die Moderne—ein unvollendetes Projekt. Philosophisch-politische Aufsätze 1977-1990*, Leipzig 1990, S. 52.

131. Amlinger, "Rechts dekonstruieren", a. a. O. 참조.

132. Philipp Felsch, *Der lange Sommer der Theorie. Geschichte einer Revolte 1960-1990*, München 2015, S. 163에서 재인용.

133. Frank Böckelmann et al., *Das Schillern der Revolte*, Berlin 1978.

134. Felsch, *Der lange Sommer der Theorie*, a. a. O., S. 163에서 재인용.

135. Karin Priester, "Philosophie der Apokalypse. Geistige Pfadfinder der Neuen Rechten", in: *Blätter für deutsche und internationale Politik* 10 (1995), S. 1241-1251 참조.

136. Felsch, *Der lange Sommer der Theorie*, a. a. O., S. 198-206.

137. Tumult, "Über Tumult". 다음 웹사이트에서 확인할 수 있다. https://www.tumult-magazine.net/ueber-tumult.

138. Frank Böckelmann, "Die urbane Katastrophe", in: *Tumult. Zeitschrift für Verkehrswissenschaften* 1 (1979), S. 3-24, S. 3.

139. Jean Baudrillard, *Kool Killer. Oder Der Aufstand der Zeichen*, Berlin 1978.

140. Frank Böckelmann/Horst Ebner, "Tumult. Vierteljahresschrift für Konsensstörung", in: *Tumult. Vierteljahresschrift für Konsensstörung* (2014년 여름호), S. 1.

141. Frank Böckelmann/Horst Ebner, "Gibt es wenigstens eine einzige Lebensform?", in: *Tumult. Vierteljahresschrift für Konsensstörung* (Herbst 2015), S. 4-6, S. 5.

142. Frank Böckelmann, "Völkerfußwanderung 2015?", in: *Tumult. Vierteljahresschrift für Konsensstorung* (Winter 2015/16), S. 4-7, S. 5.

143. Böckelmann/Ebner, "Gibt eswenigstens eine einzige Lebensform?", a. a. O., S. 6.

144. Ernst Jünger, *Das Abenteuerliche Herz. Zweite Fassung* (1938), in: *Sämtliche Werke*, Bd. 9: *Zweite Abteilung. Essays*, Stuttgart 1979, S. 177-330, S. 265.

145. Luc Boltanski, *Soziologie und Sozialkritik*, a. a. O.; Ulrich Bröckling, "Der Kopf der Leidenschaft. Soziologie und Kritik", in: *Leviathan* 41/2 (2013), S. 309-323, S. 314-316 참조.

146. Koschorke, *Identität, Vulnerabilität und Ressentiment*, a. a. O., S. 6.

147. Diederichsen, "Postideologische Querfronten", a. a. O., S. 20 참조.

7 세계의 재주술화: 코로나 항의

1. Malte Thießen, *Auf Abstand. Eine Gesellschaftsgeschichte der Coronapandemie*, Frankfurt am Main/ New York 2021, S. 42.

2. 같은 곳.

3. 같은 책, S. 80-88. 또한 Frank M. Snowden, *Epidemics and Society. From the Black Death to the Present*, New Haven 2019도 참조.

4. Thießen, *Auf Abstand*, a. a. O., S. 45-54 참조.

5. Beck, *Weltrisikogesellschaft*, a. a. O., S. 146-150 참조.

6. Thießen, *Auf Abstand*, a. a. O., S. 80-104.

7. 같은 책, S. 76.

8. Bogner, *Die Epistemisierung des Politischen*, a. a. O., S. 21.

9. Richard Münch, "Benevolenter Paternalismus. Regieren nach SARS-CoV-2", in: Sebastian Büttner/Thomas Laux (Hg.), *Umstrittene Expertise. Zur Wissens-problematik der Politik*, *Leviathan Sonderband* 38, Baden-Baden 2021, S. 409-432 참조.

10. 알렉산더 가울란트(Alexander Gauland), Thießen, *Auf Abstand*, a. a. O., S. 72에서 재인용.

11. 다음 절은 부분적으로 Amlinger/Nachtwey, "Sozialer Wandel, Sozialcharakter und Verschwörungsdenken in der Spätmoderne", a. a. O., S. 14f에 기반한다.

12. Klaus Schwab/Thierry Malleret, *Covid-19. Der Große Umbruch*, Genf 2020 참조.

13. Bogner, *Die Epistemisierung des Politischen*, a. a. O., S. 26.

14. Alexander Bogner/Wolfgang Menz, "Wissen und Werte im Widerstreit. Zum Verhältnis von Expertise und Politik in der Corona-Krise", in: *Leviathan* 49/1 (2021), S. 111-132. 카스파르 히르쉬는 팬데믹 기간에 특히 베를린의 바이러스학자 크리스티안 드로스텐이 지나치게 많은 권력을 지니게 되면서 "전문가 지배"가 출현했다고 비판한다. Caspar Hirschi, "Expertise in der Krise. Zur Totalisierung der Expertenrolle in der Euro-, Klima- und Coronakrise", in: *Umstrittene Expertise*, herausgegeben von Büttner und Laux, a. a. O., S. 159-186, 여기서는 S. 161 참조. 우리가 보기에 그의 정당한 비판은 부분적으로 드로스텐이라는 특정 인물에 대한, 더 나아가 전문가 일반에 대한 원한으로까지 전환된다. 히르쉬의 진단에 대한 닐스 C. 쿰카르의 비판에 대해서는 Nils C. Kumkar, "Politisierung von Expertise? In der Pandemie auf jeden Fall!", in: *Frankfurter Allgemeine Zeitung* (15. Dezember 2021) 참조. 다음 웹사이트에서 확인할 수 있다. https://www.faz.net/aktuell/wissen/geist-soziales/wie-caspar-hirschi-vor-politisierung-

virologischerexpertise-warnt-17683142.html.

15. Heike Kleffner/Matthias Meisner (Hg), *Fehlender Mindestabstand. Die Coronakrise und die Netzwerke der Demokratiefeinde*, Freiburg 2021; Wolfgang Benz (Hg.), *Querdenken*, a. a. O.에서의 서술과 분석도 참조.
16. 예를 들어 Will Callison/Quinn Slobodian, "Coronapolitics from the Reichstag to the Capitol", in: *Boston Review* (2021년 1월 12일). 다음 웹사이트에서 확인할 수 있다. https://bostonreview.net/articles/quinn-slobodiantoxic-politics-coronakspeticism/.
17. 집단행동을 위한 프레임의 역할에 대한 사회학적 논의는 Robert D. Benford/David A. Snow, "Framing processes and social movements. An overview and assessment", in: *Annual Review of Sociology* 26/1 (2000), S. 611-639 참조.
18. 우리의 분석은 독일 동부의 수평적 사고 운동이 처음부터 서부, 특히 바덴뷔르템베르크에서보다 우파 포퓰리즘의 비중이 더 컸다는 사실도 밝혀냈다. Nadine Frei/Oliver Nachtwey, "Quellen des Querdenkertums. Eine politische Soziologie der Corona-Proteste in Baden-Württemberg", in: *SocArXiv Preprint* 참조. 다음 웹사이트에서 확인할 수 있다. https://osf.io/preprints/socarxiv/8f4pb.
19. 콘스탄츠에서의 시위는 그곳 연구 집단 관찰자들에게 대안 문화와 종교 회합이 혼합된 분위기를 상기시켰다. Johannes Pantenburg et al., "Wissensparallelwelten der Querdenker", in: *Die Misstrauensgemeinschaft der "Querdenker". Die Corona-Proteste aus kultur- und sozialwissenschaftlicher Perspektive*, herausgegeben von Sven Reichardt, Frankfurt am Main/New York 2021, S. 29-66, S. 30 참조.
20. 특히 바젤 사회학자의 시위 보고 참고. Nadine Frei et al., "Liebe, Freiheit, Frieden. Ethnographische Beobachtung des Corona-Protests in Konstanz", in: *SocArXiv Preprint*. 다음 웹사이트에서 확인할 수 있다. https://osf.io/vzf6a.
21. Christine Hentschel, "Das große Erwachen. Affekt und Narrativ in der Bewegung gegen die Corona-Maßnahmen", in: *Leviathan* 49/1 (2021), S. 62-85, S. 63 참조.
22. Thießen, *Auf Abstand*, a. a. O., S. 140.

23. 이탈리아의 운동 연구자인 알베르토 멜루치는 다른 집단들에 대한 경계 짓기를 집단적 정체성 형성을 위한 기초로 언급하며, 그러한 정체성 형성을 위한 해당 메커니즘과 전략을 두고 오늘날 그토록 논란이 되는 "정체성 정치"라는 표현을 사용한다. Alberto Melucci, "The process of collective identity", in: *Social Movements and Culture*, herausgegeben von Hank Johnston und Bert Klandermans, Minnesota 1995, S. 41-63 참조.

24. Hentschel, "Das große Erwachen", a. a. O., S. 64.

25. 이하에 대해서는 다음 참조. Oliver Nachtwey et al., "Politische Soziologie der Corona-Proteste", in: *SocArXiv Preprint*. 다음 웹사이트에서 확인할 수 있다. https://osf.io/preprints/socarxiv/zyp3f. 전염병 상황으로 인해 우리는—본래 계획한 대로—시위들에서 종이와 연필로 설문지를 작성하는 정량적 연구를 실행하지 않고, 공개 텔레그램 그룹에서 온라인 설문조사 참여자를 모집하기로 했다. 온라인 설문조사는 2020년 11월 18일부터 24일까지 진행되었다. 모집 집단은 설문조사 시점에 코로나 비판자들의 정치 무대와 직접적으로 연관된 200명 이상의 회원으로 이루어진 공개 텔레그램 그룹에 가입한 사람들이었다. 이 절차를 통해 우리는 많은 수의 참여자를 확보할 수 있었다(3700명이 연구의 첫 페이지를 클릭했다). 선택한 절차에 따라 모두 1152개의 설문지가 완성되었는데, 이는 해당 집단을 분석하는 데 좋은 기초가 되었다. 그러나 이것은 편의적 표본으로, 따라서 대표성이 없는 조사다. 게시물을 효과적으로 작성할 수 있는 공개 텔레그램 그룹은 모두 약 7만 5000명의 회원으로 이루어져 있었지만, 그중 많은 수가 여러 그룹에서 활동하는 것으로 추측되었다. 그에 더하여 우리는 일부 그룹, 특히 규모가 크고 전문적으로 운영되는 그룹에서는 운영자나 봇에 의해 차단되었다. 따라서 텔레그램 그룹에서 얼마나 많은 사람이 설문조사 링크를 알게 되었는지 확인할 수 없었고, 그리하여 우리는 응답률을 만족스럽게 규정할 수 없었다. 우리는 코로나 비판자들의 움직임을 긍정적 시각으로 바라보고자 하는 사람들의 참여가 과대포장되었다는 데서 출발한다. 참여가 자기 선택을 통해 이루어진 까닭에 이것은 가중치를 부여하거나 보정될 수 없었다.

26. 우리의 조사에는 오스트리아의 사례도 몇 건 포함되었지만, 그 수가 상대적으로 적어 이 사례들을 별도로 분석하지는 않는다.

27. Mario Luis Small, “How to conduct a mixed methods study: Recent trends in a rapidly growing literature”, in: *Annual Reviewof Sociology* 37 (2011), S. 57-86. 다중적 관점을 통해 데이터의 이른바 “삼각 측량”이 가능해지고 결과를 상호 검증할 수 있다. Uwe Flick, *Doing Triangulation and Mixed Methods*, London 2017 참조.

28. 이에 대해서는 Frei/Nachtwey, “Quellen des Querdenkertums”, a. a. O. 참조. 이후의 대표 설문조사에서는 녹색당 지지자들이 코로나 조치에 대한 항의에 압도적으로 그리고 점점 더 많이 반대한다는 것이 확인되었다. 예를 들어 Edgar Grande et al., “Alles Covidioten? Politische Potenziale des Corona-Protests in Deutschland”, *WZB Discussion Paper* ZZ 2021-601 참조. 다음 웹사이트에서 확인할 수 있다. https://bibliothek.Wzb.eu/pdf/2021/zz21-601.pdf. 그러나 우리의 표본은 녹색당의 과거 지지자들로 구성되었기 때문에 이는 우리의 조사 결과와 모순되지 않는다.

29. Sebastian Koos, “Konturen einer heterogenen Misstrauensgemeinschaft”, in: Reichardt (Hg.), *Die Misstrauensgemeinschaft der “Querdenker”*, a. a. O., S. 67-90의 결과도 참조.

30. 음모론에 대한 믿음의 개별적인 심리적 요인 연구는 그사이 아주 광범위하게 이루어지고 있다. 그에 대한 개관은 Karen M. Douglas et al., “Understanding conspiracy theories”, in: *Political Psychology* 40 (2019), S. 3-35 참조.

31. 우리는 반유대주의로의 잠재적 경향이라고 말하는데, 왜냐하면 설문 참여자의 거의 30퍼센트가 ‘오늘날에도 정치에 대한 유대인의 영향은 크다’라는 항목에 ‘무응답’을 선택했기 때문이다. 이는 사회적으로 바람직한 대답 행태를 나타내는 것일 수도 있지만, 이에 관해서는 추가 연구가 필요하다. 그에 더하여 대표적인 라이프치히 권위주의 연구와 비교할 때, 이 항목에 대한 반대도 더 낮게 나타났다. 그러나 라이프치히 연구에서는 강제 선택 방식에 따라 ‘무응답’ 옵션이 포함되지 않았기 때문에, 두 연구는 제한적으로만 비교될 수 있다.

32. 그러나 백신 접종 거부를 오로지 인지학적이고 밀교적인 태도로만 환원할 수는 없다. 오히려 그것은 회의론보다는 “자신의 건강 회복력에 대한 과대평가”로 인해 거부하는 남성들에게서도 자주 발견된다. Yasemin El-Menouar, *Zwischen*

individueller Freiheit und Gemeinwohl. Sieben Wertemilieus und ihre Sicht auf Corona, Gütersloh 2021, S. 28 참조.

33. 다수의 인터뷰는 줌으로 진행되었다. 이후 수평적 사고자들의 인터뷰 인용은 별도 표시가 없는 한 분석을 위해 익명 처리된 인터뷰 내용에서 발췌한 것이다.
34. 2021년 가을 학기에 사회학과 연구단 '코로나 항의와 음모론적 사고'에 참여하여 실증적 데이터를 확보하는 데 도움을 준 모든 분께 감사드린다.
35. Pantenburg et al., "Wissensparallelwelten der Querdenker", a. a. O., S. 3에서의 분석도 참조.
36. 우리가 이하에서 의지하는 최초의 분석들에 대해서는 Nadine Frei et al., "Die Proteste gegen die Corona-Maßnahmen. Eine soziologische Annäherung", in: *Forschungsjournal Soziale Bewegungen* 34/2 (2021), S. 249-258과 Oliver Nachtwey et al., "Generalverdacht und Kritik als Selbstzweck. Empirische Befunde zu den Corona-Protesten", in: Benz (Hg.), *Querdenken*, a. a. O., S. 194-213 참조.
37. Niklas Luhmann, *Vertrauen. Ein Mechanismus der Reduktion sozialer Komplexität*, Stuttgart 1968, S. 92-101 참조.
38. Michael Butter, *"Nichts ist, wie es scheint". Über Verschwörungstheorien*, Berlin 2018; Michael Butter/Peter Night (Hg.), *Routledge Handbook of Conspiracy Theories*, London 2020 참조.
39. Imke Schmincke, "Das Kind als Chiffre politischer Auseinandersetzung am Beispiel neuer konservativer Protestbewegungen in Frankreich und Deutschland", in: Hark/Villa (Hg.), *Anti-Genderismus*, a. a. O., S. 93-108.
40. 그러나 자살률 증가는 확인되지 않는다. Daniel Radeloff et al., "Suizide in Deutschland während der COVID-19-Pandemie. Eine Analyse auf der Grundlage von Daten zu elf Millionen Einwohnern 2017-2021", in: *Deutsches Ärzteblatt* 119 (2022) 참조. 다음 웹사이트에서 확인할 수 있다. https://www.aerzteblatt.de/archiv/225003/Suizide-in-Deutschland-waehrend-der-COVID-19-Pandemie.
41. Beck, *Risikogesellschaft*, a. a. O., S. 9 참조.

42. 또한 Frei/Nachtwey, "Quellen des Querdenkertums", a. a. O.도 참조.
43. 이는 아직까지 공개하지 않은 우리 설문조사 데이터 분석 결과다.
44. Fabian Beckmann/Anna-Lena Schonauer, "Spaltet Corona die Gesellschaft? Eine Milieuanalyse pandemiebezogener Einstellungen", in: *Gesellschaft unter Spannung. Der Verhandlungsband des 40. Kongresses der Deutschen Gesellschaft für Soziologie (DGS) vom 14.-24. September 2020*, herausgegeben von Birgit Blattel-Mink, S. 8.
45. El-Menouar, *Zwischen individueller Freiheit und Gemeinwohl*, a. a. O. 참조. 또한 Helene Thaa, "Corona-Skepsis als Rebellion der Individualist*innen", in: *Soziologieblog* (9. September 2020)도 참조. 다음 웹사이트에서 확인할 수 있다. online verfügbar unter: https://soziologieblog.hypotheses.org/13718.
46. 이에 대해서는 Carolin Amlinger/Oliver Nachtwey, "Die Risikogesellschaft und die Gegenwelt. Theorien von Ulrich Beck und Luc Boltanski eröffnen soziologische Perspektiven auf das Corona-Rebellentum", in: *Frankfurter Allgemeine Zeitung* (17. Februar 2021), S. N3 참조.
47. Beck, *Risikogesellschaft*, a. a. O., S. 96.
48. 같은 책, S. 98.
49. Jaron Harambam/Stef Aupers, "Contesting epistemic authority: Conspiracy theories on the boundaries of science", in: *Public Understanding of Science* 24/4 (2015), S. 466-480 참조.
50. Bogner, *Die Epistemisierung des Politischen*, a. a. O., S. 104.
51. 이에 대해서는 Carolin Amlinger, "Über das Querdenken. Der epistemische Widerstand der Corona-Proteste", in: *Zeitschrift für Fantastikforschung* 8/1 (2020), S. 20-26도 참조.
52. 이에 대해서는 Pantenburg et al., "Wissensparallelwelten der Querdenker", a. a. O. 참조.
53. Amlinger/Nachtwey, "Die Risikogesellschaft und die Gegenwelt", a. a. O. 참조.
54. 비슷한 관찰을 닐스 C. 쿰카르가 대안적 사실의 사용과 연관하여 행하고 있다. Nils C. Kumkar, *Alternative Fakten*, a. a. O., S. 54, S. 154 참조.

55. 이에 대해서는 Florian Buchmayr, "Im Feld der Verschwörungstheorien. Interaktionsregeln und kollektive Identitäten einer verschwörungstheoretischen Bewegung", in: *Österreichische Zeitschrift für Soziologie* 44/4 (2019), S. 369-386도 참조.

56. Pierre Bourdieu, *Über den Staat. Vorlesungen am Collège de France 1989-1992*, Berlin 2014, S. 289f. 참조.

57. 같은 책, S. 293, S. 298, S. 308, S. 326, S. 292.

58. Pierre Bourdieu, "Die politische Repräsentation. Elemente einer Theorie des politischen Feldes" (1981), in: ders., *Politik. Schriften zur Politischen Ökonomie 2*, Berlin 2013, S. 43-96.

59. 이어지는 내용에 대해서는 Buchmayr, "Im Feld der Verschwörungstheorien", a. a. O.; Oliver Kuhn, "Spekulative Kommunikation und ihre Stigmatisierung—am Beispiel der Verschwörungstheorien", in: *Zeitschrift für Soziologie* 39/2 (2010), S. 106-123; Andreas Anton et al., "Einleitung: Wirklichkeitskonstruktion zwischen Orthodoxie und Heterodoxie—zur Wissenssoziologie von Verschwörungstheorien", in: *Konspiration*, herausgegeben von Andreas Anton et al., Wiesbaden 2014, S. 9-25 참조.

60. Boltanski, *Soziologie und Sozialkritik*, a. a. O., S. 13, 92-97.

61. 같은 책, S. 27. 그러나 볼탕스키는 그 밖에는 부르디외의 비판적 사회학이 주체들을 충분히 진지하게 다루지 않는 까닭에 그것과는 분명히 거리를 둔다.

62. Amlinger/Nachtwey, "Sozialer Wandel, Sozialcharakter und Verschwörungsdenken in der Spätmoderne", a. a. O., S. 13 참조.

63. Boltanski, *Soziologie und Sozialkritik*, a. a. O., S. 168.

64. 같은 책, S. 169f.

65. 같은 곳.

66. Michel Foucault, *Der Mut zur Wahrheit. Die Regierung des Selbst und der anderen II. Vorlesungen am Collège de France 1983/84*, Berlin 2012, S. 13-41 참조.

67. Eva Barlösius, *Naturgemäße Lebensführung. Zur Geschichte der Lebensreform*

um die Jahrhundertwende, Frankfurt am Main 1997; Bernd Wedemeyer-Kolwe, *Aufbruch. Die Lebensreform in Deutschland*, Darmstadt 2017 참조.

68. Johannes Weiß, "Wiederverzauberung der Welt? Bemerkungen zur Wiederkehr der Romantik in der gegenwärtigen Kulturkritik", in: *Kultur und Gesellschaft (Sonderheft 27 der Kölner Zeitschrift für Soziologie und Sozialpsychologie)*, herausgegeben von Friedhelm Neidhardt et al., Opladen 1986 참조.

69. Karl Mannheim, *Konservatismus. Ein Beitrag zur Soziologie des Wissens*, herausgegeben von David Kettler et al., Frankfurt am Main 1984, S. 84.

70. Andreas Speit, *Verqueres Denken. Gefährliche Weltbilder in alternativen Milieus*, Berlin 2021; Detlef Siegfried/David Templin (Hg.), *Lebensreform um 1900 und Alternativmilieu um 1980. Kontinuitäten und Brüche in Milieus der gesellschaftlichen Selbstreflexion im frühen und späten 20. Jahrhundert*, Göttingen 2019 참조.

71. Eberhard Wolff, "Über das Impfen", in: *Schweizerische Ärztezeitung* 100/25 (2019), S. 868; Eberhard Wolff, "Einschneidende Maßnahmen. Pockenschutzimpfung und traditionale Gesellschaft im Württemberg des frühen 19. Jahrhunderts", in: *Medizin, Gesellschaft und Geschichte*, *Beiheft* 10 (1998); Jonathan M. Berman, *Anti-Vaxxers. How to Challenge a Misinformed Movement*, Cambridge 2020 참조.

72. 이에 대해서는 Malte Thießen, *Immunisierte Gesellschaft. Impfen in Deutschland im 19. und 20. Jahrhundert*, Göttingen 2017, S. 31-37 참조.

73. 영국에 대해서는 Nadja Durbach, *Bodily Matters. The Anti-Vaccination Movement in England, 1853-1907*, Durham 2005; Wolff, "Einschneidende Maßnahmen", a. a. O. 참조.

74. 같은 곳.

75. Thießen, *Immunisierte Gesellschaft*, a. a. O., S. 132f. 참조.

76. Barlösius, *Naturgemäße Lebensführung*, a. a. O., S. 7.

77. Cornelia Klinger, "Romantik und Neue Soziale Bewegungen", in: *Athenäum.*

Jahrbuch für Romantik, herausgegeben von Ernst Behler et al., Paderborn 1993, S. 223-244 참조.

78. 이에 대해서는 또한 Boltanski/Chiapello, *Der neue Geist des Kapitalismus*, a. a. O., S. 80도 참조.

79. Reichardt, *Authentizität und Gemeinschaft*, a. a. O., S. 784-790 참조.

80. Speit, *Verqueres Denken*, a. a. O., S. 90.

81. 같은 책, S. 90-93; Sarasin, *1977*, a. a. O., S. 169-221.

82. 다음 절은 Frei/Nachtwey, "Quellen des Querdenkertums", a. a. O.에 기반한다.

83. Helmut Zander, *Die Anthroposophie. Rudolf Steiners Ideen zwischen Esoterik, Weleda, Demeter und Waldorfpädagogik*, Paderborn 2019 참조.

84. Mateo Kries. "Ein Stecker für die höheren Energien", 페터 슬로터다이크와의 인터뷰, in: *Die Welt* (25. Oktober 2011). 다음 웹사이트에서 확인할 수 있다. https://www.Welt.De/print/die_welt/kultur/article13679318/Ein-Stecker-fuer-die-hoeheren-Energien.html.

85. Zander, *Die Anthroposophie*, a. a. O., S. 252.

86. 같은 책, S. 247.

87. 이에 대해 더 상세한 내용은 Frei/Nachtwey, "Quellen des Querdenkertums", a. a. O. 참조.

88. 방대한 연구 문헌 가운데 예를 들어 N. Fournet et al. "Under-vaccinated groups in Europe and their beliefs, attitudes and reasons for non-vaccination; two systematic reviews", in: *BMC Public Health* 18/1 (2018), S. 1-17; Edzard Ernst, "Anthroposophy: A risk factor for noncompliance with measles immunization", in: *The Pediatric Infectious Disease Journal* 30/3 (2011), S. 187-189 참조.

89. Jennifer Reich, *Calling the Shots. Why Parents Reject Vaccines*, New York 2016 참조.

90. Zander, *Die Anthroposophie*, a. a. O., S. 252, S. 35.

91. Speit, *Verqueres Denken*, a. a. O., S. 91 참조.

92. 같은 책, S. 111-112 참조.

93. 이미 카를 만하임에게서 낭만주의와 합리주의는 상호 보완적으로 관계하고 있었다. Mannheim, *Konservatismus*, a. a. O., S. 85 참조.

94. Heelas, *Spiritualities of Life*, a. a. O. 참조.

95. 아도르노가 점성술을 두고 한 말이다. Theodor W. Adorno, "Aberglaube aus zweiter Hand", a. a. O., S. 173.

96. 여기서 환경 개념은 이전에 사용되던 사회적 공간에서의 생활양식이 아니라 오로지 공유된 의사종교적 실행에만 관계된다.

97. Franz Höllinger/Thomas Tripold, *Ganzheitliches Leben. Das holistische Milieu zwischen neuer Spiritualität und postmoderner Wellness-Kultur*, Bielefeld 2014, S. 12, S. 26-35; Hanegraaff, *New Age Religion and Western Culture*, a. a. O., S. 125-157 참조.

98. Charlotte Ward/David Voas, "The emergence of conspirituality", in: *Journal of Contemporary Religion* 26/1 (2011), S. 103-121 참조. 그러나 이 현상의 새로움의 테제에 대한 비판도 정식화된다. 이에 대해서는 Egil Asprem/Asbjørn Dyrendal, "Conspirituality reconsidered. How surprising and how new is the confluence of spirituality and conspiracy theory?", in: *Journal of Contemporary Religion* 30/3 (2015), S. 367-382; Robert Schäfer/Nadine Frei, "Rationalismus und Mystifikation. Zur formalen Pathetik des Dagegenseins", in: *Zeitschrift für Religion, Gesellschaft und Politik* 5 (2021), S. 391-410 참조.

99. Nachtwey et al., "Politische Soziologie der Corona-Proteste", a. a. O., S. 44-49 참조. 젠더 측면에 대해서는 Nadine Frei/Ulrike Nack, "Frauen und Corona-Proteste", in: *SocArXiv Preprint* 참조. 다음 웹사이트에서 확인할 수 있다. https://osf.io/preprints/socarxiv/bn8vk/.

100. Höllinger/Tripold, *Ganzheitliches Leben*, a. a. O., S. 208-218.

101. 또한 Nils B. Weidmann, "Esoteric beliefs and opposition to Corona restrictions", Working Paper Series/Cluster of Excellence "The Politics of Inequality" 10, Konstanz 2022도 참조.

102. Reichardt (Hg.), *Die Misstrauensgemeinschaft der "Querdenker"*, a. a. O. 참조.

103. Bauman, *Flüchtige Moderne*, a. a. O., S. 49.

104. 이러한 사고 정식에 대해서는 Winfried Gebhardt, "Warme Gemeinschaft und kalte Gesellschaft. Zur Kontinuität einer deutschen Denkfigur", in: *Der Aufstand gegen den Bürger. Antibürgerliches Denken im 20. Jahrhundert*, herausgegeben von Günter Meuter und Henrique R. Otten, Würzburg 1999, S. 165-184 참조.

105. Heinrich Popitz, "Realitätsverlust in Gruppen" (1994), in: ders., *Soziale Normen*, a. a. O., S. 175-186, S. 177 참조.

106. Reckwitz, *Die Gesellschaft der Singularitäten*, a. a. O., S. 63.

107. 베를린 사회과학연구센터(WZB)의 대표적 연구에 따르면, 코로나 항의는 뚜렷하고도 비교적 안정된 동원 잠재력을 가진 것으로 밝혀졌다. 인터뷰에 응한 5명 가운데 1명은 그 항의에 대해 크거나 아주 큰 이해를 표명한다. 10명 가운데 1명은 원칙적으로 집회에 참여하겠다고 분명히 밝혔다. 지지자 대다수는 자기 자신을 정치적으로 중간에 자리매김했다. 그에 더하여 이 연구는 결정적 동기가 경제적 우려보다는 "자유 제한에 대한 두려움"이라는 것을 밝혀준다. Grande et al., "Alles Covidioten?", a. a. O. 참조. 비슷한 결과를 보여주는 Sebastian Koos/Nicolas Binder, "Wer unterstützt die Querdenker?", in: *Die Misstrauensgemeinschaft der "Querdenker"*, herausgegeben von Reichardt, a. a. O., S. 295-320도 참조.

108. Oliver Decker et al., "Das autoritäre Syndrom", a. a. O., S. 201. 독일과 스위스에서는 팬데믹 기간에 코로나바이러스와 관련하여 음모론이 큰 인기를 끌었다. 이에 대해서는 예를 들어 Sarah Anne Kezia Kuhn et al., "Coronavirus conspiracy beliefs in the German-speaking general population. Endorsement rates and links to reasoning biases and paranoia", in: *Psychological Medicine* (2021), S. 1-15 참조.

109. Clara Schließler et al., "Aberglaube, Esoterik und Verschwörungsmentalität in Zeiten der Pandemie", in: *Autoritäre Dynamiken. Alte Ressentiments—neue Radikalität. Leipziger Autoritarismus-Studie 2020*, herausgegeben von Oliver Decker und Elmar Brähler, Gießen 2020, S. 283-308 참조.

110. Claudia Diehl/Christian Hunkler, "Vaccination-related attitudes and behavior

across birth cohorts. Evidence from Germany", in: *PLOS ONE* 17/2 (2022), e0263871.

111. Thomas Lux et al., "Neue Ungleichheitsfragen, neue Cleavages? Ein internationaler Vergleich der Einstellungen in vier Ungleichheitsfeldern", in: *Berliner Journal für Soziologie* (2021), o. S.; Mau, "Kamel oder Dromedar?", a. a. O. 참조.

112. Hentschel, "Das große Erwachen", a. a. O. 참조.

113. Nozick, *Anarchie Staat Utopia*, a. a. O., S. 11.

114. 그러나 데커 등은 자신들이 고유한 차원을 제시하는 고전적 F 척도에서 벗어나 미신도 권위주의적 복종의 일부로 본다. Decker et al., "Das autoritäre Syndrom", a. a. O., S. 193 참조.

115. Beck, *Risikogesellschaft*, a. a. O., S. 101.

116. 큐아논 음모론에서도 문제가 되는 것은 정부의 비밀을 알고 있고 그것을 폭로하는 대항 전문가—Q—에 의한 대항인식론이다. Jeremiah Morelock/Felipe Ziotti Narita, "The nexus of QAnon and COVID-19. Legitimation crisis and epistemic crisis", in: *Critical Sociology* (2022) 참조. 다음 웹사이트에서 확인할 수 있다. https://journals.sagepub.com/doi/10.1177/08969205211069614.

117. Boris Holzer et al., "Einleitung: Protest in der Pandemie", in: Reichardt (Hg.), *Die Misstrauensgemeinschaft der "Querdenker"*, a. a. O., S. 7-28, S. 18.

118. 이 '새로운 크레펠트 호소'는 다음 웹사이트에서 확인할 수 있다. https://peaceappeal21.de/. 〔크레펠트 호소(Krefelder Appell): 1980년 11월, 서독 평화운동이 당시 연방 정부에 유럽의 신형 중거리 핵미사일 배치에 대한 동의를 철회하고 핵무기 종식을 추진할 것을 촉구한 선언—옮긴이.〕

119. Jochen Roose, "Soziale Bewegungen als Basismobilisierung. Zum Verhältnis von Basis und Führungspersonal in den Ansätzen der Bewegungsforschung", in: *Grassroots-Campaigning*, herausgegeben von Rudolf Speth, Wiesbaden 2013, S. 141-157.

120. 이미 1920년대에 생활개혁 운동의 환경에는 그러한 '예언자'가 많았다. 그중 일부

는 어느 정도 좌파였고, 다른 일부는 파시즘으로 표류해 들어갔다. Ulrich Linse, *Barfüßige Propheten. Erlöser der zwanziger Jahre*. Berlin 1983 참조.

121. Leo Löwenthal, *Falsche Propheten. Studien zur faschistischen Agitation*, Frankfurt am Main 1990〔1982〕 참조.

122. Niklas Luhmann, *Soziale Systeme. Grundriß einer allgemeinen Theorie*, Frankfurt am Main 1984, S. 546-550 참조.

123. 같은 책, S. 507. 이에 대해서는 Kai-Uwe Hellmann, "Einleitung", in: Niklas Luhmann, *Protest. Systemtheorie und soziale Bewegungen*, herausgegeben von Kai-Uwe-Hellmann, S. 7-45, S. 26도 참조.

124. 그러한 발상에 대해서는 Alex Demirović, "Kapitalistischer Staat und Pandemie (Teil 1)", in: *Prokla. Zeitschrift für Kritische Sozialwissenschaft* 52/206 (2022), S. 11-32 참조. 또한 Thomas Ebermann, *Störung im Betriebsablauf. Systemrelevante Betrachtungen zur Pandemie*, Hamburg 2021도 참조.

125. Barrington Moore/Detlev Puls, *Ungerechtigkeit. Die sozialen Ursachen von Unterordnung und Widerstand*, Frankfurt am Main 1982 참조.

126. Jürgen Habermas, "Corona und der Schutz des Lebens. Zur Grundrechtsdebatte in der pandemischen Ausnahmesituation", in: *Blätter für deutsche und internationale Politik* 9/2021, S. 65-78, S. 66.

127. '신자유주의적' 자유 이해의 관점을 지니는 Samia Mohammed, "Verletzliche Freiheit? Zur Kritik neoliberaler Freiheitsverständnisse in der Corona-Krise", in: *Kritik in der Krise. Perspektiven politischer Theorie auf die Corona-Pandemie*, herausgegeben von Clara Arnold et al., Baden-Baden 2020, S. 33-48 참조.

128. Jacques de Saint-Victor, *Die Antipolitischen*, Hamburg 2015, S. 10.

129. Dieter Rucht, "Gegenöffentlichkeit und Gegenexperten", in: *Zeitschrift für Rechtssoziologie* 9/2 (1988), S. 290-305 참조.

130. Johannes Pantenburg/Benedikt Sepp, "Wissen, hausgemacht. Selbstverständnis, Expertisen und Hausverstand der Querdenker", in: Büttner/Laux (Hg.), *Umstrittene Expertise*, a. a. O., S. 468-482.

8 **파괴적 원리로서 전복:** 퇴행적 반항자

1. 마우리츠 호이만과 올리버 나흐트바이의 공동 연구에 기초한다. 여기서 정식화된 분석은 다음에 기반한다. Heumann/Nachtwey, *Autoritarismus und Zivilgesellschaft*, a. a. O.
2. 캄팍트는 무엇보다도 우선 온라인 캠페인을 벌이며, 총 200만 개 이상의 메일링 리스트를 보유하고 있다. 이 조직에 관한 정보는 다음 웹사이트에서 확인할 수 있다. https://www.campact.de/campact/. AfD에 대항한 캠페인의 내용에 대해서는 다음에서 확인할 수 있다. https://blog.campact.de/2016/03/steuern-bildung-hartz-iv-was-die-afd-wirklich-will/.
3. 이 연구는 캄팍트 민주주의 재단과 로자 룩셈부르크 재단의 재정적 지원을 받아 이루어졌다. 설문조사 및 평가에 협조해준 플루린 둠머무트, 파라 그뤼터, 모리츠 돌링가에게 감사를 전한다.
4. 한 경우에 우리는 부부와 인터뷰했다. 다른 두 인터뷰에서도 그사이에 가족이 합류했다.
5. 서로 다른 설명 발상들에 대해서는 Bettina Kohlrausch/Linus M. Höcker, "Ursachen für rechtspopulistische Einstellungen. Ein Überblick über den Forschungsstand", Working Paper Forschungsförderung 178 (März), Hans-Böckler-Stiftung, Düsseldorf 2020 참조.
6. 이 탐색적 연구는 캄팍트의 메일링 리스트에 있는 사람들 가운데 이 NGO의 캠페인을 비판한 사람들이 스스로 선택한 표본을 바탕으로 이루어졌다. 우리는 총 30시간이 넘는 인터뷰 자료를 수집하고 그것을 민족지학적 현장 노트와 사회 구조 및 선거 정치적 선호도에 대한 표준화한 설문지로 보완했다. 분석 소프트웨어 MAXQDA의 도움을 받아 우리는 정성적 내용 분석 방법과 근거 이론의 공개 절차에 따른 연역적 기준을 고려하여 인터뷰 자료를 코드화했다. 방법적 측면에 대해서는 Philipp A. E. Mayring, *Qualitative Inhaltsanalyse. Grundlagen und Techniken*, Weinheim 2015; Anselm L. Strauss/Juliet Corbin, *Basics of Qualitative Research. Grounded Theory Procedures and Techniques*. London 1990; Jörg Strübing, *Grounded Theory. Zur sozialtheoretischen und epistemologischen Fundierung eines pragmatistischen Forschungsstils*, Wiesbaden 2014 참조.

이를 바탕으로 우리는 마침내 공유된 관념과 개인사적 발전 및 사회 구조적 징표가 응축된 새로운 권위주의의 두 가지 "경험적으로 근거지어진 유형"을 재구성할 수 있었다. 방법에 대해서는 Uwe Kelle/Susanne Kluge, *Vom Einzelfall zum Typus. Fallvergleich und Fallkontrastierung in der qualitativen Sozialforschung*, Wiesbaden 2010, S. 90 참조. 우리는 이러한 유형 형성을 통해 사회적 경로 및 정치적 사회화와 관련하여 공유된 관념과 반응 방식을 재구성하고, 더 나아가 아노미에 의해 조건지어진 소외 경험 및 그에 대한 정치적 처리를 고려하여 이러한 자료의 의미를 이해하는 해석을 제공한다. 여기서는 인터뷰가 독일 연방의 난민 정책과 AfD 부상을 둘러싼 공론장과 미디어에서 벌어진 논쟁 맥락에서 이루어졌으며, 따라서 아도르노와 그 밖의 사람들이 말한 "문화적 분위기"와 "여론 형성에 대한 대중 미디어의 이데올로기적 영향"이 크게 작용했다는 점을 강조하는 것이 중요하다. Adorno, *Studien zum autoritären Charakter*, a. a. O., S. 176.

7. Rosanvallon, *Die Gegen-Demokratie*, a. a. O., S. 14.
8. 같은 책, S. 16.
9. 사민당의 변화에 대해서는 Oliver Nachtwey, *Marktsozialdemokratie. Die Transformation von SPD und Labour Party*, Wiesbaden 2009 참조.
10. Mouffe, *Für einen linken Populismus*, a. a. O., S. 27.
11. Nils C. Kumkar, "Realitätsverlust und Autoritarismus. Das Krisenerleben des klassischen Kleinbürgertums und die Attraktivität Donald Trumps", in: *Psychologie und Gesellschaftskritik* 41/3-4 (2017), S. 87-107, S. 94.
12. Rosanvallon, *Die Gegen-Demokratie*, a. a. O., S. 19.
13. 같은 책, S. 26.
14. 같은 책, S. 17.
15. 같은 책, S. 241.
16. Marx, *Das Kapital*, a. a. O., S. 765. 이에 대해서는 Søren Mau, *Stummer Zwang. Eine marxistische Analyse der ökonomischen Macht im Kapitalismus*, Berlin 2021 참조.
17. Klaus Dörre, "In der Warteschlange. Rassismus, völkischer Populismus und die Arbeiterfrage", in: *Arbeiterbewegung von rechts? Ungleichheit—*

Verteilungskämpfe—populistische Revolte, herausgegeben von Karina Becker et al., Frankfurt am Main 2018, S. 49-81 참조.

18. 특히 Cornelia Koppetsch, "Rechtspopulismus, Etablierte und Außenseiter. Emotionale Dynamiken sozialer Deklassierung", in: Dirk Jörke/Oliver Nachtwey (Hg.), *Das Volk gegen die (liberale) Demokratie*, *Leviathan Sonderheft* 32, Baden-Baden 2017, S. 208-232; Reckwitz, *Das Ende der Illusionen*, a. a. O.; Wolfgang Merkel, "Kosmopolitismus versus Kommunitarismus. Ein neuer Konflikt in der Demokratie", in: *Parties, Governments and Elites. The Comparative Study of Democracy*, herausgegeben von Philipp Harfst et al., Wiesbaden 2017, S. 9-23 참조.
19. 서로 다른 아노미 취약성 외에 정치적 태도와 선입견 및 직업적·가족적 발전 과정에서의 차이도 두 하위 그룹을 나누는 데 결정적이었다.
20. 슈미트 부인처럼 인터뷰에 일시적으로만 참여한 가족은 분석에서 고려하지 않았다.
21. Rüdiger Peukert, "Die Destabilisierung der Familie", in: *Was treibt die Gesellschaft auseinander?*, herausgegeben von Wilhelm Heitmeyer, Frankfurt am Main 1997, S. 187-328 참조.
22. Rosanvallon, *Die Gegen-Demokratie*, a. a. O., S. 27.
23. Adorno, *Studien zum autoritären Charakter*, a. a. O., S. 320.
24. 같은 책, S. 107.
25. 같은 책, S. 323.
26. Hochschild, *Fremd in ihrem Land*, a. a. O. 참조.
27. Rosanvallon, *Die Gegen-Demokratie*, a. a. O., S. 244.
28. Adorno, *Studien zum autoritären Charakter*, a. a. O., S. 324.
29. 같은 책, S. 323.
30. 같은 책, S. 323f.
31. 같은 곳.
32. 같은 책, S. 123.
33. 같은 곳.
34. Hochschild, *Fremd in ihrem Land*, a. a. O., S. 187-210 참조.

결론

1. Max Horkheimer, "Vorwort [zu Authoritarian Personality]" (1950), in: ders., *Gesammelte Schriften*, Bd. 5, a. a. O., S. 415-420, S. 415.
2. 같은 곳.
3. Oliver/Brähler (Hg.), *Autoritäre Dynamiken*, a. a. O.; Heitmeyer, *Autoritäre Versuchungen*, a. a. O.; Heitmeyer et al., *Rechte Bedrohungsallianzen*, a. a. O. 참조.
4. Max Horkheimer/Theodor W. Adorno, "Zur Neuausgabe" (1969), in: Max Horkheimer, *Gesammelte Schriften*, Bd. 5: *"Dialektik der Aufklärung" und Schriften 1940-1950*, Frankfurt am Main 1991, S. 13-14, S. 13.
5. Lukács, *Die Theorie des Romans*, a. a. O., S. 32.
6. Neckel, "Identität als Ware", a. a. O., S. 38.
7. 그러나 그들 자신의 각성은 아마도 지식인들 사이에서 좌파 자유주의적 정체성 정치에 대한 강한 투사성도 설명해줄 것이다.
8. Bob Jessop, *The State. Past, Present and the Future*, Cambridge 2016 참조.
9. Thomas Lux et al., "Neue Ungleichheitsfragen, neue Cleavages? Ein internationaler Vergleich der Einstellungen in vier Ungleichheitsfeldern", in: *Berliner Journal für Soziologie* (2021), S. 1-40; Steffen Mau et al., "Die drei Arenen der neuen Ungleichheitskonflikte. Eine sozialstrukturelle Positionsbestimmung der Einstellungen zu Umverteilung, Migration und sexueller Diversität", in: *Berliner Journal für Soziologie* 30/3 (2020), S. 317-346 참조.
10. Habermas, "Corona und der Schutz des Lebens", a. a. O., S. 68.
11. Bogner, *Die Epistemisierung des Politischen*, a. a. O., S. 95, S. 93.
12. Frank Fischer, *Truth and Post-Truth in Public Policy*, Cambridge 2021, S. 6f.; Rose McDermott, "Psychological underpinnings of post-truth in political beliefs", in: *Political Science & Politics* 52/2 (2019), S. 218-222, S. 219 참조.
13. Theodor W. Adorno, "Aberglaube aus zweiter Hand" (1962), in: ders., *Soziologische Schriften I*, Frankfurt am Main 1997, S. 147-176, S. 172.
14. Nassim Nicholas Taleb, *Der Schwarze Schwan. Die Macht höchst unwahr-*

scheinlicher Ereignisse, München 2008 참조.

15. 이에 대해서는 예를 들어 COSMO 프로젝트의 설문조사 참조. 다음 웹사이트에서 확인할 수 있다. https://projekte.uni-erfurt.de/cosmo2020/web/topic/vertrauen-ablehnung-demos/30-verschwoerung/.
16. Carla Reveland/Volker Siefert, "Querdenker für Putin", in: *Tagesschau.de* (4. März 2022) 참조. 다음 웹사이트에서 확인할 수 있다. https://www.tagesschau.de/investigativ/reaktionen-auf-putin-von-querdenkernund-verschwoerungsideologen-101.html.
17. 이에 대해서도 COSMO 프로젝트의 자료 참조. 다음 웹사이트에서 확인할 수 있다. https://projekte.uni-erfurt.de/cosmo2020/web/topic/politik/20-akzeptanz/#von-corona-krise-und-klima-krise-stand-15.06.21
18. 이 개념에 대해서는 Steffen Mau, "Wut kann Impulse setzen, aber keine Probleme bearbeiten", 닐스 마르크바르트의 인터뷰, in: *Philomag. de* (15. April 2021) 참조. 다음 웹사이트에서 확인할 수 있다. https://www.philomag.de/artikel/steffen-mau-wut-kann-impulse-setzen-aber-keineprobleme-bearbeiten.
19. Andreas Hövermann et al., *Wie Arbeit, Transformation und soziale Lebenslagen mit anti-demokratischen Einstellungen zusammenhängen. Befunde einer repräsentativen Bevölkerungsumfrage*, Working Paper Forschungsförderung 241 (Februar), Hans-Böckler-Stiftung, Düsseldorf 2022 참조.
20. Pascal Wagner-Egger et al., "The Yellow Vests in France. Psychosocial determinants and consequences of the adherence to a social movement in a representative sample of the population", in: *International Review of Social Psychology* 35/1 (2022), S. 1-14, S. 2.
21. Horkheimer/Adorno, *Dialektik der Aufklärung*, a. a. O., S. 16.
22. 같은 책, S. 18.
23. 같은 책, S. 14.
24. 엘리자베스 앤커는 소극적 자유의 개념에는 타인을 착취하고 예속시키며 기후를 파괴할 권리도 포함되는 까닭에 그것을 계속해서 "추한 자유(ugly freedoms)"라고 비판한다. Elisabeth R. Anker, *Ugly Freedoms*, Durham 2022 참조.

25. Benjamin Bratton, *The Revenge of the Real. Politics for a Post-Pandemic World*, London 2021 참조.

26. Wagner, *Moderne als Erfahrung und Interpretation*, a. a. O., S. 43.

27. 같은 곳.

28. Honneth, *Das Recht der Freiheit*, a. a. O., S. 86.

29. 또한 Karl Marx/Friedrich Engels, *Die deutsche Ideologie* (1845/46), MEW 3, S. 5-530, 여기서는 S. 74 참조.

30. Adorno, *Zur Lehre von der Geschichte und von der Freiheit*, a. a. O., S. 113 참조.

31. Miguel Abensour, *Demokratie gegen den Staat. Marx und das machiavellische Moment*, Berlin 2012 참조.

참고문헌

Abensour, Miguel, *Demokratie gegen den Staat. Marx und das machiavellische Moment*, Berlin 2012.

Adorno, Theodor W./Max Horkheimer/Eugen Kogon., "Die verwaltete Welt oder: Die Krise des Individuums. Aufzeichnung eines Gesprächs im Hessischen Rundfunk am 4. September 1950", in: Max Horkheimer, *Gesammelte Schriften*, Bd. 13: *Nachgelassene Schriften 1949-1972*, herausgegeben von Gunzelin Schmid Noerr, Frankfurt am Main 1989, S. 121-142.

Adorno, Theodor W. et al, "Bemerkungen zu *The Authoritarian Personality*" (1947/48), in: ders., *Bemerkungen zu "The Authoritarian Personality" und weitere Texte*, herausgegeben von Eva-Maria Ziege, Berlin 2019, S. 21-61, S. 32.

Adorno, Theodor W., *Zur Lehre von der Geschichte und von der Freiheit* (1964/65), in: *Nachgelassene Schriften*, Band 13, herausgegeben von Rolf Tiedemann, Frankfurt am Main 2001.

Adorno, Theodor W., *Studien zum autoritären Charakter*, Frankfurt am Main 1995[1950].

Adorno, Theodor W., "Einleitung in die Soziologie" (1968), in: *Nachgelassene Schriften*, Bd. 15, herausgegeben von Christoph Gödde, Frankfurt am Main 1993.

Adorno, Theodor W., "Aberglaube aus zweiter Hand" (1962), in: *Gesammelte*

Schriften, Bd. 8: *Soziologische Schriften I*, Frankfurt am Main 1977, S. 147-176.

Adorno, Theodor W., *Negative Dialektik*, Frankfurt am Main 1975[1966].

Adorno, Theodor W., "Freudsche Theorie und die Struktur der faschistischen Propaganda", in: *Psyche* 7/24 (1970), S. 486-509.

Agamben, Giorgio, "Vorwort", in: ders., *An welchem Punkt stehen wir? Die Epidemie als Politik*, Wien 2021, S. 7-14.

Agamben, Giorgio, "Die Erfindung einer Epidemie", in: ders., *An welchem Punkt stehen wir?*, a. a. O., S. 15-19.

Agamben, Giorgio, *Homo sacer. Die souveräne Macht und das nackte Leben* Frankfurt am Main 2002.

Ali, Tariq, *The Extreme Centre. A Warning*, London 2015.

Altmeyer, Martin, "Narzißmus, Intersubjektivität und Anerkennung", in: *Psyche* 54/2 (2000), S. 143-171.

Amlinger, Carolin, "Men make their own history. Conspiracy as counternarrative in the German political field", in: *Plots. Literary Form and Cultures of Conspiracy*, herausgegeben von Ben Carver, Dana Craciun und Todor Hristov, London/New York 2022, S. 179-200.

Amlinger, Carolin/Oliver Nachtwey, "Die Risikogesellschaft und die Gegenwelt. Theorien von Ulrich Beck und Luc Boltanski eröffnen soziologische Perspektiven auf das Corona-Rebellentum", in: *Frankfurter Allgemeine Zeitung* (17. Februar 2021), S. 3.

Amlinger, Carolin, *Schreiben. Eine Soziologie literarischer Arbeit*, Berlin 2021.

Amlinger, Carolin/Oliver Nachtwey, "Sozialer Wandel, Sozialcharakter und Verschwörungsdenken in der Spätmoderne", in: *Aus Politik und Zeitgeschichte* 71/35-36 (2021).

Amlinger, Carolin/Nicola Gess, "Reality check. Wie die Corona-Krise kritische und weniger kritische Theorien auf den Prüfstand stellt", in: *Geschichte der Gegenwart* (1. Juli 2020), 다음 웹사이트에서 확인할 수 있다. https://geschichtedergegenwart.ch/reality-check-wie-die-corona-krise-kritische-und-weniger-

kritische-theorien-auf-den-pruefstandstellt/(이하 모든 URL은 2022년 6월 기준).
Amlinger, Carolin, "Über das Querdenken. Der epistemische Widerstand der Corona-Proteste", in: *Zeitschrift für Fantastikforschung* 8/1 (2020), S. 20-26.
Amlinger, Carolin, "Rechts dekonstruieren. Die neue Rechte und ihr widersprüchliches Verhältnis zur Postmoderne", in: *Leviathan* 48/2 (2020), S. 318-337.
Anton, Andreas/Michael Schetsche/Michael Walter, "Einleitung: Wirklichkeitskonstruktion zwischen Orthodoxie und Heterodoxie—zur Wissenssoziologie von Verschwörungstheorien", in: *Konspiration*, herausgegeben von Andreas Anton, Michael Schetsche und Michael Walter, Wiesbaden 2014, S. 9-25.
Arndt, Andreas, *Geschichte und Freiheitsbewusstsein. Zur Dialektik der Freiheit bei Hegel und Marx*, Berlin 2015.
Asprem, Egil/Asbjørn Dyrendal, "Conspirituality reconsidered. How surprising and how new is the confluence of spirituality and conspiracy theory?", in: *Journal of Contemporary Religion* 30/3 (2015), S. 367-382.
Assheuer, Thomas, "Haben wir das Sterben verlernt? Kritik an Corona-Maßnahmen", in: *Zeit online* (15. Januar 2022), 다음 웹사이트에서 확인할 수 있다. https://www.zeit.de/kultur/2022-01/kritik-corona-massnahmen-intellektuelle-philosophie.

Barberá, Pablo, "Social media, echo chambers, and political polarization", in: *Social Media and Democracy. The State of the Field, Prospects for Reform*, herausgegeben von Nathaniel Persily und Joshua A. Tucker, Cambridge 2020, S. 34-55.
Barlösius, Eva, *Naturgemäße Lebensführung. Zur Geschichte der Lebensreform um die Jahrhundertwende*, Frankfurt am Main 1997.
Baron, Christian, *Ein Mann seiner Klasse*, Berlin 2020.
Barth, Bertram/Berthold Bodo Flaig, "Aktuell und zukunftssicher", in: *Praxis der Sinus-Milieus. Gegenwart und Zukunft eines modernen Gesellschafts- und Zielgruppenmodells*, herausgegeben von Bertram Barth et al., Wiesbaden 2018, S. 30-33.

Baudrillard, Jean, *Agonie des Realen*, Berlin 2016〔1978〕.

Baudrillard, Jean, *Kool Killer. Oder Der Aufstand der Zeichen*, Berlin 1978.

Bauman, Zygmunt, *Retrotopia*, Berlin 2017.

Bauman, Zygmunt, *Flühtige Moderne*, Frankfurt am Main 2003.

Bauman, Zygmunt, *Legislators and Interpreters. On Modernity, Post-Modernity and Intellectuals*, Cambridge 1987.

Beck, Ulrich, *Weltrisikogesellschaft. Auf der Suche nach der verlorenen Sicherheit*, Frankfurt am Main 2007.

Beck, Ulrich/Anthony Giddens/Scott Lash, *Reflexive Modernisierung. Eine Kontroverse*, Frankfurt am Main 1996.

Beck, Ulrich, "Das Zeitalter der Nebenfolgen und die Politisierung der Moderne", in: Beck/Giddens/Lash, *Reflexive Modernisierung*, a. a. O., S. 19-112.

Beck, Ulrich, "Wissen oder Nicht-Wissen? Zwei Perspektiven 'reflexiver Modernisierung'", in: Beck/Giddens/Lash, *Reflexive Modernisierung*, a. a. O., S. 289-315.

Beck, Ulrich, *Risikogesellschaft. Auf dem Weg in eine andere Moderne*, Frankfurt am Main 1986.

Beckmann, Fabian/Anna-Lena Schönauer, "Spaltet Corona die Gesellschaft? Eine Milieuanalyse pandemiebezogener Einstellungen", in: *Gesellschaft unter Spannung. Der Verhandlungsband des 40. Kongresses der Deutschen Gesellschaft für Soziologie (DGS) vom 14.-24. September 2020*, herausgegeben von Birgit Blättel-Mink, S. 8.

Bedorf, Thomas, "Zur Rhetorik des politischen Ressentiments", in: *Zeitschrift für Praktische Philosophie* 6/1 (2019), S. 239-256.

Benda, Julien, *Der Verrat der Intellektuellen. Essay*, Frankfurt am Main 1988〔1927〕.

Benford, Robert D./David A. Snow, "Framing processes and social movements. An overview and assessment", in: *Annual Review of Sociology* 26/1 (2000), S. 611-639.

Benz, Wolfgang (Hg.), *Querdenken. Protestbewegung zwischen Demokratieverachtung, Hass und Aufruhr*, Berlin 2021.

Berendsen, Eva/Tom David Uhlig/Katharina Rhein (Hg.), *Extrem unbrauchbar. Über Gleichsetzungen von links und rechts*, Berlin 2019.

Bergmann, Frithjof, *New Work, New Culture. Work We Want and a Culture that Strengthens Us*, Alresford 2019.

Bering, Dietz, *Die Epoche der Intellektuellen. 1898-2001. Geburt Begriff Grabmal*, Berlin 2010.

Berlin, Isaiah, "Zwei Freiheitsbegriffe" (1969), in: ders., *Freiheit. Vier Versuche*, Frankfurt am Main 1995, S. 197-256.

Berman, Jonathan M., *Anti-Vaxxers. How to Challenge a Misinformed Movement*, Cambridge 2020.

Bertelsmann Stiftung/OECD (Hg.), *Bröckelt die Mittelschicht? Risiken und Chancen für mittlere Einkommensgruppen auf dem deutschen Arbeitsmarkt*, Gütersloh 2021.

Biebricher, Thomas, *Die politische Theorie des Neoliberalismus*, Berlin 2021.

Bieri, Peter, *Das Handwerk der Freiheit. Über die Entdeckung des eigenen Willens*, München 2001.

Bloch, Ernst, *Das Prinzip Hoffnung. In fünf Teilen. Kapitel 33-42* (1954), in: *Gesamtausgabe in 16 Bänden*, Bd. 5, Frankfurt am Main 1985.

Blühdorn, Ingolfur, "Liberation and limitation: Emancipatory politics, socio-ecological transformation and the grammar of the autocratic-authoritarian turn", in: *European Journal of Social Theory* 25/1 (2021), S. 26-52.

Blühdorn, Ingolfur/Felix Butzlaff/Margaret Haderer, "Emancipatory politics at its limits? An introduction", in: *European Journal of Social Theory* 25/1 (2021), S. 3-25.

Blühdorn, Ingolfur, *Simulative Demokratie. Neue Politik nach der postdemokratischen Wende*, Berlin 2013.

Bock, Hans Manfred, "Nekrologe auf Widerruf. Legenden vom Tod des Intellektuellen", in: *Merkur* 66/760-761 (2012), S. 866-877.

Bock, Hans Manfred, "Der Intellektuelle als Sozialfigur. Neuere vergleichende Forschungen zu ihren Formen, Funktionen und Wandlungen", in: *Archiv für Sozialgeschichte* 51 (2011), S. 591-643.

Böckelmann, Frank, "Völkerfußwanderung 2015?", in: *Tumult. Vierteljahresschrift für Konsensstörung* (Winter 2015/16), S. 4-7.

Böckelmann, Frank/Horst Ebner, "Gibt es wenigstens eine einzige Lebensform?", in: *Tumult. Vierteljahresschrift für Konsensstörung* (Herbst 2015), S. 4-6.

Böckelmann, Frank/Horst Ebner, "Tumult. Vierteljahresschrift für Konsensstörung", in: *Tumult. Vierteljahresschrift für Konsensstörung* (Sommer 2014), S. 1.

Böckelmann, Frank, "Die urbane Katastrophe", in: *Tumult. Zeitschrift für Verkehrswissenschaften* 1 (1979), S. 3-24.

Böckelmann, Frank et al., *Das Schillern der Revolte*, Berlin 1978.

Bogner, Alexander, *Die Epistemisierung des Politischen. Wie die Macht des Wissens die Demokratie gefährdet*, Ditzingen 2021.

Bogner, Alexander/Wolfgang Menz, "Wissen und Werte im Widerstreit. Zum Verhältnis von Expertise und Politik in der Corona-Krise", in: *Leviathan* 49/1 (2021), S. 111-132.

Bohmann, Ulf/Paul Sörensen (Hg.), *Kritische Theorie der Politik*, Berlin 2019.

Boltanski, Luc, *Soziologie und Sozialkritik. Frankfurter Adorno-Vorlesungen 2008*, Berlin 2010.

Boltanski, Luc/Ève Chiapello, *Der neue Geist des Kapitalismus*, Konstanz 2003 [1999].

Bonacker, Thorsten, "Ohne Angst verschieden sein können. Individualität in der integralen Gesellschaft", in: *Die Gesellschaftstheorie Adornos. Themen und Grundbegriffe*, herausgegeben von Dirk Auer, Thorsten Bonacker und Stefan Müller-Doohm, Darmstadt 1998, S. 117-144.

Bourdieu, Pierre, *Über den Staat. Vorlesungen am Collège de France 1989-1992*, Berlin 2014.

Bourdieu, Pierre, "Die politische Repräsentation. Elemente einer Theorie des politischen Feldes" (1981), in: ders., *Politik. Schriften zur Politischen Ökonomie 2*, Berlin 2013, S. 43-96.

Bratton, Benjamin, "Die Philosophie in der Pandemie—ein Totalausfall", in: *Merkur* 75/869 (2021), S. 66-71.

Bratton, Benjamin, *The Revenge of the Real. Politics for a Post-Pandemic World*, London 2021.

Bremer, Helmut/Andrea Lange-Vester, "Zur Entwicklung des Konzeptes sozialer Milieus und Mentalitäten", in: *Soziale Milieus und Wandel der Sozialstruktur. Die gesellschaftlichen Herausforderungen und die Strategien der sozialen Gruppen*, herausgegeben von Helmut Bremer und Andrea Lange-Vester, Wiesbaden 2014, S. 13-41.

Breuer, Stefan, *Anatomie der konservativen Revolution*, Darmstadt 1993.

Bröckling, Ulrich, *Gute Hirten führen sanft. Über Menschenregierungskünste*, Berlin 2017.

Bröckling, Ulrich, "Der Kopf der Leidenschaft. Soziologie und Kritik", in: *Leviathan* 41/2 (2013), S. 309-323.

Bröckling, Ulrich, *Das unternehmerische Selbst. Soziologie einer Subjektivierungsform*, Frankfurt am Main 2007.

Brown, Wendy, "Das Monster des Neoliberalismus. Autoritäre Freiheit in den 'Demokratien' des 21. Jahrhunderts", in: Bohmann/Sörensen (Hg.), *Kritische Theorie der Politik*, a. a. O., S. 539-576.

Brown, Wendy, *Die schleichende Revolution. Wie der Neoliberalismus die Demokratie zerstört*, Berlin 2015.

Brunkhorst, Hauke, "Autoritärer Liberalismus", in: *Liberalismus. Traditionsbestände und Gegenwartskontroversen*, herausgegeben von Karsten Fischer und Sebastian Huhnholz, Baden-Baden 2019, S. 291-314.

Brunkhorst, Hauke, "Die Macht der Intellektuellen", in: *Aus Politik und Zeitgeschichte* 40/10 (2010), S. 32-37.

Brunkhorst, Hauke, *Der Intellektuelle im Land der Mandarine*, Frankfurt am Main 1987.

Buchmayr, Florian, "Im Feld der Verschwörungstheorien. Interaktionsregeln und kollektive Identitäten einer verschwörungstheoretischen Bewegung", in: *Österreichische Zeitschrift für Soziologie* 44/4 (2019), S. 369-386.

Bundesregierung, *Lebenslagen in Deutschland. Der Sechste Armuts- und Reichtumsbericht der Bundesregierung*, 2021.

Butter, Michael, *"Nichts ist, wie es scheint". Über Verschwörungstheorien*, Berlin 2018.

Butter, Michael/Peter Night (Hg.), *Routledge Handbook of Conspiracy Theories*, London 2020.

Butterwegge, Christoph/Bettina Lösch/Ralf Ptak, *Kritik des Neoliberalismus*, Wiesbaden 2017.

Cabanas, Edgar/Eva Illouz, *Das Glücksdiktat. Und wie es unser Leben beherrscht*, Berlin 2019.

Callison, Will/Quinn Slobodian, "Coronapolitics from the Reichstag to the Capitol", in: *Boston Review* (12. Januar 2021), 다음 웹사이트에서 확인할 수 있다. https://bostonreview.net/articles/quinn-slobodian-toxic-politics-coronakspeticism/.

Callinicos, Alex, *Against Postmodernism. A Marxist Critique*, Cambridge 1989.

Campbell, Colin, *The Romantic Ethic and the Spirit of Modern Consumerism*, Oxford 1987.

Carrier, Martin, "Engagement und Expertise. Die Intellektuellen im Umbruch", in: *Wandel oder Niedergang? Die Rolle der Intellektuellen in der Wissensgesellschaft*, herausgegeben von Martin Carrier und Johannes Roggenhofer, Bielefeld 2007, S. 13-32.

Castel, Robert, *Die Krise der Arbeit. Neue Unsicherheiten und die Zukunft des Individuums*, München 2011.

Castel, Robert, *Die Metamorphosen der sozialen Frage. Eine Chronik der Lohnarbeit*,

Konstanz 2000.

Castoriadis, Cornelius, *Gesellschaft als imaginäre Institution. Entwurf einer politischen Philosophie*, Frankfurt am Main 1990.

Celikates, Robin, "Moralischer Fortschritt, soziale Kämpfe und Emanzipationsblockaden. Elemente einer Kritischen Theorie der Politik", in: Bohmann/ Sörensen (Hg.), *Kritische Theorie der Politik*, a. a. O., S. 397-425.

Chamayou, Grégoire, *Die unregierbare Gesellschaft. Eine Genealogie des autoritären Liberalismus*, Berlin 2019.

Clark, Meredith D., "Drag them. A brief etymology of so-called 'cancel culture'", in: *Communication and the Public* 5/3-4 (2020), S. 88-92.

Conze, Werner, "Freiheit", in: *Geschichtliche Grundbegriffe. Historisches Lexikon zur politisch-sozialen Sprache in Deutschland*, Bd. 2, herausgegeben von Werner Conze, Otto Brunner und Reinhart Koselleck, Stuttgart 1975, S. 425-542.

Couture, Jean-Pierre, *Sloterdijk*, Cambridge/Malden 2016.

Crouch, Colin, *Postdemokratie*, Frankfurt am Main 2008〔2003〕.

Cushman, Philip, "Why the self is empty. Toward a historically situated psychology", in: *American Psychologist* 45/5 (1990), S. 599-611.

Daphi, Priska et al., "Occupy Frieden. Eine Befragung von Teilnehmer/innen der 'Montagsmahnwachen für den Frieden'", in: *IPB Working Papers*, Berlin 2014.

Daub, Adrian, *Cancel Culture Transfer. Wie eine moralische Panik die Welt erfasst*, Berlin (im Erscheinen).

Daub, Adrian, *Was das Valley denken nennt. Über die Ideologie der Techbranche*, Berlin 2020.

Davies, William, *Nervöse Zeiten. Wie Emotionen Argumente ablösen*, München 2019.

Decker, Oliver et al., "Wohlstand, autoritäre Dynamik und narzisstische Plombe.

Psychoanalytisch-sozialpsychologische Beiträge zur Kritik der postdemokratischen Gesellschaft", in: *Forschungsjournal Soziale Bewegungen* 27/1 (2014), S. 63-75.

Decker, Oliver/Elmar Brähler (Hg.), *Flucht ins Autoritäre. Rechtsextreme Dynamiken in der Mitte der Gesellschaft. Die Leipziger Autoritarismus-Studie 2018*, Gießen 2018.

Decker, Oliver, "Flucht ins Autoritäre", in: Decker/Brähler (Hg.), *Flucht ins Autoritäre*, a. a. O., S. 15-64.

Decker, Oliver/Julia Schuler/Elmar Brähler, "Das autoritäre Syndrom heute", in: Decker/Brähler (Hg.), *Flucht ins Autoritäre*, a. a. O., S. 117-156.

Decker, Oliver, "Prothetische Ergänzungen und narzisstische Plomben. Zur Psychoanalyse der autoritären Dynamik", in: *Swiss Archives of Neurology, Psychiatry and Psychotherapy* 170 (2019), S. 1-9.

Decker, Oliver/Christoph Türcke (Hg.), *Autoritarismus. Kritische Theorie und Psychoanalytische Praxis*, Gießen 2019, S. 29-48.

Decker, Oliver/Elmar Brähler (Hg.), *Autoritäre Dynamiken. Neue Radikalität—alte Ressentiments. Leipziger Autoritarismus-Studie 2020*, Gießen 2020.

Demirović, Alex, "Kapitalistischer Staat und Pandemie (Teil 1)", in: *Prokla. Zeitschrift für Kritische Sozialwissenschaft* 52/206 (2022), S. 11-32.

Demirović, Alex, "Vernunft und Emanzipation", in: *Handbuch Kritische Theorie*, herausgegeben von Uwe H. Bittlingmayer, Alex Demirovic und Tatjana Freytag, Wiesbaden 2019, S. 187-210.

DeWall, C. Nathan et al., "Tuning in to psychological change. Linguistic markers of psychological traits and emotions over time in popular U.S. song lyrics", in: *Psychology of Aesthetics, Creativity, and the Arts* 5/3 (2011), S. 200-207.

Diederichsen, Diedrich, "Am Stammtisch der Sachlichkeit. Markiertes Sprechen in Deutschland", in: *Merkur* 75/868 (2021), S. 5-18.

Diederichsen, Diedrich, "Postideologische Querfronten", in: *Jahrbuch der Zeitschrift "Theater heute"* (2015), S. 14-20.

Diehl, Claudia/Christian Hunkler, "Vaccination-related attitudes and behavior across birth cohorts. Evidence from Germany", in: *PLOS ONE* 17/2 (2022), o. S.

Dombek, Kristin, *Die Selbstsucht der anderen. Ein Essay über Narzissmus*, Berlin 2016.

Dorn, Thea/Daniel Kehlmann/Juli Zeh, "Der Einspruch der Künstler. Es geht nicht darum, wer recht hat", in: *Die Zeit* (29. April 2021), S. 47f.

Dörre, Klaus, "In der Warteschlange. Rassismus, völkischer Populismus und die Arbeiterfrage", in: *Arbeiterbewegung von rechts? Ungleichheit—Verteilungskämpfe—populistische Revolte*, herausgegeben von Karina Becker, Klaus Dörre und Peter Reif-Spirek, Frankfurt am Main 2018, S. 49-81.

Douglas, Karen M. et al., "Understanding conspiracy theories", in: *Political Psychology* 40 (2019), S. 3-35.

Dowling, Emma/Silke van Dyk/Stefanie Graefe, "Rückkehr des Hauptwiderspruchs? Anmerkungen zur aktuellen Debatte um den Erfolg der Neuen Rechten und das Versagen der 'Identitätspolitik'", in: *Prokla* 47/3 (2017), S. 411-420.

Downs, Anthony, *An Economic Theory of Democracy*, New York 1957.

Durbach, Nadja, *Bodily Matters. The Anti-Vaccination Movement in England, 1853-1907*, Durham 2005.

Durkheim, Émile, "Der Individualismus und die Intellektuellen" (1898), in: *Gesellschaftlicher Zwang und moralische Autonomie*, herausgegeben von Hans Bertram, Frankfurt am Main 1986, S. 54-70.

Durkheim, Émile, *Der Selbstmord*, Frankfurt am Main 1983〔1897〕.

Durkheim, Émile, *Soziologie und Philosophie*, mit einer Einleitung von Theodor W. Adorno, Frankfurt am Main 1976.

Duttweiler, Stefanie et al. (Hg.), *Leben nach Zahlen. Self-Tracking als Optimierungsprojekt?*, Bielefeld 2016.

Dyk, Silke van, "Krise der Faktizität? Über Wahrheit und Lüge in der Politik und die Aufgabe der Kritik", in: *Prokla* 47/3 (2017), S. 347-367.

Eberlein, Undine, "Serielle Einzigartigkeit und Eigensinn", in: *Die Ausweitung der Bekenntniskultur—neue Formen der Selbstthematisierung?*, herausgegeben von Günter Burkart, Wiesbaden 2006, S. 127-143.

Eberlein, Undine, *Einzigartigkeit. Das romantische Individualitätskonzept der Moderne*, Frankfurt am Main 2000.

Ebermann, Thomas, *Störung im Betriebsablauf. Systemrelevante Betrachtungen zur Pandemie*, Hamburg 2021.

Ehrenberg, Alain, *Das erschöpfte Selbst. Depression und Gesellschaft in der Gegenwart*, Frankfurt am Main 2015.

Ehrenberg, Alain, *Das Unbehagen in der Gesellschaft*, Berlin 2011.

Eichler, Lutz, *System und Selbst. Arbeit und Subjektivität im Zeitalter ihrer strategischen Anerkennung*, Bielefeld 2013.

Elias, Norbert, *Was ist Soziologie?*, Weinheim/Basel 2014〔1970〕.

Elias, Norbert/John L. Scotson, *Etablierte und Außenseiter*, Frankfurt am Main 1993〔1965〕.

Elias, Norbert, *Studien über die Deutschen. Machtkämpfe und Habitusentwicklung im 19. und 20. Jahrhundert*, Frankfurt am Main 1992.

Elias, Norbert, *Die Gesellschaft der Individuen*, Frankfurt am Main 1991.

Elias, Norbert, "Wandlungen der Machtbalance zwischen den Geschlechtern. Eine prozesssoziologische Untersuchung am Beispiel des antiken Römerstaats", in: *Kölner Zeitschrift für Soziologie und Sozialpsychologie* 38 (1986), S. 425-449.

Elias, Norbert, *Über den Prozeß der Zivilisation. Soziogenetische und psychogenetische Untersuchungen*, zwei Bände, Frankfurt am Main 1976〔1939〕.

El-Mafaalani, Aladin, *Das Integrationsparadox. Warum gelungene Integration zu mehr Konflikten führt*, Köln 2018.

El-Menouar, Yasemin, *Zwischen individueller Freiheit und Gemeinwohl. Sieben Wertemilieus und ihre Sicht auf Corona*, Gütersloh 2021.

Elsässer, Lea, *Wessen Stimme zählt? Soziale und politische Ungleichheit in Deutschland*, Frankfurt am Main/New York 2018.

Endreß, Martin/Andrea Maurer (Hg.), *Resilienz im Sozialen. Theoretische und empirische Analysen*, Wiesbaden 2015.

Ernst, Edzard, "Anthroposophy: A risk factor for noncompliance with measles immunization", in: *The Pediatric Infectious Disease Journal* 30/3 (2011), S. 187-189.

Eßbach, Wolfgang, "Intellektuellensoziologie zwischen Ideengeschichte, Klassenanalyse und Selbstbefragung", in: *Intellektuelle in der Bundesrepublik Deutschland. Verschiebungen im politischen Feld der 1960er und 1970er Jahre*, herausgegeben von Thomas Kroll und Tilman Reitz, Göttingen 2013, S. 21-40.

Federici, Silvia, *Caliban und die Hexe. Frauen, Körper und die ursprüngliche Akkumulation*, Wien 2012〔2004〕.

Feldman, Michael, "Groll: die zugrundeliegende ödipale Konfiguration", in: *Groll und Rache in der ödipalen Situation*, herausgegeben von Ronald Britton, Michael Feldman und John Steiner, Tübingen 1997, S. 51-96.

Felsch, Philipp, *Der lange Sommer der Theorie. Geschichte einer Revolte 1960-1990*, München 2015.

Feyerabend, Paul, *Wider den Methodenzwang*, Frankfurt am Main 1986〔1975〕.

Finkel, Eli J. et al., "Online dating: A critical analysis from the perspective of psychological science", in: *Psychological Science in the Public Interest* 13/1 (2012), S. 3-66.

Fischer, Frank, *Truth and Post-Truth in Public Policy*, Cambridge 2021.

Fisher, Mark, *Kapitalistischer Realismus ohne Alternative? Eine Flugschrift*, Hamburg 2013.

Flaßpöhler, Svenja, *Sensibel. Über moderne Empfindlichkeit und die Grenzen des Zumutbaren*, Stuttgart 2021.

Flick, Uwe, *Doing Triangulation and Mixed Methods*, London 2017.

Ford, Henry/William A. Levinson/Samuel Crowther, *The Expanded and Annotated "My Life and Work"*, London 2013〔1922〕.

Foucault, Michel, *Der Mut zur Wahrheit. Die Regierung des Selbst und der anderen II. Vorlesungen am Collège de France 1983/84*, Berlin 2012.

Foucault, Michel, *Die Geburt der Biopolitik. Geschichte der Gouvernementalität II*, Frankfurt am Main 2006.

Foucault, Michel, *Sicherheit, Territorium, Bevölkerung. Geschichte der Gouvernementalität I*, Frankfurt am Main 2006.

Foucault, Michel, "Wahrheit und Macht. Interview mit A. Fontana und P. Pasquino", in: ders., *Dispositive der Macht. Über Sexualität, Wissen und Wahrheit*, Berlin 1978, S. 21-54.

Foucault, Michel, *Überwachen und Strafen. Die Geburt des Gefängnisses*, Frankfurt am Main 1977.

Foucault, Michel, "Die Intellektuellen und die Macht" (1972), in: ders., *Dits et Ecrits. Schriften*, Bd. II: *1970-1975*, herausgegeben von Daniel Defert, Frankfurt am Main 2002, S. 382-393.

Foucault, Michel, "Die Gouvernementalität", in: Lemke/Bröckling/Krasmann (Hg.), *Gouvernementalität der Gegenwart*, a. a. O., S. 41-67.

Fourcade, Marion/Alex V. Barnard, "Das Unbehagen an der Ordinalisierung", in: *Kölner Zeitschrift für Soziologie und Sozialpsychologie* 73/1 (2021), S. 113-135.

Fourcade, Marion, "Ordinalization. Lewis A. Coser Memorial Award for Theoretical Agenda Setting 2014", in: *Sociological Theory* 34/3 (2016), S. 175-195.

Fournet, Nelly et al. "Under-vaccinated groups in Europe and their beliefs, attitudes and reasons for non-vaccination; two systematic reviews", in: *BMC Public Health* 18/1 (2018), S. 1-17.

Franzmann, Andreas, *Der Intellektuelle als Protagonist der Öffentlichkeit. Krise und Räsonnement in der Affäre Dreyfus*, Frankfurt am Main 2004.

Fraser, Nancy, "Vom Regen des progressiven Neoliberalismus in die Traufe des reaktionären Populismus", in: Geiselberger (Hg.), *Die große Regression*, a. a. O., S. 77-92.

Frei, Nadine/Ulrike Nack, "Frauen und Corona-Proteste", in: *SocArXiv Preprint*,

다음 웹사이트에서 확인할 수 있다. https://osf.io/preprints/socarxiv/bn8vk/.
Frei, Nadine et al., "'Liebe, Freiheit, Frieden'. Ethnographische Beobachtung des Corona-Protests in Konstanz", in: *SocArXiv Preprint*, 다음 웹사이트에서 확인할 수 있다. https://osf.io/vzf6a.
Frei, Nadine/Oliver Nachtwey/Robert Schäfer, "Die Proteste gegen die Corona-Maßnahmen. Eine soziologische Annäherung", in: *Forschungsjournal Soziale Bewegungen* 34/2 (2021), S. 249-258, 다음 웹사이트에서 확인할 수 있다. https://doi.org/10.1515/fjsb-2021-0021.
Frei, Nadine/Oliver Nachtwey, "Quellen des 'Querdenkertums'. Eine politische Soziologie der Corona-Proteste in Baden-Württemberg" (2021), in: *SocArXic Preprint* (12. Januar 2022), 다음 웹사이트에서 확인할 수 있다. https://osf.io/preprints/socarxiv/8f4pb.
Freud, Sigmund, "Das Unbehagen in der Kultur (1930)", in: *Studienausgabe*, Bd. IX: *Fragen der Gesellschaft, Ursprünge der Religion*, herausgegeben von Alexander Mitscherlich et al., Frankfurt am Main 1974, S. 191-270.
Freud, Sigmund, "Massenpsychologie und Ich-Analyse" (1921), in: *Studienausgabe*, Bd. IX, a. a. O., S. 61-134.
Friedman, Sam/Dave O'Brien/Ian McDonald, "Deflecting privilege. Class identity and the intergenerational self", in: *Sociology* 55/4 (2021), S. 716-733.
Fromm, Erich, *Die Furcht vor der Freiheit*, München 1990〔1941〕.
Fromm, Erich, "Sozialpsychologischer Teil", in: *Studien zu Autorität und Familie. Forschungsberichte aus dem Institut für Sozialforschung*, herausgegeben von Max Horkheimer, Lüneburg 1987〔1936〕, S. 77-135.
Fromm, Erich, *Arbeiter und Angestellte am Vorabend des Dritten Reiches. Eine sozialpsychologische Untersuchung*, München 1983〔1929〕, S. 249.
Furedi, Frank, *Where Have All the Intellectuals Gone?* London/New York 2004.

Gebhardt, Winfried, "'Warme Gemeinschaft' und 'kalte Gesellschaft'. Zur Kontinuität einer deutschen Denkfigur", in: *Der Aufstand gegen den Bürger.*

Antibürgerliches Denken im 20. Jahrhundert, herausgegeben von Günter Meuter und Henrique R. Otten, Würzburg 1999, S. 165-184.

Geiselberger, Heinrich (Hg.), *Die große Regression. Eine internationale Debatte über die geistige Situation der Zeit*, Berlin 2017.

Gess, Nicola, *Halbwahrheiten. Zur Manipulation von Wirklichkeit*, Berlin 2021.

Giddens, Anthony, *Modernity and Self-Identity. Self and Society in the Late Modern Age*, Stanford 1991.

Gilcher-Holtey, Ingrid, "Skandalisierung des Skandals. Intellektuelle und Öffentlichkeit", in: *Skandale zwischen Moderne und Postmoderne. Interdisziplinäre Perspektiven auf Formen gesellschaftlicher Transgression*, herausgegeben von Andreas Gelz, Dietmar Hüser und Sabine Ruß-Sattar, Berlin/Boston 2014, S. 217-234.

Gilcher-Holtey, Ingrid, "Konkurrenz um den 'wahren' Intellektuellen. Intellektuelle Rollenverständnisse aus zeithistorischer Sicht", in: *Intellektuelle in der Bundesrepublik Deutschland*, herausgegeben von Thomas Kroll und Tilman Reitz, Göttingen 2013.

Gnambs, Timo/Markus Appel, "Narcissism and social networking behavior: A meta-analysis", in: *Journal of Personality* 86/2 (2017), S. 200-212.

Graeber, David, *Bürokratie. Die Utopie der Regeln*, Stuttgart 2016.

Grande, Edgar et al., "Alles Covidioten? Politische Potenziale des Corona-Protests in Deutschland", *WZB Discussion Paper* ZZ 2021-601, 다음 웹사이트에서 확인할 수 있다. https://bibliothek.wzb.eu/pdf/2021/zz21-601.pdf.

Greiffenhagen, Martin, *Das Dilemma des Konservatismus in Deutschland*, Frankfurt am Main 1986.

Guérot, Ulrike, *Wer schweigt, stimmt zu. Über den Zustand unserer Zeit. Und darüber, wie wir leben wollen*, Frankfurt am Main 2022.

Guldner, Jan, "'Moderner und billiger, da kann man nicht nein sagen'", Interview mit Nick Kratzer, in: *Wirtschaftswoche* (12. September 2021), 다음 웹사이트에서 확인할 수 있다. https://www.wiwo.de/erfolg/homeoffice/desksharing-

moderner-und-billiger-da-kann-man-nich-tnein-sagen/27469168.html.
Gumbrecht, Hans Ulrich, "Die Debatte läuft sich tot", in: *Neue Zürcher Zeitung* (8. August 2020), S. 29.

Habermas, Jürgen, "Corona und der Schutz des Lebens. Zur Grundrechtsdebatte in der pandemischen Ausnahmesituation", in: *Blätter für deutsche und internationale Politik* 9/2021, S. 65-78.
Habermas, Jürgen, "Überlegungen und Hypothesen zu einem erneuten Strukturwandel der politischen Öffentlichkeit", in: Seeliger/Sevignani (Hg.), *Ein neuer Strukturwandel der Öffentlichkeit?*, a. a. O., S. 470-500.
Habermas, Jürgen, "Ein avantgardistischer Spürsinn für Relevanzen. Die Rolle des Intellektuellen und die Sache Europas" (2006), in: ders., *Ach, Europa. Kleine Politische Schriften XI*, Frankfurt am Main 2008, S. 77-87.
Habermas, Jürgen, *Theorie des kommunikativen Handelns*, Bd. 2, Frankfurt am Main 1995〔1981〕.
Habermas, Jürgen, *Die Moderne—ein unvollendetes Projekt. Philosophisch-politische Aufsätze 1977-1990*, Leipzig 1990.
Habermas, Jürgen, *Die neue Unübersichtlichkeit. Kleine Politische Schriften V*, Frankfurt am Main 1985.
Habermas, Jürgen, *Philosophisch-politische Profile*, Frankfurt am Main 1981.
Habermas, Jürgen, "Gespräch mit Herbert Marcuse" (1977), in: ders., *Philosophisch-politische Profile*, a. a. O., S. 265-318.
Habermas, Jürgen, "Urgeschichte der Subjektivität und verwilderte Selbstbehauptung" (1969), in: ders., *Philosophisch-politische Profile*, a. a. O., S. 167-179.
Habermas, Jürgen, *Technik und Wissenschaft als "Ideologie"*, Frankfurt am Main 1968.
Haller, Reinhard, *Die Macht der Kränkung*, Salzburg 2015.
Hanegraaff, Wouter J., *New Age Religion and Western Culture*, *Esotericism in*

the mirror of secular thought, New York 1997.
Harambam, Jaron/Stef Aupers, "Contesting epistemic authority: Conspiracy theories on the boundaries of science", in: *Public Understanding of Science* 24/4 (2015), S. 466-480.
Hark, Sabine/Paula-Irene Villa, *Unterscheiden und herrschen. Ein Essay zu den ambivalenten Verflechtungen von Rassismus, Sexismus und Feminismus in der Gegenwart*, Bielefeld 2017.
Hark, Sabine/Paula-Irene Villa (Hg.), *Anti-Genderismus. Sexualität und Geschlecht als Schauplätze aktueller politischer Auseinandersetzungen*, Bielefeld 2015.
Hartmann, Martin/Axel Honneth, "Paradoxien kapitalistischer Modernisierung", in: Axel Honneth, *Das Ich im Wir. Studien zur Anerkennungstheorie*, Berlin 2010.
Hartmann, Michael, *Der Mythos von den Leistungseliten. Spitzenkarrieren und soziale Herkunft in Wirtschaft, Politik, Justiz und Wissenschaft*, Frankfurt am Main/New York 2002.
Harvey, David, *Kleine Geschichte des Neoliberalismus*, Zürich 2007.
Hatemi, Peter K./Zoltán Fazekas, "Narcissism and political orientations", in: *American Journal of Political Science* 62/4 (2018), S. 873-888.
Heelas, Paul, *Spiritualities of Life. New Age Romanticism and Consumptive Capitalism*, Hoboken 2008.
Hegel, Georg Wilhelm Friedrich, *Vorlesungen zur Philosophie der Geschichte* (1833-1836), in: *Werke in zwanzig Bänden*, Bd. 12, Frankfurt am Main 1986.
Hein, Christian, *Peter Sloterdijk. Der Briefkurier der POST-Moderne*, Würzburg 2021.
Heitmeyer, Wilhelm/Manuela Freiheit/Peter Sitzer, *Rechte Bedrohungsallianzen. Signaturen der Bedrohung II*, Berlin 2020.
Heitmeyer, Wilhelm, *Autoritäre Versuchungen. Signaturen der Bedrohung I*, Berlin 2018.
Heller, Hermann, "Autoritärer Liberalismus" (1933), in: *Gesammelte Schriften*, Bd.

II, herausgegeben von Christoph Müller, Leiden 1971, S. 645-653

Hellmann, Kai-Uwe, "Einleitung", in: Luhmann, *Protest*, a. a. O., S. 7-45.

Hentschel, Christine, "Das große Erwachen. Affekt und Narrativ in der Bewegung gegen die Corona-Maßnahmen", in: *Leviathan* 49/1 (2021), S. 62-85.

Heumann, Maurits/Oliver Nachtwey, "Autoritarismus und Zivilgesellschaft. Eine empirische Studie zum neuen Autoritarismus", IfS Working Paper Nr. 16, Frankfurt am Main 2021, 다음 웹사이트에서 확인할 수 있다. https://www.ifs.uni-frankfurt.de/publikationsdetails/ifs-maurits-heumann-und-oliver-nachtwey-autoritarismus-und-zivilgesellschaft.html.

Hindrichs, Gunnar, *Zur kritischen Theorie*, Berlin 2020.

Hindrichs, Gunnar, "Autoritär-kulturindustrieller Charakter", in: *Psyche* 76/4 (2022), S. 1-29.

Hirschi, Caspar, "Expertise in der Krise. Zur Totalisierung der Expertenrolle in der Euro-, Klima- und Coronakrise", in: *Umstrittene Expertise. Zur Wissensproblematik der Politik*, herausgegeben von Sebastian Büttner und Thomas Laux, Baden-Baden 2021, S. 159-186.

Hitzler, Ronald/Anne Honer, "Lebenswelt—Milieu—Situation. Terminologische Vorschläge zur theoretischen Verständigung", in: *Kölner Zeitschrift für Soziologie und Sozialpsychologie* 36/1 (1984), S. 56-74.

Hobbes, Thomas, *Leviathan oder Stoff, Form und Gewalt eines bürgerlichen und kirchlichen Staates. Teil I und II*, Frankfurt am Main 1984〔1651〕.

Hobsbawm, Eric, *Das Zeitalter der Extreme. Weltgeschichte des 20. Jahrhunderts*, München 1995.

Hochschild, Arlie R., *Fremd in ihrem Land. Eine Reise ins Herz der amerikanischen Rechten*, Frankfurt am Main 2017.

Hochschild, Arlie R., *The Managed Heart. Commercialization of Human Feeling*, Berkeley 1983.

Höllinger, Franz/Thomas Tripold, *Ganzheitliches Leben. Das holistische Milieu zwischen neuer Spiritualität und postmoderner Wellness-Kultur*, Bielefeld

2014.

Holzer, Boris et al., "Einleitung: Protest in der Pandemie", in: Reichardt (Hg.), *Die Misstrauensgemeinschaft der "Querdenker"*, a. a. O., S. 7-28.

Höffe, Otfried, *Kritik der Freiheit. Das Grundproblem der Moderne*, München 2015.

Honneth, Axel, *Die Idee des Sozialismus. Versuch einer Aktualisierung*, Berlin 2017.

Honneth, Axel et al., "Stichwort: Alexis de Tocqueville und die Paradoxien der Gleichheit", in: *Westend. Neue Zeitschrift für Sozialforschung* 26/1 (2017), S. 71-74.

Honneth, Axel, *Das Recht der Freiheit. Grundriß einer demokratischen Sittlichkeit*, Berlin 2011.

Honneth, Axel/Ferdinand Sutterlüty, "Normative Paradoxien der Gegenwart—eine Forschungsperspektive", in: *Westend. Neue Zeitschrift für Sozialforschung* 8/1 (2011), S. 67-85.

Honneth, Axel, "Organisierte Selbstverwirklichung. Paradoxien der Individualisierung", in: ders., *Befreiung aus der Mündigkeit. Paradoxien des gegenwärtigen Kapitalismus*, Frankfurt am Main 2002.

Max Horkheimer/Theodor W. Adorno, "Vorurteil und Charakter" (1952), in: Horkheimer, *Gesammelte Schriften*, Bd. 8: *Vorträge und Aufzeichnungen 1949-1973*, herausgegeben von Gunzelin Schmid Noerr, Frankfurt am Main 1985, S. 64-76, S. 69.

Horkheimer, Max/Theodor W. Adorno, *Dialektik der Aufklärung. Philosophische Fragmente* (1944), in: Theodor W. Adorno, *Gesammelte Schriften*, Bd. 3, herausgegeben von Rolf Tiedemann, Frankfurt am Main 2003.

Horkheimer, Max, *Zur Kritik der instrumentellen Vernunft* (1947), in: *Gesammelte Schriften*, Bd. 6: *"Zur Kritik der instrumentellen Vernunft" und Notizen 1949-1969*, herausgegeben von Alfred Schmidt, Frankfurt am Main 1991, S. 21-186.

Horkheimer, Max/Theodor W. Adorno, "Zur Neuausgabe" (1969), in: Horkheimer,

Gesammelte Schriften, Bd. 5: *"Dialektik der Aufklärung" und Schriften 1940-1950*, herausgegeben von Alfred Schmidt Gunzelin Schmid Noerr, Frankfurt am Main 1991, S. 13-14.

Horkheimer, Max, "Egoismus und Freiheitsbewegung" (1936), in: *Gesammelte Schriften*, Bd. 4: *Schriften 1936-1941*, herausgegeben von Alfred Schmidt, Frankfurt am Main 1988, S. 9-88.

Horkheimer, Max, "Vorwort 〔zu Authoritarian Personality〕" (1950), in: *Gesammelte Schriften*, Bd. 5, a. a. O., S. 415-420.

Horkheimer, Max, "Zum Begriff der Freiheit", in: *Gesammelte Schriften*, Bd. 7: *Vorträge und Aufzeichnungen 1949-1973*, herausgegeben von Alfred Schmidt und Gunzelin Schmid Noerr, Frankfurt am Main 1985, S. 145-153.

Hövermann, Andreas/Bettina Kohlrausch/Dorothea Voss, *Wie Arbeit, Transformation und soziale Lebenslagen mit anti-demokratischen Einstellungen zusammenhängen. Befunde einer repräsentativen Bevölkerungsumfrage*, Working Paper Forschungsförderung 241 (Februar), Hans-Böckler-Stiftung, Düsseldorf 2022.

Hradil, Stefan, *Sozialstrukturanalyse in fortgeschrittenen Industriegesellschaften. Von Klassen und Schichten zu Lagen und Milieus*, Opladen 1987.

Hübinger, Gangolf, *Gelehrte, Politik und Öffentlichkeit. Eine Intellektuellengeschichte*, Göttingen 2006.

Jameson, Fredric, *Archaeologies of the Future. The Desire Called Utopia and Other Science Fictions*, London 2005.

Jameson, Fredric, *Postmodernism, or, the Cultural Logic of Late Capitalism*, Durham 1991.

Jensen, Uffa, *Zornpolitik*, Berlin 2017.

Jessop, Bob, *The State. Past, Present and the Future*, Cambridge 2016.

Jung, Thomas/Stefan Müller-Doohm, "Vorwort: Fliegende Fische. Zeitgenössische Intellektuelle zwischen Distanz und Engagement", in: *Fliegende Fische. Zeitgenössische Intellektuelle zwischen Distanz und Engagement*, herausgegeben

von Thomas Jung und Stefan Müller-Doohm, Frankfurt am Main 2008, S. 9-18.
Jünger, Ernst, *Das Abenteuerliche Herz. Zweite Fassung* (1938), in: *Sämtliche Werke*, Bd. 9: *Zweite Abteilung. Essays III. Das abenteuerliche Herz*, Stuttgart 1979, S. 177-330.
Jütten, Timo, "Verdinglichung und Freiheit", in: *Deutsche Zeitschrift für Philosophie* 59/5 (2011), S. 717-730.

Keane, John, *The Life and Death of Democracy*, London 2009.
Kelle, Uwe/Susanne Kluge, *Vom Einzelfall zum Typus. Fallvergleich und Fallkontrastierung in der qualitativen Sozialforschung*, Wiesbaden 2010.
Kirchheimer, Otto, "Der Wandel des westeuropäischen Parteiensystems", in: *Politische Vierteljahresschrift* 6/1 (1965), S. 24-41.
Kleffner, Heike/Matthias Meisner (Hg.), *Fehlender Mindestabstand. Die Coronakrise und die Netzwerke der Demokratiefeinde*, Freiburg 2021.
Klinger, Cornelia, "Romantik und Neue Soziale Bewegungen", in: *Athenäum. Jahrbuch für Romantik*, herausgegeben von Ernst Behler et al., Paderborn 1993, S. 223-244.
Knörer, Ekkehard, "Demokratisierung der Kritik? Von Experten und Metaexperten", in: *Merkur* 66/760-761 (2012), S. 945-956.
Koch-Baumgarten, Sigrid, "Vom 'Arbeitnehmerpatriarchat' zur Quotengewerkschaft? Ein Rückblick auf 50 Jahre Geschlechterverhältnisse in den Gewerkschaften der Bundesrepublik", in: *Femina Politica. Zeitschrift für feministische Politikwissenschaft* 8/1 (1999), S. 36-48.
Kocyba, Hermann, "Max Weber. Ressentiment und Rationalität—Zur Genealogie des modernen Menschen", in: *"—ein Leser, wie ich ihn verdiene". Nietzsche-Lektüren in der deutschen Philosophie und Soziologie*, herausgegeben von Eicke Brock und Jutta Georg, Stuttgart 2019, S. 293-317.
Kohli, Martin, "Normalbiographie und Individualität. Zur institutionellen Dynamik des gegenwärtigen Lebenslaufregimes", in: *Vom Ende des Individuums zur*

Individualität ohne Ende, herausgegeben von Hanns-Georg Brose und Bruno Hildebrand, Wiesbaden 1988, S. 33-53.

Kohlrausch, Bettina/Linus M. Höcker, "Ursachen für rechtspopulistische Einstellungen. Ein Überblick über den Forschungsstand", Working Paper Forschungsförderung 178 (März), Hans-Böckler-Stiftung, Düsseldorf 2020.

Kohut, Heinz, "Überlegungen zum Narzißmus und zur narzißtischen Wut" (1971), in: ders., *Die Zukunft der Psychoanalyse. Aufsätze zu allgemeinen Themen und zur Psychologie des Selbst*, Frankfurt am Main 1975, S. 205-251.

Koos, Sebastian, "Konturen einer heterogenen 'Misstrauensgemeinschaft'", in: Reichardt (Hg.), *Die Misstrauensgemeinschaft der "Querdenker"*, a. a. O., S. 67-90.

Koos, Sebastian/Nicolas Binder, "Wer unterstützt die 'Querdenker'?", in: Reichardt (Hg.), *Die Misstrauensgemeinschaft der "Querdenker"*, a. a. O., S. 295-320.

Koppetsch, Cornelia, *Die Gesellschaft des Zorns. Rechtspopulismus im globalen Zeitalter*, Bielefeld 2019.

Koppetsch, Cornelia, "Rechtspopulismus, Etablierte und Außenseiter. Emotionale Dynamiken sozialer Deklassierung", in: *Das Volk gegen die (liberale) Demokratie*, *Leviathan Sonderband* 32, herausgegeben von Dirk Jörke und Oliver Nachtwey, Baden-Baden 2017, S. 208-232.

Korom, Philipp, "Der Aufstieg der Expertenintellektuellen. Eine kritische Auseinandersetzung mit Bourdieus Soziologie der Intellektuellen", in: *SWS-Rundschau* 52/1 (2012), S. 69-91.

Korte, Hermann, *Einführung in die Geschichte der Soziologie*, Wiesbaden 2011.

Koschorke, Albrecht, "Lechts und rinks. Seitenwechsel in Zeiten der Polarisierung", in: *Mittelweg 36* (im Erscheinen).

Koschorke, Albrecht, *Identität, Vulnerabilität und Ressentiment. Positionskämpfe in den Mittelschichten*, FGZ Working Paper 1 (Dezember), Leipzig 2021.

Koschorke, Albrecht, "Linksruck der Fakten", in: *Zeitschrift für Medien- und Kulturforschung* 9/2 (2018), S. 107-118.

Koselleck, Reinhart, *Begriffsgeschichten. Studien zur Semantik und Pragmatik der politischen und sozialen Sprache*, Frankfurt am Main 2006.

Kries, Mateo "Ein Stecker für die höheren Energien", Interview mit Peter Sloterdijk, in: *Die Welt* (25. Oktober 2011), 다음 웹사이트에서 확인할 수 있다. https://www.welt.de/print/die_welt/kultur/article13679318/Ein-Stecker-fuer-die-hoeheren-Energien.html.

Kuhn, Oliver, "Spekulative Kommunikation und ihre Stigmatisierung—am Beispiel der Verschwörungstheorien", in: *Zeitschrift für Soziologie* 39/2 (2010), S. 106-123.

Kuhn, Sarah Anne Kezia et al., "Coronavirus conspiracy beliefs in the German-speaking general population. Endorsement rates and links to reasoning biases and paranoia", in: *Psychological Medicine* (2021), S. 1-15.

Kumkar, Nils C., *Alternative Fakten. Zur Praxis der kommunikativen Erkenntnisverweigerung*, Berlin 2022.

Kumkar, Nils C., Stefan Holubek-Schaum, Karin Gottschall, Betina Hollstein, Uwe Schimank, *Die beharrliche Mitte. Wenn investive Statusarbeit funktioniert*, Wiesbaden 2022.

Kumkar, Nils C., "Politisierung von Expertise? In der Pandemie auf jeden Fall!", in: *Frankfurter Allgemeine Zeitung* (15. Dezember 2021), 다음 웹사이트에서 확인할 수 있다. https://www.faz.net/aktuell/wissen/geist-soziales/wie-caspar-hirschi-vor-politisierung-virologischer-expertise-warnt-17683142.html.

Kumkar, Nils C./Uwe Schimank, "Drei-Klassen-Gesellschaft? Bruch? Konfrontation? Eine Auseinandersetzung mit Andreas Reckwitz' Diagnose der 'Spätmoderne'", in: *Leviathan* 49/1 (2021), S. 7-31.

Kumkar, Nils C., "Realitätsverlust und Autoritarismus. Das Krisenerleben des klassischen Kleinbürgertums und die Attraktivität Donald Trumps", in: *Psychologie und Gesellschaftskritik* 41/3-4 (2017), S. 87-107.

Kümmel, Peter, "Büschn schämen", in: *Die Zeit* (29. April 2021), S. 49.

Kurbjuweit, Dirk, "Der Wutbürger. Stuttgart 21 und die Sarrazin-Debatte. Warum die Deutschen so viel protestieren", in: *Der Spiegel* (11. Oktober 2010), 다음 웹사이트에서 확인할 수 있다. https://www.spiegel.de/spiegel/a-724587.html.

Kurnitzky, Horst/Hansmartin Kuhn (Hg.), *Das Ende der Utopie. Herbert Marcuse diskutiert mit Studenten und Professoren Westberlins an der Freien Univ. Berlin über die Möglichkeiten und Chancen einer politischen Opposition in den Metropolen in Zusammenhang mit den Befreiungsbewegungen in den Ländern der Dritten Welt*, Berlin 1967.

Landa, Ishay, *Der Lehrling und sein Meister. Liberale Tradition und Faschismus*, Berlin 2021.

Lasch, Christopher, *Das Zeitalter des Narzißmus*, Hamburg 1995〔1979〕.

Lash, Scott, "Expertenwissen oder Situationsdeutung? Kultur und Institutionen im desorganisierten Kapitalismus", in: Beck/Giddens/Lash, *Reflexive Modernisierung*, a. a. O., S. 338-364.

Latour, Bruno, *Das Parlament der Dinge. Für eine politische Ökologie*, Frankfurt am Main 2009〔1999〕.

Lemke, Thomas/Ulrich Bröckling/Susanne Krasmann (Hg.), *Gouvernementalität der Gegenwart. Studien zur Ökonomisierung des Sozialen*, Frankfurt am Main 2000.

Lepenies, Philipp, *Verbot und Verzicht. Politik aus dem Geiste des Unterlassens*, Berlin 2022.

Lepsius, M. Rainer, "Kritik als Beruf. Zur Soziologie der Intellektuellen", in: *Kölner Zeitschrift für Soziologie und Sozialpsychologie* 16/1 (1964), S. 75-91.

Liebold, Sebastian/Frank Schale (Hg.), *Neugründung auf alten Werten? Konservative Intellektuelle und Politik in der Bundesrepublik*, Baden-Baden 2017.

Link, Jürgen, *Versuch über den Normalismus. Wie Normalität produziert wird*, Göttingen 2009.

Linse, Ulrich, *Barfüßige Propheten. Erlöser der zwanziger Jahre*, Berlin 1983.

Lilla, Mark, "Das Scheitern der Identitätspolitik. Trumps Amerika. Lehren für die

Linke", in: *Blätter für deutsche und internationale Politik* 62 (2017), S. 41-55.
Lotman, Jurij M., "Der Begriff der Grenze", in: ders., *Die Innenwelt des Denkens. Eine semiotische Theorie der Kultur*, herausgegeben von Susi K. Frank, Cornelia Ruhe und Alexander Schmitz, Frankfurt am Main 2010, S. 174-190.
Löwenthal, Leo, *Falsche Propheten. Studien zur faschistischen Agitation*, Frankfurt am Main 1990〔1982〕.
Lütjen, Torben, "The anti-authoritarian revolt. Right-wing populism as self-empowerment?", in: *European Journal of Social Theory* 25/1 (2021), S. 75-93.
Lütjen, Torben, "Populismus oder die entgleiste Aufklärung", in: *Frankfurter Allgemeine Zeitung* (15. Januar 2019), 다음 웹사이트에서 확인할 수 있다. https://www.faz.net/aktuell/politik/die-gegenwart/populismus-oder-die-entgleiste-aufklaerung-eine-begriffsbestimmung-15975253.html.
Luhmann, Niklas, *Protest. Systemtheorie und soziale Bewegungen*, herausgegeben von Kai-Uwe-Hellmann, Frankfurt am Main 1996, S. 7-45, S. 26.
Luhmann, Niklas, *Soziale Systeme. Grundriß einer allgemeinen Theorie*, Frankfurt am Main 1984.
Luhmann, Niklas, *Vertrauen. Ein Mechanismus der Reduktion sozialer Komplexität*, Stuttgart 1968.
Lukács, Georg, *Die Theorie des Romans. Ein geschichtsphilosophischer Versuch über die Formen der großen Epik*, Darmstadt/Neuwied 1971〔1916〕.
Lukács, Georg, *Geschichte und Klassenbewußtsein. Studien über marxistische Dialektik*, Berlin 1970〔1923〕.
Lutter, Mark, "Strukturen ungleichen Erfolgs. Winner-take-all-Konzentrationen und ihre sozialen Entstehungskontexte auf flexiblen Arbeitsmärkten", in: *Kölner Zeitschrift für Soziologie und Sozialpsychologie* 65/4 (2013), S. 597-622.
Lux, Thomas/Steffen Mau/Aljoscha Jacobi, "Neue Ungleichheitsfragen, neue Cleavages? Ein internationaler Vergleich der Einstellungen in vier Ungleichheitsfeldern", in: *Berliner Journal für Soziologie* (2021), S. 1-40.
Lyotard, Jean-François, *Das postmoderne Wissen. Ein Bericht*, Wien 2019〔1979〕.

Lyotard, Jean-François, "Grabmal des Intellektuellen", in: ders., *Grabmal des Intellektuellen*, herausgegeben von Peter Engelmann, Graz/Wien 1985, S. 9-19.

Macho, Thomas H., "Geistesgegenwart. Notizen zur Lage der Intellektuellen", in: *Intellektuellendämmerung? Beiträge zur neuesten Zeit des Geistes*, herausgegeben von Martin Meyer, München 1992, S. 38-56.

Mair, Peter, *Ruling the Void. The Hollowing of Western Democracy*, London 2011.

Majone, Giandomenico, "Paradoxes of privatization and deregulation", in: *Journal of European Public Policy* 1/1 (1994), S. 53-69.

Mannheim, Karl, *Ideologie und Utopie*, Frankfurt am Main 1995〔1929〕.

Mannheim, Karl, *Konservatismus. Ein Beitrag zur Soziologie des Wissens*, herausgegeben von David Kettler, Volker Meja und Nico Stehr, Frankfurt am Main 1984.

Manow, Philip, *(Ent-)Demokratisierung der Demokratie*, Berlin 2020.

Marcuse, Herbert, *Der eindimensionale Mensch. Studien zur Ideologie der fortgeschrittenen Industriegesellschaft*, München 1994〔1964〕.

Marcuse, Herbert, *Triebstruktur und Gesellschaft. Ein philosophischer Beitrag zu Sigmund Freud*, Frankfurt am Main 1969〔1955〕.

Marcuse, Herbert et al., *Aggression und Anpassung in der Industriegesellschaft*, Frankfurt am Main 1968.

Marcuse, Herbert, "Das Veralten der Psychoanalyse" (1963), in: ders., *Kultur und Gesellschaft II*, Frankfurt am Main 1965, S. 85-106.

Marcuse, Herbert, "Der Kampf gegen den Liberalismus in der totalitären Staatsauffassung" (1934), in: ders., *Kultur und Gesellschaft I*, Frankfurt am Main 1965, S. 17-55.

Marcuse, Herbert, "Vorwort", in: ders., *Kultur und Gesellschaft I*, a. a. O., S. 7-16.

Markwardt, Nils, "Wut kann Impulse setzen, aber keine Probleme bearbeiten", Interview mit Steffen Mau, in: *Philomag. De* (15. April 2021), 다음 웹사이트에서 확인할 수 있다. https://www.philomag.de/artikel/steffen-mau-wut-kann-

impulse-setzen-aber-keine-probleme-bearbeiten.
Marshall, Thomas H., "Staatsbürgerrechte und soziale Klassen" (1951), in: *Citizenship—Soziologie der Staatsbürgerschaft*, herausgegeben von Jürgen Mackert und Hans-Peter Müller, Wiesbaden 2020.
Martenstein, Harald, "Über Sternchenpausen, Bösewichtinnen und neue Erwerbsquellen für den Duden", in: *Zeit-Magazin* (28. April 2021), 다음 웹사이트에서 확인할 수 있다. https://www.zeit.de/zeit-magazin/2021/18/harald-martenstein-gendern-kritik-sprache-sprachentwicklung-duden.
Marx, Karl, *Grundrisse der Kritik der politischen Ökonomie*, in: Karl Marx/Friedrich Engels, *Werke* (MEW), Bd. 42, Berlin 1983〔1939〕, S. 47-770.
Marx, Karl, "Zur Judenfrage" (1844), MEW 1, Berlin 1976, S. 347-377.
Marx, Karl/Friedrich Engels, *Die deutsche Ideologie* (1845/46), MEW 3, Berlin 1972, S. 5-530.
Marx, Karl/Friedrich Engels, *Manifest der Kommunistischen Partei*, MEW 4, Berlin 1972, S. 461-493〔1848〕.
Marx, Karl, *Zur Kritik der Hegelschen Rechtsphilosophie. Einleitung*, MEW 1, Berlin 1972, S. 378-391〔1844〕.
Marx, Karl, *Das Kapital. Kritik der politischen Ökonomie. Erster Band*, MEW 23, Berlin 1962〔1867〕.
Mau, Søren, *Stummer Zwang. Eine marxistische Analyse der ökonomischen Macht im Kapitalismus*, Berlin 2021.
Mau, Steffen, "Kamel oder Dromedar? Zur Diagnose der gesellschaftlichen Polarisierung", in: *Merkur* 76/874 (2022), S. 5-18.
Mau, Steffen/Thomas Lux/Fabian Gülzau, "Die drei Arenen der neuen Ungleichheitskonflikte. Eine sozialstrukturelle Positionsbestimmung der Einstellungen zu Umverteilung, Migration und sexueller Diversität", in: *Berliner Journal für Soziologie* 30/3 (2020), S. 317-346.
Mau, Steffen, *Das metrische Wir. Über die Quantifizierung des Sozialen*, Berlin 2017.

Mayer-Ahuja, Nicole/Oliver Nachtwey, "Verkannte Leistungsträger:innen. Berichte aus der Klassengesellschaft", in: *Verkannte Leistungsträger:innen. Berichte aus der Klassengesellschaft*, herausgegeben von Nicole Mayer-Ahuja und Oliver Nachtwey, Berlin 2021.

Mayring, Philipp A. E., *Qualitative Inhaltsanalyse. Grundlagen und Techniken*, Weinheim 2015.

McDermott, Rose, "Psychological underpinnings of post-truth in political beliefs", in: *PS. Political Science & Politics* 52/2 (2019), S. 218-222.

Macpherson, Crawford Brough, *Die politische Theorie des Besitzindividualismus. Von Hobbes bis Locke*, Frankfurt am Main 1990.

Melucci, Alberto, "The process of collective identity", in: *Social Movements and Culture*, herausgegeben von Hank Johnston und Bert Klandermans, Minneapolis 1995, S. 41-63.

Merkel, Wolfgang, "Kosmopolitismus versus Kommunitarismus. Ein neuer Konflikt in der Demokratie", in: *Parties, Governments and Elites. The Comparative Study of Democracy*, herausgegeben von Philipp Harfst, Ina Kubbe und Thomas Poguntke, Wiesbaden 2017, S. 9-23.

Merton, Robert K., *Soziologische Theorie und soziale Struktur*, Berlin/Boston 1995〔1949〕.

Messner, Steven F./Richard Rosenfeld/Andreas Hövermann, "Institutional Anomie Theory. An evolving research program", in: *Handbook on Crime and Deviance*, herausgegeben von Marvin D. Krohn et al., New York 2019, S. 161-177.

Meyer, Thomas, "Die Agenda 2010 und die soziale Gerechtigkeit", in: *Politische Vierteljahresschrift* 45/2 (2004), S. 181-190.

Mill, John Stuart, *Über die Freiheit*, Hamburg 2009〔1859〕.

Mills, C. Wright, *Soziologische Phantasie*, Wiesbaden 2016〔1959〕.

Mises, Ludwig von, *Liberalismus*, Jena 1927.

Mishra, Pankaj, *Das Zeitalter des Zorns. Eine Geschichte der Gegenwart,* Frankfurt am Main 2017.

Mitscherlich, Alexander, *Auf dem Weg zur vaterlosen Gesellschaft. Ideen zur Sozialpsychologie*, München 1963.

Moebius, Stephan, "Der Medienintellektuelle", in: *Diven, Hacker, Spekulanten. Sozialfiguren der Gegenwart*, herausgegeben von Stephan Moebius und Markus Schroer, Frankfurt am Main 2010, S. 277-290.

Moebius, Stephan, "Intellektuellensoziologie—Skizze zu einer Methodologie", in: *Sozial. Geschichte Online* 2 (2010), S. 37-63.

Möllers, Christoph, *Freiheitsgrade. Elemente einer liberalen politischen Mechanik*, Berlin 2020.

Montesquieu, *Vom Geist der Gesetze*, Stuttgart 1994[1835/40].

Moore, Barrington/Detlev Puls, *Ungerechtigkeit. Die sozialen Ursachen von Unterordnung und Widerstand*, Frankfurt am Main 1982.

Morelock, Jeremiah/Felipe Ziotti Narita, "The nexus of Qanon and COVID-19. Legitimation crisis and epistemic crisis", in: *Critical Sociology* (2022), 다음 웹사이트에서 확인할 수 있다. https://journals.sagepub.com/doi/10.1177/08969205211069614.

Mouffe, Chantal, *Für einen linken Populismus*, Berlin 2018.

Mouffe, Chantal, *Über das Politische. Wider die kosmopolitische Illusion*, Frankfurt am Main 2007.

Müller, Hans-Peter, "Wozu (noch) Intellektuelle? Versuch einer Standortbestimmung", in: *Merkur* 66/760-761 (2012), S. 878-885.

Müller, Hans-Peter, "Diagnostiker des Individualismus", in: *Merkur* 59/675 (2005), S. 637-42.

Müller, Hans-Peter, "Soziale Ungleichheit und Ressentiment", in: *Merkur* 58/665-666 (2004), S. 885-894.

Müller, Jan-Werner, *Was ist Populismus? Ein Essay*, Berlin 2016.

Müller, Julian, "Der politische Konvertit als Fürsprecher seiner selbst", in: *Mittelweg 36* (im Erscheinen).

Münch, Richard, "Benevolenter Paternalismus. Regieren nach SARS-CoV-2", in:

Büttner/Laux (Hg.), *Umstrittene Expertise*, a. a. O., S. 409-432.

Münch, Richard, *Akademischer Kapitalismus. Über die politische Ökonomie der Hochschulreform*, Berlin 2011.

Nachtwey, Oliver/Nadine Frei/Robert Schäfer, "Generalverdacht und Kritik als Selbstzweck. Empirische Befunde zu den Corona-Protesten", in: Benz (Hg.), *Querdenken*, a. a. O., S. 194-213.

Nachtwey, Oliver/Nadine Frei/Robert Schäfer, "Politische Soziologie der Corona-Proteste", in: *SocArXiv Preprint* (Dezember 2020), 다음 웹사이트에서 확인할 수 있다. https://osf.io/preprints/socarxiv/zyp3f.

Nachtwey, Oliver/Philipp Staab, "Das Produktionsmodell des digitalen Kapitalismus", in: *Soziologie des Digitalen—Digitale Soziologie?*, herausgegeben von Sabine Maasen und Jan-Hendrik Passoth, Baden-Baden 2020, S. 285-304.

Nachtwey, Oliver/Martin Seeliger, "Transformation of industrial citizenship in the course of European integration", in: *The British Journal of Sociology* 71/5 (2020), S. 852-866.

Nachtwey, Oliver, "Citizenship-Proteste? Zum Wandel des sozialen Konflikts", in: *Protest in Bewegung. Zum Wandel von Bedingungen, Formen und Effekten politischen Protests. Leviathan Sonderband 33*, herausgegeben von Priska Daphi et al., Baden-Baden 2017, S. 147-170.

Nachtwey, Oliver, "Entzivilisierung. Über regressive Tendenzen in westlichen Gesellschaften", in: Geiselberger (Hg.), *Die große Regression*, a. a. O., S. 215-232.

Nachtwey, Oliver, *Die Abstiegsgesellschaft. Über das Aufbegehren in der regressiven Moderne*, Berlin 2016.

Nachtwey, Oliver/Fabienne Décieux, "Occupy. Proteste in der Postdemokratie", in: *Forschungsjournal Soziale Bewegungen* 27/1 (2014), S. 75-89.

Nachtwey, Oliver, *Marktsozialdemokratie. Die Transformation der SPD und Labour Party*, Wiesbaden 2009.

Nassehi, Armin, *Unbehagen. Theorie der überforderten Gesellschaft*, München 2021.

Neckel, Sighard, "Eingesperrt: der Groll", in: *Merkur* 75/864 (2021), S. 81-87.

Neckel, Sighard, "Oligarchische Ungleichheit. Winner-take-all-Positionen in der (obersten) Oberschicht", in: *Westend. Neue Zeitschrift für Sozialforschung* 11/2 (2014), S. 51-63.

Neckel, Sighard/Greta Wagner (Hg.), *Leistung und Erschöpfung. Burnout in der Wettbewerbsgesellschaft*, Berlin 2013.

Neckel, Sighard, *Flucht nach vorn. Die Erfolgskultur der Marktgesellschaft*, Frankfurt am Main/New York 2008.

Neckel, Sighard, *Die Macht der Unterscheidung. Essays zur Kultursoziologie der modernen Gesellschaft*, Frankfurt am Main/New York 2000.

Neckel, Sighard, "Blanker Neid, blinde Wut? Sozialstruktur und kollektive Gefühle" (1999), in: ders., *Die Macht der Unterscheidung*, a. a. O., S. 110-131.

Neckel, Sighard, "Identität als Ware. Die Marktwirtschaft im Sozialen" (1996), in: ders., *Die Macht der Unterscheidung*, a. a. O., S. 37-47.

Neckel, Sighard, "Achtungsverlust und Scham. Die soziale Gestalt eines existentiellen Gefühls (1993)", in: ders., *Die Macht der Unterscheidung*, a. a. O., S. 92-109.

Neckel, Sighard, "Bluffen, Täuschen und Verstellen. Bemerkungen zu einer Variante des Leistungsprinzips" (1987), in: ders., *Die Macht der Unterscheidung*, a. a. O., S. 60-66.

Neckel, Sighard, *Status und Scham. Zur symbolischen Reproduktion sozialer Ungleichheit*, Frankfurt am Main/New York 1991.

Neckel, Sighard, "Das Stellhölzchen der Macht. Zur Soziologie des politischen Skandals", in: *Anatomie des politischen Skandals*, herausgegeben von Rolf Ebbighausen und Sighard Neckel, Frankfurt am Main 1989, S. 55-82.

Neumann, Franz L., "Angst und Politik", in: ders., *Wirtschaft, Staat, Demokratie. Aufsätze 1930-1954*, herausgegeben von Alfons Söllner, Frankfurt am Main 1978, S. 424-459.

Niesen, Peter, "Die politische Theorie des Libertarianismus. Robert Nozick und Friedrich A. von Hayek", in: *Politische Theorien der Gegenwart*, Bd. 1, herausgegeben von André Brodocz und Gary S. Schaal, Opladen 2002, S. 69-110.

Nietzsche, Friedrich, "Genealogie der Moral" (1887), in: *Kritische Studienausgabe*, Bd. 5, herausgegeben von Giorgio Colli und Mazzino Montinari, München 1999, S. 245-412.

Norris, Pippa, "Cancel culture. Myth or reality?", in: *Political Studies* (11. August 2021), S. 1-30.

Norris, Pippa/Ronald Inglehart, *Cultural Backlash. Trump, Brexit, and Authoritarian Populism*, New York 2019.

Nozick, Robert, *Anarchie Staat Utopia*, München 1974.

Nymoen, Ole/Wolfgang M. Schmitt, *Influencer. Die Ideologie der Werbekörper*, Berlin 2021.

Oevermann, Ulrich, "Der Intellektuelle. Soziologische Strukturbestimmungen des Komplementär von Öffentlichkeit", in: *Die Macht des Geistes. Soziologische Fallanalysen zum Strukturtyp des Intellektuellen*, herausgegeben von Andreas Franzmann, Sascha Liebermann und Jörg Tykwer, Frankfurt am Main 2003, S. 13-75.

Offe, Claus, "Was (falls überhaupt) können wir uns heute unter politischem Fortschritt vorstellen?", in: *Westend. Neue Zeitschrift für Sozialforschung* 7/2 (2010), S. 3-14.

Offe, Claus, "Die Utopie der Null-Option. Modernität und Modernisierung als politische Gütekriterien", in: *Die Moderne. Kontinuitäten und Zäsuren*, *Soziale Welt Sonderband* 4, herausgegeben von Johannes Berger, Göttingen 1986, S. 94-117.

Offe, Claus, "'Unregierbarkeit'. Zur Renaissance konservativer Krisentheorien", in: *Stichworte zur "Geistigen Situation der Zeit"*, Bd. 1: *Nation und Republik*,

herausgegeben von Jürgen Habermas, Frankfurt am Main 1979, S. 294-318.
Offe, Claus, *Berufsbildungsreform. Eine Fallstudie über Reformpolitik*, Frankfurt am Main 1975.
Ohana, Katharina, *Narzissten wie wir. Vom Streben nach Aufwertung—ein ehrlicher Blick auf uns Menschen*, Weinheim 2022.
Orlowsky, Ursula/Rebekka Orlowsky, "Einleitung: Intention und Aufbau des Buches", in: Orlowsky/Orlowsky (Hg.), *Narziss und Narzissmus im Spiegel von Literatur, Bildender Kunst und Psychoanalyse*, a. a. O., S. 19-28.
Orlowsky, Ursula/Rebekka Orlowsky (Hg.), *Narziss und Narzissmus im Spiegel von Literatur, Bildender Kunst und Psychoanalyse. Vom Mythos zur leeren Selbstinszenierung*, München 1992.
Ovid, "Metamorphoses/Verwandlungen III 339-510", in: Renger (Hg.), *Mythos Narziss*, a. a. O., S. 44-54.

Pantenburg, Johannes/Sven Reichardt/Benedikt Sepp, "Wissensparallelwelten der 'Querdenker'", in: Reichardt (Hg.), *Die Misstrauensgemeinschaft der "Querdenker"*, a. a. O., S. 29-66.
Pantenburg, Johannes/Benedikt Sepp, "Wissen, hausgemacht. Selbstverständnis, Expertisen und Hausverstand der 'Querdenker'", in: Büttner/Laux (Hg.), *Umstrittene Expertise*, a. a. O., S. 468-482.
Paris, Rainer, "Ohnmacht als Pression. Über Opferrhetorik", in: *Merkur* 58/665-666 (2004), S. 914-923.
Peck, Jamie, *Workfare States*, New York 2001.
Petersen, Thomas, "Die Mehrheit fühlt sich gegängelt", in: *Frankfurter Allgemeine Zeitung* (16. Juni 2021), S. 8.
Peukert, Rüdiger, "Die Destabilisierung der Familie", in: *Was treibt die Gesellschaft auseinander?*, herausgegeben von Wilhelm Heitmeyer, Frankfurt am Main 1997, S. 187-328.
Pfaller, Robert, *Erwachsenensprache. Über ihr Verschwinden aus Politik und*

Kultur, Frankfurt am Main 2017.

Pfister, Jonas (Hg.), *Texte zur Freiheit*, Stuttgart 2017.

Piff, Paul K., "Wealth and the inflated self. Class, entitlement, and narcissism", in: *Personality and Social Psychology Bulletin* 40/1 (2013), S. 34-43.

Pollock, Friedrich, "Bemerkungen zur Wirtschaftskrise", in: *Zeitschrift für Sozialforschung* 2/3 (1933), S. 321-354.

Popitz, Heinrich, "Realitätsverlust in Gruppen" (1994), in: ders., *Soziale Normen*, herausgegeben von Friedrich Pohlmann und Wolfgang Eßbach, Frankfurt am Main 2006, S. 175-186.

Popitz, Heinrich, *Phänomene der Macht. Autorität—Herrschaft—Gewalt—Technik*, Tübingen 1986.

Popitz, Heinrich, *Die normative Konstruktion der Gesellschaft*, Tübingen 1980.

Poulantzas, Nicos, *Staatstheorie. Politischer Überbau, Ideologie, Autoritärer Etatismus*, Hamburg 1978.

Priester, Karin, "Philosophie der Apokalypse. Geistige Pfadfinder der Neuen Rechten", in: *Blätter für deutsche und internationale Politik* 10 (1995), S. 1241-1251.

Radeloff, Daniel/Jon Genuneit/Christian J. Bachmann, "Suizide in Deutschland während der COVID-19-Pandemie. Eine Analyse auf der Grundlage von Daten zu elf Millionen Einwohnern 2017-2021", in: *Deutsches Ärzteblatt* 119 (2022), 다음 웹사이트에서 확인할 수 있다. https://www.aerzteblatt.de/archiv/225003/Suizide-in-Deutschland-waehrend-der-COVID-19-Pandemie.

Rancière, Jacques, *Das Unvernehmen. Politik und Philosophie*, Frankfurt am Main 2002.

Rancière, Jacques, "Demokratie und Postdemokratie", in: Alain Badiou/Jacques Rancière, *Politik der Wahrheit*, Wien 1996, S. 119-156.

Rawls, John, *Eine Theorie der Gerechtigkeit*, Frankfurt am Main 1979〔1971〕.

Reckwitz, Andreas, *Das Ende der Illusionen. Politik, Ökonomie und Kultur in der Spätmoderne*, Berlin 2019.

Reckwitz, Andreas, *Die Gesellschaft der Singularitäten. Zum Strukturwandel der Moderne*, Berlin 2019.

Reckwitz, Andreas, *Das hybride Subjekt. Eine Theorie der Subjektkulturen von der bürgerlichen Moderne zur Postmoderne*, Berlin 2020.

Reckwitz, Andreas/Hartmut Rosa, *Spätmoderne in der Krise. Was leistet die Gesellschaftstheorie?*, Berlin 2021.

Reckwitz, Andreas, "Gesellschaftstheorie als Werkzeug", in: Reckwitz/Rosa, *Spätmoderne in der Krise*, a. a. O., S. 23-150.

Reckwitz, Andreas, "Auf der Suche nach der neuen Mittelklasse—Replik auf Nils Kumkar und Uwe Schimank", in: *Leviathan* 49/1 (2021), S. 33-61.

Redecker, Eva von, "Ownership's shadow. Neoauthoritarianism as defense of phantom possession", in: *Critical Times* 3/1 (2020), S. 33-67.

Rehmann, Jan/Thomas Wagner (Hg.), *Angriff der Leistungsträger? Das Buch zur Sloterdijk-Debatte*, Hamburg 2010.

Reich, Jennifer, *Calling the Shots. Why Parents Reject Vaccines*, New York 2016.

Reichardt, Sven (Hg.), *Die Misstrauensgemeinschaft der "Querdenker". Die Corona-Proteste aus kultur- und sozialwissenschaftlicher Perspektive*, Frankfurt am Main/New York 2021.

Reichardt, Sven, *Authentizität und Gemeinschaft. Linksalternatives Leben in den siebziger und frühen achtziger Jahren*, Berlin 2014.

Reiche, Reimut, *Sexualität und Klassenkampf. Zur Abwehr repressiver Entsublimierung*, Frankfurt am Main 1971.

Renger, Almut-Barbara, "Vorwort: Narcissus—'Selbsterkenntnis' und 'Liebe als Passion'. Gedankengänge zu einem Mythos", in: *Narcissus. Ein Mythos von der Antike bis zum Cyberspace*, herausgegeben von Almut-Barbara Renger, Stuttgart/Weimar 2002, S. 1-12.

Renger, Almut-Barbara (Hg.), *Mythos Narziss. Texte von Ovid bis Jacques Lacan*, Leipzig 1999.

Renger, Almut-Barbara, "Vorwort", in: Renger (Hg.), *Mythos Narziss*, a. a. O., S. 14-21.

Reveland, Carla/Volker Siefert, "'Querdenker' für Putin", in: *Tagesschau. de* (4. März 2022), 다음 웹사이트에서 확인할 수 있다. https://www.tagesschau.de/investigativ/reaktionen-auf-putin-von-querdenkern-und-verschwoerungsideologen-101.html.

Riesman, David et al., *Die einsame Masse. Eine Untersuchung der Wandlungen des amerikanischen Charakters*, Darmstadt 1956.

Ritter, Kathrin/Claas-Hinrich Lammers, "Narzissmus—Persönlichkeitsvariable und Persönlichkeitsstörung", in: *Psychotherapie, Psychosomatik, Medizinische Psychologie* 57/2 (2007), S. 53-60.

Röcke, Anja, *Soziologie der Selbstoptimierung*, Berlin 2021.

Roose, Jochen, "Soziale Bewegungen als Basismobilisierung. Zum Verhältnis von Basis und Führungspersonal in den Ansätzen der Bewegungsforschung", *Grassroots-Campaigning*, herausgegeben von Rudolf Speth, Wiesbaden 2013, S. 141-157.

Rorty, Richard, *Stolz auf unser Land. Die amerikanische Linke und der Patriotismus*, Frankfurt am Main 1999.

Rosa, Hartmut, "Best Account. Skizze einer systematischen Theorie der modernen Gesellschaft", in: Reckwitz/Rosa, *Spätmoderne in der Krise*, a. a. O., S. 151-252.

Rosa, Hartmut, *Resonanz. Eine Soziologie der Weltbeziehung*, Berlin 2018.

Rosa, Hartmut, *Beschleunigung und Entfremdung. Entwurf einer kritischen Theorie spätmoderner Zeitlichkeit*, Berlin 2013.

Rosa, Hartmut, "Wettbewerb als Interaktionsmodus. Kulturelle und sozialstrukturelle Konsequenzen der Konkurrenzgesellschaft, in: ders., *Weltbeziehungen im Zeitalter der Beschleunigung*, Frankfurt am Main 2012, S. 324-356.

Rosa, Hartmut, *Beschleunigung. Die Veränderung der Zeitstrukturen in der Moderne*, Frankfurt am Main 2005.

Rosanvallon, Pierre, *Die Gegen-Demokratie. Politik im Zeitalter des Misstrauens*,

Hamburg 2017.

Rosanvallon, Pierre, *Die Gesellschaft der Gleichen*, Hamburg 2013.

Rucht, Dieter, "Gesellschaft als Projekt—Projekte in der Gesellschaft", in: *Neue soziale Bewegungen. Impulse, Bilanzen und Perspektiven*, herausgegeben von Ansgar Klein, Hans-Josef Legrand und Thomas Lief, Opladen 1999, S. 15-27.

Rucht, Dieter, "Gegenöffentlichkeit und Gegenexperten", in: *Zeitschrift für Rechtssoziologie* 9/2 (1988), S. 290-305.

Sachweh, Patrick, "Klassen und Klassenkonflikte in der postindustriellen Gesellschaft", in: *Leviathan* 49/2 (2021), S. 181-188.

Saint-Victor, Jacques de, *Die Antipolitischen*, Hamburg 2015.

Sandel, Michael J., *Vom Ende des Gemeinwohls. Wie die Leistungsgesellschaft unsere Demokratien zerreißt*, Frankfurt am Main 2020.

Sarasin, Philipp, *1977. Eine kurze Geschichte der Gegenwart*, Berlin 2021.

Sartre, Jean-Paul, "Plädoyer für die Intellektuellen" (1965), in: *Gesammelte Werke*, Bd. 6: *Politische Schriften*, herausgegeben von Traugott König, Reinbek bei Hamburg 1995, S. 90-148.

Sauer, Birgit, "Gesellschaftstheoretische Überlegungen zum europäischen Rechtspopulismus. Zum Erklärungspotenzial der Kategorie Geschlecht", in: *Politische Vierteljahresschrift* 58/1 (2017), S. 3-22.

Schäfer, Armin/Michael Zürn, *Die demokratische Regression*, Berlin 2021.

Schäfer, Robert/Nadine Frei, "Rationalismus und Mystifikation. Zur formalen Pathetik des Dagegenseins", in: *Zeitschrift für Religion, Gesellschaft und Politik* 5 (2021), S. 391-410.

Schaupp, Simon, "Algorithmic integration and precarious (dis)obedience: On the co-constitution of migration regime and workplace regime in digitalised manufacturing and logistics", in: *Work, Employment and Society* 36/2 (2022), S. 310-327.

Schaupp, Simon, *Digitale Selbstüberwachung. Self-Tracking im kybernetischen Kapitalismus*, Münster 2016.

Scheler, Max, *Das Ressentiment im Aufbau der Moralen*, Frankfurt am Main 1978 〔1915〕.

Schildt, Axel, *Medien-Intellektuelle in der Bundesrepublik*, herausgegeben von Gabriele Kandzora und Detlef Siegfried, Göttingen 2020.

Schildt, Axel, *Militärdiktatur mit Massenbasis? Die Querfrontkonzeption der Reichswehrführung um General von Schleicher am Ende der Weimarer Republik*, Frankfurt am Main/New York 1981.

Schimank, Uwe, "Universitäten und Gesellschaft im Wandel", in: *Aus Politik und Zeitgeschichte* 71/46 (2021), S. 42-47.

Schirrmacher, Frank, "Der Solschenizyn-Schock", in: *Frankfurter Allgemeine Zeitung* (4. August 2008), 다음 웹사이트에서 확인할 수 있다. https://www.faz.net/aktuell/feuilleton/buecher/sieg-ueber-die-geschichte-der-solschenizyn-schock-1677319.html.

Schlechtriemen, Tobias/Sebastian J. Moser, "Sozialfiguren. Zwischen gesellschaftlicher Erfahrung und soziologischer Diagnose", in: *Zeitschrift für Soziologie* 47/3 (2018), S. 164-180.

Schließler, Clara/Nele Hellweg/Oliver Decker, "Aberglaube, Esoterik und Verschwörungsmentalität in Zeiten der Pandemie", in: Decker/Bähler (Hg.), *Autoritäre Dynamiken*, a. a. O., S. 283-308.

Schmincke, Imke, "Das Kind als Chiffre politischer Auseinandersetzung am Beispiel neuer konservativer Protestbewegungen in Frankreich und Deutschland", in: Hark/Villa (Hg.), *Anti-Genderismus*, a. a. O., S. 93-108.

Schmitt, Carl, "Starker Staat und gesunde Wirtschaft. Ein Vortrag vor Wirtschaftsführern", in: *Volk und Reich* 1/2 (1933), S. 81-94.

Schneider, Anna, "Die Freiheit beginnt beim Ich", in: *Die Welt* (20. November 2021), 다음 웹사이트에서 확인할 수 있다. https://www.welt.de/debatte/kommentare/plus235159368/Anna-Schneider-zu-Individualismusund-Covid-Freiheit-beginnt-beim-Ich.html.

Schneider, Anna, "Weitweg von der Lebensrealität", in: *Die Welt* (21. Juni 2021), 다음 웹사이트에서 확인할 수 있다. https://www.welt.de/debatte/kommentare/plus231996405/Diskriminierungssensible-Medien-Weit-weg-von-der-Lebensrealitaet.html.

Schroer, Markus, *Das Individuum der Gesellschaft. Synchrone und diachrone Theorieperspektiven*, Frankfurt am Main 2001.

Schubert, Karsten, "Umkämpfte Kunstfreiheit. Ein Differenzierungsvorschlag", in: *Zeitschrift für Menschenrechte* 14/2 (2020), S. 195-204.

Schwab, Klaus/Thierry Malleret, *Covid-19. Der Große Umbruch*, Genf 2020.

Schwennicke, Christoph, "Es gibt keine moralische Pflicht zur Selbstzerstörung. Peter Sloterdijk über die Flüchtlingskrise", Interview mit Peter Sloterdijk, in: *Cicero* (28. Januar 2016), 다음 웹사이트에서 확인할 수 있다. https://www.cicero.de/innenpolitik/peter-sloterdijk-luegenaether-fluechtlinge-koeln-silvester/plus.

Seeliger, Martin, *Soziologie des Gangsta-Rap. Popkultur als Ausdruck sozialer Konflikte*, Weinheim/Basel 2022.

Seeliger, Martin/Sebastian Sevignani (Hg.), *Ein neuer Strukturwandel der Öffentlichkeit?*, Baden-Baden 2021.

Sennett, Richard, *Der flexible Mensch. Die Kultur des neuen Kapitalismus*, Berlin 1998.

Sennett, Richard, *Verfall und Ende des öffentlichen Lebens. Die Tyrannei der Intimität*, Frankfurt am Main 1986.

Siegfried, Detlef/David Templin (Hg.), *Lebensreform um 1900 und Alternativmilieu um 1980. Kontinuitäten und Brüche in Milieus der gesellschaftlichen Selbstreflexion im frühen und späten 20. Jahrhundert*, Göttingen 2019.

Simmel, Georg, "Fragment über die Liebe" (1921), in: *Georg Simmel Gesamtausgabe* (GSG), Bd. 7: *Aufsätze und Abhandlungen 1901-1908. Band I*, herausgegeben von Rüdiger Kramme, Angela Rammstedt und Otthein Rammstedt, Frankfurt am Main 1995.

Simmel, Georg, "Zur Psychologie der Scham" (1901), in: *Schriften zur Soziologie. Eine Auswahl*, herausgegeben von Heinz-Jürgen Dahme und Otthein Rammstedt, Frankfurt am Main 1992, S. 140-150.

Simmel, Georg, *Philosophie des Geldes*, GSG 6: *Philosophie des Geldes*, Frankfurt am Main 1989〔1900〕.

Simmel, Georg, "Über sociale Differenzierung" (1890), in: GSG 2: *Aufsätze 1887 bis 1890. Über sociale Differenzierung. Die Probleme der Geschichtsphilosophie (1892)*, herausgegeben von Heinz-Jürgen Dahme, Frankfurt am Main 1989, S. 109-296.

Sinus Markt- und Sozialforschung, *Die Sinus-Milieus in Deutschland. Infopaket für Lehrzwecke*, Heidelberg 2021, S. 25-31.

Slaby, Jan/Christian von Scheve (Hg.), *Affective Societies. Key Concepts*, London/New York 2019.

Slobodian, Quinn, *Globalisten. Das Ende der Imperien und die Geburt des Neoliberalismus*, Berlin 2019.

Sloterdijk, Peter, "Warum treten zunehmend Leute aus der Wirklichkeit aus?", in: ders., *Der Staat streift seine Samthandschuhe ab. Ausgewählte Gespräche und Beiträge 2020-2021*, Berlin 2021, S. 149-171.

Sloterdijk, Peter, *Reflexionen eines nicht mehr Unpolitischen. Dankrede von Peter Sloterdijk zur Entgegennahme des Ludwig-Börne-Preises 2013*, Berlin 2013.

Sloterdijk, Peter, *Du mußt dein Leben ändern. Über Anthropotechnik*, Frankfurt am Main 2012.

Sloterdijk, Peter, *Die nehmende Hand und die gebende Seite. Beiträge zu einer Debatte über die demokratische Neubegründung von Steuern*, Berlin 2010.

Sloterdijk, Peter, "Die Revolution der gebenden Hand", in: *Frankfurter Allgemeine Zeitung* (13. Juni 2009), 다음 웹사이트에서 확인할 수 있다. https://www.faz.net/aktuell/feuilleton/debatten/kapitalismus/die-zukunft-des-kapitalismus-8-die-revolution-der-gebenden-hand-1812362.html.

Sloterdijk, Peter, *Zorn und Zeit. Politisch-psychologischer Versuch*, Frankfurt am

Main 2006.

Sloterdijk, Peter, *Kritik der zynischen Vernunft*, Bd. 1., Frankfurt am Main 1983.

Small, Mario Luis, "How to conduct a mixed methods study: Recent trends in a rapidly growing literature", in: *Annual Review of Sociology* 37 (2011), S. 57-86.

Snowden, Frank M., *Epidemics and Society. From the Black Death to the Present*, New Haven 2019.

Speit, Andreas, *Verqueres Denken. Gefährliche Weltbilder in alternativen Milieus*, Berlin 2021.

Spoerhase, Carlos, "Filetierte Vernunft. Veröffentlichen in den Geistesund Sozialwissenschaften", in: *Mittelweg 36* 31/2 (2022), S. 4-13.

Staiger, Janet/Ann Cvetkovich/Ann Reynolds (Hg.), *Political Emotions*, New York 2010.

Stegemann, Bernd, *Die Öffentlichkeit und ihre Feinde*, Stuttgart 2021.

Stegemann, Bernd, "Keine Macht den Denunzianten und Reinheitsfanatikern der Kulturszene!", in: *Schweizer Monat* 1077 (2020), 다음 웹사이트에서 확인할 수 있다. https://schweizermonat.ch/keine-macht-den-denunzianten-und-reinheitsfanatikern-der-kulturszene.

Stegemann, Bernd, "Der liberale Populismus und seine Feinde", in: *Blätter für deutsche und internationale Politik* 4 (2017), S. 81-94.

Steiner, John, *Narzißtische Einbrüche. Sehen und Gesehenwerden. Scham und Verlegenheit pathologischer Persönlichkeitsstörungen*, Stuttgart 2006.

Stewart, Kathleen, *Ordinary Affects*, Durham 2007.

Strauss, Anselm L./Juliet Corbin, *Basics of Qualitative Research. Grounded Theory Procedures and Techniques*, London 1990.

Streeck, Wolfgang, "Heller, Schmitt and the Euro", in: *European Law Journal* 1/3 (2015), S. 361-370.

Streichhahn, Vincent, "Das Geschlecht des Rechtspopulismus. Ein Forschungsüberblick", in: *Wie weiter mit der Populismusforschung?*, herausgegeben von Seongcheol Kim und Veith Selk, Baden-Baden 2021, S. 293-318.

Strenger, Carlo, *Abenteuer Freiheit. Ein Wegweiser für unsichere Zeiten*, Berlin 2017.

Strick, Simon, *Rechte Gefühle. Affekte und Strategien des digitalen Faschismus*, Bielefeld 2021.

Strübing, Jörg, *Grounded Theory. Zur sozialtheoretischen und epistemologischen Fundierung eines pragmatistischen Forschungsstils*, Wiesbaden 2014.

Taleb, Nassim Nicholas, *Der Schwarze Schwan. Die Macht höchst unwahrscheinlicher Ereignisse*, München 2008.

Tell, Willem A., "Was fasziniert die Deutschen an Helene Fischer? 8 Fragen an Deutschlands wichtigsten Philosophen", Interview mit Peter Sloterdijk, in: *Bild* (26. Juni 2015), 다음 웹사이트에서 확인할 수 있다. https://www.bild.de/unterhaltung/kultur/helene-fischer/warum-lieben-die-deutschen-den-schlagerstar-41518092.bild.html.

Thaa, Helene, "Corona-Skepsis als Rebellion der Individualist*innen", in: *Soziologieblog* (9. September 2020), 다음 웹사이트에서 확인할 수 있다. https://soziologieblog.hypotheses.org/13718.

Thaler, Richard H./Cass R. Sunstein, "Libertarian paternalism", in: *American Economic Review* 93/2 (2003), S. 175-179.

Therborn, Göran, *Inequality and the Labyrinths of Democracy*, London 2020.

Thießen, Malte, *Auf Abstand. Eine Gesellschaftsgeschichte der Coronapandemie*, Frankfurt am Main/New York 2021.

Thießen, Malte, *Immunisierte Gesellschaft. Impfen in Deutschland im 19. und 20. Jahrhundert*, Göttingen 2017.

Thome, Helmut, "Zur Normalität von Anomie in funktional differenzierten Gesellschaften", in: *Zeitschrift für Soziologie* 45/4 (2016), S. 261-280.

Tieschky, Claudia, "Harald Martenstein verlasst 'Tagesspiegel'", in: *Süddeutsche Zeitung* (20. Februar 2022), 다음 웹사이트에서 확인할 수 있다. https://www.sueddeutsche.de/medien/martenstein-tagesspiegel-1.5532655.

Tocqueville, Alexis de, *Über die Demokratie in Amerika*, Ditzingen 2021〔1835/40〕.
Tuinen, Sjoerd van (Hg.), *Peter Sloterdijk*, *Cultural Politics* 3/3 (Sonderheft), Oxford 2007.
Tuinen, Sjoerd van, *Peter Sloterdijk. Ein Profil*, Paderborn 2006.
Tumult, "Über Tumult", 다음 웹사이트에서 확인할 수 있다. https://www.tumult-magazine.net/ueber-tumult.
Twenge, Jean M./W. Keith Campbell, *The Narcissism Epidemic. Living in the Age of Entitlement*, New York 2009.
Twenge, Jean M. et al., "Egos inflating over time. A cross-temporal meta-analysis of the Narcissistic Personality Inventory", in: *Journal of Personality* 76/4 (2008), S. 875-902.

Uhls, Yaida T./Patricia M. Greenfield, "The rise of fame: An historical content analysis", in: *Cyberpsychology* 5 (2011), o. S.
Urbinati, Nadia, "Demokratischer Individualismus", in: *Westend. Neue Zeitschrift für Sozialforschung* 14/1 (2017), S. 119-140.

Vallas, Steven/Juliet B. Schor, "What do platforms do? Understanding the gig economy", in: *Annual Review of Sociology* 46/1 (2020), S. 273-294.
Vater, Aline/Steffen Moritz/Stefan Roepke, "Does a narcissism epidemic exist in modern western societies? Comparing narcissism and selfesteem in East and West Germany", in: *PLOS ONE* 13/5 (2018), S. 1-16.
Vater, Aline et al., "Narzisstische Persönlichkeitsstörung. Forschung, Diagnose und Psychotherapie", in: *Psychotherapeut* 58 (2013), S. 599-615.
Vester, Michael et al., *Soziale Milieus im gesellschaftlichen Strukturwandel. Zwischen Integration und Ausgrenzung*, Frankfurt am Main 2001.
Villa, Paula-Irene/Richard Traunmüller/Matthias Revers, "Lässt sich 'cancel culture' empirisch belegen?", in: *Aus Politik und Zeitgeschichte* 71/46 (2021), S. 26-33.
Vobruba, Georg, *Die Kritik der Leute. Einfachdenken gegen besseres Wissen*,

Weinheim 2019.

Voelz, Johannes, "Wendungen des Neids. Tocqueville und Emerson zum Paradox einer demokratischen Leidenschaft", in: *Westend. Neue Zeitschrift für Sozialforschung* 26/1 (2017), S. 141-154.

Vogl, Joseph, *Kapital und Ressentiment. Eine kurze Theorie der Gegenwart*, München 2021.

Wacquant, Loïc/Ulf Kadritzke, "Der neoliberale Leviathan. Eine historische Anthropologie des gegenwärtigen Gesellschaftsregimes", in: *Prokla. Zeitschrift für Kritische Sozialwissenschaft* 42/169 (2012), S. 677-698.

Wacquant, Loïc, *Bestrafen der Armen. Zur neoliberalen Regierung der sozialen Unsicherheit*, Opladen 2009.

Wagenknecht, Sahra, *Die Selbstgerechten. Mein Gegenprogramm—für Gemeinsinn und Zusammenhalt*, Frankfurt am Main/New York 2021.

Wagner, Greta, *Selbstoptimierung. Praxis und Kritik von Neuroenhancement*, Frankfurt am Main 2017.

Wagner, Peter, *Fortschritt. Zur Erneuerung einer Idee*, Frankfurt am Main 2018.

Wagner, Peter, *Modernity. Understanding the Present*, Cambridge 2012.

Wagner, Peter, *Moderne als Erfahrung und Interpretation. Eine neue Soziologie zur Moderne*, Konstanz 2009.

Wagner, Peter, *Soziologie der Moderne*, Frankfurt am Main/New York 1995.

Wagner-Egger, Pascal et al., "The Yellow Vests in France. Psychosocial determinants and consequences of the adherence to a social movement in a representative sample of the population", in: *International Review of Social Psychology* 35/1 (2022), S. 1-14.

Walter, Franz, *Gelb oder Grün? Kleine Parteiengeschichte der besserverdienenden Mitte in Deutschland*, Bielefeld 2010.

Ward, Charlotte/David Voas, "The emergence of conspirituality", in: *Journal of Contemporary Religion* 26/1 (2011), S. 103-121.

Weber, Max, *Die protestantische Ethik und der Geist des Kapitalismus*, herausgegeben von Dirk Kaesler, München 2004〔1904〕.

Wedemeyer-Kolwe, Bernd, *Aufbruch. Die Lebensreform in Deutschland*, Darmstadt 2017.

Weidmann, Nils B., "Esoteric beliefs and opposition to Corona restrictions", Working Paper Series/Cluster of Excellence "The Politics of Inequality" 10, Konstanz 2022.

Weiß, Heinz/Heinrich Merkt, "Eine pathologische Organisation auf der Grundlage des Strebens nach Perfektion", in: *Lost in Perfection. Zur Optimierung von Gesellschaft und Psyche*, herausgegeben von Vera King, Benigna Gerisch und Hartmut Rosa, Berlin 2021, S. 225-238.

Weiß, Heinz, "Groll, Scham und Zorn. Überlegungen zur Differenzierung narzißtischer Zustände", in: *Psyche* 62/7 (2008), S. 866-886.

Weiß, Johannes, "Wiederverzauberung der Welt? Bemerkungen zur Wiederkehr der Romantik in der gegenwärtigen Kulturkritik", in: *Kultur und Gesellschaft, Sonderheft* 27 der *Kölner Zeitschrift für Soziologie und Sozialpsychologie*, herausgegeben von Friedhelm Neidhardt, M. Rainer Lepsius und Johannes Weiß, Opladen 1986.

Weiß, Volker, "Querfront. Die Allianz der Populisten", in: *Stichworte zur Zeit. Ein Glossar*, herausgegeben von der Heinrich-Böll-Stiftung, Bielefeld 2020, S. 227-240.

Welsch, Wolfgang, *Unsere postmoderne Moderne*, Berlin 2008.

Wenau, Georg/Pavel Grigoriev/Vladimir Shkolnikov, "Socioeconomic disparities in life expectancy gains among retired German men, 1997-2016", in: *Journal of Epidemiology and Community Health* 73/7 (2019), S. 605-611.

Wetzel, Eunike et al., "The narcissism epidemic is dead; long live the narcissism epidemic", in: *Psychological Science* 28/12 (2017), S. 1833-1847.

Wiggershaus, Rolf, *Die Frankfurter Schule. Geschichte. Theoretische Entwicklung. Politische Bedeutung*, München 1988.

Willis, Paul, *Spaß am Widerstand. Learning to Labour*, Hamburg 2013〔1977〕.

Wirth, Uwe, "Zwischenräumliche Bewegungspraktiken", in: *Bewegen im Zwischenraum*, herausgegeben von Uwe Wirth, Berlin 2012, S. 7-34.

Wolff, Eberhard, "Über das Impfen", in: *Schweizerische Ärztezeitung* 100/25 (2019), S. 868.

Wolff, Eberhard, *Einschneidende Maßnahmen. Pockenschutzimpfung und traditionale Gesellschaft im Württemberg des frühen 19. Jahrhunderts*, Stuttgart 1998.

Wouters, Cas, *Informalisierung. Norbert Elias' Zivilisationstheorie und Zivilisationsprozesse im 20. Jahrhundert*, Wiesbaden 1999.

Wurmser, Léon, *Die Maske der Scham. Die Psychoanalyse von Schamaffekten und Schamkonflikten*, Berlin/Heidelberg 1990.

Zander, Helmut, *Die Anthroposophie. Rudolf Steiners Ideen zwischen Esoterik, Weleda, Demeter und Waldorfpädagogik*, Paderborn 2019.

Zeigler-Hill, Virgil/Paige Malay/Destaney Saulsa, "Through the eyes of Narcissus. Competitive social worldviews mediate the associations with ideological attitudes", in: *Self and Identity* 20/6 (2021), S. 811-840.

Žižek, Slavoj, *Die Tücke des Subjekts*, Frankfurt am Main 2010.

Žižek, Slavoj, *Auf verlorenem Posten*, Frankfurt am Main 2009.

Žižek, Slavoj, "Why we all love to Hate Haider", in: *New Left Review* 2 (2000), S. 37-46.

Zola, Émile, "J'accuse!" (1898), in: *Die Affäre Dreyfus*, herausgegeben von Siegfried Thalheimer, München 1963, S. 185-193.

찾아보기

가부장적 50, 174
가부장주의 125~126, 248, 280
가족(집안, 가정) 7, 51, 55, 57, 65~66, 73, 75, 77~78, 88, 100, 138, 156, 159, 163~164, 177, 203, 224, 252, 254, 260, 263, 268~270, 311, 313~315, 317~319
가짜 뉴스 214, 344~345
가해자 138~139, 142, 242
각성 189, 226, 242, 258, 263, 278, 292, 304, 338~339
감독(후견) 12, 69, 191, 208, 214, 216, 228, 257
감수성 17~18, 51, 129, 147, 202, 235
감시 72, 112, 261, 263, 303
강제(제약, 구속) 26, 36~37, 46, 51, 58, 61, 65, 74, 77, 88, 109, 125, 144, 162, 221, 260, 280, 307, 337
개방 94, 103~104, 242, 262, 290, 327
개인화(개별화) 17~18, 25, 40, 55, 57, 59, 61~63, 65~68, 70~71, 76, 84, 87, 89, 113, 123, 131, 135, 137, 144, 170, 179, 192, 197, 203, 311, 314~315, 335
'거대한 교환' 181, 333
거리 두기(격차) 68, 260, 288
검열 10, 214, 230, 273
격분 8, 132, 140, 150~151, 153~154, 188, 228
결단주의 226, 257
경쟁 18, 39, 43, 74~76, 83, 131, 149~150, 163~164, 176, 179, 184, 188, 208, 211, 330, 332, 342
경쟁 사회 176, 188
경쟁적 17, 78, 84, 172, 188, 195~196, 201~202
계급 10, 13, 31, 56~57, 62, 65, 67~68, 70~71, 74, 76, 100, 110, 164, 167, 191~192, 210, 241, 247, 268, 274~275, 280, 340

계급 의식 87, 233
계급투쟁 21, 233, 235~236, 306
계몽 16, 33~34, 40, 119, 123, 236, 241, 279, 349~350
고립 12, 40, 43~44, 131, 185~186, 190, 227, 250, 266, 323
고정관념 51, 186, 189, 226, 235, 310, 318~319, 332, 336
고통 83, 85, 89, 134~135, 138~139, 142, 160, 163, 171, 241, 265, 276, 323
고향(조국) 9, 116, 320, 339
공격 8, 11, 23, 50, 104, 109, 141, 144, 149, 166, 170, 172, 174~179, 181~182, 184, 186~190, 198, 218, 235, 289~290, 299, 310, 318, 320, 324, 331, 336
공동선 103
공동체 25, 64, 78, 112, 160, 166, 176, 178, 190~191, 196, 214, 234, 242, 265, 279, 287~288, 295, 339
공동체주의 310, 327
공론장(공적) 21, 44, 86, 164, 205~207, 213~214, 232~234, 262, 273, 335
공정성 75~76
공포(공포감) 227, 286
과학(학문) 8, 26, 106, 109, 115, 118, 121~122, 186, 205, 212, 226, 250~251, 254, 261, 270~272, 291, 296, 300, 344~345, 349
과학 비판 118~119, 121~122, 127
관료제(관료적) 36, 49, 88, 133, 173, 212
관리되는 세계 44, 65, 173
관습 11, 14, 22, 56, 62, 111~112, 147, 158, 164, 182, 217, 291, 298~299, 301, 310, 314, 317, 320, 327, 336, 342
관습주의 14, 175, 177, 179
관용 196, 284, 317
교육(교양, 훈련, 학력) 7, 11, 17, 67, 74, 100, 106, 108, 143, 192, 194~195, 197, 203, 212, 256, 268, 282, 287, 289, 314, 321~323
국가사회주의 46, 183, 224, 228, 252, 266
국가주의(민족주의) 170, 224, 290
권력(세력, 힘) 10, 14~15, 23, 26, 41, 43, 45~48, 51, 53~54, 60~61, 75, 88, 101~102, 113, 117, 122, 125, 127, 137~140, 143, 147~148, 150~152, 155, 170, 173~175, 183~184, 189, 200~202, 209, 211, 216~217, 219~220, 224, 228~229, 235~237, 239~242, 247, 250, 261, 266, 273, 284, 296, 303~304, 310~311, 322~323, 327, 332~333, 335, 340~342
권력 사고 14~15, 51, 175, 310, 336
권위주의적 성격 13~16, 19, 23, 39~40, 50, 53~54, 172, 174~176, 178~181, 324, 335
권한(권능) 부여 19, 117, 177, 180, 185, 200, 327

규범 변화 17, 96, 101, 123, 148, 189
규율 52, 65, 69~70, 74, 83, 120, 125, 181
규제 완화(탈규제) 79, 124, 126, 178, 243, 301
'그레이트 리셋' 249, 292
근대화 17, 58, 61, 65, 94~95, 97, 99~100, 103, 106, 110, 116, 127, 134, 144, 157, 160, 167, 174, 187, 192, 198, 241, 267, 280~281
금지 7, 35, 48, 52, 218, 235
기득권자(기성세대, 확고한 지위) 148, 158, 204, 216~217, 242
기만(눈이 멀다) 301, 328
기민당(CDU) 113, 250, 315
기업가적 자아 83, 202
기질 82
기회균등 75~76, 146
기후 변화 67, 97~98, 107, 122, 203~204, 257, 346, 348
긴축 94, 250, 303, 350
깨어 있는 8, 215, 219, 233, 242, 339
→ 정체성 정치도 참조

나르시시즘 18~19, 87, 130~133, 136, 140~141, 162~163, 165~167, 174, 180, 187~188, 190, 200
낙관주의 95, 97
난민 22, 154, 170, 239, 298~299, 308, 312, 318~320
난민 정책 181, 306, 312, 318
낭만주의 279, 281, 284, 335
낯섦 59, 164
내재 193, 337
노동자 16, 30, 50, 57~58, 69, 71, 74, 118, 194, 313, 315, 341~342
- 계급 28, 103, 206, 232
- 운동 10, 45~46, 71, 103, 296
프롤레타리아 59, 89, 232
노동조합 45, 73, 103, 110, 113, 116, 169, 302, 309, 311, 317
녹색당 113, 117, 254, 256, 258, 269~270, 287, 305, 316, 320, 325
뉴에이지 134, 267, 283~284
능력주의 75, 152

다문화(다문화주의) 196, 327, 340
다수(대다수) 20, 103, 117, 214, 230, 232, 242, 256~258, 262, 304, 306, 331, 341
다양성 94, 104, 224
다원화 107, 111, 113, 158
대안 없음 58, 99, 110, 114, 248, 350
대중 54, 77, 124, 173~174, 177, 206
대표(대표성, 표상) 17, 110~111, 113, 137, 304, 328
대학 203, 206, 209, 211~212, 255
대항문화 17, 116, 196
대항민주주의 109, 111~112, 115, 118, 295, 301, 303, 305~306, 317

→반정치도 참조
대항인식론 18, 118~119, 121~123, 219, 221, 223, 236, 292
도덕 15, 37, 39, 44, 52, 56, 59, 62~63, 93, 96, 98, 102, 111, 114, 138~142, 150~151, 158, 163~164, 206~207, 215, 217, 220, 226~227, 234, 239~240, 264, 294~295, 303, 306, 309, 318, 330, 342
도덕화 102
독립성 19, 26, 28, 35, 62, 179, 183, 208, 335
독일 12, 41, 48~49, 67, 76, 94, 116, 194, 214, 220, 223, 248, 251, 255~256, 279, 283, 286, 298, 300, 305~306, 308, 331, 333, 338, 341, 348
독일 사회민주당(사민당, SPD) 113, 254, 309, 311~312, 315~316, 320, 325
독일을 위한 대안(AfD) 7~8, 21~22, 114, 170, 226, 228, 248~249, 256~257, 267, 285~286, 298~301, 306, 308~309, 312~313, 316~318, 320, 328, 332, 347
독재 13, 45~46, 48, 172, 228~230, 249, 252, 266, 290, 338, 342
독점 36, 41, 43, 49, 108, 147, 214
독점 자본주의 41
독창성 279
독특함(특유성) 62, 64, 81~82, 123, 139, 163, 193, 232
동물 53, 302, 311, 331
디 바시스 256, 285

로베르트 코흐 연구소 270
로비 110, 302~303, 333

마스크 21, 206, 246, 248, 250, 252, 254, 260, 263~266, 271, 282, 288, 351
마음대로 할 수 없음 45
마음 챙김 84, 196
마조히즘 53, 174
마태 효과 72
'망상가' 19, 182, 185~186, 189, 337
메아리방 214
명상 9, 221, 245, 267, 283, 326
몸(신체) 83~84, 147, 200, 245, 257, 267, 280, 283, 285~286, 290, 321
무력감(무력함) 13, 40, 53, 89, 115, 129, 138, 142, 144, 150, 183, 303, 310~311, 332, 345
무정부 14, 86, 121
무지 107~108, 189, 270
문명화 60, 66, 174
물화 17, 19, 38, 57, 80, 85, 87~90, 169, 171, 175, 180, 187, 202, 218, 284, 291, 293~294, 305, 336, 339, 348
미디어(매체) 9, 20, 37, 68, 111, 115, 120, 128, 166, 177, 195, 209, 212~213, 215, 227~228, 246, 256, 260, 269~270, 272, 276, 298, 303, 307~308, 313, 316, 328,

341, 343
미래 48, 68, 74, 94~95, 98, 210, 277, 314, 334, 337, 348, 352
미래를 위한 금요일 269
미신 51, 290, 335~336
민영화 124, 126, 300, 310
민족(국민) 48, 140, 233, 240, 305~306
민족 다원주의 240
민주주의 16, 22, 34, 47~48, 97, 109~114, 117~118, 124, 145, 170, 219, 232, 251, 254, 256, 259~260, 290, 294~296, 304~305, 310, 312~313, 316, 327, 335, 339, 342~343, 349~350, 352~353
밀교 21, 134, 196, 252, 258, 278, 283~287, 289, 338
→ 영적도 참조

바이러스 122, 189, 246~248, 251, 269, 271~272, 274~277, 292, 296
→ 코로나도 참조
박탈 54, 301, 307, 322, 332, 348
반권위주의 22, 116, 163, 257, 267, 282, 291
반무슬림적 306, 334
반유대주의 142~143, 185~186, 189, 215, 226, 252, 257, 331~334
반정치 295, 324
→ 대항민주주의도 참조
반직관화 51
반쪽짜리 진실 186, 344
반항 16, 77, 159, 161, 174, 181, 183, 237, 295, 299, 307, 313, 325, 329, 332
반항자 14, 19, 23, 154, 161, 182~184, 186, 188~189, 299, 301~302, 311~313, 317~318, 320, 322~324, 326~334, 336~337, 339
발도르프 학교 269~270, 282
배제 94~96, 103, 219, 242, 341~342
백래시 102, 203
백신 접종 170, 181, 223, 254, 257~258, 264, 268, 280~283, 287, 289, 292, 294, 296
백신 접종 비판(백신 접종 회의론) 258, 264, 280, 289
백신 접종 의무 251, 258
번아웃 84~85, 144
범죄 154, 156, 160, 308
변형(전환) 97, 123, 229, 343
보수적 47, 102, 124, 134, 162, 165~166, 191, 193~194, 207, 224, 228, 235~236, 240, 242~243, 256, 290, 305, 310, 315, 336, 338
보통의 삶의 경로 67, 314
보편주의 103, 208, 219, 241
복수(복수심) 9, 141~143, 171, 186
복지 16, 36~37, 133, 160, 178, 315, 322
복지국가 110, 164, 178, 206
→ 사회국가도 참조

봉건주의 10, 16, 56, 58~59, 149, 233, 348
봉쇄 228, 250, 292, 294
부 105, 152, 156, 161
부자유 9, 31, 34, 48, 61, 70, 243, 335
분개 140, 226, 294, 308~310, 330
분노 18, 138, 140~141, 144, 147, 152, 176, 201, 222, 299, 308, 331, 340
분리(이반, 이탈) 19, 151, 161, 185, 224, 352
분업 62
분열 138, 140, 270
→양극화도 참조
불만 110, 322
불신 108, 112~113, 115, 117, 163, 172, 184, 224, 229, 246, 249, 260, 283, 288, 296, 302, 315~317, 322, 327, 339
불안(두려움, 공포, 염려) 54, 74, 99, 107, 125, 131, 135, 162, 182, 212, 227, 245~246, 254, 261, 263~264, 272, 280, 288, 307, 315, 320, 335, 339
불안정(불안정성) 41, 53, 108, 160, 275, 277
불평등 16, 55, 64, 68, 75~76, 81, 95, 104, 110, 134, 137, 143, 145~149, 152~153, 164, 192, 202, 219, 241, 254, 340~341
불행(사고) 54, 278
불확실성 84, 150, 152, 160, 205
비공식화 101~102, 267
비관주의 33, 98
비교 26, 72, 74~75, 83, 143, 145~146, 149, 151~153, 201, 235, 252, 266, 330
→서열화도 참조
비정부기구 22, 112, 300
빈곤 105, 125, 182, 235, 310

사디즘 53
사랑 42, 130~131, 174, 252, 279, 288~289, 296
사회국가 69~70, 84, 124~125, 351
→복지국가도 참조
사회민주주의 48, 113, 124, 206, 224, 256, 280, 303, 305
→독일 사회민주당도 참조
사회 비판 21, 38, 162, 165, 196, 213, 226, 230, 237~238, 240~241, 299, 343
사회운동 16, 97, 103, 112, 115, 117, 241, 281, 288, 293~296, 300, 342~343
사회적 분화 62
사회조사연구소(프랑크푸르트) 33
사회주의 33, 46, 64, 161, 209~210, 224
사회화 57, 62, 66, 89, 129, 148, 162, 174, 179, 187, 198
상상적 13, 53~54, 141, 151, 181~182, 186, 190, 224, 332
상승(부상, 출세, 상향) 10, 55, 64, 68~69, 74, 104, 111, 113, 150~151, 153, 156, 173, 197, 203, 209, 295, 311, 314~315,

322, 329
→ 열망도 참조
상처(손상, 침해) 12, 18~19, 107, 127, 130~131, 133, 135~136, 140~142, 144, 165, 167, 179~180, 185, 187~189, 201, 214~215, 219, 234, 246~247, 267, 277, 324, 333, 346
상황 강제 195, 250, 350~351
생명 정치 205, 255, 280, 288, 343
생태학 22, 169, 196, 257, 267~268, 300, 316, 319
→ 지속 가능성도 참조
생활개혁 279~281, 283
서구 문화 228, 319
서열화 75
→ 비교도 참조
선입견 50, 143, 182, 186, 189, 293, 318~319, 330, 332~335
선택의 자유 80, 95, 99, 121~122, 126~127
성공 17~18, 69, 71~74, 76, 81~83, 97, 131, 151, 153~156, 161~163, 166, 179, 188, 199, 201, 224, 300, 310, 314, 321~322, 326
성과(능력, 성과 원칙) 17, 21, 55, 69, 71~75, 78~79, 83~84, 153, 155, 166, 173, 178, 188, 194~196, 199, 249, 267~268, 285~286, 294, 324
성소수자 104
세계 시민(세계주의) 8, 116, 195, 245, 267, 301, 310, 320, 326~327, 341
소비 49, 78, 99, 131~133, 166, 173, 175, 178, 192~193, 195, 199, 203~204, 221, 284, 348
소셜 네트워크 13, 83, 166, 309
소속(속하다) 74~75, 112, 199
소수(소수자) 13, 15, 20, 28~29, 50, 53, 76, 78, 103~104, 153~154, 158, 169, 186, 188, 206~207, 219~220, 232, 235~236, 242, 262~263, 289, 306, 310, 318, 330~332, 334
소외 22, 44, 80, 99, 115, 191, 230, 256, 276~277, 279, 281, 295, 300, 303, 325~327, 352
〈소요〉(잡지) 236~238, 303
속임 334
수치심 18, 131, 136~138, 150, 153
순응 43, 56, 61, 76~77, 80, 156, 159, 214, 235, 239, 242, 311, 318, 352
스위스국민당(SVP) 249, 256, 267
승자 73, 151, 153~154
승자독식 시장 72
시기(시기심) 141, 151~153, 202, 332
시민권 10, 62, 69, 343
시민사회 112, 152
시민운동 117, 256, 327
시위 9, 21~22
신경증 54, 135

신뢰(자신감) 84, 95, 256, 258, 260, 281, 285, 303
신분 31, 55, 67, 71, 149, 164
신자유주의 86, 104, 124~126, 170~171, 187, 234~235, 249, 287, 294, 303, 340, 342, 350
신화 35, 119, 130~131, 161, 349~350
실업(실직) 66, 125, 227, 235, 322
실패 12, 28, 72~74, 83, 89, 130~131, 154, 159, 224, 310
심의 248, 334

아노미 13, 18, 73, 132, 145, 150, 155~158, 160, 171, 179, 186, 192, 199, 290, 313, 322~323, 329
아웃사이더 148, 153, 172, 207, 216~217
아이(어린이, 자녀, 아동) 7, 9~10, 22, 40, 53, 67, 69, 74~75, 96, 100~101, 147, 156, 166, 172~173, 177, 192, 246, 252, 254, 257, 260, 263~264, 269, 282~284, 287, 289, 312, 314, 316, 318~319, 321, 324
안전(확실성) 40~41, 65, 67~68, 77, 84, 103, 164, 170, 182, 235, 238, 261, 308, 314~315, 332
야당(반대, 대립) 249, 299, 316, 325, 335
양극화 74, 107, 139, 214, 218, 230, 250, 289
→분열도 참조
양심 38, 52, 108, 171, 178, 208
억압 37~38, 44, 47~49, 54, 70, 79~80, 101, 104, 177~178, 210, 334
엘리트 20, 48, 73, 75, 103, 140~141, 169, 188~189, 194~195, 209, 212, 226, 233, 266, 272, 288, 306, 326, 332, 334, 341~342
연대 11, 40, 69, 74, 107, 230, 240, 264, 290, 294~296, 309, 323, 339~340, 352
열망 18, 68, 145, 150, 173
→상승도 참조
영적(영성) 196, 221~222, 231, 245, 258, 267, 278, 281, 283~285, 338
→밀교도 참조
예술가 비판 79
예술의 자유 26, 228
예외 상태 205, 223, 228, 247, 309, 329
온전함(전체적) 196, 257, 267, 283
완벽주의 157, 159
→자기 최적화도 참조
외국인(이방인, 낯선 사람) 22~23, 27, 138, 153~154, 164, 185, 257, 298~300, 303, 306~307, 310, 318~319, 326, 328, 330~331
외국인 혐오증 226
우울(우울증) 134, 144, 149, 159~160, 227, 264
우월성 14~15, 18, 51, 141, 188, 309
우파 극단주의(극우파) 9, 22, 253, 258,

303
우파 포퓰리즘 104, 188~189, 285, 300~301, 310
원망 12, 15, 138~142, 144, 146, 151, 176, 199~200, 219
원한 9, 12~13, 18, 54, 141~144, 148~149, 151~152, 158, 161, 201~202, 218, 222, 224, 235, 262, 274, 293, 299, 306, 319, 331, 341
월요일 산책 253
위계질서(위계 구조) 22, 53, 61, 70, 79, 95, 101~102, 120, 123, 133, 152~153, 163, 173, 284, 340, 343
위기(공황) 15, 17, 23, 41, 49, 53, 63, 89, 93, 97, 109~111, 115~117, 124, 135, 159, 173, 182, 200, 209, 216, 220, 226~227, 247, 275, 295, 299, 304~305, 315, 320, 322, 328, 344, 346, 348
위험 17, 67, 105~108, 120, 129, 152~153, 189, 270~271, 277, 280~281, 293, 340, 346, 350~351
위험 사회 107, 118, 120, 134, 208, 211, 247, 291
유연성 79
유토피아 38, 58, 70, 86, 97, 123, 161, 193, 209~211, 288
유튜브 292, 316, 328
음모 189, 228, 262, 332~333
→음모론도 참조
음모론 11, 21, 54, 115, 117, 143, 182, 185, 223, 229~230, 253, 256~257, 262~263, 272, 274, 284~287, 290, 292, 303, 308, 319, 344, 346, 348
→음모도 참조
의식주의 159
의제 2010 70, 303
의존성(예속) 10, 12, 16~17, 19, 43, 51, 53, 57, 61, 63, 66~67, 87, 90, 106, 130~131, 136, 157, 163, 171, 173~174, 180, 183, 185, 191, 198, 200~201, 212, 230, 266, 285, 288, 307, 320, 332, 339, 345, 351
이기주의 26, 31, 59, 87, 90, 133, 150, 176, 233, 265, 295
이드 132, 177, 180
이민 15, 111, 223, 312, 315~316, 327
이성 29, 32, 35, 40, 45, 69, 73, 105, 109, 119, 123, 126, 182, 211, 220, 222, 236, 252, 289
인권 31, 210
인류 39, 352
인스타그램 89, 161, 263
인정 17, 71, 81, 90, 103, 163, 182, 232, 235, 330, 352
인종 75
인지학 122, 258, 267, 282~283, 287
인터넷 68, 111~112, 209, 213, 308, 329
일반인(아마추어) 120, 260, 271

일반적 의혹 115, 200, 231, 262, 276, 328, 332
일탈 39, 79, 155, 160, 177, 182

자결(자기 결정) 12, 22, 28, 30, 32, 36, 39, 68, 79, 123, 171~172, 188, 199, 202, 218, 243, 251, 259, 280
자기 계발 11~12, 28, 58, 81, 90, 170, 180~181, 337
자기 과시 130, 166~167, 180
자기 관리 84
자기 발견 84
자기실현 10, 12, 17, 56, 65, 77~79, 81~82, 84~85, 90, 129, 144, 160, 163, 165, 171~172, 178, 188, 191~192, 194~197, 199, 201~202, 234, 249, 268, 284~285, 291, 326, 337, 352
자기주장 35, 139, 190~191, 204
자기 책임 70, 73, 125, 127, 137, 165, 178~179, 195, 260, 351
자기 최적화 69, 83, 123
→완벽주의도 참조
자기 통제 60, 177~178
자기 혐오 140, 331
자기 회의 150, 209
자기 효능감 67~68, 129
자살 149
자아(나) 35~36, 52, 66, 81, 140, 142, 150, 162, 174, 176~178, 180, 184, 189, 233, 277
자아의 약함 177, 180
자연 23, 35, 40, 252, 267, 280, 284, 352
자연 지배 41
자유주의 45~49, 51, 64, 86, 104, 114, 118, 342, 354
자유화 37, 43, 69, 100, 103, 126, 164~165, 178, 199, 202~203
'잠자는 양' 263, 304
재산(소유) 46, 58, 86, 147~148, 176, 188, 241, 313
재앙(파국, 재해) 36, 238, 240, 247, 351
재주권화 116
적(적대성) 13~15, 44, 47, 51, 53~54, 73, 114, 138, 141, 150~151, 172, 175~176, 183~184, 186, 189, 257, 271, 284, 298, 300, 305, 318~320, 322, 327, 330~332
적응(조정, 순응) 13, 56, 61, 67~69, 82, 150, 159, 161, 171, 176, 197, 200~201, 216, 248, 293, 299, 320, 323, 328
전문가 108, 120, 273, 292, 296
전문성(전문 지식) 17, 20, 107, 109, 115, 119, 208~209, 250, 271, 291, 296, 344
전복(파괴) 9, 11, 22, 160, 172, 236~240, 271, 294, 297, 299, 343
전염병 165, 228, 247
전쟁 51, 89, 111, 116, 163, 177, 187, 207, 238, 240, 261, 308, 329, 338, 346~348
전체론 284

전체주의 8, 44
전통 15, 20, 45, 58, 62, 65, 67, 75, 78, 96, 100, 102, 114, 116, 123, 125, 134, 149, 162~163, 175, 180, 193~194, 203, 224, 232, 234~235, 243, 251, 281, 290~291, 296, 314~315, 318, 323, 343
정규직 노동관계 101
정부성 124~125, 235, 288
정상성(정상 상태) 120, 134, 346~347
정의 18, 20, 86, 138, 142, 153, 195, 210, 249, 296, 309, 320
정체성(동일성) 25, 56, 61, 66, 71, 75, 102, 123, 130, 161, 170, 188, 203, 211, 232, 236, 238, 240, 253, 262, 272
정체성 정치 20~21, 102, 209, 226, 231, 233~235, 241, 339
→깨어 있는도 참조
젠더(성별) 9, 100, 104, 139, 147, 158, 215, 218, 226, 245
젠더 별표 9, 139, 218, 242, 310
조작(공작) 169, 182, 304
조치 20~21, 45, 49, 115, 138, 227, 229, 247~248, 250~251, 253~254, 259~260, 262, 264~265, 269~270, 275, 285, 288, 292, 294~295, 343, 347~348
조화 9, 21, 206, 245, 270
종말론 229
좌절 12, 18, 68, 130, 144~146, 150, 153, 155, 158, 185, 320, 330, 332~333
좌파 8, 22, 104, 115~117, 209~210, 215, 224~225, 228, 232~233, 235~236, 238, 248, 251, 253, 258, 272, 285, 289, 294, 328, 338, 340~343, 349
좌파당 114, 256, 295, 298, 312
→좌파도 참조
죄책(죄책감, 책임) 85, 107, 135, 137, 139, 143, 333, 347
주권 12, 45, 109, 140~141, 150, 174, 176, 184, 188~190, 195, 223, 228, 231, 253, 280, 286, 290, 305, 310
죽음(사망) 130, 133, 162, 185, 247, 254, 265, 277, 307
중간계급 17, 51, 62, 67~68, 71, 74, 81, 100, 110
중간층(중산층) 51, 100, 192, 255, 275, 336
증오 15, 52, 140, 214, 330~331
지구화 94, 116, 240, 327
지누스 환경 21, 77, 191~197, 199~201, 231, 258, 267~268, 283~286
사회 생태적 환경 196, 199~200, 267, 283, 285
수행자 환경 21, 195, 267, 285~286
유주의적-지적 환경 194~195, 200, 203, 208, 218, 231, 286
쾌락주의적 환경 199, 258, 285
지도자 14~15, 23, 54, 171~172, 174, 187, 189~190, 257, 292, 347

지배 10, 30, 35~36, 56, 95, 110, 112, 116~118, 120, 123, 133, 178, 272, 275, 323, 341, 343
지배 비판 116, 118, 258, 273~274, 280, 294~295, 343, 345, 348, 353
지속 가능성(지속적) 100, 123, 196, 249, 271, 325
지식 12, 17~18, 21, 99, 105~108, 110, 118~123, 125, 172, 189~190, 195, 200~201, 206~207, 211~212, 220, 231, 241, 250~251, 260~261, 270~271, 274, 282, 296, 328, 335, 344
지식인 9, 12, 20, 104, 139, 169, 189, 205~213, 216, 219~220, 223, 226~227, 232~233, 236, 239~240, 263, 303, 306, 336, 339, 344
　미디어 - 213
　보편적 - 20, 208
　특수 - 211
지위(위상, 상태) 54~55, 69, 74, 78, 81, 116, 119~120, 137~138, 143, 145, 149~150, 159~160, 166, 191, 193, 196, 200, 212, 217~218, 230, 249, 313~314, 341, 352
직관(관념, 견해) 58, 118, 210, 241, 260~262, 272, 282
진보 28~29, 32, 38, 40, 94~97, 100, 120~121, 127, 144, 158~159, 207~208, 211, 236, 242~243, 247, 250, 280, 337, 344, 349
진보적 신자유주의 342
　→신자유주의도 참조
진정성 78~79, 81, 90, 123, 161, 163, 192~193, 196, 267, 279, 281, 337

차별 17, 28, 71, 96, 100, 103, 217, 219~220, 232~233, 242, 254, 326, 342
차별 대우(불리, 손해, 불이익) 75, 103, 150, 153~154, 217, 232~233
착취 39, 71, 232
참여 30, 100~101, 111, 164, 169, 242, 300, 339, 345, 352
창조(창조성) 56, 77, 79, 268
책략 29, 32, 35
초월 221~222, 284, 337~338
초자아 39, 52, 173, 177, 180, 184, 330
최적화 69, 83, 159, 222
　→자기 최적화도 참조
친밀성 38, 163~164

캔슬컬처 20, 189, 215~216, 218~219
코로나(코로나바이러스) 21, 107, 246, 254, 261, 268, 270, 276, 278, 292, 346~347
　→바이러스도 참조
코로나 항의 179, 245, 344
　→시위도 참조
쾌락 원리 37~38

쾌락주의 21, 78, 132, 178, 180, 193, 196, 199, 203, 221, 226, 235, 258, 267~268, 285

탈승화 38, 170, 178
탈억제(폭주) 133, 180, 183, 188, 202, 252, 289
탈정치 110, 348
탈주술화 35, 281
탈진 72, 76, 84, 227
'탈진실' 345
통제 27, 36, 53, 65, 67, 83~84, 109, 163, 171~173, 179, 253, 261, 284, 305
통합 40, 68, 71, 94, 97, 108, 116, 180, 319, 330
퇴각 48, 124, 157, 159, 302, 311
퇴행 16~17, 20, 23, 28, 34, 38, 41~42, 48, 59, 94~95, 97, 99, 103~104, 110~111, 113, 116, 122, 124, 127, 144, 154, 162, 165, 167, 175, 183, 186~188, 190, 198~199, 201, 208, 214, 218~219, 231, 241, 243, 299, 301~302, 309, 311~313, 317~318, 320, 322~334, 336, 339
투사(투사성) 51, 137~138, 142, 154, 175, 183, 186~187, 189, 264, 290, 299, 310, 336
트위터 213, 271
특권 29, 31, 71, 73, 101, 146, 193, 242, 342
특수주의(특수) 20, 208, 214, 218, 232~233, 241
특이(특이성) 143, 178, 238, 240, 326, 346

파괴적 14, 18, 22, 39, 43, 51, 131~132, 136, 138, 140, 144, 160, 164, 170~171, 175, 182~183, 188, 190, 198, 290, 293, 296~297, 299, 301~302, 306~308, 310, 317~318, 322, 326, 328, 334, 336
파시즘 16, 34, 40, 45~47, 50, 60, 95, 154, 172~174, 182, 187, 229, 339, 351
파시즘적 성격 182
패자(잃은 자) 72, 74, 151, 153, 222
팬데믹 9, 20, 97, 108, 111, 131, 133, 156, 199, 205, 223, 227, 229, 245~250, 254, 259, 261, 263~266, 268~272, 274~277, 282, 287~289, 291, 294~295, 339~340, 344, 346, 350~351
페이스북 213
편집증 140, 142, 181, 185, 189~190, 258, 293
평가절하 138, 177, 326
평등 20, 33, 63~64, 76, 145~148, 152, 176, 187, 210, 222, 234, 240, 242, 342
평등권(평등한 권리) 100, 103~104, 143, 335, 344
평등주의 18, 96, 145~147, 152, 202
평화 9, 116~117, 169, 206, 245, 252, 267,

288
→ 평화주의도 참조
평화주의 321
→ 평화도 참조
폐쇄(폐쇄성) 17~18, 104, 121, 204, 238~239, 242, 262, 290, 297, 307, 327, 347
포기 35, 52, 60~61, 63, 82, 132~133, 174, 180, 182, 185, 197, 223, 235
포스트 구조주의 237~238
포스트 민주주의 18, 110
포퓰리즘 7, 22, 102~104, 111, 114, 116, 118, 140, 142, 153, 169~170, 188~189, 203, 223, 226, 232~233, 236, 285, 300~301, 305, 310, 326, 342
→ 우파 포퓰리즘도 참조
표준화 79, 82, 85, 157
표현의 자유 10, 20, 104, 139, 170, 214, 216, 218, 257, 262, 317, 341

하강(몰락) 104, 151, 154, 160, 201, 322~323
학생운동 36, 38, 118, 281
합리주의(이성적) 84, 118~119, 178, 259, 271, 279, 335
합의 110, 114~115, 238~239, 248, 250, 273, 303, 344
해방 9, 16, 28~29, 36~38, 43, 55, 58~59, 69, 76, 79, 97, 100, 103~104, 123, 127, 162~165, 169, 192~193, 196, 202, 214, 219, 241~243, 343
행복 38, 53, 82~83, 163, 196
향수 9, 21, 134, 196, 231, 233~236, 306
허무주의 160, 171, 183~184, 222, 239, 296, 327
혁명 33, 206, 210, 222, 224, 232
혁신 37, 159~161, 313
현실 원리 37, 177~178, 185, 189, 277, 343
호전적 49, 351
홀로코스트 32, 333
환경 82, 89, 97, 175, 183, 208, 246, 256~257, 270, 299, 316
환상 파괴(각성, 환멸) 32, 36, 42, 68, 96, 205, 211
횡단 전선 20, 208, 223~225, 227, 231
후기 근대 13, 44, 68, 73, 77~78, 80~81, 84, 89, 93, 105, 129~130, 157, 160, 171~172, 189, 238, 270, 279, 284, 289, 301, 337, 351
희생자(피해자) 8, 35, 103, 107, 138~139, 150, 240, 266, 277, 287, 341
히스테리 261
히피 78, 252

#전부 다 닫아 227~228
F 척도 50, 175, 339